Second Edition

Mathematics for Finance

An Introduction to Financial Engineering

제2판

수리금융

금융공학의 이해

Capiński · Zastawniak 지음

송종우 · 송성주 옮김

자유아카데미

2판 서문

2판에서는 내용이 완벽하게 수정되고 재배치되었다. 새로운 특징은 다음을 포함한다.

- 수학적인 논의와 구성에 대한 직관적인 개요를 포함한 연속시간 모형에 대한 새로운 장
- 이산적 설정에서 금융수학의 두 기본정리에 대한 완전한 증명
- 사례연구로 각 장을 시작 — 이론적 도구의 전개에 대한 동기부여를 하는 실제 상황
- 각 장의 끝에 사례연구에 대한 자세한 논의

사례연구를 분석하기 위한 첫 번째 과제는 적절한 질문을 하는 것이고, 그 질문이 현재 장의 구조 안에 던져질 수 있어야 한다. 여기서, 이 문제가 타당한 수학적인 문제로 형식을 갖추기 위해 추가적인 가정이 필요할 수 있다. 거기에 관련된 유연성 때문에 유일한 답은 없게 된다.

매우 귀중한 피드백을 준 1판의 독자들에게 깊은 감사를 표하고 싶다.

Marek Capiński and Tomasz Zastawniak
2010년 3월

www.springer.com

1판 서문

이 책은 책의 제목처럼 그 자체로 훌륭한 금융자산이다. 책 한 권의 가격을 지불하여 두 번의 노벨상을 받은 이론뿐 아니라 덤으로 훨씬 많은 것들을 배울 수 있다. 얼마나 많은 학부 수학교재가 이런 자랑을 할 수 있을까?

채권과 주식가격의 수학적 모형을 발판으로, 두 이론은 다른 방향으로 독자를 이끈다. 그 하나는 옵션과 다른 파생상품의 블랙-숄즈 재정 가격결정이고, 다른 하나는 Markowitz의 포트폴리오 최적화와 자본자산 가격결정 모형(Capital Asset Pricing Model)이다. 무재정원리에 기반을 둔 모형은 이자율과 그 기간구조를 연구하기 위해서도 개발될 수 있다. 이들은 금융수학의 세 가지 주요한 분야로서, 모두 현대의 금융시장이 운영되는 데에 막대한 영향을 미치고 있다. 이 교재는 그 이론들을 수학 전공뿐 아니라 예를 들어 경영, 금융, 또는 경제를 전공하는 학부 2학년 또는 3학년의 수준에서 제시하고 있다.

이 책의 내용은 100시간 정도의 수업으로 1년 과정에서 다루어질 수 있을 것이다. 선택된 주제에 대한 작은 강좌도 적절한 장들을 골라서 쉽게 설계될 수 있다. 다수의 예제와 해답이 있는 연습문제를 배치하여 독학에 이상적인 교재로 만들었을 뿐 아니라, 개별지도를 위한 풍부한 내용을 제공하고 있다.

선수과목은 기본적인 미적분학, 확률론, 그리고 선형대수를 포함한다. 미적분학에서는 도함수와 편미분, 미분가능한 일변수 또는 다변수 함수의 최댓값 또는 최솟값을 찾는 문제, 라그랑지 승수, 테일러 공식과 적분을 다루어본 경험이 있어야 할 것이다. 확률론에서 필요한 주제는 확률변수와 확률분포, 특히 이항분포와 정규분포, 기댓값, 분산과 공분산, 조건부 확률과 독립성이다. 중심극한정리에 대한 지식도 도움이 될 것이다. 선형대수에 대해서, 독자들은 선형 연립방정식을 풀 수 있고, 행렬의 덧셈, 곱셈을 할 수 있으며, 전치행렬, 역행렬, 행렬식을 구할 수 있어야 할 것이다. 특히, 확률론에 대한 참고서로 우리의 책을 추천한다: M. Capiński and T. Zastawniak, Probability Through Problems, Springer-Verlag, New York, 2001.

꼭 필요한 것은 아니지만, 많은 수치적인 예제와 연습문제에서 컴퓨터 스크레드 시트 프로그램을 사용하는 것이 도움이 될 수 있다. 선택된 예제와 연습문제에 대한 답이 마이크로소프트 엑셀 파일의 형태로 웹페이지에 올려져 있다. 링크는 아래에 주어진 주소에서 찾을 수 있다.

Nigel Cutland가 다른 교재에서 때로 등장하는 부정확성을 바로잡을 수 있도록 해 주었다. 1판의 참고 4.1에 좀 더 설명이 되어 있다. 이 책의 예비 버전에 피드백을 준 우리의 학생들과 동료들에게 기쁜 마음을 전하고 싶다. 또 이 책의 1쇄와 2쇄의 독자들에게도 감사하며, 특히 이 책에서는 이미 고쳐진, 몇 가지 실수를 지적해 주고 여러 가지 개선의 제안을 해 준 Andrzej Palczewski에게 감사한다.

이 책의 독자들도 책에 수반된 웹페이지를 방문하여 최근의 다운로드와 수정을 확인하거나, 저자들에게 연락을 주기를 진심으로 바란다. 의견을 주시면 대단히 감사할 것이다.

Marek Capiński and Tomasz Zastawniak
2004년 7월

www.springer.com

역자 서문

대학에서 금융공학(또는 금융수학)을 몇 년간 가르치면서, 학부 수준에서 사용할 교재가 마땅치 않음을 느끼고 고민하던 중에 Springer Undergraduate Mathematics Series로 출판된 Capiński 교수와 Zastawniak 교수의 책을 접하게 되었습니다. 처음 접했던 책은 1판이었는데, 간결하면서도 필요한 내용을 놓치지 않는 책이라 생각되어 번역을 시작하게 되었습니다. 1판에 비해 2판은 내용의 순서가 많이 바뀌고 추가된 내용도 좀 더 많아서 간결한 면은 줄었지만 이론적, 현실적 내용이 좀 더 보강되었다고 생각됩니다.

금융공학의 특성상, 고급 확률론을 이용한 전개를 사용하지 않으면 이론 전개의 중간 중간에 빠지는 고리들이 많습니다. 그렇기에 학부 수준으로 너무 어렵지 않으면서도 중요한 내용을 개념적으로 잘 설명하는 좋은 교재를 찾기는 무척 어렵습니다. 이 책이 모든 점에서 가장 훌륭한 책이라고 말할 수는 없지만, 이 번역서를 통하여 한글로 금융공학을 공부하는 학부생들에게 부족한 부분들이 조금 더 채워졌기를 바라는 마음입니다.

처음 생각했던 것보다 번역작업은 시간이 많이 걸리는 일이었습니다. 한 문장 한 문장 의미를 잘 전달하려고 노력했음에도 불구하고, 의미전달이 완벽히 이루어지지 않은 부분이 있을 것 같아 염려가 됩니다.

번역 과정에서 많은 도움을 준 고려대학교 통계학과의 승지수 학생과 이화여자대학교 통계학과의 신지원 학생, 그리고 오래 기다려 주신 자유아카데미 관계자분들께 감사의 말씀을 전합니다.

역자들 씀

차례

제 1 장 단순 시장모형

사례 1

한 영국 회사는 미국에서 100,000달러 상당의 기계 장비를 구매하려고 한다. 기계 값에 대한 지불은 1년 후에 할 예정이고, 생산자는 기계 값이 변하지 않을 것이라 보장한다. 현재 1.62달러 대 파운드의 환율을 고려해, 매니저는 64,000파운드를 기계 구매를 위한 예산으로 지정해 놓았다. 이때 이 매니저의 결정을 분석해 보자.

1.1 기본 개념 및 가정

두 자산이 거래된다고 가정해 보자. 하나는 무위험(risk-free)자산이고 다른 하나는 위험(risky)자산이다. 무위험자산은 은행 예금 혹은 정부나 금융기관 또는 회사에서 발행한 채권으로 생각할 수 있다. 위험자산은 일반적으로 주식이라고 생각할 수 있다. 뿐만 아니라 외환, 금, 또는 미래가치를 현재에 알 수 없는 어떠한 자산이라도 위험자산으로 볼 수 있다.

이 장에서 우리는 현재인 $t=0$과 미래 시점인 $t=T$(현재로부터 1년 후라고 하자)의 두 시점만 고려한다. 더 세분화되고 현실적인 상황은 추후에 다루어질 것이다.

위험자산의 포지션은 투자자가 가지고 있는 주식의 수에 따라 결정된다. $t=0$, T로 제한하고, 주식의 한 주당 가격을 $S(t)$라고 하자. 현재 주식가격인 $S(0)$은 모든 투자자들에게 알려진 정보이지만, 미래의 가격인 $S(T)$는 알 수 없다. 오를 수도 있고 떨어질 수도 있는 것이다. 현재 가격 $S(0)$에 대한, 미래가격과 현재가격의 차액의 비율은 그 주식에 대한 수익률을 나타낸다. 이를 식으로 표현하면,

$$K_S = \frac{S(T) - S(0)}{S(0)}$$

가 된다. 이 또한 현재의 시점에서는 정확한 값을 알 수 없다.

주식가격의 구체적인 움직임은 6, 7, 8장에서 다루어질 것이다.

무위험포지션은 은행 예금액의 양(amount)으로써 설명된다. 은행에 돈을 맡기는 것의 대안으로는 채권에 투자하는 방법이 있다. $t=0,T$ 로 제한하고, 채권의 가격을 $A(t)$라고 하자. 주식과 마찬가지로 현재의 채권가격 $A(0)$은 모든 투자자들에게 알려진 금액이다. 그러나 주식의 경우와는 다르게, T 시점일 때 채권가격인 $A(T)$ 역시 투자자들에게 알려지게 되며, 이는 채권 발행 기관에 의해 보장된다. 채권이 시점 T에 액면가 $A(T)$로 만기가 된다고 하자. 이때 이 채권에 대한 수익률은 아래와 같이 주식과 비슷한 방법으로 정의할 수 있다.

$$K_A = \frac{A(T) - A(0)}{A(0)}.$$

이를 무위험수익률이라고 한다.

무위험자산에 대한 자세한 설명은 2장과 9장에서 다루기로 한다.

여기서 우리는 금융 시장에 대한 수리적 모형을 생각해야 한다. 이를 위한 중요한 첫 단계는 이와 연관된 수학적 요소들의 속성에 대한 것이다. 앞으로의 내용에서는 몇 가지 수학적 가정을 세우게 되는데, 현실 세계에서의 복잡성을 상대적으로 단순하고 다루기 쉽게 만들어진 수리적 모형으로 표현하기 위해서이다.

우리는 이미 무위험담보의 미래가격 $A(T)$는 결정된 값, 즉 사전에 알려진 값이라는 사실을 보았다. 반면에 주식의 미래가격인 $S(T)$는 현재의 시점에서는 알 수 없는 확률변수이다. 하지만 현실세계에서 $S(T)$가 가질 수 있는 값의 개수는 유한하다. 그 이유는 첫째, 가능한 숫자들은 일관된 자릿수 이내에 표시되어야 하고 둘째, 세상에 존재하는 화폐의 양은 유한하기 때문이다. 화폐의 양이 유한하다는 것은 특정 자산의 최상위 가격을 제한할 수 있다. 따라서 소유 주식에 대한 미래가격 $S(T)$는 많은 값을 가질 수는 있으나 그 값의 개수는 유한한 확률변수가 될 것이다. 참고로, 8장에서 이와 다른 경우를 다룰 것이다.

모든 주식과 채권의 가격은 다음과 같이 항상 양의 값을 가져야 한다.

$$A(t) > 0,\ S(t) > 0 \quad (t = 0, T).$$

시점 $t=0,T$ 에 대해 총 x개의 주식과 y개의 채권을 소유한 투자자의 자금은 다음의 식과 같다.

$$V(t) = xS(t) + yA(t). \tag{1.1}$$

여기서 (x,y)의 쌍은 **포트폴리오**(portfolio)라고 하며, $V(t)$는 이 포트폴리오의 **가치**(value), 또는 t 시점에서의 투자자의 **재산**(wealth)이 된다.

시점 0과 T 사이의 자산 가치의 변화는 포트폴리오 가치의 변화로 이어진다. 이는 다음의 식으로 표현할 수 있다.

$$V(T) - V(0) = x(S(T) - S(0)) + y(A(T) - A(0)).$$

이어 초깃값에 대한 위의 포트폴리오 가치의 차액은 포트폴리오의 수익률이 되고, 이를 식으로 표현하면 다음과 같다.

$$K_V = \frac{V(T) - V(0)}{V(0)}$$

채권이나 주식의 수익률은 포트폴리오의 수익에서 특정한 경우($x = 0$ 이거나 $y = 0$일 때)이다. 여기서 $S(T)$가 확률변수이기 때문에 $V(T)$, 그리고 그에 대응하는 수익률인 K_S와 K_V 역시 확률변수임을 알아두자. 무위험투자의 수익인 K_A는 이미 결정된 값이다.

예제 1.1

$A(0) = 100$, $A(T) = 110$ 달러라고 하자. 이 채권에 대한 투자수익률은 $K_A = 0.10 = 10\%$ 이다. 또한, $S(0) = 50$ 달러이고 확률변수 $S(T)$는 $0 < p < 1$에 대해 다음과 같이 두 가지의 값을 가질 수 있다고 가정한다.

$$S(T) = \begin{cases} 52 & (p\text{의 확률}), \\ 48 & (1-p\text{의 확률}). \end{cases}$$

이 주식의 수익률은 다음과 같다.

$$K_S = \begin{cases} 4\% & (\text{주식이 오르면}), \\ -4\% & (\text{주식이 내리면}). \end{cases}$$

예제 1.2

채권과 주식의 가격이 예제 1.1과 같이 주어져 있다고 할 때, 시점 0에서 $x=20$(주식)과 $y=10$(채권)으로 구성된 포트폴리오의 가치는 $V(0)=2{,}000$ 달러이다. T의 시점이 되었을 때 이 포트폴리오의 가치는,

$$V(T)=\begin{cases} 2{,}140 & (\text{주식이 오르면}), \\ 2{,}060 & (\text{주식이 내리면}) \end{cases}$$

이 될 것이다. 따라서 이 포트폴리오의 수익률은 다음과 같다.

$$K_V=\begin{cases} 7\% & (\text{주식이 오르면}), \\ 3\% & (\text{주식이 내리면}). \end{cases}$$

연습문제 1.1

$A(0)=90$, $A(T)=100$, $S(0)=25$달러라 하자. $0<p<1$에 대해

$$S(T)=\begin{cases} 30 & (p\text{의 확률}), \\ 20 & (1-p\text{의 확률}) \end{cases}$$

라고 한다면, $x=10$(주식)과 $y=15$(채권)로 구성된 포트폴리오에 대하여 $V(0), V(T), K_V$의 값을 계산하여라.

연습문제 1.2

연습문제 1.1과 같은 가격의 채권과 주식이 있다고 할 때, T 시점에서 포트폴리오의 가치는

$$V(T)=\begin{cases} 1{,}160 & (\text{주식이 오르면}), \\ 1{,}040 & (\text{주식이 내리면}) \end{cases}$$

이다. 시점이 0일 때 이 포트폴리오의 가치는 얼마인가?

우리는 포트폴리오의 위험과 무위험의 포지션 x와 y를 나타내기 위해, 음수와 분수와 같은 임의의 실수를 허용한다. 이는 수학적으로 편리할 뿐만 아니라 현실 시장과도 동떨어지지 않기 때문이다. 그렇기에 일반적으로, 포지션에 대해서는 다음과 같이 아무런 제약조건이 없다.

$$x, y \in \mathbb{R}$$

주식이나 채권 한 개(share) 중 일부만을 가지고 있는 것을 **분할**(divisibility)이라고 한다. 현실 거래에서 단위 가격에 비해 금융 거래 규모가 아주 클 때, 거의 완벽한 분할이 가능해진다.

x와 y에 대해서 어떠한 한계 값이 정해지지 않았다는 것은 **유동성**(liquidity)이라는 시장의 또 다른 특성에 연관이 있다. 이는 어떤 자산이든 수요에 의해 임의의 시장 가격으로 사고 파는 것이 가능하다는 뜻이다. 하지만 현실에서는 거래 규모에 제한이 있을 수 있고 큰 거래 규모는 가격에 영향을 미칠 수 있으므로, 이것은 어디까지나 이상적인 수리적 모형에서만 가능하다. 위의 영향을 모형화하는 것은 이 책의 범위를 넘어서는 수학적 지식을 요구한다.

만약 한 포트폴리오 내의 특정한 자산의 개수가 양(positive)이라면, 우리는 투자자가 **매입포지션**(long position)을 취한다고 말한다. 이와 반대일 때는, **매도포지션**(short position)을 취했다고 하거나 자산이 **매도된다**(shorted)고 한다. 무위험자산에서의 매도포지션은 채권을 발행하거나 파는 행위를 포함할 수 있다. 현실적으로는 현금을 빌리는 것이 더 간편하게 같은 효과를 내게 된다. 이자를 포함한 대출을 상환하는 것은 매도포지션을 **청산한다**(closed)고 말한다.

주식에서 매도포지션은 **공매도**(short selling)를 통하여 이루어질 수 있다. 이는 투자자가 주식을 빌려서 팔고, 이때 발생하는 이익으로 다른 투자를 하는 행위를 말한다. 주식 소유자는 그들이 가지는 주주로서의 모든 권리를 가져야 한다. 특히, 주주는 배당금을 받을 권리를 가지며 언제든 주식을 팔 수 있어야 한다. 이 때문에 투자자는 이러한 의무를 이행하기 위한 충분한 재원을 가져야 하며, 특히 위험자산에서의 매도포지션을 청산하기 위해서는 해당 주식을 다시 사서 소유주에게 되돌려 줄 수 있어야 한다. 마찬가지로, 투자자는 언제든지 무위험자산의 매도포지션을 이자를 포함한 현금 대출금을 상환함으로써 청산할 수 있어야 한다. 이런 현실적인 제약들이 있기에 투자자의 재산(wealth)은 항상 양수의 값을 가진다고 가정한다. 즉, $V(t) \geq 0$이다.

1.2 무재정원리

이 절에서는 시장에 대한 가장 근본적인 가정을 수식화할 것이다. 간단히 말하면,

시장에서는 초기 투자 없이는 무위험수익을 얻는 것이 불가능하다는 것이다. 이런 종류의 수익은 시장 참여자의 실수에 의해서나 발생할 수 있다.

예제 1.3

뉴욕 사무소에 근무하는 딜러 A가 $d_A = 1.62$달러 대 1파운드의 환율로 영국 파운드를 사겠다는 제안을 하였다. 런던의 딜러 B는 $d_B = 1.60$달러 대 1파운드의 환율을 적용하여 영국 파운드를 팔겠다는 제안을 하였다. 이 경우에 있어서 딜러들은 돈을 공짜로 나눠 주는 것이나 다름없다. 투자자의 입장에서 딜러 B에 대해서는 매입포지션을 취하고 딜러 A에 대해서는 매도포지션을 취함으로써 초기 자본이 없이도 각 파운드당 $d_A - d_B = 0.02$달러의 수익을 얻을 수 있기 때문이다. 이러한 무위험수익에 대한 수요가 발생하면 딜러들은 더 이상의 손해를 막기 위해 환율을 조절하게 될 것이다.

연습문제 1.3

2002년 7월 19일, 뉴욕의 딜러 A와 런던의 B는 통화 거래에 있어 유로(€), 영국 파운드(£), 미국 달러($)의 단위를 사용한다. 적용된 환율은 다음과 같다.

딜러 A	buy	sell
€1.0000	$1.0202	$1.0284
£1.0000	$1.5718	$1.5844

딜러 B	buy	sell
€1.0000	£0.6324	£0.6401
$1.0000	£0.6299	£0.6375

초기 투자금 없이 무위험수익을 얻을 수 있는 방안을 제시하여라.

다음 예제는 무위험수익이 두 시점만을 다루는 단순화된 구조에서 초기 투자 없이 실현될 수 있는 상황을 보여 준다.

예제 1.4

뉴욕의 딜러 A는 $d_A = 1.58$달러 대 1파운드의 환율을 적용하여 지금으로부터 1년 후에 영국 파운드를 매입하겠다고 한다. 반면 딜러 B는 $d_B = 1.60$달러 대 1파운드의 환율을 적용해 당장 영국 파운드를 매도하겠다고 한다. 달러는 4%의 연이율로 빌릴 수 있고, 영국 파운드는 6%의 연이율로 은행에 맡길 수 있다. 이러한 상황은 앞의 예제처럼 명백하진 않지만, 초기 투자 없이 무위험수익을 얻을 수 있는 기회를 만들 수 있다.

예를 들어 한 투자자가 10,000달러를 빌려서 6,250파운드로 환전을 한 후, 영국 은행에 예금을 했다고 하자. 그렇게 되면 1년 후, 그 투자자는 375파운드의 이자를 예금을 통해 얻을 수 있다. 이 금액을 딜러 A를 통해 환전하면 전체 금액은 10,467.50달러가 된다(이렇게 되려면 사전에 딜러 A의 제안에 대한 적절한 동의가 이루어져야 한다). 이후 투자자는 400달러의 이자를 포함한, 빌린 10,000달러에 대해 상환을 하고 67.50달러의 수익을 얻게 된다.

위의 경우, 적어도 두 딜러 중 한 명은 투자자들에게 무위험수익을 얻을 수 있게 환율을 책정하였다. 투자자들은 계속해서 초기 투자금 없이 수익을 얻고자 할 것이고, 이에 딜러들은 환율을 조절해 나갈 것이다. 구체적으로 d_A를 감소시키거나 d_B를 증가시킴으로써 무위험수익의 기회를 없앨 것이다.

지금까지의 예제들에서는 초기 투자 없이도 확실한 수익을 낼 수 있었다. 그러나 우리는 수익이 확실히 보장되지는 않지만, 손실의 위험이 없고 초기 투자도 필요 없으면서 수익을 발생시킬 수 있는 보다 미묘한 가능성에 대해서도 고려하여야 한다. 가령 1억 장의 복권을 생각해 보자. 이 복권의 당첨자는 단 한 명이고, 상품은 자동차이다. 당첨의 가능성은 굉장히 작지만 이 복권이 무료로 주어질 것이라 기대하는 사람은 없을 것이다. 비슷한 경우로 어떤 상품의 판매자가 이러한 종류의 무료의 보너스(구매 입증이 필요 없는 즉석복권)를 제안할 때가 있다. 현실에서 이러한 무료 보너스는 결코 무료가 아니며, 그 값이 상품의 가격에 모두 포함되어 있는 것이다.

우리는 앞으로 위와 같은 상황을 배제할 수 있는 가정을 할 것이다.

가정 1.5 무재정원리(No-Arbitrage Principle)

초깃값 $V(0) = 0$이고 1의 확률로 $V(T) \geq 0$이면서, $V(T) > 0$일 확률이 0이 아닌 포트폴리오 (x, y)는 존재하지 않는다. $V(0)$과 $V(T)$는 앞에서 정의된 식 (1.1)과 같다.

말하자면, 포트폴리오의 초기가치가 0, 즉 $V(0)=0$(초기 투자 없음)이고 $V(T) \geq 0$(손실의 위험이 없음)이라면, $V(T)=0$(수익이 없음)일 확률이 1이 되어야만 한다는 것이다. 즉, 어떤 투자자도 초기 투자와 위험부담 없이는 수익을 얻을 수 없다는 것을 의미한다. 무재정원리에 위배되는 포트폴리오가 존재한다면, **재정(차익거래, arbitrage)**의 기회가 존재한다고 말한다.

재정의 기회는 실제로 드물다. 만약 그런 기회가 있다 해도, 그에 따른 수익은 거래의 규모에 비해 아주 작아서 소액 투자자들에게까지 돌아오지는 않는다. 또한, 위의 예제들과 달리 이런 재정의 기회는 더욱 미묘할 수 있다. 무재정원리에 위배되는 상황들은 주로 그 기회가 일시적일 뿐만 아니라 포착하기도 매우 어렵다. 그리고 이러한 재정을 쫓는 투자자들의 움직임은 시장을 효율적으로 무재정 상태로 만든다.

수리적 모형에서 재정을 제외하는 것은 현실에 보다 가까울 뿐더러, 매우 중요한 가정이 된다. 무재정원리에 기반한 논의는 금융 수학의 주된 도구가 된다.

1.3 1단계 이항모형

이 절에서는 주식의 가격 $S(T)$가 두 가지의 값만을 갖는, 아주 간단한 예를 볼 것이다. 간단한 예시이기는 하나, 추후 더 복잡한 예시를 이해하는 데에 도움이 되는 흥미로운 내용이다.

예제 1.6

$S(0)=100$ 달러이고 $S(T)$는 다음과 같은 두 개의 값만을 갖는다.

$$S(T)=\begin{cases} 125 & (p\text{의 확률}), \\ 105 & (1-p\text{의 확률}). \end{cases}$$

$0<p<1$이고, 채권 가격은 $A(0)=100$, $A(T)=110$ 달러이다. 무위험수익은 $K_A=10\%$가 될 것이다. 주식의 수익 K_S는 주식이 오른다면 25%가 될 것이고, 주식이 내린다면 5%가 될 것이다. 주식가격은 그림 1.1과 같이 트리(tree) 모형으로 나타낼 수 있다.

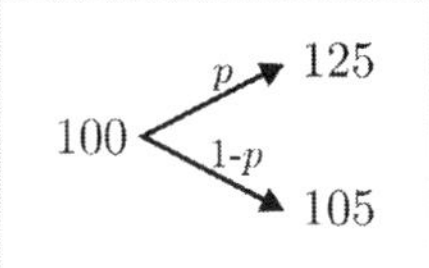

그림 1.1 주식가격의 1단계 이항트리(binomial tree) 모형

여기서 시점 T일 때의 두 가격 모두가 시점이 0일 때보다 높다는 점을 주시하자. 주식가격이 오르고 내린다는 것은 상대적인 것으로 시점 0일 때의 가격에 비해 오르거나 내린다는 것이 아니다. 사실 '주식이 올랐을 때'의 가격을 '주식이 떨어졌을 때'의 가격보다 더 낮게 설정할 수도 있다. 가령 자산이 통화라면 어떤 투자자들에게는 환율의 하락이 유리할 수도 있다. 환율의 상승은 사실 반대 입장에서는 하락을 의미하기 때문이다. 그렇기에 가격의 '상승'과 '하락'이라는 것은 두 가지 가능한 결과를 추상적으로 나타내는 참고사항으로 받아들이는 것이 좋겠다.

일반적으로 이항모형에서 주식과 채권의 가격 선택은 무재정원리에 의한 제약을 받는다. 시점 T에서 가능한 주식의 가격은 다음과 같다고 하자.

$$S(T) = \begin{cases} S^u(T) & (p\text{의 확률}), \\ S^d(T) & (1-p\text{의 확률}). \end{cases}$$

이때 $S^d(T) < S^u(T)$ 이고, $0 < p < 1$이다.

기본정리 1.7

$$\frac{S^d(T)}{S(0)} < \frac{A(T)}{A(0)} < \frac{S^u(T)}{S(0)}$$

의 제약이 모형에 적용되어야 한다. 그렇지 않으면 재정의 기회가 생길 수 있다.

증명

$\dfrac{A(T)}{A(0)} \le \dfrac{S^d(T)}{S(0)}$ 이라고 해 보자. 시점 0일 때,

- $S(0)$의 금액을 무위험으로 빌린다.

- $S(0)$의 가격으로 주식을 한 주 산다.

이러한 방법으로, 투자자는 주식 $x=1$과 채권 $y=-\frac{S(0)}{A(0)}$인 (x,y)의 포트폴리오를 소유하게 된다. 시점 0일 때의 포트폴리오의 값은 $V(0)=0$이다.
시점 T일 때 포트폴리오의 가치는 다음과 같다.

$$V(T)=\begin{cases} S^u(T)-\frac{S(0)}{A(0)}A(T) & \text{(주식이 오르면)}, \\ S^d(T)-\frac{S(0)}{A(0)}A(T) & \text{(주식이 내리면)}. \end{cases}$$

위의 포트폴리오 값은, 주식이 오를 때는 0보다 큰 값을 갖고, 하락할 때는 음이 아닌 값을 갖게 된다. 즉 $V(T)$는 1의 확률로 음수가 아니면서 $p>0$의 확률로 $V(T)>0$인 확률변수이다. 이 포트폴리오는 결국 무재정원리에 위배되는 재정의 기회를 제공한다(가정 1.5).

이번에는 $\frac{A(T)}{A(0)}\geq\frac{S^u(T)}{S(0)}$이라고 해 보자. 이 경우, 시점 0일 때

- $S(0)$의 가격으로 주식 한 주를 공매도한다.
- $S(0)$만큼의 금액을 무위험으로 투자한다.

결과적으로, 투자자는 $x=-1$이고 $y=\frac{S(0)}{A(0)}$인 포트폴리오 (x,y)를 가지게 된다. 시점 0에서의 포트폴리오의 가치는 $V(0)=0$이다. 이 포트폴리오의 최종 가치는 다음과 같다.

$$V(T)=\begin{cases} -S^u(T)+\frac{S(0)}{A(0)}A(T) & \text{(주식이 오르면)}, \\ -S^d(T)+\frac{S(0)}{A(0)}A(T) & \text{(주식이 내리면)}. \end{cases}$$

포트폴리오의 가치는 두 경우 모두 0보다 작지 않고, 주식이 내릴 때의 가치는 0보다 항상 큰 값을 갖게 된다. 그러므로 $V(T)$는 1의 확률로 음수가 아니면서 $1-p>0$의 확률로 $V(T)>0$인 확률변수인 것이다. 이 경우도 마찬가지로 재정의 기회를 갖게 되고, 무재정원리에 위배된다(가정 1.5). ■

위의 논의에 대해서는 직관적으로 받아들이면 된다. 가격이 저렴한 자산들을 매입하고 가격이 높은 자산들을 매도(또는 공매도)하여 남는 차익을 이익으로 취하는 것이다.

1.4 위험과 수익

$A(0)=100$, $A(T)=110$, $S(0)=80$ 달러이고,

$$S(T)=\begin{cases}100 & (0.8\text{의 확률}),\\ 60 & (0.2\text{의 확률})\end{cases}$$

이라고 하자. 어느 투자자가 10,000달러를 포트폴리오에 투자한다고 하자. 이 투자자가 $x=50$주를 사기로 하였다면, 무위험투자는 $y=60$으로 고정될 것이다. 이 경우,

$$V(T)=\begin{cases}11{,}600 & (\text{주식이 오르면}),\\ 9{,}600 & (\text{주식이 내리면}),\end{cases}$$

$$K_V=\begin{cases}16\% & (\text{주식이 오르면}),\\ -4\% & (\text{주식이 내리면})\end{cases}$$

이다. 여기서 **기대수익률(expected return)**, 즉 이 포트폴리오로부터 얻을 수 있는 수익률에 대한 기댓값은

$$E(K_V)=16\%\times 0.8-4\%\times 0.2=12\%$$

가 된다. 이 투자의 **위험(risk)**은 확률변수 K_V의 표준편차 값으로 정의한다:

$$\sigma_V=\sqrt{(16\%-12\%)^2\times 0.8+(-4\%-12\%)^2\times 0.2}=8\%$$

이제 이 결과를 포트폴리오가 순전히 주식 혹은 채권으로 이루어졌을 경우와 비교해 보도록 하자. 만약 $x=0$이라면 $y=100$이고, 전체 금액은 무위험으로 투자되는 것이다. 그렇다면 수익은 확실히 $K_A=10\%$가 된다. 이때 표준편차로 나타낼 수 있는 위험은 $\sigma_A=0$이다.

반면에, $x=125$이고 $y=0$이라고 생각하면, 이 경우 전체 금액은 주식에 투자된다. 그러면,

$$V(T)=\begin{cases}12{,}500 & (\text{주식이 오르면}),\\ 7{,}500 & (\text{주식이 내리면})\end{cases}$$

이 되고, $E(K_S)=15\%$이며, $\sigma_S=20\%$이다.

같은 기대수익을 가지는 두 포트폴리오가 주어진다면, 투자자들은 당연히 더 낮

은 위험의 포트폴리오를 선호할 것이다. 마찬가지로 두 포트폴리오의 위험수준이 같다면 투자자들은 더 큰 기대수익을 내는 것을 선호할 것이다. 그러나 높은 기대수익을 가지는 자산은 일반적으로 높은 위험을 갖는다. 이러한 상황에서는 결국 개인의 기호에 따라 선택이 이루어진다. 이 내용에 대해서는 3장에서 여러 개의 위험자산으로 이루어진 포트폴리오를 고려할 때, 보다 구체적으로 다루기로 한다. 기대수익과 위험을 관리하는 수단으로서 포트폴리오의 선택과 다양화의 효용을 보게 될 것이다.

연습문제 1.4

포트폴리오를 구성하기 전, 초기 투자액으로 $10,000가 주어졌다. 위에서 주어진 주식과 채권가격에 대해, 주식과 채권을 반반으로 가지는 포트폴리오를 구성하여라. 이때 이 포트폴리오의 기대수익과 표준편차로 나타나는 위험을 계산하여라.

1.5 선도계약

선도계약(forward contract)은 **인도 시점**(delivery date)이라고 불리는 미래의 특정 시점에, **선도가격**(forward price)이라고 불리는 계약 시 정한 특정 가격 F로 위험자산을 팔거나 사기로 하는 계약을 말한다. 자산을 사기로 계약한 투자자는 **선도계약을 산다**(long forward contract)고 하거나 **선도계약의 매입포지션**(long forward position)**을 취한다**고 말한다. 반대로 만약 투자자가 미래 시점에 자산을 팔기로 한다면, 그 투자자는 **매도포지션**(short forward position)**을 취한다**고 하거나 **선도계약을 판다**(short forward contract)고 한다. 선도계약이 이루어지는 시점에서는 어떠한 금액도 지불되지 않는다.

예제 1.8

만약 선도가격이 $80라고 하자. 자산의 시장 가격이 인도 시점에 $84가 된다고 하면, 선도계약을 매도한 사람은 $4의 손실을 입는 반면, 선도계약을 매입한 사람은 $80에 자산을 사면서 $4의 이익을 얻는다. 하지만, 인도 시점에 자산의 시장 가격이 $75가 된다고 하면, 선도계약을 산 투자자는 $5의 손해를 보고, 판 소유자는 $5의 이익을 얻는다. 두 가지 경우 모두 한쪽의 손실은 반대쪽의 이익이 된다.

일반적으로, 선도계약을 매입한 투자자는 미래의 자산가격 $S(T)$가 계약 시 정한 가격인 F보다 높아지면 이익을 얻게 된다. 만약 자산가격 $S(T)$가 F보다 떨어진다면, 선도계약을 매입한 투자자는 손실을 입을 것이다. 이때, 선도계약을 매입한 투자자의 수익은 $S(T)-F$(양수나 음수일 수도 있고, 0이 될 수도 있다)이다. 선도계약을 매도한 측의 수익은 반대로 $F-S(T)$이다.

주식이나 채권과 별개로, 투자자가 소유한 포트폴리오는 선도계약을 포함할 수 있으며, 이런 경우 포트폴리오는 (x, y, z)로 표현된다. 앞에서와 마찬가지로, x는 주식의 수이고 y는 채권의 수이다. z는 선도계약의 수가 된다(양수는 매입포지션을 뜻하고, 음수일 때는 매도포지션을 의미한다). 선도계약이 맺어질 때에는 지불금액이 없기 때문에, 포트폴리오의 초기가치는 식 (1.2)와 같이 나타낼 수 있다.

$$V(0) = xS(0) + yA(0). \tag{1.2}$$

인도 시점의 이 포트폴리오의 가치는 다음의 식 (1.3)과 같다.

$$V(T) = xS(T) + yA(T) + z(S(T) - F). \tag{1.3}$$

선도계약을 포트폴리오에 포함시킬 경우, 무재정원리의 적용 역시 이에 맞게 확장되어야 한다.

가정 1.9 무재정원리

포트폴리오가 선도계약의 z 포지션을 포함하고 초깃값이 $V(0)=0$이라고 하자. 이때 1의 확률로 $V(T) \geq 0$이면서 0보다 큰 확률로 $V(T) > 0$인 포트폴리오 (x, y, z)는 존재하지 않는다. 여기서 $V(0)$와 $V(T)$는 식 (1.2)와 (1.3)에서 주어진 식을 따른다.

무재정원리는 선도가격 F를 결정한다. 편의상 우리는 선도계약의 위험자산이 보유비용(cost of carry)을 갖지 않는 가장 간단한 경우를 고려할 것이다. 전형적인 예로는 배당금 지급이 없는 주식의 경우이다. 대조적으로 상품은 저장비용을 발생시킨다. 반면 외환은 이자를 발생시키므로 음의 보유비용이 발생한다고 간주할 것이다.

선도계약의 매입포지션은 미리 정한 자산을 인도 시점에 선도가격 F에 사는 것을 보장한다. 또는 자산을 지금 매입하여 인도 시점까지 보유할 수도 있다. 그러나 현 시점에서의 현금 지불이 0이 되려면, 자산의 매입은 대출을 통한 자금 조달로 이루어져야 한다. 이자를 동반하는 대출액은 인도 시점에 갚아져야 하므로 이 액수는 선도가격이 될 수 있을 것이다. 이어지는 기본정리는 이것이 실제 가능한 상황임을 보여 준다.

기본정리 1.10

위험자산의 보유비용이 없는 경우, 선도가격은

$$F = S(0)\frac{A(T)}{A(0)} = S(0)(1+K_A) \tag{1.4}$$

이어야 한다. 그렇지 않으면 재정의 기회가 발생하게 된다.

증명

$F > S(0)(1+K_A)$라고 가정하자. 그리고 시점 0에서

- $S(0)$만큼의 돈을 차입한다.
- $S(0)$를 지불하고 자산을 구입한다.
- 인도 시점 T와 선도가격 F로 선도계약을 매도한다.

결과적으로 주식, 무위험포지션, 선도계약 매도로 이루어진 $(1, -\frac{S(0)}{A(0)}, -1)$의 포트폴리오가 구성되고 그것의 초기가치 $V(0)=0$이다. 그리고 시점 T에서,

- F의 가격으로 자산을 팔아서 선도계약의 매도포지션을 청산한다.
- $\frac{S(0)}{A(0)}A(T) = S(0)(1+K_A)$을 지불함으로써 무위험포지션을 청산한다.

그러므로 포트폴리오의 최종적인 가치는 다음과 같다.

$$V(T) = F - S(0)(1+K_A) > 0.$$

투자자는 이 포트폴리오를 통해 이익을 얻을 수 있고, 이는 무재정원리를 위반한다(가정 1.9).

반면, $F < S(0)(1+K_A)$라면 시점 0에서

- $S(0)$에 위험자산을 공매도한다.
- 이 금액을 무위험자산에 투자한다.
- 인도 시점 T와 선도가격 F로 주식에 대한 선도계약을 매입한다.

$\left(-1, \frac{S(0)}{A(0)}, 1\right)$의 포트폴리오가 구성되고, 이 포트폴리오의 초기가치 $V(0)=0$이다. 결과적으로 시점 T에서는

- 무위험자산에의 투자로부터 $\frac{S(0)}{A(0)}A(T)=S(0)(1+K_A)$만큼의 금액을 받는다.
- F의 가격으로 자산을 사고 선도계약의 매입포지션을 청산한다. 그리고 자산을 소유주에게 돌려준다.

결국 이 투자자의 재정에 의한 이익은

$$V(T)=S(0)(1+K_A)-F>0$$

이 된다. 이는 무재정원리를 마찬가지로 위반한다(가정 1.9). 그러므로 선도계약의 가격은 항상 $F=S(0)(1+K_A)$를 만족하여야만 한다. ■

연습문제 1.5

$A(0)=100$, $A(1)=112$, $S(0)=34$달러라고 하자. 주식에 대한 선도계약의 인도시점이 1이고, 주식의 선도가격이 $F=38.60$달러라고 할 때, 재정의 기회를 찾을 수 있는가?

참고 1.11

선도계약은 예제 1.3을 무재정원리의 체계 안에서 엄격한 기준으로 해석하는 것을 가능하게 한다. A, B 딜러가 제시한 가격은 d_A의 비율 또는 d_B의 비율로 교환하겠다는 약속이다. 이것은 각각 인도 시점이 현재이고 선도환율이 d_A와 d_B인 선도계약으로 간주될 수 있다. 재정 포트폴리오는 $(x, y, z_1, z_2)=(0, 0, -1, 1)$으로 구성되고, 뒤의 두 항목은 딜러 A에 대한 포지션 z_1, 딜러 B에 대한 포지션 z_2를 나타낸다.

1.6 콜옵션과 풋옵션

$A(0)=100$, $A(T)=110$, $S(0)=100$달러이고,

$$S(T)=\begin{cases} 120 & (p\text{의 확률}), \\ 80 & (1-p\text{의 확률}) \end{cases}$$

이라고 하자(단, $0<p<1$).

행사가격(strike price)이 100달러이고 **행사 시점**(exercise time)이 T인 **콜옵션**(call option)은 보유자에게 이 주식을 100달러에 살 수 있는 권리(의무는 아닌)를 부여하는 계약이다.

만약 주식가격이 행사가격 밑으로 떨어지면, 그 옵션은 가치가 없어진다. 시장가격이 80달러이면 이 주식을 100달러에 사는 것은 의미가 없고 아무도 권리를 행사하려 하지 않을 것이다. 반대로, 주가가 행사가격보다 높은 120달러로 오르면, 이 옵션은 T 시점에 이 주를 100달러에 살 권리가 있는 주식 보유자가 즉각적으로 시장가격인 120달러에 주식을 매도함으로써 주식 보유자에게 20달러의 이익을 가져다 줄 것이다. 이것을 우리는 옵션을 **행사**(exercising)한다고 한다. 뿐만 아니라 우리는 시장가격과 행사가격의 차액인 20달러를 받음으로써 간단하게 이 옵션을 행사할 수도 있다. 주식 소유를 바꿀 필요가 없기 때문에 실제로 이 방법이 더 선호된다.

결과적으로 시점 T에서의 콜옵션의 수익은 다음과 같은 확률변수로 주어진다.

$$C(T)=\begin{cases}20 & (\text{주식이 오르면}),\\ 0 & (\text{주식이 내리면}).\end{cases}$$

일반적으로 시점 T에서의 콜옵션의 수익은 다음과 같이 정의된다.

$$C(T)=\max(S(T)-X,0).$$

단, X는 행사가격이다. 한편, $C(0)$는 시점 0, 즉 현재 우리가 사고 팔 수 있는 옵션의 가격이다.

참고 1.12

콜옵션은 선도계약의 매입포지션과 비슷해 보인다. 둘 다 미래의 자산을 고정된 가격에 미리 산다는 개념을 포함한다. 중요한 차이로 선도계약을 매입한 사람은 그 고정된 가격에 자산을 반드시 구매해야 하는 반면, 콜옵션 보유자는 구매할 의무가 아닌 권리를 가진 것이다. 다른 차이로는 투자자가 콜옵션을 구매할 때는 프리미엄(premium)을 지불해야 하는 반면, 선도계약을 주고 받을 때는 아무 지불도 필요없다.

옵션을 매매할 수 있는 시장에서 x개의 주식, y개의 채권, z개의 옵션으로 이루어진 포트폴리오 (x,y,z)에 투자할 수 있다고 하자. 시점 0에서 이 포트폴리오의 가치는 다음과 같다.

$$V(0) = xS(0) + yA(0) + zC(0). \tag{1.5}$$

T 시점에서의 가치는 다음과 같다.

$$V(T) = xS(T) + yA(T) + zC(T). \tag{1.6}$$

이러한 종류의 포트폴리오를 다루기 위해 무재정원리를 확장할 필요가 있다.

가정 1.13 무재정원리

1의 확률로 $V(T) \geq 0$이면서 0보다 큰 확률로 $V(T) > 0$이고 초깃값 $V(0) = 0$을 갖는, 콜옵션 z를 포함하는 포트폴리오 (x, y, z)는 존재하지 않는다. 여기서 $V(0), V(T)$는 식 (1.5)와 (1.6)에 정의한 바와 같다.

우리는 재정 기회가 없다는 가정하에, 시점 0에서의 콜옵션의 가격 $C(0)$을 어떻게 계산해야 하는지 알아야 한다. 콜옵션 보유자는 의무가 아닌 특정한 권리(이 권리를 얻기 위해서는 프리미엄을 지불해야 한다)가 있으므로, $C(0)$를 양수라고 가정하는 것이 합리적이다. 옵션가격 $C(0)$는 다음의 두 단계로 구할 수 있다.

1단계

T 시점에서의 투자의 가치는 주식가격 $S(T)$가 120달러까지 높아지거나 80달러까지 떨어지는 것과 상관없이 옵션의 가치와 동일해지는 x개의 주식과 y개의 채권으로 투자를 구성한다.

$$xS(T) + yA(T) = C(T).$$

우리는 이것을 옵션을 **복제(replicating)**한다고 한다.

2단계

시점 0의 주식과 채권의 투자가치를 계산한다. 기본정리 1.14에서 이것은 옵션의 가격과 동일하다는 것을 보일 것이다.

$$xS(0) + yA(0) = C(0).$$

왜냐하면 그렇지 않으면 재정의 기회가 있기 때문이다. 이 단계를 우리는 옵션의 **가격결정(pricing)** 또는 **가치결정(valuing)**이라고 한다.

1단계 (옵션의 복제)

T 시점에 주식과 채권의 투자가치는 다음과 같다.

$$xS(T)+yA(T)=\begin{cases} x120+y110 & (\text{주식이 오르면}), \\ x80+y110 & (\text{주식이 내리면}). \end{cases}$$

두 확률변수 사이의 등식 $xS(T)+yA(T)=C(T)$은 다음과 같다.

$$\begin{cases} x120+y110=20, \\ x80+y110=0. \end{cases}$$

첫 번째 방정식은 주가가 120달러까지 오르는 경우이고, 두 번째 방정식은 주가가 80달러까지 떨어지는 경우이다. T 시점에서의 주식과 채권의 투자가치가 **주식가격의 등락에 관계없이** 옵션의 투자가치와 같아야 하기 때문에, 이 두 방정식은 동시에 성립되어야 한다. x와 y에 대해 방정식을 풀면 해는 다음과 같다.

$$x=\frac{1}{2},\ \ y=-\frac{4}{11}.$$

옵션의 복제를 위해 우리는 $\frac{1}{2}$개의 주식을 사야 하고, 채권에서는 $-\frac{4}{11}$의 매도포지션을 취해야 한다(아니면 현금으로 $\frac{4}{11}\times 100=\frac{400}{11}$달러를 빌려야 한다).

2단계 (옵션가격 결정)

시점 0에서의 주식과 채권의 투자가치를 다음과 같이 계산할 수 있다.

$$xS(0)+yA(0)=\frac{1}{2}\times 100-\frac{4}{11}\times 100\ \cong 13.6364\,.$$

다음의 기본정리는 이것이 옵션의 가격과 같아질 수밖에 없음을 보여 준다.

기본정리 1.14

만약 옵션이 (x,y)의 주식과 채권으로 이루어진 포트폴리오로 복제가 가능하다면, $C(0)=xS(0)+yA(0)$이 된다. 그렇지 않으면 재정기회가 존재한다.

증명

$C(0) > xS(0) + yA(0)$라고 가정하자. 그러면 시점 0에서:

- 옵션 한 개를 $C(0)$달러에 발행하고 판다.
- 가격이 $xS(0) + yA(0)$인 포트폴리오 (x, y)의 매입포지션을 취한다(콜옵션의 경우, 이것은 돈을 빌려서 구매하는 것을 말한다).

이 거래의 잔액은 $C(0) - xS(0) - yA(0) > 0$이므로 양수이다. 이만큼을 무위험자산에 투자한다. 이 포트폴리오는 초기가치 $V(0) = 0$이고, 시점 T에서는:

- 주식이 오르면, 현물가격과 행사가격의 차이 값 $S^u(T) - X$을 지불하는 것으로 옵션에 대한 의무를 청산한다. 주식이 떨어지면 아무것도 지불할 필요가 없다. 비용은 두 경우 모두 $C(T)$이다.
- $xS(T) + yA(T)$를 받으면서 주식과 채권의 포지션을 청산한다.

이 거래들의 잔액은 주식이 오르거나 떨어지는 것에 관계없이(포트폴리오가 옵션을 복제하므로) $-C(T) + xS(T) + yA(T) = 0$로 0이 될 것이다. 그러나 시점 0에서의 무위험자산 투자로부터 $C(0) - xS(0) - yA(0)$와 그에 대한 이자가 발생하므로 무재정원리(가정 1.13)에 위배되는 재정수익이 생긴다.

이제, $C(0) < xS(0) + yA(0)$라고 가정하자. 그러면 시점 0에서:

- 옵션 한 개를 $C(0)$달러에 산다.
- 포트폴리오 (x, y)의 매도포지션을 취한다(이것은 채권을 구입하고 주식을 공매도하는 것을 말한다).

이 거래의 잔액은 $-C(0) + xS(0) + yA(0) > 0$이므로 양수이다. 이만큼을 무위험자산에 투자한다. 이 포트폴리오는 초기가치 $V(0) = 0$이고, 시점 T에서는:

- 주식이 오르면, 옵션을 행사하고 현물가격과 행사가격의 차이 값 $S^u(T) - X$를 받는다. 주식이 떨어지면 아무것도 받지 않는다. 두 경우 모두 수익은 $C(T)$이다.
- $xS(T) + yA(T)$를 지불함으로써 주식과 채권의 포지션을 청산한다.

이 거래들의 잔액은 주식이 오르거나 떨어지는 것에 관계없이 $C(T) - xS(T) - yA(T) = 0$로 0이 될 것이다. 그러나 무위험자산 투자로부터 $-C(0) + xS(0) + yA(0)$와 그에 대한 이자가 발생하므로 무재정원리(가정 1.13)에 위배되는 재정수익이 생긴다. ■

여기서 다시 한 번 재정전략이 상식적인 패턴을 따른다는 것을 알 수 있다. 미래에 무슨 일이 일어나든 관계없이 거래 과정에 의무가 따르지 않으면, 비싼 자산을 팔고(필요하다면 공매도하고) 싼 것을 사는 것이다.

기본정리 1.14는 옵션의 현가가 다음과 같아야 한다는 것을 의미한다.

$$C(0)=\frac{1}{2}S(0)-\frac{4}{11}A(0)\cong 13.6364.$$

이 가격보다 낮은 가격으로 옵션을 팔려고 하거나 더 높은 가격으로 사려고 하는 사람은 공짜로 돈을 나눠주는 것과 같은 재정기회를 만드는 것이다.

참고 1.15

주식이 오를 확률 p와 떨어질 확률 $1-p$는 옵션의 가격을 책정하는 것이나 복제하는 것과는 무관하다. 이것은 아주 주목할 만한 특징이며, 우연한 것이 아니다.

참고 1.16

옵션이 주식과 채권으로 복제될 수 있는 시장에서는 옵션이 잉여상품처럼 보일 수 있다. 이 말은 간단한 1단계 모형에서는 유효하다. 그러나 여러 시간 단계(혹은 연속된 시간)의 복제를 포함하는 상황에서는 훨씬 더 복잡해진다. 이때에는 주식과 채권의 포지션을 가격의 변동이 있는 매 순간 재조정해야 하고, 그 결과 상당한 관리와 거래 비용이 발생하기 때문이다. 심지어 어떤 경우에는 옵션을 정확하게 복제하는 것이 불가능할 수도 있다. 그렇기 때문에 투자자의 대다수가 옵션을 팔고 사는 것을 선호하고, 복제는 전문 딜러 및 기관에 의해 수행된다.

연습문제 1.6

위와 같이 채권과 주식의 가격을 $A(0)$, $A(T)$, $S(0)$, $S(T)$로 놓자. 행사 시점 T에 a)행사가격 \$90, b)행사가격이 \$110인 경우 콜옵션의 가격 $C(0)$을 계산하여라.

연습문제 1.7

위와 같이 가격을 $A(0)$, $S(0)$, $S(T)$로 놓자. 행사 시점 T에 a) $A(T)=\$105$, b) $A(T)=\$115$인 경우에 행사가격이 \$100인 콜옵션의 가격 $C(0)$을 계산하여라.

행사 시점이 T이고 행사가격이 \$100인 풋옵션은 T 시점에서 주식 한 개를 \$100에 팔 수 있는 권리(의무가 아닌)를 준다. $S(T)$의 가능한 값이 위와 같을 때, 이런 종류의 옵션은 주식이 오른다면 가치가 없고, 주식이 떨어지면 수익이 발생한다. 풋옵션의 수익은

$$P(T)=\begin{cases}0 & (\text{주식이 오르면}),\\ 20 & (\text{주식이 내리면})\end{cases}$$

이며, 일반적으로는 다음과 같다.

$$P(T)=\max(X-S(T),0).$$

여기서 X는 행사가격이다. 포트폴리오의 개념은 앞에서와 같이 z로 표시된 풋옵션의 포지션을 허용하도록 확장될 수 있다.

풋옵션의 복제과정과 가격결정 과정은 콜옵션과 같은 패턴을 따른다. 특히 풋옵션의 가격 $P(0)$는 주식과 채권의 투자를 복제한 것의 시점 0에서의 가치와 같다.

참고 1.17

풋옵션과 선도계약 매도포지션 사이에는 유사성이 있다. 둘 다 미래의 특정 시점에 정해진 가격으로 자산을 매도한다. 그러나 중요한 차이점은 풋옵션 보유자는 의무가 아닌 팔 권리를 가지고 있는 반면에, 선도계약 매도자는 고정된 가격에 자산을 팔아야만 한다는 것이다. 또 선도계약을 거래할 때는 아무 비용도 들지 않지만, 풋옵션을 거래하는 투자자는 비용을 지불해야 한다.

연습문제 1.8

위와 같이 채권과 주식의 가격을 $A(0)$, $A(T)$, $S(0)$, $S(T)$로 놓자. 풋옵션을 포함하는 무재정원리를 공식화하고, 풋옵션의 행사가격이 100달러일 때 가격 $P(0)$를 계산하여라.

옵션과 선도계약의 공통적인 특징은 4장과 5장에서 논의될 것이다. 6장과 7장에서는 가격 결정과 복제 방법이 좀 더 복잡하긴 하지만 여전히 이산적인 시장모형으로, 또한 다른 금융자산을 포함하는 경우로 확장될 것이다.

1.7 외환 시장

외화는 위험자산의 중요한 예이다. 주식과 비교할 때 근본적으로 달라진 점은 포트폴리오에 포함된 각 외환 단위가 추가적인 무위험수익을 낸다는 것이다. 여기서 우리는 통화가 은행 계좌에 보관되어 있거나 무위험 채권에 투자되어 있다고 가정한다. 자산이 추가적인 무위험수익을 내는 방법은 그 자산에 기초한 파생상품을 다룰 때 반드시 고려되어야 한다. 이것은 배당금이 소유주에게 지불되는 주식시장에서도 마찬가지다.

우선 선도가격을 위해 식 (1.4)를 조정하는 것으로 시작하자. 시점 T에 외화 한 단위를 가지기 위해서는 그 단위의 일부, 즉 $\frac{A_f(0)}{A_f(T)} = \frac{1}{1+K_f}$ 만 사면 충분하다는 것에 주목할 필요가 있다. 여기서 첨자 f는 외화 채권의 가격과 그것의 수익률을 나타낸다. 그러므로 선도가격(더 정확하게는, **선도환율**)은 다음과 같다.

$$F = S(0)\frac{1+K_h}{1+K_f}. \tag{1.7}$$

여기서 $1+K_h = \frac{A_h(T)}{A_h(0)}$ 이고, 첨자 h는 국내 통화를 나타낸다.

연습문제 1.9

무재정원리를 이용하여 식 (1.7)을 증명하여라.

연습문제 1.10

달러 채권의 수익율이 $K_\$ = 5\%$, 현재 달러 대 파운드의 환율이 $S(0) = 1.6$, 인도 시점 $T=1$의 달러 대 파운드의 선도가격은 $F = 1.50$ \$/£ 라고 가정하자. 만약 시점 1에 £100를 지불하는 영국 채권의 현가는 얼마인가?

다음은 외화에 기초한 옵션가격을 구해 보자. 이것은 예제를 통해 잘 설명된다.

예제 1.18

미국 달러 시장에서 거래되는 파운드화를 고려해 보자. 미국 달러 채권의 수익률이 $K_\$ = 5\%$이고, 영국 채권의 수익률은 $K_£ = 3\%$라고 가정하자. $S(0) = 1.62$, $S^u(T) = 1.84$, $S^d(0) = 1.46$ 인 이항모형에서 행사가격 $X = 1.64$\$/£ 인 파운드에 기초한 콜옵션을 고려해 보자. 복제 단계에서 x, y를 구해야 한다.

$$\begin{aligned} x(1+K_£)S^u(T) + y(1+K_\$) &= S^u(T) - X, \\ x(1+K_£)S^d(T) + y(1+K_\$) &= 0. \end{aligned}$$

기초자산(여기서는 파운드)으로부터 발생하는 추가수익을 나타내는 계수

$1+K_{\pounds}$ 가 없는 경우인 주식옵션의 복제와 비교하여 차이점을 살펴보자. 이 연립방정식의 해는 $x=0.5110$ 파운드, $y=-0.7318$ 달러이고, 결과적으로

$$C(0)=xS(0)+y=0.0960$$

달러이다.

연습문제 1.11

예제 1.18의 자료를 이용하여 행사가격이 $X=1.71\$/\pounds$ 일 때 파운드화에 기초한 풋옵션의 가격을 구하여라.

1.8 옵션을 이용한 위험관리

옵션 및 기타 파생 상품의 존재는 가능한 투자 시나리오를 확장한다. 초기 자산 $1,000가 있다고 가정하고 1.6절의 설정에 나온 두 가지 투자를 다음과 같이 비교해보자.

• 주식 10주를 산다; 시점 T의 가치는 다음과 같다.

$$10\times S(T)=\begin{cases}1,200 & (\text{주식이 오르면}),\\ 800 & (\text{주식이 내리면}).\end{cases}$$

또는,

• $1,000/13.6364\cong 73.3333$ 의 콜옵션을 산다; 이 경우의 최종 자산은

$$73.3333\times C(T)\cong\begin{cases}1,466.67 & (\text{주식이 오르면}),\\ 0.00 & (\text{주식이 내리면})\end{cases}$$

이 된다. 주식이 오른다면, 옵션 투자는 주식으로의 투자보다 더 높은 약 46.67%의 수익을 내게 될 것이다. 그러나 반대의 경우라면 가진 돈을 전부 잃을 것이다. 반면에 주식 투자는 20%만 잃거나 얻는 것이다. 확률을 구체화시키지 않고서 수익의 기댓값이나 표준편차를 계산하는 것은 불가능하다. 그럼에도 불구하고, 모두 옵션 투자가 주식 투자보다 위험하다는 것에 동의할 것이다. 모험적인 투자자들이 옵션 투자를 한다.

연습문제 1.12

위의 설정에서, 초기 자산 \$1,000를 주식과 옵션으로 50대 50으로 투자한 투자자의 최종 자산을 구하여라.

위험을 줄이기 위해 옵션이 이용될 수도 있다. 미래에 주식을 구매할 계획이 있는 투자자를 고려해 보자. 현재의 주식가격은 $S(0) = \$100$이고, 미래 시점 T에 이르러서야 투자할 자금이 생기고, 그때의 주식가격은 다음과 같다.

$$S(T) = \begin{cases} 160 & (p\text{의 확률}), \\ 40 & (1-p\text{의 확률}). \end{cases}$$

단, $0 < p < 1$이다. 이전과 같이 $A(0) = 100$, $A(T) = 110$ 달러를 가정하고, 다음의 두 가지 전략을 비교해 보자.

- 자금이 이용 가능해지는 시점 T까지 기다렸다가 주식을 $S(T)$에 사는 것;

또는

- 시점 0에 행사가격 \$100인 콜옵션을 돈을 빌려서 사는 것; 그 후 시점 T에 이자와 함께 대출을 갚고, 주식가격이 올랐다면 옵션을 행사하고, 내렸다면 주식을 산다.

첫 번째 전략을 선택한 투자자는 상당한 위험에 노출되어 있다. 반대로, 두 번째 전략을 선택한 투자자는 옵션대금을 지불하기 위해 $C(0) \cong 31.8182$달러가 필요하다. 시점 T에 35달러의 대출을 갚아야 하고, 옵션을 사용하여 주식을 구매할 수 있다. 이 전략으로 주식 한 주를 사는 비용은 다음과 같다.

$$S(T) - C(T) + 35 = \begin{cases} 135 & (\text{주식이 오를 때}), \\ 75 & (\text{주식이 내릴 때}). \end{cases}$$

두 숫자의 차이가 전보다 작아졌으므로 위험은 분명히 감소한다.

연습문제 1.13

a) $p = 0.25$, b) $p = 0.5$, c) $p = 0.75$인 경우에 대해 옵션이 있을 때와 없을 때의 위험을 주식 한 주를 사는 비용의 표준편차를 이용하여 나타내어라.

연습문제 1.14

옵션을 이용한 위의 전략의 위험은 옵션을 이용하지 않았을 때의 위험의 절반임을 보여라. 이는 p가 $0 < p < 1$ 범위에서 어떤 값을 갖더라도 성립한다. 여기서 위험은 한 주의 주식을 사는 비용의 표준편차로 나타낸다.

만약 두 개의 옵션을 샀다면, 위험은 0으로 감소된다. 1의 확률로,

$$S(T) - 2 \times C(T) + 70 = 110.$$

이 전략은 주식의 선도가격이 정확하게 110달러이기 때문에(1.5절 참조) 선도계약의 매입포지션과 동등한 것으로 나타난다. 이것은 또한 현재 100달러인 주식을 사기 위해 돈을 빌리고 T 시점에 110달러로 대출금을 갚는 것과 동일하다.

사례 1 논의

첫 번째 해야 할 일은 문제의 본질을 파악하는 것이다. 영국 회사는 일 년 후의 가격이 $100,000라고 보장되는 장비를 사기 위해 £64,000를 준비할 것이다. 이때 생기는 문제의 근원은 구입 시점의 환율을 현재 알 수 없다는 것이다. 만약 환율이 1.5625 $/£ 밑으로 떨어지면 준비해 둔 자금이 장비를 구입하기에 부족하게 된다.

이 프로젝트가 성공적이려면, 환위험을 헤지(hedge)할 수 있는 금융 상품이 디자인되어야 한다. 이 장을 공부해 오면서 이 목표를 달성하기 위한 몇 가지 도구에 익숙해졌을 것이다. 이러한 도구를 적용하는 데에는 추가적인 시장 데이터를 수집하는 것이 필요하다.

첫 번째 방법은 연말에 파운드를 달러로 바꾸기 위해 선도계약을 맺는 것이다. 파운드를 매입하기 위한 선도가격 F는 1.7절에서 논의된 방법을 사용해서 찾을 수 있다. 그러기 위해서는, 영국 채권과 미국 채권의 가격을 찾아보거나, 또는 동등하게 각각에 대응하는 무위험수익률을 찾아 봐야 한다. $K_{\$} = 5\%$이고 $K_{£} = 3\%$라고 가정하자. 이로부터 선도가격 $F = 1.6515\$/£$인 것을 알 수 있다. £64,000를 이 환율로 환전하면 105,693.20달러가 된다. 회사는 환율이 어떻게 되든 상관없이 5,693.20달러를 남기고, 장비를 구입할 수 있을 것이다.

선도계약의 대안으로, 회사가 사실상 파운드화를 팔면서 통화를 달러로 전환해야 하기 때문에, 파운드화에 기초한 풋옵션을 이용할 수 있다.

이를 위해 미래의 환율에 대한 확률모형을 구축해야 한다. 우리가 배운 범위에서는 1단계 이항모형을 사용하는 방법밖에 없다. 현재 달러를 파운드로 전환하는 환율 $S(0) = 1.62$ $/£이고 무위험수익은 $K_{\$} = 5\%$이고 $K_{£} = 3\%$이다. 두 가지 미래의 환율 $S^u(1)$, $S^d(1)$은 시장 데이터에 맞게 조정되어야 한다. 이것은 파운드에 기초한 옵션의 가격을 이용할 수 있다. 행사가격이 1.6$/£와 1.7$/£이면서 현재 $0.1178와 $0.0624로 팔리는 콜옵션이 시장에서 거래되는 옵션 중에 가장 유동적인(그래서 가장 대표적인 것으로 고려됨) 옵션이라고 가정하자. 이 콜옵션 가격은 예제 1.18에서와 같이 $S^u(1)$, $S^d(1)$의 함수로 표현될 수 있기 때문에 두 연립 방정식을 얻게 되고, 이를 풀면 $S^u(1) = 1.8126$, $S^d(1) = 1.4273$ $/£가 된다.

이렇게 모델을 조정하였으니, 이제 환율 위험을 헤지하는 데에 사용될 풋옵션의 행사환율 X를 결정해야 한다. 행사 환율 X는 옵션가격 P에 영향을 미치므로 정확한 표현을

위해 $P(X)$로 쓰자. £ 64,000를 달러로 바꾸기 위해 64,000개의 풋옵션을 살 필요가 있고, 이를 위해 $P(X) \times 64,000$달러를 빌려야 한다. 회사가 거래하는 은행이 미국 달러 대출에 10% 이자율을 매겼다고 하자. 그렇다면 연말에 장비의 가격에 추가로 $P(X) \times 64,000 \times 1.1$달러를 갚아야 한다. 이것으로 행사가격 방정식을 구할 수 있다.

$$100{,}000 + P(X) \times 64{,}000 \times 1.1 = X \times 64{,}000.$$

이 방정식의 해는 $X = 1.6680$ £/$이다. 풋옵션의 가격은 $P(X) = 0.0959$달러이다. 옵션을 구매하기 위해 $P(X) \times 64{,}000 \cong 6{,}137.60$달러를 빌릴 필요가 있고, 연말에 이자를 포함하여 6,751.36달러를 갚아야 한다. 만약 환율이 오르면, 파운드를 시장 가격에 팔아서 $64{,}000 \times 1.8126 - 106{,}751.36 \cong 9{,}255.04$달러의 추가이익을 얻을 것이다. 만약 환율이 내리면, 옵션을 행사하게 되고 추가적인 이익은 발생하지 않는다.

옵션을 포함하는 전략은 선도계약만큼 매력적으로 보이지 않는다. 풋옵션으로 헤지하는 것은 회사에서 장비를 환율 변동과 상관없이 구입할 수 있게 하지만, 금융 거래 결과가 환율의 변화에 영향을 받기 때문에 예측 불가능하다. 실제적인 문제는 이상적인 행사환율 $X = 1.6680$$/£를 가지는 풋옵션이 시장에서 거래되지 않아서 장외시장에서의 거래가 필요할 수도 있다. 옵션으로 위험을 헤지하는 방법의 또 다른 명백한 약점은 우리가 사용한 환율모형의 간결성과 연관되어 있다. 이 방법은 후에 우리가 기초 자산에 대한 더 좋은 확률모형을 공부하게 되었을 때 다시 살펴봐야 할 가치가 있을 것이다. 반면에 선도계약을 사용할 때는 특정한 이자율 모형을 선택할 필요가 없고, 결과가 훨씬 더 로버스트(robust)하다.

제 2 장 무위험자산

사례 2

연 5%의 이자를 받는 은행예금을 통해 퇴직연금을 구성해 보자. 퇴직은 40년 후에 하게 된다고 가정하고, 그때부터 20년간 연금을 받기 원하며, 퇴직할 당시에는 마지막 봉급의 50%에 해당하는 연금을 받고자 한다. 당신의 연봉은 매년 2%씩 상승한다고 가정하고, 연금 또한 같은 비율로 매년 늘어나기를 원한다.

2.1 금전의 시간가치

1년 후에 받게 되는 $100은 현재의 $100과 비교해 그 가치가 적다. 주된 이유는 미래에 지불해야 하는 돈이나 정해진 기간 동안 계좌에 있어야 하는 돈은 현재 즉시 사용될 수 없기 때문이다. 이에 사람들은 연기된 소비에 의한 보상을 받고자 기대하게 된다. 또 다른 이유로, 가격이 그동안 오를 수 있고, 그럴 경우 같은 금액으로는 현재와 똑같은 구매력을 갖지 못하기 때문이다. 또한, 비록 매우 낮다고는 하지만 미래에 돈을 받지 못하는 위험(risk)도 항상 존재한다. 채무불이행(default)의 가능성으로 미래의 지급이 불투명해질 때마다, 그 지급되는 금전의 현재가치는 그 위험을 보상하기 위해 계속해서 줄어들게 되는 것이다(그러나 여기서 우리는 채무불이행이나 신용위험은 없다고 가정할 것이다). 무위험자산의 일반적인 예로써, 은행예금이나 채권에 대해 고려해 보자.

시간에 따라 돈의 가치가 어떻게 변화하는가는 금융에서 근본적인 중요성을 갖는 복잡한 문제이다. 우리는 두 가지의 주된 질문에 대해 생각해 볼 것이다.

현재 대출하거나 투자한 금액의 미래가치는 무엇인가?

미래의 특정 시점에 수령하거나 지불할 금액의 현재가치는 무엇인가?

이 질문의 답은 이 장에서 논의될 다양한 요소들에 근거한다. 이 내용은 **금전의 시간가치**(time value of money)로서 앞으로 자주 참조될 것이다.

2.1.1 단순이자율(단리)

이자를 지급하는 은행계좌에 입금하는 경우를 생각해 보자. 이 투자의 **미래가치**(future value)는 **원금**(principal) P로 나타낼 수 있는 초기 예금과 계좌에 납입된 이후 발생하는 모든 이자를 포함한다.

우선 투자기간 동안 원금은 변하지 않고, 오로지 원금에 의해서만 이자가 발생하는 상황을 고려해 보자. 예를 들면 발생한 이자를 현금으로 인출한다든지, 혹은 이자가 발생하지 않는 다른 계좌로 입금한다든지, 한참 후에 같은 계좌로 지급되는 경우를 생각해볼 수 있다.[1)]

1년 후, 발생하는 이자는 rP가 된다. 이때 이자율은 r로 $r>0$이다. 이 시점에서의 투자가치는 $V(1)=P+rP=(1+r)P$이다. 2년이 지난 후의 가치는 $V(2)=(1+2r)P$가 된다. 이제 1년 중 부분적인 기간만을 고려해 보자. 이자는 일반적으로 1일 단위로 계산된다. 하루에 발생하는 이자는 $\frac{1}{365}rP$가 된다. n일이 지난 후에는 이자가 $\frac{n}{365}rP$가 되고, 이때 이 투자의 총 가치는 $V(\frac{n}{365})=(1+\frac{n}{365}r)P$가 된다. 이러한 사실은 다음의 **단순이자율**(simple interest) 법칙을 제공한다. $V(t)$로 나타낼 수 있는 t시점에서의 투자가치는

$$V(t)=(1+tr)P \tag{2.1}$$

가 된다는 것이다. 여기서 t는 년(year)으로 표현되는 단위로, 음수가 아닌 어떠한 실수로도 나타낼 수 있다(그림 2.1 참조). 특히, $V(0)=P$라는 등식이 성립함은 명백하다. $1+rt$는 **성장계수**(growth factor)라 한다. 여기서 이자율 r은 일정한 상수라고 가정한다. 원금 P가 시간 0이 아닌 s에 투자되었다고 할 때, $t\geq s$에서의 가치는 다음과 같이 된다.

$$V(t)=(1+(t-s)r)P. \tag{2.2}$$

1) 역주: 단리법에 의하면 이자에 대한 이자는 발생하지 않고, 원금에 대한 이자만 발생한다.

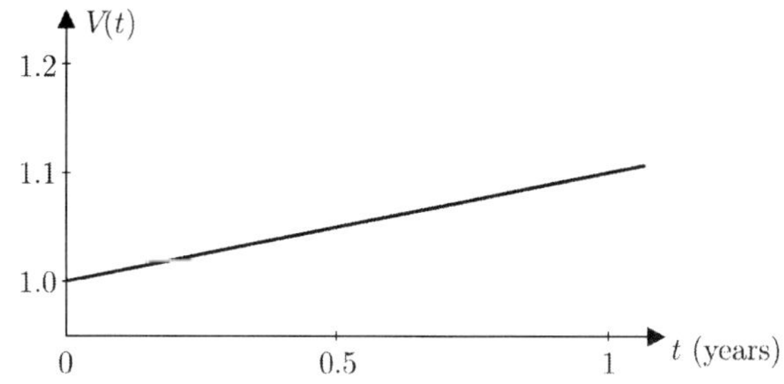

그림 2.1 원금에 10% 단순이자율이 적용될 때 ($r=0.1,\ P=1$)

이 책에서 시간의 단위는 1년으로 할 것이다. 그리고 다른 시간의 단위(일, 주, 월)로 표현되는 기간은 1년에 대한 분수 단위로 전환하여 다룰 것이다.

예제 2.1

20일 동안, 이자율이 8%인 은행의 예금계좌에 $150을 맡겼다고 해 보자. 이것을 기호로 나타내면 $t=\frac{20}{365}$, $r=0.08$이다. 20일이 지난 후, 예금계좌의 잔액는 $V(\frac{20}{365})=(1+\frac{20}{365}\times 0.08)\times 150 \cong 150.66$이 된다.

참고 2.2

단순이자율을 활용하는 중요한 예로는 LIBOR 금리가 있다(런던은행에서 제공하는 금리). 이 금리는 큰 런던 은행들 사이의 거래에서 유효한 이자율이다. LIBOR 금리는 1년까지의 매우 다양한 짧은 기간에 적용되고, 수많은 거래에 있어서 참고할 수 있는 기준이 된다. 가령 일반적인 상업대출에 있어서의 금리 책정은 추가적인 증거금(margin)을 더한 특정한 LIBOR 금리에 의해 이루어진다.

s시점에 시작해서 t시점에 종료되는 투자의 **수익률**은 $K(s,t)$로 나타낸다. 이는

$$K(s,t)=\frac{V(t)-V(s)}{V(s)} \tag{2.3}$$

와 같다. 단순이자율의 경우라면,

$$K(s,t)=(t-s)r$$

로 (2.2)와 같은 식이 된다. 특히, 이자율이 1년 동안의 수익률과 같다면 다음과 같다.

$$K(0,1) = r$$

일반적으로 이자율은 만기 시점이 다른 투자들을 쉽게 비교하기 위해, 1년의 기간을 단위로 한다. 반면에 수익률은 이자율과 투자가 이루어지는 시간의 길이를 모두 반영한다.

연습문제 2.1

총 $9,000의 돈을 2달(61일) 동안 단리를 주는 은행계좌에 맡겼다. 예금기간이 끝나는 시점에서 이자를 포함한 금액이 $9,020이라 할 때, 이자율 r과 이 투자의 수익률을 구하여라.

연습문제 2.2

당신은 2%의 수익률을 얻고자 하고, 특정한 미래 시점에 $1,000를 받고자 한다면 현재 얼마를 투자해야 하는가?

연습문제 2.3

$800의 예치금이 이자가 더해져 $830이 되었다 할 때, 얼마만큼의 기간이 지났는지 구하라. 이때 이자율은 9%라고 가정하자. 또한 이 투자의 수익률을 계산하여라.

연습문제 2.4

3개월(91일) 후에 $1,000을 필요로 한다고 가정할 때, 이자율이 8%인 은행계좌에 얼마의 원금을 납입하여야 하는지 계산하여라.

마지막 연습문제는 중요하고도 일반적인 문제와 연관되어 있다. 시간 t에서의 가치가 주어졌을 때, 초기의 가격을 구하는 문제이다. 단순이자율의 경우에는 다음과 같이 식 (2.1)을 원금에 대해 풀어서 쉽게 알아낼 수 있다.

$$V(0) = V(t)(1+rt)^{-1}. \tag{2.4}$$

이 수치를 **현가(현재가치, present value)** 혹은 $V(t)$의 **할인가격**(discounted value)이라고 한다. 더불어 $(1+rt)^{-1}$을 **할인계수**(discount factor)라고 한다.

예제 2.3

영구연금(perpetuity)은 같은 시간 간격 동안, 끝없이 일정한 금액을 지불하는 연금이다. 예를 들어, C의 지불이 1년에 한 번씩 이루어진다고 가정하자. 첫 번째 지불은 지금부터 1년 후에 이루어진다. 이러한 영구연금은 이자율 r을 가지는 은행세좌에 나음과 같은 금액을 예금함으로써 가능하다.

$$P=\frac{C}{r}.$$

이 예금은 매년 $C=rP$ 의 금액을 지불할 수 있도록 이자를 발생시킬 것이다.

실제로 단순이자율은 단기간의 투자와 대출과 예금의 특정한 종류에만 활용된다. 더 긴 기간에서의 금전의 가치를 나타내는 데는 현실적이지 못하다. 대부분의 경우, 이미 발생한 이자는 더 많은 이자를 창출하는 데 재투자될 수 있고 식 (2.1)에 나타낸 것보다 더 큰 수익률을 얻게 한다. 다음에서 더 자세히 살펴보자.

2.1.2 주기적 복리

P 만큼의 금액이 이자율 $r>0$을 가지는 은행계좌에 예금되었다고 가정하자. 그러나 단순이자율의 경우와는 다르게, 여기서는 발생한 이자가 주기적으로 원금에 더해지는 형태를 가정할 것이다. 이때 주기적으로 더해지는 기간은 1년, 반년, 3개월, 1개월, 심지어 하루의 단위까지 생각할 수 있다. 결과적으로 이자는 원래의 예치금뿐만 아니라 기존에 적용된 모든 이자에 대해 발생한다. 이제 이 같은 조건에서 **이산 복리**(discrete compounding), 혹은 **주기적 복리**(periodic compounding)에 대해 이야기해 보자.

예제 2.4

한 달을 단위로 이루어지는 복리의 경우, 1달 후에 $\frac{r}{12}P$ 만큼의 첫 번째 이자가 발생하고, 이에 원금은 $(1+\frac{r}{12})P$로 증가한다. 이 증가된 금액 모두 미래에 새로운 이자를 발생시킨다. 두 번째 이자지급은 2달 후에 이루어지고 이때, 이자는 $\frac{r}{12}(1+\frac{r}{12})P$가 될 것이다. 그러므로 예치금은 $(1+\frac{r}{12})^2P$로 증가한다. 1년이 지난 후에는 $(1+\frac{r}{12})^{12}P$가 될 것이고, n달이 지난 후에는 $(1+\frac{r}{12})^nP$,

t년이 흐른 후에는 $(1+\frac{r}{12})^{12t}P$가 될 것이다. 마지막 공식은 t가 $\frac{1}{12}$의 배수일 때 성립한다.

일반적으로 1년 동안 m번의 이자지급이 이루어질 때, 첫 지급은 $\frac{1}{m}$ 시점에서 이루어지고, 두 지급 사이의 시간은 연단위로 $\frac{1}{m}$이 된다. 이자가 지급될 때마다 원금은 $1+\frac{r}{m}$의 계수만큼 증가할 것이다. 이자율 r이 변하지 않는다고 했을 때, t년이 지난 후 원금 P의 **미래가치(future value)**는

$$V(t) = (1+\frac{r}{m})^{tm}P \tag{2.5}$$

이다. 이 기간 동안 tm번의 이자가 지급되기 때문이다. 이 식에서 t는 $\frac{1}{m}$의 배수가 되어야 할 것이다. $(1+\frac{r}{m})^{tm}$를 **성장계수(growth factor)**라고 한다.

이와 같은 복리법은 단순이자율을 매 기간 다른 초기투자 금액에 대해 적용하는 것으로 볼 수 있다. 식 (2.5)는 다음과 같은 점화식으로 표현할 수 있다.

$$V(t+\frac{1}{m}) = V(t)(1+\frac{r}{m}).$$

이때, $V(0) = P$이다.

때로는 이자지급이 이루어지는 사이의 시점에서 투자의 정확한 가치를 알아야 할 필요가 있다. 특히 이자를 지급받기 전, 계좌가 청산될 경우가 그렇다. 가령 이자율이 12%이고 매월 복리로 계산하는 계좌에 예금을 한다고 하자. 예금액 $100의 열흘 후 가치는 얼마가 될까? 가능한 답 중 하나로 $100이 있을 것이다. 첫 번째 이자지급이 한 달 후에라야 이루어지기 때문이다. 그렇기에 그림 2.2에 나타난 것과 같이, 식 (2.5)를 길이 $\frac{1}{m}$의 계단함수(step function)를 활용해서 임의의 t로 확장해야 한다. 추후, 참고 2.21에서 모든 $t \geq 0$에 대해서 무재정원리(No-arbitrage principle)와 합치하는 식을 얻기 위해서는 식 (2.5)의 우변을 이용해야 한다는 것을 볼 것이다.

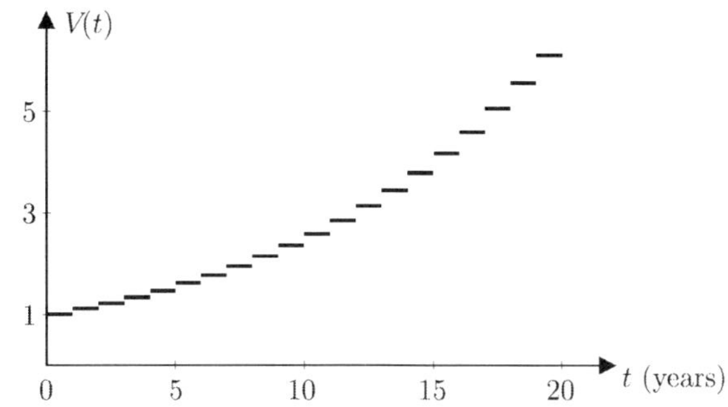

그림 2.2 원금에 10%의 1년 단위 복리가 적용될 때 ($m=1,\ r=0.1,\ P=1$)

연습문제 2.5

이자율이 6%이고, 매일 복리로 계산되는 예금계좌가 있다. 이 계좌의 예금액이 2배가 되기 위해서는 얼마만큼의 시간이 필요한가?

연습문제 2.6

매년 복리가 적용되는 예금액이 10년 후에 2배로 증가하려면, 이자율은 얼마가 되어야 하는가?

연습문제 2.7

이자율이 10%이고, a) 매년 b) 반년 단위로 복리가 적용되는 계좌가 있다. 이 계좌에 \$100의 예금액이 있을 때, 2년 후의 미래가치를 구하고 비교해 보자.

기본정리 2.5

다른 변수는 고정되어 있고, m, t, r, P 중 하나의 변수만이라도 증가한다면, 미래의 가치 $V(t)$도 증가하게 된다.

증명

식 (2.5)로부터 볼 때, t, r 혹은 P가 증가한다면 $V(t)$가 증가하는 것은 자명하다. 복리가 적용되는 횟수인 m이 증가할 때 $V(t)$가 증가하는 것을 보이기 위해서는 $m < k$에 대해,

$$(1+\frac{r}{m})^{tm} < (1+\frac{r}{k})^{tk}$$

가 만족됨을 보여야 한다. 이것은,

$$(1+\frac{r}{m})^m < (1+\frac{r}{k})^k$$

와 같이 나타낼 수 있다. 그리고 직접적인 전개를 통해 아래와 같이 증명된다.

$$\begin{aligned}
(1+\frac{r}{m})^m &= 1+r+\frac{1-\frac{1}{m}}{2!}r^2+\cdots+\frac{(1-\frac{1}{m})\times\cdots\times(1-\frac{m-1}{m})}{m!}r^m \\
&\le 1+r+\frac{1-\frac{1}{k}}{2!}r^2+\cdots+\frac{(1-\frac{1}{k})\times\cdots\times(1-\frac{m-1}{k})}{m!}r^m \\
&< 1+r+\frac{1-\frac{1}{k}}{2!}r^2+\cdots+\frac{(1-\frac{1}{k})\times\cdots\times(1-\frac{k-1}{k})}{k!}r^k \\
&= (1+\frac{r}{k})^k.
\end{aligned}$$

첫 번째 부등식은 좌변의 모든 항들이 우변의 대응하는 항들보다 작거나 같기 때문에 성립한다. 두 번째 부등식은 우변이 좌변과 비교해 양의 값을 가지는 $k-m$만큼의 항을 더 가지고 있기에 성립한다. 여기서 두 등식은 모두 이항정리를 사용하였다.

$$(a+b)^m = \sum_{i=0}^{m} \frac{m!}{i!(m-i)!} a^i b^{m-i}.$$

이것으로 증명이 완료된다. ■

연습문제 2.8

$1,000의 예금액에 15%의 이자율로 매일 복리가 계산되는 경우와 $1,000의 예금액에 15.5%의 이자율로 반년마다 복리가 계산되는 경우가 있을 때, 1년 후 미래가치가 더 큰 것은 어느 쪽인가?

연습문제 2.9

2년 후에 $1,000을 얻고자 한다. 12%의 연복리로 계산할 때, 초기 투자금액은 얼마가 되어야 하는가?

연습문제 2.9는 주기적으로 복리가 적용될 때 미래의 어느 시점에 지급되는 금액의 현가를 찾는 문제이다. $V(t)$에 대한 **현가** 또는 **할인가**는 다음과 같은 공식으로 주어진다.

$$V(0) = V(t)(1+\frac{r}{m})^{-tm}.$$

$(1+\frac{r}{m})^{-tm}$을 **할인계수**라고 한다.

참고 2.6

투자의 최종가치인 $V(t)$를 고정시켜 보자. 기본정리 2.5에 따라, r, t, m 중 하나가 줄어들고 다른 요인들이 변하지 않는다면 현가는 증가하게 된다.

연습문제 2.10

전체 투자기간 동안 이자율 5%에 a)매일 또는 b)매년 복리가 적용되는 계좌가 있다. 이 계좌에는 100년 후 \$100,000의 금액을 받을 만큼의 예금액이 있다고 한다. a)와 b)의 경우에 대해, 각각 현가(present value)를 구해 보자.

미래의 특정시간 T에 $V(T)$가 주어질 경우, 종종 투자의 중간시점 $0 < t < T$에서 투자의 중간가치인 $V(t)$를 알 필요가 있다. 이것은 원금을 구하는 방식과 같이, $V(T)$의 현가를 계산함으로써 얻을 수 있다. 투자의 가치를 시간 t의 시점을 기준으로 생각하는 것이다. 이자율 r로 m번 주기적으로 복리가 적용된다 할 때, $V(t)$의 값은 다음과 같이 주어진다.

$$V(t) = (1+\frac{r}{m})^{-(T-t)m}V(T). \tag{2.6}$$

정기적으로 복리가 적용되는 예금의 수익률(return)을 구하기 위해서는 식 (2.3)을 활용하여 다음과 같은 식을 얻을 수 있다.

$$K(s,t) = \frac{V(t)-V(s)}{V(s)} = (1+\frac{r}{m})^{(t-s)m} - 1.$$

특히,

$$K(0,\frac{1}{m})=\frac{r}{m}$$

이 되는데, 이 식은 수익률이 주어질 때 이자율을 쉽게 구할 수 있게 해 준다.

연습문제 2.11

$r=10\%$ 이고, 매달 복리가 적용된다고 할 때, 1년 동안의 수익률을 구하여라.

연습문제 2.12

복리가 적용되는 횟수 m 이 1보다 클 때, 이자율 r 과 $K(0,1)$ 의 수익률 중 어느 쪽이 더 큰가?

참고 2.7

정기적으로 복리가 적용되는 예금의 수익률은 가법적(additive)이지 않다. 예를 들어 $m=1$ 인 경우에는,

$$\begin{aligned}K(0,1)&=K(1,2)=r\\K(0,2)&=(1+r)^2-1=2r+r^2\end{aligned}$$

이다. 그러므로 $K(0,1)+K(1,2)\neq K(0,2)$ 이다.

2.1.3 지급액의 흐름

연금(annuity)은 동일한 시간 간격을 가지고 일정 금액이 유한 번 지급되는 것을 말한다. 매년 한 번씩, n 년간 C 의 금액이 지급되고, 첫 번째 지급은 1년 후에 이루어진다고 가정해 보자. 해마다 복리가 적용될 때, 이러한 지급액의 흐름에 대한 현가를 찾아보기로 한다. 이는 모든 지급의 현가를 계산하고 그것을 더함으로써 다음과 같이 구할 수 있다.

$$\frac{C}{1+r}+\frac{C}{(1+r)^2}+\frac{C}{(1+r)^3}+\cdots+\frac{C}{(1+r)^n}.$$

때로는 다소 복잡해 보일 수도 있는 다음의 표기를 사용하는 것이 유용하다.

$$PA(r,n)=\frac{1}{1+r}+\frac{1}{(1+r)^2}+\cdots+\frac{1}{(1+r)^n} \tag{2.7}$$

위의 수치는 **연금의 현가 계수**(present value factor for an annuity)라고 한다. 이 표기를 이용하여 연금의 현재 가치를 다음과 같이 간단한 형태로 나타낼 수 있다.

$$PA(r,n)\times C.$$

그리고 $PA(r,n)$의 식을 다음의 공식을 활용해 단순화할 수 있다.

$$a+qa+q^2a+\cdots+q^{n-1}a=a\frac{1-q^n}{1-q}. \tag{2.8}$$

이를 $PA(r,n)$에 적용하기 위해서는 $a=\dfrac{1}{1+r}$과 $q=\dfrac{1}{1+r}$이 되어야 하므로

$$PA(r,n)=\frac{1-(1+r)^{-n}}{r} \tag{2.9}$$

이 된다.

참고 2.8

이자율 r로 매년 복리가 적용되는 은행 계좌의 초기 예금액이 다음과 같다면,

$$P=PA(r,n)\times C=\frac{C}{1+r}+\frac{C}{(1+r)^2}+\cdots+\frac{C}{(1+r)^n},$$

이 예금액으로 n년 동안 매년 금액 C를 지급할 수 있다. 먼저, $C(1+r)^{-1}$의 예금액은 1년 후에 C가 되고, 이로써 첫 번째 연금지급을 충당할 수 있게 된다. $C(1+r)^{-2}$의 예금액은 2년 후에 마찬가지로 C가 되고, 두 번째 연금지급을 충당할 수 있다. 마지막으로 $C(1+r)^{-n}$의 예금액은 n년 후에 C가 되는데 이것으로 전체 연금지급이 가능하게 된다.

예제 2.9

$1,000의 대출금을 매년 동일한 상환금으로 5년 동안 갚는 것을 고려해 보자. 이때 상환금은 매 시점 갚아야 할 금액(outstanding balance)의 연 15%로 계산된 이자와 대출 원금의 일정부분 상환을 포함한다. 이 같은 유형의 대출을 **상환대출**(amortised loan)이라고 한다. 각각의 상환 금액은 다음과 같이 계산할 수 있다.

$$\frac{1{,}000}{PA(15\%,5)} \simeq 298.32.$$

대출을 해준 사람(lender)의 입장에서 대출은 연금과 같은 형태를 갖기 때문에 이렇게 나타낼 수 있는 것이다.

연습문제 2.13

각 상환금에 얼마의 이자가 포함되는가? 또한 각 상환금에 얼마의 원금이 포함되는가? 매번 상환이 이루어진 후 앞으로 갚아야 할 원금(outstanding balance)은 얼마인가?

연습문제 2.14

매년 말에 $10,000의 돈을 상환할 여력이 있고, 10년 후에는 대출금을 모두 갚고자 한다. 이자율이 18%라 할 때, 얼마의 금액을 빌릴 수 있는가?

연습문제 2.15

40년 동안 매년 말에 $1,200의 예금을 했다고 가정하자. 적용되는 금리는 일정하게 5%로 유지되고, 연복리로 적용된다. 40년 후의 잔고가 얼마인지 구하여라.

연습문제 2.16

$100,000의 모기지(mortgage)대출을, 10년간 해마다 일정한 상환금을 내서 전부 갚는다고 하자. 각각의 상환금에는, 대출금 일부뿐 아니라 지난 번 상환 후 남은 잔고에 대한 이자가 포함되어 있다. 만약 8년이 지나 8번째 상환이 다가왔을 때 이 모기지대출을 한꺼번에 청산하고자 한다면, 8번째 상환금에다가 얼마를 더 지불해야 하는가? 모기지대출기간 동안에는 6%의 연복리이자율이 적용된다고 가정한다.

앞에서 다루어진 바와 같이 **영구연금**(perpetuity)은 매년 말에 고정된 금액 C가 무한히 지급되는 것이다. 영구연금의 현가는 식 (2.7)에서 $n \to \infty$ 라고 하면, 다음과 같이 구할 수 있다.

$$\lim_{n\to\infty} PA(r,n) \times C = \frac{C}{1+r} + \frac{C}{(1+r)^2} + \frac{C}{(1+r)^3} + \cdots = \frac{C}{r} \tag{2.10}$$

등비급수의 합에 극한을 취해줌으로써, 위의 식을 얻을 수 있다.

참고 2.10

영구연금은 단순이자율 대신 주기적 복리를 적용한 것이지만, 그 현가는 예제 2.3과 같은 공식으로 구할 수 있다. 두 경우 모두, 해마다 지급되는 금액 C가 원금에 1년 동안 붙는 이자와 정확히 같고, 지급 후 남은 잔액은 항상 $\frac{C}{r}$로 유지된다. 그럼에도 불구하고, 주기적 복리는 같은 지급과정을 다른 방식으로 해석할 수 있게 한다. 영구연금의 현가 $\frac{C}{r}$는 식 (2.10)과 같이 무한히 많은 부분으로 분해할 수 있고, 각 부분은 미래의 지급액 C 하나씩을 책임진다.

참고 2.11

연금계수(annuity factor)에 대한 식 (2.9)는 영구연금의 공식을 이용하여 기억하는 것이 더 용이하다: $C=1$이 n년간 지급되는 것은 각각 시작 시점을 현재와 n년 후로 하는 두 영구연금의 차로써 표현될 수 있다(영구연금의 뒷부분을 제거하면, 연금을 얻을 수 있다). 이를 위해, n년 후를 시작시점으로 하는 영구연금의 현가를 계산할 필요가 있다. 이것은 할인계수 $(1+r)^{-n}$으로 구할 수 있다. 즉,

$$PA(r,n) = \frac{1}{r} - \frac{1}{r} \times \frac{1}{(1+r)^n} = \frac{1-(1+r)^{-n}}{r}$$

이 된다.

연습문제 2.17

지급액이 C, $C(1+g)$, $C(1+g)^2$, $\cdots$의 형태로 주어졌을 때, 이 무한수열의 현가를 구하여라. 이는 지급액이 일정한 비율 g로 증가하고 있는 형태이다. 이어 꼬리부분을 잘라내서(tail-cutting), n번 지급이 있었을 때의 현가 식을 구하여라.

2.1.4 연속 복리

이자율 $r>0$로 1년에 m번 복리가 적용되는 경우, 원금 P는 미래시점 t에 식 (2.5)와 같은 미래가치를 갖는데, 이 식은 다음과 같이 나타낼 수 있다.

$$V(t) = [(1+\frac{r}{m})^{\frac{m}{r}}]^{tr} P.$$

$m \to \infty$의 극한에서는, 자연로그의 밑인 $e = \lim_{x\to\infty}(1+\frac{1}{x})^x$를 이용하면

$$V(t) = e^{tr} P \tag{2.11}$$

가 도출된다. 이를 **연속 복리**(continuous compounding)라고 한다. 연속 복리에 대한 **성장계수**(growth factor)는 e^{tr}이다. $V(t)$의 일반적인 형태의 그래프는 그림 2.3과 같다.

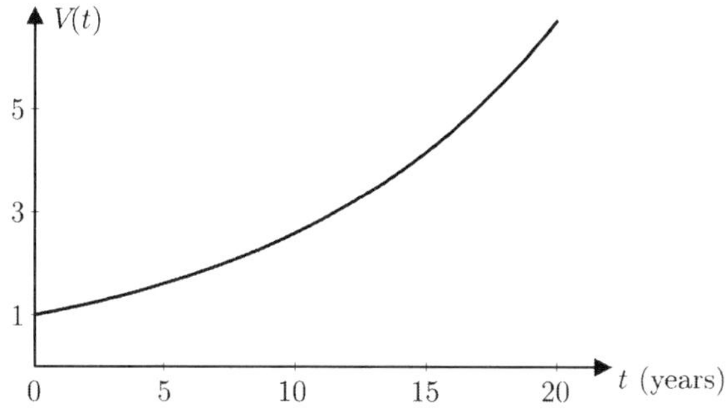

그림 2.3 원금에 10%의 연속 복리가 적용될 때 ($r=0.1$, $P=1$)

$V(t)=e^{tr}P$에 미분을 하면,

$$V'(t)=re^{tr}P=rV(t)$$

가 된다. 연속 복리에 있어서 증가율은 현재의 부와 비례한다.

식 (2.11)은 횟수 m이 커질 때, 주기적 복리의 좋은 근사치를 제공한다. 주기적 복리에 비해 보다 간단하고 용이한 변환을 가능하게 한다.

연습문제 2.18

10%의 연속 복리가 적용되는 계좌에 $1,000,000의 금액이 예금되었을 때, $1의 이자를 얻기 위해서는 얼마나 많은 시간이 필요한가?

연습문제 2.19

1626년 뉴 네덜란드(New Netherland)[2]의 식민지 총독이었던 Peter Minuit는 아메리칸 인디언들에게 $24어치의 물품을 지불하고 맨하탄을 샀다. 5%의 복리가 a) 연속적으로, b)매년 적용되었을 때, 2000년에 이 $24의 가치는 얼마가 되는가?

2) 역자 주: 뉴 네덜란드는 17세기에 뉴욕 주, 뉴저지 주, 델라웨어 주 등의 현재 미국 동부의 몇몇 주들을 포함하는 지역을 칭하던 이름임.

기본정리 2.12

같은 원금 P와 같은 이자율 r이 주어진다면, 연속 복리는 어떤 m번에 대해서도 주기적 복리보다 더 큰 미래가치를 생산한다.

증명

위 정리는 아래의 식을 만족시킴으로써 증명된다.

$$e^{tr} > (1+\frac{r}{m})^{tm} = [(1+\frac{r}{m})^{\frac{m}{r}}]^{rt}$$

위 부등식은 $(1+\frac{r}{m})^{\frac{m}{r}}$이 m에 대한 증가함수이고, $m \nearrow \infty$에서 e로 수렴하므로 성립될 수 있다. ■

연습문제 2.20

10%의 복리이자율이 \$100의 예금계좌에 매월 적용되는 경우와 연속적으로 적용되는 경우가 있을 때, 1년 후 금액의 차이를 구해 보자. 또 이 금액의 차이가 \$0.01보다 작게 하기 위해서는 복리가 1년에 몇 차례 적용되어야 하는가?

연속 복리하에 현가는 다음과 같이 주어진다.

$$V(0) = V(t)e^{-tr}.$$

이 경우, **할인계수**는 e^{-tr}이다. 만기 시의 금액 $V(T)$가 주어졌을 때 이것의 시점 $t < T$에서의 현가는

$$V(t) = e^{-r(T-t)}V(T) \tag{2.12}$$

로 나타낼 수 있다.

연습문제 2.21

20년 후에 받을 \$1,000,000의 현가를 구해 보자. 이때 6%의 연속 복리를 가정한다.

연습문제 2.22

연속 복리가 적용되는 \$950이 반년 후 \$1,000이 된다고 할 때, 적용되는 이자율을 구하여라.

식 (2.3)의 연속 복리에 대한 투자의 수익률 $K(s,t)$는 주기적 복리 때와 같이 가법적(additive)이 아니다. 이 경우, 다음의 **로그 수익률**(logarithmic return)을 도입함으로써 가법적이 되도록 만들 수 있다.

$$k(s,t) = \ln \frac{V(t)}{V(s)} \tag{2.13}$$

기본정리 2.13

로그 수익률은 가법적이다.

$$k(s,t) + k(t,u) = k(s,u)$$

증명

식 (2.13)의 결과로 쉽게 다음과 같은 식을 구할 수 있다.

$$\begin{aligned} k(s,t) + k(t,u) &= \ln \frac{V(t)}{V(s)} + \ln \frac{V(u)}{V(t)} \\ &= \ln \frac{V(t)}{V(s)} \frac{V(u)}{V(t)} = \ln \frac{V(u)}{V(s)} = k(s,u). \end{aligned}$$ ■

만약 $V(t)$가 식 (2.11)과 같이 주어졌다면, $k(s,t) = r(t-s)$이다. 이 경우 이자율은 역으로

$$r = \frac{k(s,t)}{t-s}$$

과 같이 계산할 수 있다.

연습문제 2.23

연속 복리 가정하에, 2개월간의 투자에 대한 로그 수익률은 3%라고 한다. 이자율은 얼마인가?

2.1.5 여러 가지 복리방법의 비교

이미 논의된 것과 같이, 원금과 이자율이 같다면 복리의 보다 잦은 적용이 더 높은 미래가치를 만든다. 원금이 같을 때, 특정 복리방법이 다른 복리방법보다 같거나 더 높은 미래가치를 만드는 경우를 고려해 보자.

예제 2.14

1년 후에 $120을 지급하기로 약정한 증서가 현재 또는 1년 중 아무 때나 $100의 가격에 구매되거나 팔릴 수 있다고 하자. 이것은 연복리가 적용될 때, 20%의 일정한 이자율을 갖는 것과 동일하다. 만약 투자자가 이러한 증서를 구매 6개월 후에 팔기로 했다면, 어느 가격에 파는 것이 가장 알맞을까? 1년간 얻는 이익 $20의 반을 착안해, 추정치를 $110으로 가정하자. 그러나 이 가격은 아래의 재정전략(arbitrage strategy)을 가능하게 하는 너무 높은 가격이 된다.

- $1,000을 빌려 각각 $100에 10개의 증서를 구입한다.
- 6개월 후, 10개의 증서를 각각 $110에 팔고, 또 각각 $100에 11개의 증서를 구입한다. 남은 잔고는 0이다.
- 6개월이 더 지난 후, 11개의 증서를 각각 $110에 판다. 그럼 총 $1,210만큼의 수익이 생길 것이다. 이 수익으로 $1,200을 지불해 대출금과 이자를 갚을 수 있다. 이때 잔고 $10은 재정이익이 된다.

비슷한 논의로 6개월 후 증서의 가격은 예를 들어 $109과 같이 너무 낮아서도 안 될 것이다.

6개월 뒤 증서의 가격은 반년마다 적용되는 복리이자율과 관계되어 있다. 이자율이 r이라면, 반년 후 가격은 $100(1+\frac{r}{2})$달러가 된다. 재정(arbitrage)은 반년마다 복리가 적용될 때 1년에 대응하는 성장계수 $(1+\frac{r}{2})^2$이 매년 복리가 적용될 때 1년에 대응하는 성장계수 1.2와 같을 때 사라지게 된다. 즉 다음과 같은 식이 성립할 때 재정기회가 사라진다.

$$(1+\frac{r}{2})^2 = 1.2$$

이 식을 풀면, $r \cong 0.1909$, 혹은 19.09%이다. 이 경우, 6개월 후의 증서의 가격은 $100(1+\frac{0.1909}{2}) \cong 109.54$달러가 된다.

대개 1년으로 나타내는 고정된 기간 동안의 성장계수는 두 개의 서로 다른 복리 방법을 비교하는 데 사용될 수 있다.

정의 2.15

1년 동안의 성장계수가 같다면 두 복리방법은 "**동등하다**"라고 한다. 만약 한 성장계수가 다른 성장계수보다 더 크면, 큰 성장계수를 갖는 복리방법을 "**선호한다**"라고 한다.

예제 2.16

10%로 반년마다 적용되는 복리는 10.25%로 매년 적용되는 복리와 동등하다. 실제로, 전자의 경우는 1년간의 성장계수가 다음과 같다.

$$(1+\frac{0.1}{2})^2 = 1.1025.$$

위는 후자의 성장계수와 같다. 두 경우 모두 9%로 매월 적용되는 복리보다 선호된다. 9%의 복리가 매월 적용되는 경우 1년간의 성장계수는 다음과 같기 때문이다.

$$(1+\frac{0.09}{12})^{12} \cong 1.0938.$$

하나의 복리방법은 이자율을 재계산함으로써 다른 복리방법으로 자유롭게 바꿀 수 있다. 앞으로 이 책에서는, 일반적으로 연복리(annual compounding) 혹은 연속 복리(continuous compounding)를 사용할 것이다.

연습문제 2.24

연속 복리의 이자율이 얼마가 되어야 12%로 매월 적용되는 복리와 같아지는가?

연습문제 2.25

20%의 이자율이 주기적으로 1년에 몇 차례 적용되어야 연복리 21%와 같아지는가?

성장계수를 비교하는 대신, 다음에 정의된 소위 실질이자율(effective rate)을 비교하는 것이 편리한 경우가 있다.

정의 2.17

이자율 r의 복리방법에 대한 **실질이자율** r_e는 연복리로 적용했을 때 같은 성장계수를 가지는 이자율이다.

특히 m번의 횟수, r의 이자율로 주기적 복리가 적용될 경우 실질이자율 r_e는

$$(1+\frac{r}{m})^m = 1 + r_e$$

를 만족시킨다. 이자율 r의 연속 복리의 경우에는

$$e^r = 1 + r_e$$

와 같다.

예제 2.18

10%의 복리가 6개월마다 적용될 경우, 실질이자율은 10.25%이다. 예제 2.16을 참고하여라.

기본정리 2.19

실질이자율 r_e와 r'_e가 $r_e = r'_e$를 만족시킨다면 두 복리방법은 동등하고 그 역도 성립한다. $r_e > r'_e$인 조건이 만족한다면 실질이자율 r_e를 갖는 복리방법이 실질이자율 r_e'을 갖는 복리방법보다 선호되며, 그 역도 성립한다.

증명

1년 동안의 성장계수가 각각 $1+r_c$와 $1+r'_c$이기 때문이다. ■

예제 2.20

연습문제 2.8에서 15%의 이자율을 매일 복리로 적용하는 것은 6개월에 한 번 15.5%의 복리를 적용하는 것보다 선호됨을 보았다. 각각의 복리에 대응하는 실질이자율 r_e와 r'_e는

$$1+r_e=(1+\frac{0.15}{365})^{365}\cong 1.1618,$$

$$1+r'_e=(1+\frac{0.155}{2})^2\cong 1.1610,$$

의 식으로부터 구해질 수 있다. 따라서 r_e은 약 16.18%, 그리고 r'_e은 약 16.10%가 된다.

참고 2.21

주기적 복리에 대한 식 (2.25)를 기억해 보자. 이 식은 다음과 같이 주어진다.

$$V(t)=(1+\frac{r}{m})^{tm}P.$$

여기서 t는 복리가 적용되는 주기 $\frac{1}{m}$의 배수만 사용했어야 했다. 예제 2.14와 유사한 논의는 임의의 $t\geq 0$에 대해, 초기가격 P의 적절한 무재정가격이 $(1+\frac{r}{m})^{tm}P$ 임을 보인다. 그러므로 식 (2.5)의 우변을 모든 $t\geq 0$로 확장하는 것이 합리적일 것이다. 지금부터는 식 (2.5)를 모든 $t\geq 0$에 대해 사용하기로 하자.

실질이자율 r_e에 대한 식으로, $t\geq 0$의 모든 시간에 대한 미래가치는

$$V(t)=(1+r_e)^tP$$

로 나타낼 수 있다. 이 식은 연속 복리에 적용되고, 또한 참고 2.21과 같이 임의의 시간에 대한 주기적 복리에도 적용될 수 있다. 기본정리 2.19는 같은 초기 원금이 주어진다면, 동등한 복리방법은 모든 $t\geq 0$에 대해 같은 미래가치를 가짐을 의미한다. 마찬가지로, 다른 복리방법보다 선호되는 복리방법은 모든 $t\geq 0$에 대하여 더 높은 미래가치를 가지게 된다.

참고 2.22

단순이자율은 복리방법을 비교하는 수단으로 활용될 수 없다. 단순이자율의 경우는 미래가격 $V(t)$가 시간 t의 선형함수이지만, 연속 복리나 주기적 복리의 경우는 $V(t)$가 t에 대한 지수함수이기 때문이다.

연습문제 2.26

n년 동안 금액 C의 지급이 한 달 간격으로 이루어지는 연금의 현가는 무엇인가? 이 문제의 답을 실질이자율 r_e에 대한 식으로 나타내어라.

연습문제 2.27

2달에 한 번 금액 C의 지급이 이루어지는 영구연금의 현가는 무엇인가? 답을 실질이자율 r_e에 대한 식으로 나타내어라.

2.2 자금시장

자금시장(money market)은 무위험(보다 정확하게, 채무불이행이 없는)증권으로 구성되어 있다. 그 하나의 예로 **채권**(bond)이 있다. 채권은 소유자에게 미래의 일련의 지급을 보장해주는 금융증권이다. 여기서 무위험이란 미래의 지급이 확실하게 이루어지는 것을 뜻한다(그럼에도 불구하고 위험은 완벽하게 회피되지 못한다. 무위험증권의 시장 가격도 9장의 내용과 같이, 예측 불가능하게 변동할 수 있기 때문이다). 채권은 수많은 종류가 있는데, 그 종류들로는 다음과 같다. 국채, 주택담보대출, 무담보부 사채, 기업어음, 그리고 발행기관과 만기, 지급횟수, 명시된 권리와 보장에 대해 다양하고 특별한 방식을 가진 채권들이 그것들이다.

2.2.1 무이표채권

채권의 가장 간단한 형태로 **무이표채권**(zero-coupon bond)이 있다. 무이표채권은 오직 한 번의 지급을 수반한다. 발행기관(예를 들면 정부, 은행이나 회사)은 **만기일**(maturity date)인 시간 T에, **액면가**(face value)라 일컫는 특정 F의 금액을 채권과 교환하도록 약속한다. 일반적으로 무이표채권의 유효기간은 1년까지이고, 액면가는 100과 같이 반올림 값을 쓴다. 보통 채권을 구입한 사람 혹은 기관은 채권을 발행한 사람에게 돈을 빌려주는 것이다.

이자율이 주어졌을 때, 이러한 채권의 현가를 계산할 수 있다. 액면가 $F=100$을 갖는 채권이 1년 후 만기가 된다고 가정하자. 연복리이자율 r이 12%라고 할 때, 채권의 현가는

$$V(0) = F(1+r)^{-1} \cong 89.29$$

달러로 계산될 수 있다.

현실에서는 반대의 경우 또한 일어난다. 채권은 자유롭게 거래되고 그것의 가격은 시장에 의해 결정되지만 이자율은 채권가격에 내재되어 있는 것이다.

$$r = \frac{F}{V(0)} - 1. \tag{2.14}$$

이 공식은 내재 연복리이자율을 제공한다. 예를 들어, 액면가 \$100의 1년 만기 채권이 \$91로 거래되고 있다면, 내재이자율은 9.89%가 된다.

계산상의 편의를 위해, 통화의 한 단위 $F = 1$을 액면가로 하는 **단위채권**(unit bond)을 고려해 보자.

일반적으로, 채권은 만기 전 아무 때나 시장 가격에 팔릴 수 있다. 시간 t에서의 채권의 가격을 $B(t, T)$로 나타내자. 그러면 특별한 경우로써, $B(0, T)$는 시간 0에서의 채권가격이 될 것이다. 그리고 $B(T, T)$는 1이 되어 액면가와 동일하게 된다. 이 가격들은 $V(t) = B(t, T)$와 $V(T) = 1$를 이용한 식 (2.6), 식 (2.12)로 이자율을 결정할 수 있다. 예를 들어, 연복리가 적용될 때 그 내재이자율은 다음과 같은 식을 만족시킨다.

$$B(t, T) = (1+r)^{-(T-t)}.$$

위의 식은 다른 복리방법이 적용된다면 적절히 수정되어야 한다. m번의 횟수로 주기적 복리가 적용되었을 때는 다음의 식을 풀어야 한다.

$$B(t, T) = (1 + \frac{r}{m})^{-m(T-t)}$$

연속 복리의 경우에는 내재이자율에 대한 식이

$$B(t, T) = e^{-r(T-t)}$$

를 만족시켜야 한다. 물론 위에서 본 모든 내재이자율들은 다른 이자율과 동등하다. 채권의 가격은 이용된 복리방법에 따라 결정되는 것이 아니기 때문이다.

참고 2.23

일반적으로, 내재이자율은 만기 시점 T와 마찬가지로 거래 시점 t에 의존한다. 이것은 매우 중요한 문제인데 9장에서 논의될 것이다. 당분간은 이자율이 만기 때까지 일정하게 유지된다는 간단한 가정을 적용하겠다.

연습문제 2.28

투자자가 6개월 후를 만기로 하는 액면가 $100의 채권을 $95에 구입하였다. 이자율이 일정하다고 했을 때, 채권가격은 언제 $99가 되는가?

연습문제 2.29

복리가 매년 혹은 반년마다 혹은 연속적으로 적용될 때, $B(0.5,1)=0.9455$의 단위채권에 내재된 이자율을 각각 구하여라.

각각의 복리방법에 대해 $B(0,T)$는 할인계수이고 $B(0,T)^{-1}$은 성장계수임을 주목하자. 금전의 시간가치를 구하기 위해서는 이자율을 모르더라도 이러한 계수들만 알고 있어도 충분하다. 그러나 이자율은 보다 직관적이라는 이유로 여전히 유용하다. 평균적인 은행고객들에게 1년 만기의 $100 채권이 $92.59에 팔렸다는 사실은 1년간 8%의 이자를 받았다는 사실보다 어렵게 다가오기 때문이다.

2.2.2 이표채권

일련의 지급을 약정한 채권을 **이표채권**(coupon bonds)이라고 한다. 이표채권의 지급은 만기시의 액면가와 정기적으로 지급되는 **이표**(coupon)로 구성된다. 이표는 대개 해마다, 혹은 6개월, 3개월마다 지급이 이루어지고, 마지막 지급은 만기 때 이루어진다. 일정한 이자율의 가정은 미래 지급의 할인을 통한 이표채권의 계산을 가능하게 한다.

예제 2.24

5년 후인 $T=5$에 만기가 되고 액면가가 $F=100$인 채권을 고려해 보자. 이 채권의 이표 지급은 매해 $C=10$으로 발생하고, 마지막 지급은 만기 때 이루어진다. 이것은 매년 말에 각각 10, 10, 10, 10, 110달러만큼 현금 지급 흐름이 이루어지는 것을 의미한다. 12%의 연속복리이자율 r이 주어졌을 때, 채권의 가격은 다음과 같이 구할 수 있다.

$$V(0)=10e^{-r}+10e^{-2r}+10e^{-3r}+10e^{-4r}+110e^{-5r}\cong 90.27\text{달러}$$

연습문제 2.30

4년 후에 만기가 되고, \$5의 연간 이표와 \$100의 액면가를 가지는 채권이 있다. 이 채권의 가격을 연속 복리가 a) 8%일 때, b) 5%일 때에 대해 구하여라.

연습문제 2.31

위의 연습문제 2.30에서 주어진 채권의 가격을 연속 복리이자율 r에 대한 함수로 그려보아라. $r=0$일 때, 이 함수의 값은 얼마인가? 또 $r\to\infty$에 따른 극한값은 얼마인가?

예제 2.25

예제 2.24에 이은 논의를 계속해 보자. 1년 후 첫 번째 이표가 지급된 다음, 채권은 다음과 같은 가치를 가진 4년 만기의 채권이 된다.

$$V(1)=10e^{-r}+10e^{-2r}+10e^{-3r}+110e^{-4r}\cong 91.78\text{달러}$$

시점 1에서 이 채권의 가치는

$$V(1)+C=V(0)e^{r}$$

이다. 6개월이 지난 후의 이 채권의 가치는

$$V(1.5)=10e^{-0.5r}+10e^{-1.5r}+10e^{-2.5r}+110e^{-3.5r}\cong 97.45\text{달러}$$

가 될 것이다. 또한 4년 후의 이 채권은 액면가 \$110과 가격

$$V(4)=110e^{-r}\cong 97.56\text{달러}$$

를 갖는 무이표채권이 될 것이다.

투자자는 만기 전 아무 때나 채권을 팔 수 있다. 파는 시점에서의 가격은 추후 이루어지는 모든 지급을 할인함으로써 또 다시 찾아낼 수 있다.

연습문제 2.32

예제 2.24와 2.25의 이표채권가격을 시간에 대한 함수로 그려보아라.

연습문제 2.33

예제 2.24와 2.25의 이표채권가격이 처음으로 $95가 되는 데 소요되는 시간은 얼마인가?

참고 2.26

이표지급이 이루어지는 시점 사이에 채권가격을 산출하는 것은 다소 복잡하다. 미래의 지급에 대한 현가를 **비순수가격**(dirty price)이라 하는데, 이 가격은 채권이 이표지급 시점 사이에 팔릴 때의 가격이다. **경과이자**(Accrued interest)는 최근의 이표지급에 단순이자율을 적용해 구하는 값이다. **순수가격**(clean price)은 비순수가격에서 경과이자를 빼서 산출할 수 있다.

이표는 액면가의 일부로서 표현될 수 있다. 이표가 매해 지급이 될 때, $C = iF$로 표현 가능하다. 이때 i를 **이표율**(coupon rate)이라고 한다.

기본정리 2.27

이표가 매해 지급될 때, 이표율이 연복리이자율과 같다면, 채권가격은 액면가와 같고, 그 역도 성립한다. 이표율이 연복리이자율과 같은 경우, 채권은 **액면가격**(par value)에 거래된다고 말한다.

증명

복잡한 식을 피하기 위해 한 예에 대해서만 생각해 보자. $r = i$로 연복리를 가정하고, 만기 시점 $T = 3$과 액면가 $F = 100$을 갖는 채권을 고려한다면 이 채권의 가격은

$$\frac{C}{1+r} + \frac{C}{(1+r)^2} + \frac{F+C}{(1+r)^3} = \frac{rF}{1+r} + \frac{rF}{(1+r)^2} + \frac{F(1+r)}{(1+r)^3}$$
$$= \frac{rF}{1+r} + \frac{rF}{(1+r)^2} + \frac{F}{(1+r)^2} = \frac{rF}{1+r} + \frac{F(1+r)}{(1+r)^2} = F$$

이다. 역으로 채권가격이 액면가와 같을 때 이표율이 연복리이자율과 같은지 알아보자. 채권가격은

$$\frac{C}{1+r} + \frac{C}{(1+r)^2} + \frac{F+C}{(1+r)^3}$$

이고, 이것은 r에 대한 1대 1 함수임을 주목하자(사실, 감소함수이다). 그렇기 때문

에 채권가격이 F와 같아지는 연복리이자율은 하나밖에 없음을 알 수 있고, 이것은 위에서 본 바와 같이 $r = i$라는 것을 확인할 수 있다. ■

참고 2.28

채권이 액면가보다 낮은 가격에 팔린다면, 그것은 내재이자율이 이표율보다 높다는 것을 의미한다(채권가격은 이자율이 상승할 때 내려가기 때문이다). 만약 채권가격이 액면가보다 높다면 그것은 이자율이 이표율보다 낮다는 것을 뜻한다. 채권가격이 시장에 의해 결정될 때, 이러한 사실은 중요한 정보가 되고 이자율에 대한 지표가 될 수 있다.

연습문제 2.34

매년 이표 $C = 8$을 지급하는 액면가 $F = 100$의 채권이 있다. 이 채권은 3년 후인 $T = 3$에 만기가 되고 액면가에 거래된다. 내재연속복리이자율을 구하여라.

2.2.3 자금시장계정

자금시장에 대한 투자는 보통 고객들을 대신해서 채권을 사고 파는(그렇게 함으로써 거래비용을 줄이는) 투자은행과 같은 금융 중개기관을 통해 이루어질 수 있다. 투자자의 무위험포지션은 그 사람의 은행계정의 수준으로 주어진다. 채권은 시장에서 거래되는 금융자산이기 때문에, 이 계정 역시 거래할 수 있는 자산으로 생각하는 것이 편리하다. 자금시장에 대한 매입포지션(long position)은 이 자산을 사는 것, 즉 돈을 투자하는 것이고, 매도포지션(short position)은 돈을 빌리는 것이 된다.

우선, 만기 전에 청산되는 무이표채권에 대한 투자를 생각해 보자. 자금시장에 투자된 초기금액 $A(0)$으로는 $A(0)/B(0,T)$ 만큼의 채권을 구입할 수 있다. 각 채권의 가격은 시간 t에서,

$$B(t,T) = e^{-(T-t)r} = e^{rt}e^{-rT} = e^{rt}B(0,T)$$

가 될 것이다. 그 결과 이 투자는 시간 $t \le T$ 에서,

$$A(t) = \frac{A(0)}{B(0,T)}B(t,T) = A(0)e^{rt}$$

가 될 것이다.

연습문제 2.35
$B(0,1)=0.89$일 때, 무이표채권에 대한 75일 동안의 투자수익률을 구하여라.

연습문제 2.36
어느 채권에 대한 6개월 수익률이 7%라고 한다. 이 채권의 내재연속복리이자율을 구하여라.

연습문제 2.37
$B(0,1)=0.92$로 구입한 채권은 며칠 후에 5%의 수익률을 갖게 되는가?

채권에 대한 투자는 유한 시간 후에 청산된다. 채권의 만기 시점 T에서 $A(T)=A(0)e^{rT}$로 끝나게 될 것이다. 시점 T 이후로 자금시장에서의 포지션을 연장하기 위해서는 $A(T)$의 금액을 시점 T에서 발행되고 만기가 $T'>T$인 채권에 재투자할 수 있다. $A(T)$를 T에서의 초기 투자금액으로 간주하면, $T\le t'\le T'$에 대해

$$A(t')=A(T)e^{r(t'-T)}=A(0)e^{rt'}$$

의 식을 얻을 수 있을 것이다. 이 논의를 반복함으로써, 자금시장으로의 투자는 필요한 한 얼마든지 연장된다는 결론을 내릴 수 있다. 이때 공식

$$A(t)=A(0)e^{rt} \tag{2.15}$$

는 모든 $t\ge 0$에 대해 성립된다.

연습문제 2.38
만기가 1년 후인 무이표채권에 1달러가 투자된다고 하자. 매년 말 투자총액은 같은 종류의 새 채권에 재투자된다. 그렇다면 9년말에는 몇 개의 채권이 구입되는가? 이 문제의 답을 내재된 연속복리이자율에 대한 식으로 나타내어라.

이표채권 또한 자금시장으로의 투자를 위한 도구로써 고려될 수 있다. 시간 t에 첫 번째 이표 C가 지급된다고 해 보자. 시간 0에서 $A(0)/V(0)$의 이표채권을 산다. 시간 t에서는 이표를 현금화하고 $V(t)$의 가격에 채권을 팔아서 총액 $C+V(t)=V(0)e^{rt}$를 얻는다(예제 2.25 참조). 이자율이 일정하기 때문에, 이 총액은 확정적

이다. 이와 같은 방법으로 만기 시점 t에 액면가 $V(0)e^{rt}$를 가지는 무이표채권을 만들 수 있다. 즉, 위에서 논의된 무이표채권에 대한 전략이 이표채권에도 적용될 수 있다는 것이며, $A(t)$에 대해 식 (2.15)와 동일한 식을 얻는다.

연습문제 2.39

총 \$1,000의 금액이 액면가 \$100의 5년 만기 채권에 투자되었다. 이 채권은 매년 \$8의 이표를 지급한다. 그리고 모든 이표는 같은 종류의 채권에 재투자된다고 한다. 채권이 액면가에 거래되고, 이자율은 만기까지의 기간 동안 일정하다고 가정할 때, 5년 동안 매년 보유하게 되는 채권의 수를 각각 계산하여라.

앞에서 본 것과 같이, 이자율이 일정한 상수라는 가정하에서 함수 $A(t)$는 자금시장 계정이 만들어지는 방식에 의존하지 않는다. 다시 말하면, 투자된 채권의 종류나 채권의 만기 후로 투자를 연장하는 방법에 의존하지 않는다는 것이다.

이 책에서는 대부분 $A(t)$가 결정적(deterministic)이며 알려진 값이라고 가정한다. 사실, 우리는 r이 일정한 이자율일 때, $A(t)=e^{rt}$라고 가정한다. 상수가 아닌 가변이자율과 확률적인 자금시장 계좌는 9장에서 다루어질 것이다.

사례 2 논의

정기적으로 어느 정도의 저축을 해야 하는 것은 분명하다. 가장 간단한 방법은 매년 같은 금액을 따로 떼어놓는 것이라 할 수 있다. 그러나 물가상승이나 봉급의 상승 등을 가정한다면, 이 일정한 금액은 초반 봉급수익에 비해 상대적으로 클 수가 있다. 그래서 다음과 같은 질문을 생각해 본다. 봉급의 몇 퍼센트를 연금을 위해 쌓아두어야 할까?

편의상, 봉급은 연봉을 의미한다고 하자(독자들은 매월 봉급이 지급되는 경우도 생각해 보기 바란다). 또한 이자율은 변하지 않고 일정하게 유지된다는 과감한 가정도 해 보자. 이자율은 당연히 변동할 것이지만, 오랜 기간을 생각한다면 그 변동은 평균적인 효과를 가지게 되어, 우리의 계산결과가 어느 정도의 신뢰도를 가질 수 있게 한다(그럼에도 불구하고 계산결과는 대강의 추정치로만 다루어져야 한다).

연습문제 2.17의 답에서와 같이, 연금에 대한 현가에 대한 식 (2.9)는 지급액이 일정한 비율로 증가하는 경우로 확장될 수 있다. 계산의 편의를 위해, 모든 지급은 1년마다 연말에 이루어진다고 가정하자. 또 S는 초기 봉급이고 x는 퇴직연금 기금에 투자된 봉급의 비율이라고 하자. 그러면 이 저축의 현가는 다음과 같이 될 것이다.

$$V(0)=\sum_{n=1}^{40}\frac{xS(1+g)^n}{(1+r)^n}.$$

성장률(growth rate)은 $g=2\%$, 이자율은 $r=5\%$로 놓자. 식 (2.8)에서 $q=\dfrac{1+g}{1+r}$라고 놓으면

$$V(0)=xS(0)\,GAF(r,g,N)$$

을 얻어낼 수 있고, 여기서

$$GAF(r,g,N)=\frac{1+g}{r-g}\left(1-\frac{(1+g)^N}{(1+r)^N}\right)$$

은 연금성장계수(growing annuity factor)이다. N은 햇수를 의미한다.
이 연금성장계수에 $g=2\%$, $r=5\%$을 대입하면

$$GAF(5\%,2\%,40)=23.34$$

이 된다. 40년이 지난 후에 축적된 금액은 $V(40)=V(0)(1+r)^{40}$이 되고, 이 금액은 퇴직기간이 시작되는 시점에서의 초기 자본이 된다.

40년 후의 마지막 봉급은 $S(1+g)^{40}$이 될 터인데, 연금의 첫 지급액은 마지막 봉급의 50%가 되기를 원하고, 20년간 연금을 받기 원한다고 하였다. 그러면 퇴직연금은 현가가 $\frac{1}{2}S(1+g)^{40}GAF(r,g,20)$인 증가하는 연금이 될 것이다(여기서의 현가는 40년 말에 계산된 가치이다). 이 퇴직연금의 현가는 축적된 자본 $V(40)$과 같아야만 한다. 이 관계는

$$xS(1+r)^{40}GAF(r,g,40)=\frac{1}{2}S(1+g)^{40}GAF(r,g,20)$$

의 등식으로 나타낼 수 있고, 이 식을 x에 대해 풀면 $x=10.05\%$의 답을 얻는다. 봉급의 약 10%만을 퇴직연금에 지불하는 것만으로 충분히 목표를 달성할 수 있다는 것이다.

그러나 40년의 축적과 20년의 연금지급기간의 60년 동안 r과 g는 당연히 변동할 것이다. 그러므로 이 비율들의 변화에 따른 x값의 민감성을 논의해 보는 것도 흥미롭다. r과 g의 값의 변화에 대한 x의 값은 표 2.1과 같이 나타낼 수 있다.

표 2.1 퇴직연금에 지불된 봉급의 비율 x(단위: %)

	$r=4\%$	$r=5\%$	$r=6\%$
$g=1\%$	9.96%	7.24%	5.24%
$g=2\%$	13.70%	10.05%	7.34%
$g=3\%$	18.62%	13.78%	10.14%

x가 $r-g$의 할증 이율에는 꽤 크게 의존하지만, $r-g$의 값이 고정되었을 때 g(또는

r) 자체의 값에는 크게 의존하지 않음을 볼 수 있다(예를 들어, $r-g=3\%$인 x의 대각원소 값들을 살펴보아라). r과 g 자체의 값들은 물가상승율과 함께 증가하거나 감소하더라도, 그 차이 $r-g$는 오랜 기간에 걸쳐 상대적으로 안정적인 값을 가질 것으로 예측되는데, 이것이 이자율과 성장률이 변하지 않는다는 크게 잘못된 가정하에 얻어진 수치적 결과에 어느 정도의 정당성을 부여한다.

제 3 장 포트폴리오 관리

사례 3

2장의 사례는 무위험 은행계좌에 투자된 퇴직연금에 관련된 것이었다. 하지만 좀 더 수익성 있는 퇴직연금 설계를 가져올 수 있다면 적당히 합리적인 위험을 감수할 의향이 있다. 은행계좌에 더하여 위험자산에 투자하는 것을 고려해 보자.

3.1 위험과 수익

위험자산에 대한 투자는 항상 가능한 손실과 부실한 성과에 대한 부담을 동반한다. 이 장에서 우리는 불가피한 위험을 제어하기 위해 투자를 몇 가지 자산에 분배하는 것의 이점을 분석할 것이다.

1장에서는 단일 시간 단계에서 하나의 위험자산을 고려했었다. 여기서는 유사하게 단일 시간 단계를 설정할 것이지만 위험자산은 여러 개를 고려할 것이다. 한 시간 단계의 길이는 어떤 것이 되어도 좋으나, 일반적인 예제에서는 1년이 될 것이다. 1장에서의 표기법을 그대로 가져와서, 시간구간의 시작은 0으로, 끝은 T로 표기할 것이다.

3.1.1 기대수익

현재가격 $S(0)$이 알려져 있는 어떤 주식에 단일 기간 투자한다고 가정해 보자. 미래가격 $S(T)$는 알려져 있지 않으므로 다음과 같이 표본공간 Ω에서 정의되는 확률변수라 가정한다.

$$S(T) : \Omega \to [0, +\infty).$$

수익률(return) K는

$$K = \frac{S(T) - S(0)}{S(0)}$$

인 확률변수이고 기댓값 $\mathbb{E}(K) = \mu_K = \mu$를 갖는다. 관례상 다양한 랜덤수익에 대한 기댓값을 그리스 문자 μ로 나타내고, 필요하다면 문맥에 맞는 첨자를 사용한다. 기댓값의 선형성에 의해

$$\mu = \frac{\mathbb{E}(S(T)) - S(0)}{S(0)}$$

이 된다.

가격과 수익률 사이의 관계는 다음과 같이 쓸 수 있다.

$$S(T) = S(0)(1+K),$$
$$\mathbb{E}(S(T)) = S(0)(1+\mu).$$

이것은 반대의 방향도 가능함을 보여 준다. 수익률이 주어지면 가격을 구할 수 있다.

예제 3.1

표본공간 Ω가 유한이라고 가정하자. Ω의 원소를 가능한 경제 시나리오라고 할 수 있으며, $\Omega = \{\omega_1, \dots, \omega_N\}$라고 표기한다. $S(T)$의 가능한 값들은 $\mathbb{R}^N$에서 벡터 $(S^{\omega_1}(T), \dots, S^{\omega_N}(T))$를 형성한다. Ω에 모든 부분집합의 시그마 필드인 $\mathcal{F} = 2^{\Omega}$를 갖추게 하는 것이 자연스럽다. 확률측도 $P : \mathcal{F} \to [0,1]$를 정의하기 위해, 하나의 원소에 하나의 값, $P(\omega_i) = p_i$ 을 대응시키는 것으로 충분하다. 여기서 p_i들은 $p_i \in [0,1]$, $\sum_{i=1}^{N} p_i = 1$이 되도록 고른다. 확률벡터를 $p = (p_1, \dots, p_N)$으로 표기하여, 기간 말의 기대 가격을 다음과 같이 쓸 수 있다.

$$\mathbb{E}(S(T)) = \sum_{i=1}^{N} S^{\omega_i}(T) p_i = \langle S(T), p \rangle.$$

$\langle \cdot , \cdot \rangle$은 $\mathbb{R}^N$에서 벡터의 내적을 나타낸다. 수익률

$$K^{\omega_i} = \frac{S^{\omega_i}(T) - S(0)}{S(0)}, \quad K = (K^{\omega_1}, \dots, K^{\omega_N})$$

는 다음의 기댓값을 갖는다.

$$\mathbb{E}(K) = \langle K, p \rangle = \sum_{i=1}^{N} K^{\omega_i} p_i .$$

예제 3.2

이제 포트폴리오의 일반적인 구조로 집어넣을 수 있는 특별한 종류의 투자를 고려할 것이다. 다음의 고려사항은 몇몇 금융시장의 실제적인 규정에 기반을 두었다.

1. 레버리지 구매(leveraged purchases). 주식투자의 일부가 무위험투자의 이자율 r보다 높은 이자율 $r_l \geq r$에서의 대출로 이루어졌다고 가정하자. 즉, 주식 한 주를 $S(0)$에 살 때, $w \in [0,1]$인 w에 대하여, $wS(0)$만큼은 있는 돈을 투자하고 $(1-w)S(0)$는 빌렸다는 것이다.
2. 공매도(Short selling). $c \in [0,1]$인 c에 대하여, 주식가격의 일부, 예를 들어 $cS(0)$를 담보로 지불하고 한 주를 빌린다. 이 담보물에 대해서는 무위험투자이자율 r보다 낮은 이자율 r_c, $0 \leq r_c \leq r$를 받게 된다. 주식을 팔고 그 대금을 이자율 r로 투자할 수 있다. 기간 말에는 주식을 사서 돌려주고 담보물을 찾는다(수리적인 편의를 위해 종종 $c=0$으로 놓을 것인데, 이는 한꺼번에 많은 투자를 하는 경우에는 유효한 가정이다).

연습문제 3.1

a) 레버리지 구매와 b) 주식의 공매도포지션에 대한 수익률과 그 기댓값에 대한 식을 써 보아라.

3.1.2 위험의 측도로서의 표준편차

우선 위험을 측정하는 데에 적절한 번량(quantity)을 찾을 필요가 있나. 무이표재권에 투자하여 만기까지 보유하는 경우 수익률은 무위험으로, 가령 6%이고, 이때 위험의 측도는 0이 되어야만 한다. 만약 투자에 대한 수익률이 시장 시나리오에 따라 11%이거나 13%라면 이때의 위험은 투자수익률이 각각 2%이거나 22%인 경우에 비해 명백히 낮다.

하지만 수익률 값들의 단순한 차이(spread)는 그것이 확률을 무시하기에 위험을 측정하는 데에 사용되기 어렵다. 만약 수익률이 22%일 확률이 0.99이고 2%일 확률이 0.01이라면 위험이 상당히 작다고 할 수 있는 반면, 각 확률이 0.5로 동등한 경우라면 상당히 더 위험한 투자라고 볼 수 있다.

불확실성은 어떤 기준점으로부터의 퍼짐으로 이해할 수 있다. 기준값으로 사용될 수 있는 자연스러운 값은 기대수익률이 될 것이다. 퍼짐의 정도는 표준편차로 간편하게 측정될 수 있다. 이 개념은 위험의 두 가지 측면을 고려한 것이다.

1) 가능한 값들과 기준점 사이의 거리

2) 이 값들을 얻을 확률

정의 3.3

위험(risk) 또는 위험의 측도(measure of risk)는 수익률 K의 표준편차를 의미한다.

$$\sigma_K = \sqrt{Var(K)}$$

이때, 수익률의 분산은 다음과 같다.

$$Var(K) = \mathbb{E}(K-\mu)^2 = \mathbb{E}(K^2) - \mu^2$$

연습문제 3.2

수익률 K_1, K_2, K_3이 아래의 시장 시나리오에 의존하는 3가지 각 투자계획에 대해 표준편차 $\sigma_{K_1}, \sigma_{K_2}, \sigma_{K_3}$로 측정된 위험을 계산하여라. 시장 시나리오는 다음과 같다.

시나리오	확률	수익률 K_1	수익률 K_2	수익률 K_3
ω_1	0.25	12%	11%	2%
ω_2	0.75	12%	13%	22%

가장 위험한 계획과 가장 덜 위험한 계획은 어떤 것인가?

연습문제 3.3

1/4의 확률로 일어나는 시나리오 ω_1과 3/4의 확률로 일어나는 시나리오 ω_2를 고려해 보자. 어떤 자산의 수익률이 첫 번째 시나리오에서 $K_1^{\omega_1} = -2\%$ 이고 두 번째 시나리오에서 $K_1^{\omega_2} = 8\%$ 라고 하자. 만약 첫 번째 시나리오에서 다른 어떤 자산의

수익률이 $K_2^{\omega_1} = -4\%$ 라면, 두 자산의 위험이 같다고 할 때 두 번째 시나리오에서 이 자산의 수익률 $K_2^{\omega_2}$를 구하여라.

예제 3.4

투자의 수익률이 $K = 3\%$ 이거나 $K = -1\%$ 이고 두 확률은 0.5로 같다. 그러면 위험은

$$\sigma_K = 0.02$$

이 된다. 이제 다른 어떤 투자에 대한 수익률이 첫 번째 투자의 두 배, 즉 각 0.5의 확률로 $2K = 6\%$ 이거나 -2% 라고 가정해 보자. 그러면 두 번째 투자에 대한 위험은

$$\sigma_{2K} = 0.04$$

로, 표준편차로 측정된 위험도 두 배가 된다.

이것은 다음과 같은 일반적인 규칙을 예시한다. 모든 실수 a에 대해,

$$\sigma_{aK} = |a|\sigma_K,$$
$$\mathrm{Var}(aK) = a^2\mathrm{Var}(K).$$

3.2 두 자산

두 개의 위험자산을 포함하는 포트폴리오의 간단한 상황에서 위험과 기대수익률의 관계에 대한 자세한 논의를 시작해 보자.

예제 3.5

두 개의 주식가격 변동이 다음과 같다고 가정하자:

시나리오	확률	수익률 K_1	수익률 K_2
ω_1	0.5	10%	−5%
ω_2	0.5	−5%	10%

만약 이 두 주식에 돈을 동등하게 나눈다면, 각 시나리오에서 5%의 수익을 얻을 것이다(한 주식에서 5%를 잃지만 다른 주식에서 10%를 얻으므로). 비록 각 주식에 대한 투자가 위험을 수반하지만, 두 주식에 나누어 투자함으로써 전체 위험을 0으로 줄인 것이다. 이것은 분산투자의 간단한 예로서, 이 경우 수익률이 완벽한 음의 상관관계를 가지기 때문에 특별히 효과적이었다.

각 자산에 대한 주식의 개수로 포트폴리오를 나타내는 것에 대한 편리한 대안으로, 자산들 간의 자금 할당을 나타내기 위해 가중치를 도입할 것이다. **가중치**(weight)는 x_k가 포트폴리오에서 종류 $k=1,2$의 주식 수를 나타낸다고 할 때 다음과 같이 정의된다.

$$w_1 = \frac{x_1 S_1(0)}{V(0)}, \quad w_2 = \frac{x_2 S_2(0)}{V(0)}.$$

이것은 w_k가 자산 k에 투자된 포트폴리오의 초기가치의 백분율임을 의미한다. 가중치의 합이 항상 100%가 됨을 확인하자.

$$w_1 + w_2 = \frac{x_1 S_1(0) + x_2 S_2(0)}{V(0)} = \frac{V(0)}{V(0)} = 1. \tag{3.1}$$

만약 공매도가 허용된다면 가중치가 음수가 될 수 있고, 이 경우 나머지 가중치는 100%보다 커질 것이다.

예제 3.6

두 종류 주식의 가격이 $S_1(0)=30$달러이고 $S_2(0)=40$달러라고 가정하자. 첫 번째 주를 $x_1=20$개, 두 번째 주를 $x_2=10$개 구매하여 가치가 $V(0)=1{,}000$달러인 포트폴리오를 준비한다. 두 자산 간의 자금 할당은 다음과 같다.

$$w_1 = \frac{30 \times 20}{1{,}000} = 60\%, \quad w_2 = \frac{10 \times 40}{1{,}000} = 40\%.$$

이들이 이 포트폴리오에서의 가중치이다. 만약 주식가격이 $S_1(T)=35$달러와 $S_2(T)=39$달러로 바뀐다면, 포트폴리오의 가치는 $V(T)=20 \times 35 + 10 \times 39 = 1{,}090$달러가 될 것이다. 이 가치는 더 이상 두 자산 간에 60%와 40%로 나누어지지 않고, 다음과 같이 나누어진다:

$$\frac{20 \times 35}{1,090} \cong 64.22\%, \quad \frac{10 \times 39}{1,090} \cong 35.78\%.$$

포트폴리오가 보유한 각 주식의 개수는 바뀌지 않음에도 불구하고 이렇게 바뀐다.

참고 3.7

현실에서 주식의 개수는 정수여야 하고, 이는 가능한 가중치에 제약을 준다. 문제를 간단히 하기 위해, 1장에서와 같이 자산의 가분성(divisibility)을 가정하자. 이것은 가중치가 합이 1이 되는 어떤 실수도 될 수 있다는 것을 의미한다. 모든 실제 시장이 공매도를 허용하지는 않기 때문에, 때로 가중치가 음수가 아니어야 하는 특별한 경우를 구분할 필요가 있다.

예제 3.8

가치가 $V(0) = 1,000$달러인 포트폴리오가 예제 3.6의 주식 1에 대해 매입포지션을, 주식 2에 대해 매도포지션을 취함으로써 구성되었다고 가정하자. 이때 가중치는 $w_1 = 120\%$와 $w_2 = -20\%$이다. 포트폴리오는 주식 1 x_1개와 주식 2 x_2개로 이루어진다.

$$x_1 = w_1 \frac{V(0)}{S_1(0)} = 120\% \times \frac{1,000}{30} = 40,$$
$$x_2 = w_2 \frac{V(0)}{S_2(0)} = -20\% \times \frac{1,000}{400} = -5.$$

만약 예제 3.6에서와 같이 주식가격이 변한다면, 이 포트폴리오의 가치는 다음과 같다.

$$V(T) = x_1 S_1(T) + x_2 S_2(T) = V(0)\left(w_1 \frac{S_1(T)}{S_1(0)} + w_2 \frac{S_2(T)}{S_2(0)}\right)$$
$$= 1,000\left(120\% \times \frac{35}{30} - 20\% \times \frac{39}{40}\right) = \$1,205.$$

이 포트폴리오는 주식 1의 가격이 오르거나 주식 2의 가격이 내리면 이익을 본다. 그러나 소액 투자자는 공매도에 약간의 제한을 받을 수 있다. 예를 들어 주식 2를 공매도함으로써 얻는 금액의 50%를 현금 담보물로 제공해야 할 수도 있다. 투자자는 담보물을 투자하여 얻을 수 있었던 이자에 대해 손해를 봐야 하고, 이것은 포트폴리오의 최종 가치 $V(T)$에서 제해져야 한다.

연습문제 3.4

가중치 $w_1 = 25\%, w_2 = 75\%$ 의 두 자산으로 이루어진 초기가치 $V(0) = 100$달러인 포트폴리오의 가치 $V(T)$를 구하여라. 자산의 가격은 $S_1(0) = 45$, $S_2(0) = 33$ 달러에서 $S_1(T) = 48$, $S_2(T) = 32$ 달러로 바뀌게 된다.

예제 3.8과 연습문제 3.4에서 $V(T)/V(0)$이 $S_1(T)/S_1(0) = 1 + K_1$과 $S_2(T)/S_2(0) = 1 + K_2$를 통해서만 자산가격에 의존하고, 가중치 w_1, w_2를 통해서만 자산의 포지션에 의존한다는 것을 볼 수 있었다. 이것은 포트폴리오의 수익률이 자산의 수익률 K_1, K_2와 가중치 w_1, w_2에만 의존한다는 것을 보여 준다.

기본정리 3.9

두 개의 자산으로 이루어진 포트폴리오의 수익률 K_V는 가중치가 w_1, w_2이고 두 자산의 수익률이 K_1, K_2일 때 다음과 같은 가중 평균이 된다.

$$K_V = w_1 K_1 + w_2 K_2. \tag{3.2}$$

증명

자산 1 x_1개와 자산 2 x_2개로 이루어진 포트폴리오를 가정하자. 그러면 포트폴리오의 초기 및 최종 가치는

$$\begin{aligned} V(0) &= x_1 S_1(0) + x_2 S_2(0), \\ V(T) &= x_1 S_1(0)(1 + K_1) + x_2 S_2(0)(1 + K_2) \\ &= V(0)(w_1(1 + K_1) + w_2(1 + K_2)) \\ &= V(0)(1 + w_1 K_1 + w_2 K_2) \end{aligned}$$

이 되고, 결과적으로 이 포트폴리오의 수익률은 다음과 같다.

$$K_V = \frac{V(T) - V(0)}{V(0)} = w_1 K_1 + w_2 K_2.$$

■

연습문제 3.5

두 종류의 주식이 가중치 $w_1 = 30\%$, $w_2 = 70\%$로 구성된 포트폴리오의 수익률을 구하여라. 두 주식의 수익률은 다음과 같다.

시나리오	수익률 K_1	수익률 K_2
ω_1	12%	−4%
ω_2	−10%	7%

3.2.1 포트폴리오의 위험과 기대수익

두 개의 자산으로 구성된 포트폴리오의 기대수익은 두 자산 각각의 기대수익과 가중치로 표현될 수 있다.

$$\mathbb{E}(K_V) = w_1 \mathbb{E}(K_1) + w_2 \mathbb{E}(K_2). \tag{3.3}$$

이것은 기댓값의 가법성에 의해 식 (3.2)로부터 얻을 수 있다.

예제 3.10

아래에 주어진(삼항 모형) 확률을 갖는 3가지 시나리오를 고려해 보자. 각 시나리오에서 두 주식의 수익률은 다음과 같다:

시나리오	확률	수익률 K_1	수익률 K_2
ω_1(경기후퇴, recession)	0.2	−10%	−30%
ω_2(경기침체, stagnation)	0.5	0%	20%
ω_3(경기호황, boom)	0.3	10%	50%

기대수익률은 다음과 같다.

$$\mathbb{E}(K_1) = -0.2 \times 10\% + 0.5 \times 0\% + 0.3 \times 10\% = 1\%,$$

$$\mathbb{E}(K_2) = -0.2 \times 30\% + 0.5 \times 20\% + 0.3 \times 50\% = 19\%.$$

이용가능한 자금의 $w_1 = 60\%$가 주식 1에 투자되고 40%가 주식 2에 투자되었다고 가정하자. 이 포트폴리오의 기대수익률은 다음과 같아질 것이다.

$$\mathbb{E}(K_V) = w_1\mathbb{E}(K_1) + w_2\mathbb{E}(K_2)$$

$$= 0.6 \times 1\% + 0.4 \times 19\% = 8.2\%.$$

연습문제 3.6

두 개의 주식으로 구성된 어떤 포트폴리오의 기대수익률이 $\mathbb{E}(K_V) = 10\%$일 때, 아래에 주어진 주식 1과 2의 수익률 정보를 이용하여 이 포트폴리오의 가중치를 구하여라.

시나리오	확률	수익 K_1	수익 K_2
ω_1	0.1	−10%	10%
ω_2	0.3	0%	−5%
ω_3	0.6	15%	20%

K_V의 분산을 구하기 위해, 포트폴리오 구성요소에 대한 수익률 K_1과 K_2의 분산뿐만 아니라 두 수익률 간의 공분산도 알아야 한다.

정리 3.11

포트폴리오 수익률의 분산은 다음과 같이 구해진다.

$$\mathrm{Var}(K_V) = w_1^2\mathrm{Var}(K_1) + w_2^2\mathrm{Var}(K_2) + 2w_1w_2\mathrm{Cov}(K_1, K_2). \tag{3.4}$$

증명

$K_V = w_1K_1 + w_2K_2$로 치환하고 w_1^2, w_2^2과 w_1, w_2의 항을 모으면 얻고자 하는 분산의 식을 다음과 같이 얻는다.

$$\mathrm{Var}(K_V) = \mathbb{E}(K_V^2) - \mathbb{E}(K_V)^2$$

$$= w_1^2[\mathbb{E}(K_1^2) - \mathbb{E}(K_1)^2] + w_2^2[\mathbb{E}(K_2^2) - \mathbb{E}(K_2)^2]$$

$$+ 2w_1w_2[\mathbb{E}(K_1K_2) - \mathbb{E}(K_1)\mathbb{E}(K_2)]$$

$$= w_1^2\mathrm{Var}(K_1) + w_2^2\mathrm{Var}(K_2) + 2w_1w_2\mathrm{Cov}(K_1, K_2).$$ ■

표현을 간결하게 하기 위해 다음과 같은 표기를 사용하도록 하자.

$$\mu_V = \mathbb{E}(K_V), \quad \sigma_V = \sqrt{\mathrm{Var}(K_V)},$$
$$\mu_1 = \mathbb{E}(K_1), \quad \sigma_1 = \sqrt{\mathrm{Var}(K_1)},$$
$$\mu_2 = \mathbb{E}(K_2), \quad \sigma_2 = \sqrt{\mathrm{Var}(K_2)}.$$
$$c_{12} - \mathrm{Cov}(K_1, K_2).$$

위의 표기를 사용하여 식 (3.3)과 (3.4)는

$$\mu_V = w_1\mu_1 + w_2\mu_2, \tag{3.5}$$

$$\sigma_V^2 = w_1^2\sigma_1^2 + w_2^2\sigma_2^2 + 2w_1w_2c_{12} \tag{3.6}$$

와 같이 나타낼 수 있고, 상관계수를 위한 표기도 다음과 같이 사용할 것이다.

$$\rho_{12} = \frac{c_{12}}{\sigma_1\sigma_2}. \tag{3.7}$$

상관계수는 $\sigma_1\sigma_2 = 0$일 때는 정의되지 않는데, $\sigma_1\sigma_2$가 0이려면 적어도 하나의 자산은 무위험자산이어야 한다.

참고 3.12

위험자산의 수익률 K_1, K_2는 상수가 아닌 확률변수이다. 그러므로 $\sigma_1\sigma_2 > 0$이고 ρ_{12}가 명확히 정의된다.

예제 3.13

다음의 자료를 이용하여, 가중치가 $w_1 = 40\%$, $w_2 = 60\%$인 포트폴리오의 위험을 각 구성요소의 위험과 비교하려고 한다.

시나리오	확률	수익률 K_1	수익률 K_2
ω_1	0.2	−10%	5%
ω_2	0.4	0%	30%
ω_3	0.4	20%	−5%

직접 계산에 의해,

$$\sigma_1^2 \cong 0.0144, \quad \sigma_2^2 \cong 0.0254, \quad \rho_{12} \cong -0.6065$$

를 얻을 수 있고, 식 (3.6)에 의하여

$$\begin{aligned}\sigma_V^2 &\cong (0.4)^2 \times 0.0144 + (0.6)^2 \times 0.0254 \\ &\quad + 2 \times 0.4 \times 0.6 \times (-0.6065) \times \sqrt{0.0144} \times \sqrt{0.0254} \\ &\cong 0.00588\end{aligned}$$

이 된다. σ_V^2가 σ_1^2과 σ_2^2, 두 분산보다 작음을 확인할 수 있다.

예제 3.14

가중치가 $w_1 = 10\%, w_2 = 90\%$이고 다른 조건은 예제 3.13에서와 동일한 포트폴리오를 생각해 보자. 이 포트폴리오의 분산 σ_V^2는 다음과 같고,

$$\begin{aligned}\sigma_V^2 &\cong (0.1)^2 \times 0.0144 + (0.9)^2 \times 0.0254 \\ &\quad + 2 \times 0.1 \times 0.9 \times (-0.6065) \times \sqrt{0.0144} \times \sqrt{0.0254} \\ &\cong 0.01863,\end{aligned}$$

이것은 σ_1^2과 σ_2^2의 사이 값을 가진다.

기본정리 3.15

포트폴리오의 분산 σ_V^2는 공매도가 허용되지 않는다면, 구성요소의 분산 σ_1^2과 σ_2^2 중 큰 것보다 클 수 없다.

$$\sigma_V^2 \le \max(\sigma_1^2, \sigma_2^2).$$

증명

$\sigma_1^2 \le \sigma_2^2$라고 가정하자. 만약 공매도가 허용되지 않는다면, $w_1, w_2 \ge 0$이고,

$$w_1\sigma_1 + w_2\sigma_2 \le (w_1 + w_2)\sigma_2 = \sigma_2$$

이다. 상관계수는 $-1 \le \rho_{12} \le 1$을 만족하기 때문에,

$$\begin{aligned}\sigma_V^2 &= w_1^2\sigma_1^2 + w_2^2\sigma_2^2 + 2w_1w_2\rho_{12}\sigma_1\sigma_2 \\ &\le w_1^2\sigma_1^2 + w_2^2\sigma_2^2 + 2w_1w_2\sigma_1\sigma_2 \\ &= (w_1\sigma_1 + w_2\sigma_2)^2 \le \sigma_2^2\end{aligned}$$

이 성립되고, $\sigma_1^2 \ge \sigma_2^2$일 때도 유사하게 증명할 수 있다. ■

예제 3.16

이제 가중치가 $w_1 = -50\%, w_2 = 150\%$이고(자산 1에 대해서 공매도를 허용), 다른 자료는 예제 3.13에서와 같은 포트폴리오를 생각해 보자. 이 포트폴리오의 분산은

$$\begin{aligned}\sigma_V^2 &\cong (-0.5)^2 \times 0.0144 + (1.5)^2 \times 0.0254 \\ &\quad + 2 \times (-0.5) \times 1.5 \times (-0.6065) \times \sqrt{0.0144} \times \sqrt{0.0254} \\ &\cong 0.0781\end{aligned}$$

이고, 이것은 σ_1^2과 σ_2^2, 두 분산보다 큰 값을 가진다.

연습문제 3.7

예제 3.13의 자료를 이용하여 기대수익률 $\mu_V = 50\%$인 포트폴리오의 가중치와 위험 σ_V를 구하여라.

3.2.2 실현가능 집합

주어진 두 자산에 투자함으로써 만들어질 수 있는 모든 포트폴리오의 모임을 **실현가능 집합**[feasible set(**또는 달성가능 집합**, attainable set)]이라고 부른다. 각각의 포트폴리오는 σ, μ평면상의 좌표, σ_V, μ_V로 나타낼 수 있다.

우리는 이 평면의 실현가능 집합의 생김새를 살펴보고자 하며, 이는 유익한 식견을 제공할 것이다. 이 집합은 $1 = w_1 + w_2$인 $w_1, w_2 \in \mathbb{R}$에 대하여 다음의 좌표를 갖는 모든 점으로 이루어져 있다.

$$\mu_V = w_1\mu_1 + w_2\mu_2,$$

$$\sigma_V^2 = w_1^2\sigma_1^2 + w_2^2\sigma_2^2 + 2w_1w_2c_{12}.$$

실현가능 집합에 들어 있는 포트폴리오는 하나의 가중치로 모수화될 수 있다. 여기서는 $s = w_1$을 모수로 사용할 것이다. 그러면 $1 - s = w_2$이고, σ_V^2와 μ_V에 대한 위의 표현은 $s \in \mathbb{R}$에서

$$\mu_V = s\mu_1 + (1-s)\mu_2, \tag{3.8}$$

$$\sigma_V^2 = s^2\sigma_1^2 + (1-s)^2\sigma_2^2 + 2s(1-s)c_{12} \tag{3.9}$$

와 같이 쓸 수 있다.

이제 실현가능 집합에서 최소분산(즉, 최소위험)을 가지는 포트폴리오를 찾아보자.

기본정리 3.17

만약 $\rho_{12} < 1$이거나 $\sigma_1 \neq \sigma_2$이면, s의 함수로서 σ_V^2는 다음의 지점에서 최솟값을 갖는다.

$$s_0 = \frac{\sigma_2^2 - c_{12}}{\sigma_1^2 + \sigma_2^2 - 2c_{12}}. \tag{3.10}$$

이에 대응하는 기대수익률 μ_V와 분산 σ_V^2의 값은 다음과 같다.

$$\mu_0 = \frac{\mu_1\sigma_2^2 + \mu_2\sigma_1^2 - (\mu_1 + \mu_2)c_{12}}{\sigma_1^2 + \sigma_2^2 - 2c_{12}}, \tag{3.11}$$

$$\sigma_0^2 = \frac{\sigma_1^2\sigma_2^2 - c_{12}^2}{\sigma_1^2 + \sigma_2^2 - 2c_{12}}. \tag{3.12}$$

만약 $\rho_{12} = 1$이고 $\sigma_1 = \sigma_2$이면, 모든 실현가능 포트폴리오는 $\sigma_1^2 = \sigma_2^2$과 같은 분산을 갖는다.

증명

식 (3.9)의 σ_V^2가 최솟값을 가질 때의 s의 값을 구하기 위해, σ_V^2를 s에 대해 미분

하여 0으로 놓는다. 그러면 다음과 같은 s에 대한 방정식을 얻는다.

$$\frac{d(\sigma_V^2)}{ds} = 2s(\sigma_1^2 + \sigma_2^2 - 2c_{12}) - 2(\sigma_2^2 - c_{12}) = 0.$$

위 식은 식 (3.10)의 분모가 0이 아니라면 식 (3.10)에 주어진 해 s_0를 갖는데, $\rho_{12} < 1$이거나 $\sigma_1 \neq \sigma_2$이면 분모가 0이 아니게 된다. 실제로 만약 $\rho_{12} < 1$이면,

$$\sigma_1^2 + \sigma_2^2 - 2c_{12} > \sigma_1^2 + \sigma_2^2 - 2\sigma_1\sigma_2 = (\sigma_1 - \sigma_2)^2 \geq 0$$

이고, 만약 $\sigma_1 \neq \sigma_2$이면,

$$\sigma_1^2 + \sigma_2^2 - 2c_{12} \geq \sigma_1^2 + \sigma_2^2 - 2\sigma_1\sigma_2 = (\sigma_1 - \sigma_2)^2 > 0$$

이 된다. 그러므로 이차 미분이

$$\frac{d^2(\sigma_V^2)}{ds^2} = 2(\sigma_1^2 + \sigma_2^2 - 2c_{12}) > 0$$

이고, σ_V^2가 s_0에서 최솟값을 가진다고 결론지을 수 있다. μ_0와 σ_0^2의 표현은 식 (3.8)과 (3.9)의 s를 s_0로 대체함으로써 얻어진다. 만약 $\rho_{12} = 1$이고 $\sigma_1 = \sigma_2$이면, $c_{12} = \sigma_1\sigma_2$가 되고, 모든 $s \in \mathbb{R}$에서

$$\sigma_V^2 = s^2\sigma_1^2 + (1-s)^2\sigma_2^2 + 2s(1-s)c_{12} = (s\sigma_1 + (1-s)\sigma_2)^2 = \sigma_1^2 = \sigma_2^2$$

이 된다. ■

σ, μ 평면상의 실현가능 집합을 보여주는 모수방정식 식 (3.8)과 (3.9)에 의해 설명되는 곡선은 쌍곡선의 일부가 되는 것으로 나타난다. 이는 점근선과 함께 표현된 그림 3.1에서 볼 수 있다. 쌍곡선에서 굵게 표시된 부분은 공매도가 허용되지 않는 포트폴리오에 대응한다.

기본정리 3.18

$-1 < \rho_{12} < 1$이고 $\mu_1 \neq \mu_2$라고 가정하자. 그러면 실현가능 집합에 들어 있는 각각의 포트폴리오 V에 대해, $x = \sigma_V$, $y = \mu_V$는 다음의 쌍곡선 방정식을

만족한다.

$$x^2 - A^2(y-\mu_0)^2 = \sigma_0^2. \tag{3.13}$$

이때 μ_0와 $\sigma_0^2 > 0$ 은 기본정리 3.17에 주어진 바와 같고, A^2은

$$A^2 = \frac{\sigma_1^2 + \sigma_2^2 - 2c_{12}}{(\mu_1 - \mu_2)^2} > 0$$

이다.

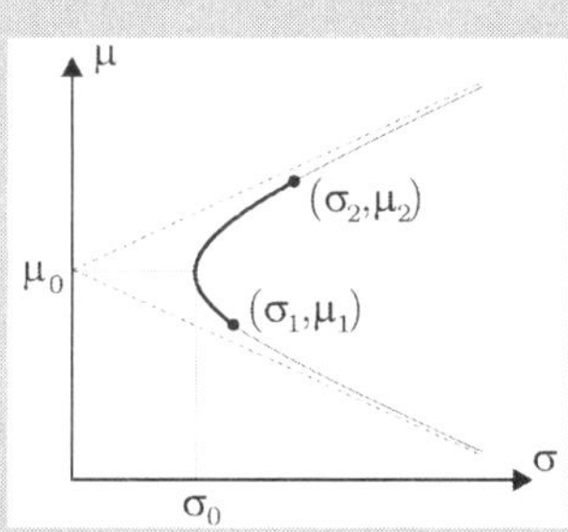

그림 3.1 σ, μ 평면에서 실현가능 포트폴리오를 나타내는 쌍곡선

쌍곡선의 두 점근선은 다음과 같다.

$$y = \mu_0 \pm \frac{1}{A}x.$$

증명

식 (3.8)로부터 $s = \dfrac{\mu_V - \mu_2}{\mu_1 - \mu_2}$ 를 얻었다. 식 (3.9)의 s에 이 값을 넣으면, 간단한(약간 지루한) 변환을 통해 $x = \sigma_V$, $y = \mu_V$가 식 (3.13)을 만족함을 알 수 있다. $-1 < \rho_{12} < 1$이고 $\mu_1 \neq \mu_2$이기 때문에, $A^2 > 0$, $\sigma_0^2 > 0$이고 식 (3.13)은 쌍곡선을 나타내게 된다. 점근선 방정식은 식 (3.13)으로부터 직접 얻을 수 있다. ■

상관계수는 항상 $-1 < \rho_{12} < 1$을 만족한다. 다음 기본정리는 ρ_{12}가 극단값 −1이나 1이 되는 두 가지 특별한 경우에 대한 것이다. 이것은 포트폴리오를 이루는 자산 간의 완벽한 양이나 음의 상관관계를 의미한다. 이 경우에 실현가능 집합은 그

림 3.2와 같이 특별히 간단한 형태를 가진다.

기본정리 **3.19**

$\rho_{12} = 1$이고 $\sigma_1 \neq \sigma_2$라고 가정하자. 그러면 $\sigma_V = 0$과 다음은 필요충분 관계이다.

$$w_1 = -\frac{\sigma_2}{\sigma_1 - \sigma_2}, \quad w_2 = \frac{\sigma_1}{\sigma_1 - \sigma_2}. \tag{3.14}$$

w_1과 w_2, 둘 중 하나가 음수이기 때문에 이것은 공매도를 포함한다.

$\rho_{12} = -1$이라고 가정하자. 그러면 $\sigma_V = 0$과 다음은 필요충분 관계이다.

$$w_1 = \frac{\sigma_2}{\sigma_1 + \sigma_2}, \quad w_2 = \frac{\sigma_1}{\sigma_1 + \sigma_2}. \tag{3.15}$$

w_1과 w_2가 둘 다 양수이기 때문에 이 경우 공매도가 필요 없다.

증명

$\rho_{12} = 1$이고 $\sigma_1 \neq \sigma_2$라고 하자. 그러면 식 (3.6)은

$$\sigma_V^2 = w_1^2\sigma_1^2 + w_2^2\sigma_2^2 + 2w_1w_2\sigma_1\sigma_2 = (w_1\sigma_1 + w_2\sigma_2)^2$$

이 되고, $\sigma_V^2 = 0$과 $w_1\sigma_1 + w_2\sigma_2 = 0$는 필요충분 관계가 된다. 이것은 $w_1 + w_2 = 1$이기 때문에 식 (3.14)와 동등하다.

이제 $\rho_{12} = -1$이라고 하자. 그러면 식 (3.6)은

$$\sigma_V^2 = w_1^2\sigma_1^2 + w_2^2\sigma_2^2 - 2w_1w_2\sigma_1\sigma_2 = (w_1\sigma_1 - w_2\sigma_2)^2$$

이 되고, $\sigma_V^2 = 0$과 $w_1\sigma_1 - w_2\sigma_2 = 0$는 필요충분 관계가 된다. 마지막 등식은 $w_1 + w_2 = 1$이기 때문에 식 (3.15)와 동등하다(두 자산은 위험자산이기 때문에 $\sigma_1 + \sigma_2 > 0$이다). ■

그림 3.2는 $\rho_{12} = -1$(왼쪽)이고 $\rho_{12} = 1$(오른쪽)인 포트폴리오를 나타내는 두 전형적인 선을 보여 준다. 굵게 표시된 부분은 공매도가 허용되지 않는 포트폴리오

와 대응한다.

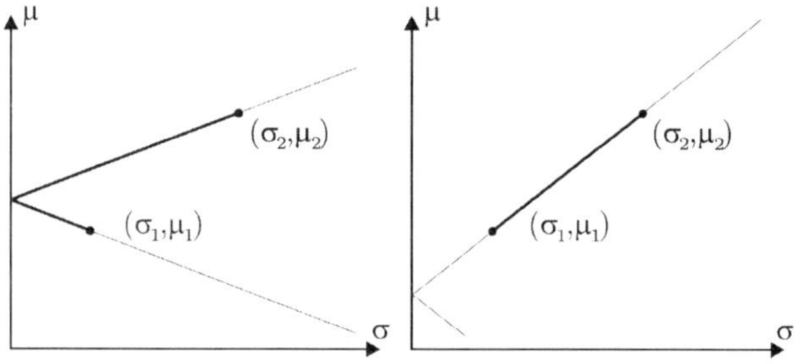

그림 3.2 $\rho_{12}=-1$, $\rho_{12}=1$ **인 전형적인 포트폴리오 직선**

$\rho_{12}=-1$ 라고 가정하자. 기본정리 3.19의 증명으로부터 $\sigma_V=|w_1\sigma_1-w_2\sigma_2|$를 얻을 수 있다. 게다가, 식 (3.5)에 의해 $\mu_V=w_1\mu_1+w_2\mu_2$이고 식 (3.1)에 의해 $w_1+w_2=1$이다. 모수로 $s=w_1$을 선택해 보자. 그러면 $1-s=w_2$이고

$$\sigma_V=|s\sigma_1-(1-s)\sigma_2|,$$

$$\mu_V=s\mu_1+(1-s)\mu_2$$

이다. 이 모수 방정식들은 그림 3.2에서 (σ_1,μ_1)과 (σ_2,μ_2) 사이에 꺾어진 부분이 있는 그래프를 설명하는데, s가 감소함에 따라, 점 (σ_V,μ_V)는 (σ_1,μ_1)에서부터 (σ_2,μ_2)의 방향으로 그 직선을 따라 이동한다.

만약 $\rho_{12}=1$이면, $\sigma_V=|w_1\sigma_1+w_2\sigma_2|$이다. 다시 모수로 $s=w_1$을 선택하면,

$$\sigma_V=|s\sigma_1+(1-s)\sigma_2|,$$

$$\mu_V=s\mu_1+(1-s)\mu_2$$

의 모수 방정식을 얻게 되고, 이는 그림 3.2의 (σ_1,μ_1)과 (σ_2,μ_2) 사이가 직선으로 연결된 그래프를 설명한다.

연습문제 3.8

두 가지 가능한 시나리오 ω_1, ω_2만이 있다고 가정하고, 수익률이 K_1, K_2인 두 개의 위험자산을 고려하자. 이때 어떤 $a\neq 0$, b에 대해 $K_1=aK_2+b$가 만족됨을 보이고, $\rho_{12}=1$이거나 -1이 됨을 추론하여라.

그림 3.3은 상관계수 ρ_{12}에 의존하는 실현가능 집합의 형태에 대한 다음의 따름정리를 예시한다.

따름정리 **3.20**

$\sigma_1 \le \sigma_2$라고 가정하자. 다음의 5가지 경우가 가능하다:

1) 만약 $\rho_{12} = 1$이라면, $\sigma_1 < \sigma_2$이기만 하면 $\sigma_V = 0$(그림 3.3의 선 1)을 만족하는 공매도가 포함되는 실현가능 포트폴리오 V가 존재한다. 실현가능 집합의 각 포트폴리오 V는 $\sigma_1 = \sigma_2$일 때 같은 σ_V를 갖는다.
2) 만약 $\dfrac{\sigma_1}{\sigma_2} < \rho_{12} < 1$이면, 공매도가 포함되는 경우 $\sigma_V < \sigma_1$인 실현가능 포트폴리오 V가 존재하고, 공매도가 포함되지 않는 경우에는 $\sigma_V \ge \sigma_1$(그림 3.3의 선 2)이 된다.
3) 만약 $\rho_{12} = \dfrac{\sigma_1}{\sigma_2}$ 이면, 각 실현가능 포트폴리오 V에서 $\sigma_V \ge \sigma_1$(그림 3.3의 선 3)이다.
4) 만약 $-1 < \rho_{12} < \dfrac{\sigma_1}{\sigma_2}$이면, $\sigma_V < \sigma_1$(그림 3.3의 선 4)인 공매도를 포함하지 않는 실현가능한 포트폴리오 V가 존재한다.
5) 만약 $\rho_{12} = -1$이면 $\sigma_V = 0$(그림 3.3의 선 5)인 공매도를 포함하지 않는 실현가능 포트폴리오 V가 존재한다.

증명

1) $\rho_{12} = 1$인 경우는 기본정리 3.19에서 다루어졌다.

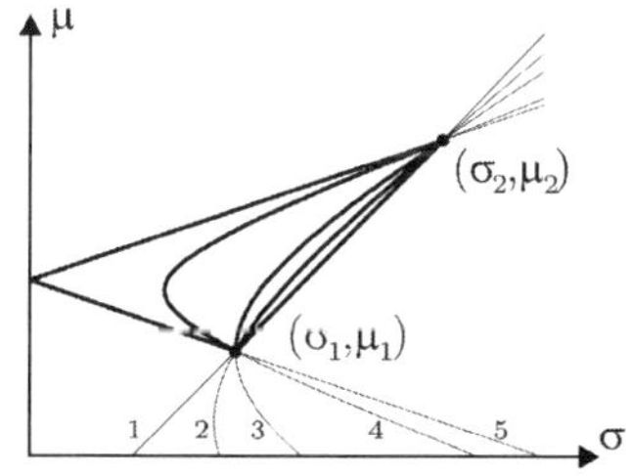

그림 3.3 ρ_{12}의 여러 가지 값에 대한 포트폴리오 선들

2) $\dfrac{\sigma_1}{\sigma_2} < \rho_{12} < 1$이면, $s_0 > 1$이다. 이런 경우 s_0에 대응하는 최소분산 포트폴리오 V는 자산 2에 대한 공매도를 포함하고, $\sigma_V < \sigma_1$을 만족한다. $0 < s < 1$인 s에서, 분산 σ_V^2는 s의 감소함수이고, 이는 공매도를 포함하지 않는 모든 포트폴리오에 대해 $\sigma_V \geq \sigma_1$임을 의미한다.

3) $\rho_{12} = \dfrac{\sigma_1}{\sigma_2}$이면, $s_0 = 1$이다. 그 결과, σ_1^2이 최소분산이기 때문에 모든 포트폴리오에 대해 $\sigma_V \geq \sigma_1$이 된다.

4) $-1 < \rho_{12} < \dfrac{\sigma_1}{\sigma_2}$이면, $0 < s_0 < 1$이다. 이는 s_0에 대응하는 최소분산 포트폴리오 V가 공매도를 포함하지 않고 $\sigma_V < \sigma_1$를 만족한다는 뜻이다.

5) $\rho_{12} = -1$인 경우는 기본정리 3.19에서 다루어졌다. ■

위의 따름정리는 각 구성요소의 위험보다 낮은 위험을 갖는 포트폴리오를 언제 구성할 수 있는지를 보여 주기 때문에 중요하다. 4)와 5)의 경우 이러한 구성이 공매도 없이 가능하다. 1)과 2)의 경우 구성이 가능하지만 공매도가 허용될 때만 그러하다. 3)의 경우 이러한 구성이 불가능하다.

예제 3.21

$$\sigma_1^2 = 0.0041,\quad \sigma_2^2 = 0.0121,\quad \rho_{12} = 0.9796$$

이라고 가정하자. 명백히, $\sigma_1 < \sigma_2$이고 $\dfrac{\sigma_1}{\sigma_2} < \rho_{12} < 1$이므로 이는 따름정리 3.20의 경우 2)에 해당한다. 우리가 해야 할 것은 공매도가 허용될 때와 허용되지 않을 때, 위험을 최소로 하는 포트폴리오를 찾는 일이다. 기본정리 3.17을 이용하면,

$$s_0 \cong 2.1663$$

로 계산된다. 그러므로 공매도가 허용된다면 최소위험을 갖는 포트폴리오에서 가중치는 $w_1 \cong 2.1663, w_2 \cong -1.1663$이 되어야 한다. 공매도가 허용되지 않는다면 $w_1 = 1, w_2 = 0$이다.

연습문제 3.9

예제 3.13에 주어진 자료에 대해 최소위험 포트폴리오의 가중치를 구하여라. 이 포트폴리오는 공매도를 포함하는가?

포트폴리오에 포함된 하나의 자산이 무위험인 경우에 대한 간략한 논의로 이 절을 마치도록 하겠다. 위험자산의 분산은 양수이지만, 무위험자산의 분산은 0이다.

기본정리 3.22

기대수익률이 μ_1이고 표준편차가 $\sigma_1 > 0$인 위험자산과 수익률이 R이고 표준편차가 0인 무위험자산으로 구성된 포트폴리오의 표준편차 σ_V는 위험자산의 가중치 w_1에 다음과 같이 의존한다:

$$\sigma_V = |w_1|\sigma_1.$$

증명

$\sigma_1 > 0$이고 $\sigma_2 = 0$이라고 놓자. 그러면 식 (3.6)은 $\sigma_V^2 = w_1^2\sigma_1^2$이 되고, 제곱근을 취함으로써 σ_V에 대한 식을 얻을 수 있다. ■

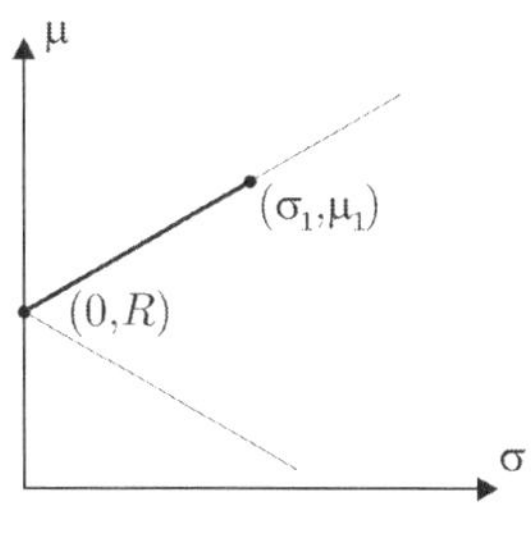

그림 3.4 하나의 위험자산과 하나의 무위험자산으로 이루어진 포트폴리오 직선

σ, μ평면에서 하나의 위험자산과 하나의 무위험자산으로 구성된 포트폴리오를 나타내는 직선이 그림 3.4에 나와 있다. 앞에서와 같이 굵게 표시된 선분이 공매도가 허용되지 않는 포트폴리오에 해당된다.

3.3 여러 개의 자산

3.3.1 포트폴리오의 위험과 기대수익률

n개의 서로 다른 자산들로 구성된 포트폴리오는 그 자산들의 가중치,

$$w_i = \frac{x_i S_i(0)}{V(0)}, \quad i = 1,\dots,n$$

으로 표현될 수 있다. 여기서 x_i는 포트폴리오에 포함된 자산 i의 개수, $S_i(0)$는 자산 i의 초기가격, 그리고 $V(0)$는 포트폴리오의 초기 투자금액이다. 가중치는 다음과 같이 하나의 행으로 이루어진 가중치행렬로 나타내는 것이 편리하다.

$$\mathbf{w} = [w_1 \ \ w_2 \ \ \cdots \ \ w_n].$$

두 자산의 경우와 마찬가지로 가중치의 합은 1이고, 이 성질을 행렬의 꼴로 다음과 같이 나타낼 수 있다.

$$1 = \mathbf{w}\mathbf{u}^{\mathrm{T}}. \tag{3.16}$$

이때 $\mathbf{u}$는 다음과 같이 모든 성분이 1인 1행 행렬이고, $\mathbf{u}$의 전치행렬, $\mathbf{u}^{\mathrm{T}}$는 하나의 열로 이루어진 행렬이며, 일반적인 행렬의 곱의 법칙이 적용된다.

$$\mathbf{u} = [\ 1 \ \ 1 \ \ \cdots \ \ 1].$$

식 (3.16)을 만족시키는 가중치 $\mathbf{w}$를 가지는 포트폴리오는 **실현가능(또는 달성가능) 포트폴리오**[feasible(or attainable) portfolios]라고 불리는데, 실현가능(달성가능) 집합은 이 포트폴리오들로 구성된다.

자산들의 수익률이 $K_1, \dots, K_n$이라고 가정하자. 기대수익률 $\mu_i = \mathbb{E}(K_i)$, $i = 1, \dots, n$도 다음과 같이 1행 행렬로 배열될 수 있다.

$$\mathbf{m} = [\ \mu_1 \ \ \mu_2 \ \ \dots \ \ \mu_n].$$

수익률 사이의 공분산은 $c_{ij} = \mathrm{Cov}(K_i, K_j)$ 로 나타내는데, 이것은 다음과 같은 $n \times n$ 공분산 행렬의 성분이 된다.

$$\mathbf{C}=\begin{bmatrix} c_{11} & c_{12} & \cdots & c_{1n} \\ c_{21} & c_{22} & \cdots & c_{2n} \\ \vdots & \vdots & \ddots & \vdots \\ c_{n1} & c_{n2} & \cdots & c_{nn} \end{bmatrix}$$

C의 대각원소는 수익률의 분산, $c_{ii}=\sigma_i=\mathrm{Var}(K_i)$이다.

공분산 행렬은 대칭이고 양반정치(non-negative definite)이다. 부록 10.4를 참고하기 바란다. 아래에 나오는 내용에서는 C의 행렬식이 0이 아니라고 가정할 것이므로, C가 역행렬 $\mathbf{C}^{-1}$를 가진다고 생각하면 된다.

포트폴리오의 수익률에 대한 식 (3.2)는 n개의 자산인 경우에 대하여 다음과 같이 확장된다:

$$K_V=w_1K_1+\cdots+w_nK_n.$$

기본정리 3.23

가중치가 $\mathbf{w}=[w_1,\ ...\ w_n]$인 포트폴리오 V의 수익률 $K_V=w_1K_1+\cdots+w_nK_n$의 기대수익률 $\mu_V=\mathbb{E}(K_V)$과 분산 $\sigma_V^2=\mathrm{Var}(K_V)$는 다음과 같다.

$$\mu_V=\mathbf{wm}^{\mathrm{T}}, \tag{3.17}$$

$$\sigma_V^2=\mathbf{wCw}^{\mathrm{T}}. \tag{3.18}$$

증명

μ_V에 대한 식은 기댓값의 선형성에 의하여,

$$\mu_V=\mathbb{E}(K_V)=\mathbb{E}\left(\sum_{i=1}^{n}w_iK_i\right)=\sum_{i=1}^{n}w_i\mu_i=\mathbf{wm}^{\mathrm{T}},$$

와 같고, σ_V^2에 대한 식은 각 인자에 대한 공분산의 선형성을 이용한다.

$$\begin{aligned}\sigma_V^2&=\mathrm{Var}(K_V)=\mathrm{Var}\left(\sum_{i=1}^{n}w_iK_i\right)\\&=\mathrm{Cov}\left(\sum_{i=1}^{n}w_iK_i,\ \sum_{j=1}^{n}w_jK_j\right)=\sum_{i,j=1}^{n}w_iw_jc_{ij}\\&=\mathbf{wCw}^{\mathrm{T}}.\end{aligned}$$

■

연습문제 3.10

가중치가 $w_1 = 40\%$, $w_2 = -20\%$, $w_3 = 80\%$ 이고, 자산의 기대수익률이 각각 $\mu_1 = 8\%$, $\mu_2 = 10\%$, $\mu_3 = 6\%$, 표준편차가 $\sigma_1 = 0.15$, $\sigma_2 = 0.05$, $\sigma_3 = 0.12$, 상관계수가 $\rho_{12} = 0.3$, $\rho_{23} = 0.0$, $\rho_{31} = -0.2$ 인 3개의 자산으로 구성된 포트폴리오의 기대수익률 μ_V와 표준편차 σ_V를 구하여라.

3.3.2 최소분산 포트폴리오

기본정리 3.17에서 두 개의 위험자산으로 구성된 모든 실현가능한 포트폴리오 중에서 최소분산(즉, 최소위험)을 갖는 포트폴리오를 찾았다. 여기에서는 이 결과를 n개의 위험자산을 포함한 경우로 확장할 것이다.

모든 실현가능한 포트폴리오 가운데 가장 작은 분산을 갖는 포트폴리오를 **최소분산 포트폴리오**(minimum variance portfolio, MVP)라고 할 것이다. 이 포트폴리오를 찾기 위해서는 모든 가중치 $\mathbf{w}$에 대해 분산 $\sigma_V^2 = \mathbf{wCw}^T$를 최소화해야 한다. 가중치의 합은 1이 되어야 하기 때문에 제약이 있는 최솟값을 찾는 문제가 된다. 즉, $\mathbf{wu}^T = 1$를 만족시키는 모든 벡터 $\mathbf{w} \in \mathbb{R}^n$에 대해 최솟값을 찾아야 한다:

$$\min \mathbf{wCw}^{\mathrm{T}}.$$

제약이 있는 최솟값을 구하기 위해 부록 10.1.2의 라그랑지(Lagrange) 승수법을 이용할 수 있다.

기본정리 3.24

C의 행렬식이 0이 아니라고 가정하자. 그러면 최소분산 포트폴리오의 가중치는 다음과 같다.

$$\mathbf{w}_{\mathrm{MVP}} = \frac{\mathbf{uC}^{-1}}{\mathbf{uC}^{-1}\mathbf{u}^{\mathrm{T}}}. \tag{3.19}$$

증명

$\mathbf{wu}^{\mathrm{T}} = 1$을 만족하는 $\mathbf{wCw}^{\mathrm{T}}$의 최솟값을 구해야 한다. 라그랑지 승수법을 사용하기 위해 다음과 같이 놓아 보자.

$$F(\mathbf{w},\lambda) = \mathbf{w}\mathbf{C}\mathbf{w}^{\mathrm{T}} - \lambda(\mathbf{w}\mathbf{u}^{\mathrm{T}} - 1).$$

1차 필요조건은 $2\mathbf{w}\mathbf{C} - \lambda\mathbf{u} = 0$이므로

$$\mathbf{w} = \frac{\lambda}{2}\mathbf{u}\mathbf{C}^{-1}$$

이 된다. 이것을 제약식에 넣어서, $\frac{\lambda}{2}\mathbf{u}\mathbf{C}^{-1}\mathbf{u}^{\mathrm{T}} = 1$을 얻을 수 있다. 부록 10.4에서 보듯이, 공분산 행렬의 성질에 따라 $\mathbf{u}\mathbf{C}^{-1}\mathbf{u}^{\mathrm{T}} \neq 0$이다. 그러므로 라그랑지 승수 λ를 얻을 수 있고 이를 $\mathbf{w}$의 식에 넣어 $\mathbf{w}_{MVP}$에 대한 식을 구할 수 있다.

최솟값에 대한 필수 조건을 확인하였다. $\mathbf{w}\mathbf{C}\mathbf{w}^{\mathrm{T}}$는 하한이 0인 가중치의 이차식이므로 최솟값이 존재해야만 하고, 이로써 증명이 완료된다. ■

연습문제 3.11

기대수익률이 $\mu_1 = 0.20$, $\mu_2 = 0.13$, $\mu_3 = 0.17$ 이고 표준편차가 $\sigma_1 = 0.25$, $\sigma_2 = 0.28$, $\sigma_3 = 0.20$ 이며, 수익률의 상관계수가 $\rho_{12} = 0.30$, $\rho_{23} = 0.00$, $\rho_{31} = 0.15$ 인 3개의 자산으로 구성된 모든 실현가능 포트폴리오 가운데 최소분산을 가지는 포트폴리오를 찾아라. 이 포트폴리오의 가중치는 얼마인가? 또한 포트폴리오의 기대수익률과 표준편차를 구하여라.

3.3.3 효율적 투자선

두 개의 자산 중에 하나를 선택하는 문제에서, 합리적인 투자자는 가능하다면 좀 더 수익률이 높고 표준편차가 작은, 즉 위험이 낮은 것을 선택할 것이다. 이는 다음 정의의 동기가 된다.

정의 3.25

기대수익률이 μ_1이고 표준편차가 σ_1인 자산과 기대수익률이 μ_2이고 표준편차가 σ_2인 자산을 생각해 보자. 이때,

$$\mu_1 \geq \mu_2, \quad \sigma_1 \leq \sigma_2$$

라면, 기대수익률이 μ_1이고 표준편차가 σ_1인 자산이 기대수익률이 μ_2이고 표준편차가 σ_2인 자산보다 **우세하다**(dominate)라고 한다.

포트폴리오를 자산으로 취급함으로써 이 정의는 포트폴리오로 쉽게 확장될 수 있다.

이 순서는 불완전하다. 예를 들어, $\mu_1 = 10\%$, $\sigma_2 = 20\%$이고 $\mu_2 = 15\%$, $\sigma_2 = 22\%$인 두 개의 자산이 있을 때, 이 둘 중 어느 것도 다른 것보다 우세하지 않다.

정의 3.26

자기 자신을 제외하고는 자신보다 우세한 포트폴리오가 없다면, 이 포트폴리오는 **효율적**(efficient)이라고 한다. 모든 실현가능한 포트폴리오 중에서 효율적인 포트폴리오의 부분집합을 **효율적 투자선**(efficient frontier)이라고 한다.

여기서 우리는 모든 합리적인 투자자들이 열세인(dominated) 포트폴리오보다 우세한(dominating) 포트폴리오를 선호한다고 가정할 것이다. 하지만 투자자들은 각자의 취향에 따라 효율적 투자선 위에 있는 다른 포트폴리오들을 선택할 수 있다. $\mu_1 \le \mu_2$이고 $\sigma_1 \le \sigma_2$인 두 개의 효율적 포트폴리오가 주어졌을 때, 조심성 있는 투자자는 위험이 σ_1로 적고 기대수익률도 μ_1으로 낮은 포트폴리오를 선택할 수 있고, 반면에 다른 투자자는 기대수익률이 μ_2로 큰 것이 증가된 위험을 보상해 준다는 생각에서 위험이 σ_2로 큰 포트폴리오를 선택할 수 있을 것이다.

효율적 투자선을 찾기 위해 우리는 열세인 포트폴리오를 알아보고 그것들을 제거하여야 한다. 이를 위해, 어떤 $\mu \in \mathbb{R}$에 대해 기대수익률이 μ인 모든 실현가능 포트폴리오를 고려해 보자. 이런 포트폴리오들의 집합을 **등기대선**(isoexpected line)이라고 부른다. 등기대선 위에 있는 모든 포트폴리오들은 그들 가운데 최소분산을 가지는 포트폴리오에 대해 열세(dominated)이다.

정의 3.27

$\mu \in \mathbb{R}$로 모수화되는 포트폴리오 V의 모임을 생각해 보자. 여기에 속하는 포트폴리오 V의 기대수익률이 $\mu_V = \mu$이고, $\mu_{V'} = \mu$인 모든 포트폴리오 V'에 대해 $\sigma_V^2 \le \sigma_{V'}^2$이라고 하자. 이런 포트폴리오의 모임을 **최소분산선**(minimum variance line, MVL)이라고 한다.

$\mu \in \mathbb{R}$에 대한 최소분산선 위에 있는 포트폴리오의 가중치를 계산하기 위해서,

제약이 있는 최솟값의 문제

$$\min \mathbf{wCw}^{\mathrm{T}}$$

를 풀어야 한다. 여기서 최솟값은 다음을 만족하는 모든 벡터 $\mathbf{w} \in \mathbb{R}^n$에 대하여 구한다.

$$\mathbf{wm}^{\mathrm{T}} = \mu, \quad \mathbf{wu}^{\mathrm{T}} = 1.$$

이제 라그랑지 승수 λ_1, λ_2를 도입하여 다음의 함수를 최소화한다.

$$G(\mathbf{w}, \lambda_1, \lambda_2) = \mathbf{wCw}^{\mathrm{T}} - \lambda_1(\mathbf{wm}^{\mathrm{T}} - \mu) - \lambda_2(\mathbf{wu}^{\mathrm{T}} - 1).$$

G의 $\mathbf{w}$에 대한 기울기와 λ_1, λ_2에 대한 편미분은 최솟값에의 필요조건들을 제공한다. 부록 10.1.2를 참고하여라:

$$2\mathbf{wC} - \lambda_1\mathbf{m} - \lambda_2\mathbf{u} = \mathbf{0}.$$

$$\mathbf{wm}^{\mathrm{T}} - \mu = 0.$$

$$\mathbf{wu}^{\mathrm{T}} - 1 = 0.$$

첫 번째 식은 n개의 연립방정식을 나타내고, $\mathbf{0}$은 0 벡터를 나타낸다. $\mathbf{C}$의 역행렬이 존재한다고 가정하고, $\mathbf{w}$에 대해 이 연립방정식을 풀면,

$$2\mathbf{w} = \lambda_1\mathbf{mC}^{-1} + \lambda_2\mathbf{uC}^{-1} \tag{3.20}$$

가 된다. 마지막 등식의 오른쪽에서 $\mathbf{m}^{\mathrm{T}}$를 곱하고, 또 $\mathbf{u}^{\mathrm{T}}$를 곱하면 다음과 같은 라그랑지 승수 선형 연립방정식을 얻는다.

$$\lambda_1\mathbf{mC}^{-1}\mathbf{m}^{\mathrm{T}} + \lambda_2\mathbf{uC}^{-1}\mathbf{m}^{\mathrm{T}} = 2\mu,$$

$$\lambda_1\mathbf{mC}^{-1}\mathbf{u}^{\mathrm{T}} + \lambda_2\mathbf{uC}^{-1}\mathbf{u}^{\mathrm{T}} = 2.$$

이 연립방정식의 계수를 행렬로 나타내면,

$$M = \begin{bmatrix} \mathbf{mC}^{-1}\mathbf{m}^{\mathrm{T}} & \mathbf{uC}^{-1}\mathbf{m}^{\mathrm{T}} \\ \mathbf{mC}^{-1}\mathbf{u}^{\mathrm{T}} & \mathbf{uC}^{-1}\mathbf{u}^{\mathrm{T}} \end{bmatrix}$$

이 되는데, 만약 벡터 $\mathbf{u}$와 $\mathbf{m}$이 선형 독립이라면 M은 가역(invertible)행렬이 된다. 부록 10.4를 참고하여라. λ_1, λ_2에 대해 선형 연립방정식을 풀면 μ에 대한 다음의 선형식을 얻는다.

$$\begin{bmatrix}\lambda_1\\ \lambda_2\end{bmatrix} = 2M^{-1}\begin{bmatrix}\mu\\ 1\end{bmatrix}. \tag{3.21}$$

이것을 식 (3.20)에 넣으면 어떤 벡터 $\mathbf{a}, \mathbf{b} \in \mathbb{R}^n$에 대해 다음의 식을 얻는다.

$$\mathbf{w} = \mu\mathbf{a} + \mathbf{b} \tag{3.22}$$

여기서 중요한 점은 벡터 $\mathbf{a}$와 $\mathbf{b}$가 최소분산선 위에 있는 모든 포트폴리오에서 동일하다는 것이다. 이들은 $\mathbf{C}$, $\mathbf{m}$과 $\mathbf{u}$로 표현할 수 있다.

위의 결과를 다음의 정리로 요약할 수 있다.

정리 3.28

$\mathbf{C}$의 행렬식이 0이 아니고 $\mathbf{m}$과 $\mathbf{u}$는 선형독립인 벡터라고 가정하자. 그러면, 가중치 벡터 $\mathbf{w}$가 식 (3.21)에 주어진 λ_1과 λ_2를 이용해 식 (3.20)의 꼴로 표현되며 $\mu = \mu_V$ 라는 것과 가중치 벡터 $\mathbf{w}$가 최소분산선 위에 있는 포트폴리오 V를 나타낸다는 것은 필요충분조건이 된다.

증명

위의 논의는 식 (3.21)을 이용한 식 (3.20)이 주어진 기대수익률의 수준, μ에서 위험을 최소화하는 필요조건임을 보여 준다. 충분성은, 최소화되는 함수가 $\mathbf{w}$에 대한 2차식이고 하한이 0이기 때문에 최소화 문제가 각 μ에 대해 유일한 해를 가진다는 사실로부터 성립된다. ■

예제 3.29

다음과 같은 기대수익률, 표준편차, 수익률 간의 상관계수를 가지는 3개의 자산을 고려해 보자.

$$\begin{aligned}
\mu_1 &= 0.10, & \sigma_1 &= 0.28, & \rho_{12} &= \rho_{21} = -0.10,\\
\mu_2 &= 0.15, & \sigma_2 &= 0.24, & \rho_{23} &= \rho_{32} = 0.20,\\
\mu_3 &= 0.20, & \sigma_3 &= 0.25, & \rho_{31} &= \rho_{13} = 0.25.
\end{aligned}$$

μ_i를 1행 행렬 m으로 배열하고, 1을 1행 행렬 u로 다음과 같이 배열한다.

$$\mathbf{m} = [\ 0.10 \quad 0.15 \quad 0.20\ ],\ \mathbf{u} = [1 \ \ 1 \ \ 1].$$

다음으로 공분산 행렬 C의 성분 $c_{ij} = \rho_{ij}\sigma_i\sigma_j$를 계산하고, 역행렬 $\mathbf{C}^{-1}$를 다음과 같이 구한다.

$$\mathbf{C} \cong \begin{bmatrix} 0.0784 & -0.0067 & 0.0175 \\ -0.0067 & 0.0576 & 0.0120 \\ 0.0175 & 0.0120 & 0.0625 \end{bmatrix},\quad \mathbf{C}^{-1} \cong \begin{bmatrix} 13.954 & 2.544 & -4.396 \\ 2.544 & 18.548 & -4.274 \\ -4.396 & -4.274 & 18.051 \end{bmatrix}.$$

그러면

$$\begin{aligned} \mathbf{uC}^{-1} &\cong [12.102 \quad 16.818 \quad 9.382], \\ \mathbf{mC}^{-1} &\cong [0.898 \quad 2.182 \quad 2.530] \end{aligned}$$

이 되고,

$$M = \begin{bmatrix} \mathbf{mC}^{-1}\mathbf{m}^{\mathrm{T}} & \mathbf{uC}^{-1}\mathbf{m}^{\mathrm{T}} \\ \mathbf{mC}^{-1}\mathbf{u}^{\mathrm{T}} & \mathbf{uC}^{-1}\mathbf{u}^{\mathrm{T}} \end{bmatrix} \cong \begin{bmatrix} 0.923 & 5.609 \\ 5.609 & 38.302 \end{bmatrix},$$

$$M^{-1} \cong \begin{bmatrix} 9.842 & -1.441 \\ -1.441 & 0.237 \end{bmatrix}.$$

이 된다. 최소분산 포트폴리오의 가중치는 식 (3.19)를 이용해서 찾을 수 있다.

$$\mathbf{w} = \frac{\mathbf{uC}^{-1}}{\mathbf{uC}^{-1}\mathbf{u}^{\mathrm{T}}} \cong [0.316 \quad 0.439 \quad 0.245].$$

이 포트폴리오의 기대수익과 표준편차는 다음과 같다.

$$\mu_V = \mathbf{mw}^{\mathrm{T}} \cong 0.146,\ \ \sigma_V = \sqrt{\mathbf{wCw}^{\mathrm{T}}} \cong 0.162.$$

기대수익률이 μ_V이면서 최소분산선 위에 있는 포트폴리오의 가중치 w를 얻기 위해서 식 (3.22)를 적용한다.

$$\mathbf{w} \cong \mu_V\mathbf{a} + \mathbf{b}.$$

이때 a와 b는

$$\mathbf{a} = [\,-8.614 \quad -2.769 \quad 11.384\,], \quad \mathbf{b} = [\,1.578 \quad 0.845 \quad -1.422]$$

이고, 이 포트폴리오의 표준편차는 다음과 같다.

$$\sigma_V = \sqrt{\mathbf{wCw}^{\mathrm{T}}} \cong \sqrt{0.237 - 2.885\mu_V + 9.850\mu_V^2}.$$

연습문제 3.12

연습문제 3.11의 3개 자산으로 구성된, 기대수익률이 $\mu_V = 20\%$ 인 모든 실현가능 포트폴리오 가운데 최소분산 포트폴리오를 찾아라. 이 포트폴리오의 가중치와 표준편차를 구하여라.

다음의 결과는 기대수익률에 대한 최소분산선에 속하는 포트폴리오 가중치의 선형의존성 식 (3.22)의 중요한 결과이다.

정리 3.30 두 펀드 정리

정리 3.28의 가정하에서, $\mathbf{w}_1, \mathbf{w}_2$를 기대수익률이 $\mu_{V_1} \neq \mu_{V_2}$로 다르면서 최소분산선 위에 있는 두 개의 포트폴리오 V_1, V_2의 가중치라고 하자. 그러면 최소분산선 위에 있는 각 포트폴리오 V의 가중치는 $\alpha \in \mathbb{R}$인 어떤 α에 대해 이 둘의 선형 결합에 의해 다음과 같이 얻어질 수 있다.

$$\mathbf{w} = \alpha\mathbf{w}_1 + (1-\alpha)\mathbf{w}_2.$$

증명

$$\mu_V = \alpha\mu_{V_1} + (1-\alpha)\mu_{V_2}$$

를 만족하는 α를 찾는다. 이는 수익률이 다르기 때문에 가능하다:

$$\alpha = \frac{\mu_V - \mu_{V_2}}{\mu_{V_1} - \mu_{V_2}}.$$

두 포트폴리오 V_1, V_2는 최소분산선에 속하므로

$$\mathbf{w}_1 = \mu_{V_1}\mathbf{a} + \mathbf{b}, \quad \mathbf{w}_2 = \mu_{V_2}\mathbf{a} + \mathbf{b}$$

이 만족되고, 결과적으로 V 또한 다음과 같이 최소분산선에 속한다.

$$\alpha \mathbf{w}_1 + (1-\alpha)\mathbf{w}_2 = (\alpha\mu_{V_1} + (1-\alpha)\mu_{V_2})\mathbf{a} + \mathbf{b} = \mu_V \mathbf{a} + \mathbf{b} = \mathbf{w}. \qquad \blacksquare$$

두 펀드 정리의 실제적인 중요성은 최소분산선 위에 있는 포트폴리오는 이용가능한 재산을 개별 자산에 투자하는 대신 두 개의 다른 펀드(두 개의 다른 포트폴리오)에 분산시킴으로써 실현될 수 있다는 사실이다. 두 펀드의 단위로만 거래하게 되면 n개의 위험자산을 동시에 거래하는 것과 비교했을 때 비용을 상당히 줄일 수 있고 절차가 간단해진다.

두 펀드 정리의 또 다른 결과는 최소분산선을 포트폴리오 V_1, V_2로 구성되는 두 자금선처럼 생각할 수 있다는 것이다(각 포트폴리오를 개별 위험자산인 것처럼 간주). 그러므로 3.2절의 결과로부터 최소분산선이 기본정리 3.18에서 설명된 것과 같은 종류의 쌍곡선이라고 결론지을 수 있고, 효율적 투자선은 최소분산 포트폴리오의 기대수익률과 같거나 큰 μ에 대해 $\mathbf{w} = \mu\mathbf{a} + \mathbf{b}$ 형태의 가중치를 갖는 포트폴리오들로 구성된다고 결론지을 수 있다.

예제 3.31

예제 3.29의 3개 자산을 가지고 만들 수 있는 모든 포트폴리오를 시각화하는 두 가지 편리한 방법이 있다. 하나는 그림 3.5에 나타나 있다.

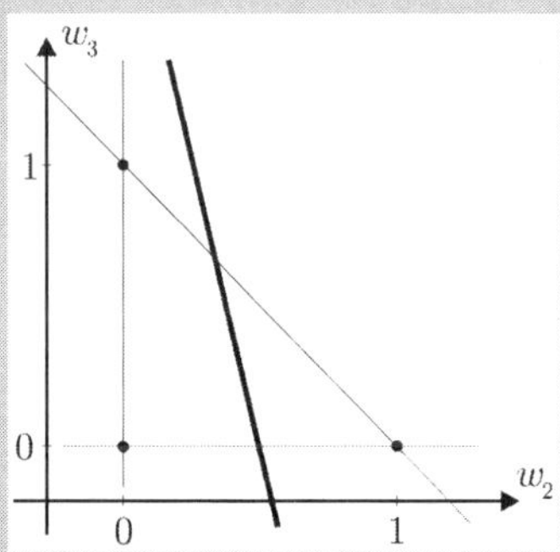

그림 3.5 w_2, w_3 **평면 위의 실현가능 포트폴리오들**

여기서 가중치 3개 중 2개, w_2, w_3이 모수로 이용되었다. 남은 가중치는 $w_1 = 1 - w_2 - w_3$으로 주어진다(물론 다른 두 가중치가 모수로 사용될 수 있다). w_2, w_3 평면의 각 점은 각각 다른 포트폴리오를 나타낸다. 삼각형의 꼭짓점들은 3개의 자산 중 하나만으로 이루어진 포트폴리오를 나타낸다. 예를 들어, 꼭짓점 (1,0)은 가중치가 $w_1 = 0, w_2 = 1, w_3 = 0$인 경우에 해당되는데, 이것은 자산 2에 모든 자금이 투자된 포트폴리오를 나타낸다. 꼭짓점들을 통과하는 직선은 두 개의 자산만으로 구성된 포트폴리오에 해당된다. 예를 들면, (1,0)과 (0,1)을 통과하는 직선은 자산 2와 자산 3만을 포함한 포트폴리오에 해당되는 것이다. 경계선을 포함한 삼각형 내부의 점들은 공매도를 허용하지 않는 포트폴리오에 대응된다. 예를 들어, 점 $\left(\frac{2}{5}, \frac{1}{2}\right)$은 초기 자금의 10%가 자산 1에 투자되고, 40%가 자산 2에 투자되고, 나머지 50%가 자산 3에 투자된 포트폴리오를 나타낸다. 삼각형 밖의 점들은 3개의 자산 중 하나 또는 두 개가 공매도된 경우에 해당된다. 최소분산선은 가중치가 기대수익률에 선형적으로 의존하기 때문에 직선이 된다. 이는 그림 3.5에서 굵은 선으로 나타나 있다.

그림 3.6은 포트폴리오의 기대수익률과 표준편차를 그래프로 그림으로써 실현가능 포트폴리오를 시각화하는 또 다른 방법이다. 이것은 때로 위험-기대수익률 그래프라고 불린다. 이 그림에 나타나는 3개의 점은 3개의 자산 중 하나로만 이루어진 포트폴리오에 해당된다. 예를 들어, 모든 자금이 자산 2에만 투자된 포트폴리오는 점 (0.24, 0.15)로 나타난다. 이 3개의 점 가운데 두 개를 뽑은 쌍을 지나가는 쌍곡선들은 2개의 자산으로만 구성된 포트폴리오에 해당된다. 이들이 3.2절에서 자세히 다루어졌던 두-자산 직선이다. 예를 들어, 자산 2와 자산 3만을 포함하는 포트폴리오는 점 (0.24, 0.15)와 점 (0.25, 0.20)을 지나는 선 위에 있다. 3개의 점과 이 점을 지나는 선들은 그림 3.5에서 삼각형의 꼭짓점과 그 점을 지나는 직선들과 같다. 경계선을 포함한 음영 부분(진한 부분과 연한 부분 모두)은 3개의 자산으로 구성가능한 포트폴리오들, 즉 모든 실현가능 포트폴리오를 나타낸다. 굵은 선으로 나타나는 경계선은 최소분산선이다. 이 형태는 **마코비츠 불릿(Markowitz bullet)**으로 알려져 있다. 진한 음영 부분은 그림 3.5의 삼각형 내부, 즉 공매도를 포함하지 않는 포트폴리오에 해당한다.

그림 3.5의 w_2, w_3 평면 전체가 어떻게 그림 3.6에서 모든 실현가능 포트폴리오를 나타내는 음영 부분으로 옮겨지는지를 상상해 보는 것은 꽤 유용하다. 즉, w_2, w_3 평면이 동시에 휘어지고 당겨지면서 최소분산선을 따라 접혀서 마코비츠 불릿 모양이 되었다. 이는, 특히 최소분산선에 대칭으로 반대편에 있는 w_2, w_3 평면 위의 두 점들이 σ, μ 평면 위의 한 점으로 옮겨짐을 의미한다.

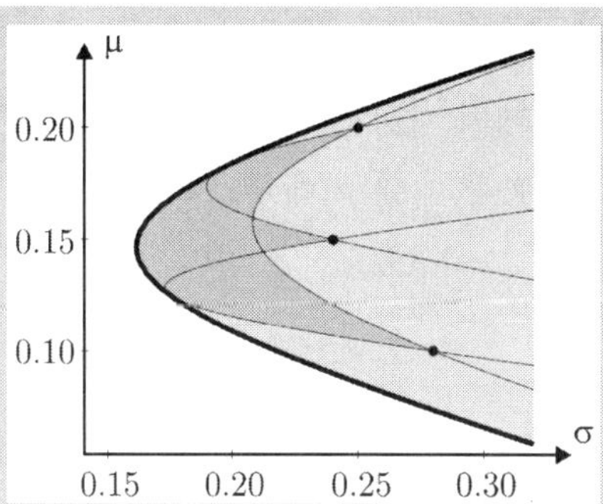

그림 3.6 σ, μ 평면의 실현가능 포트폴리오

다시 말해서, 그림 3.6의 음영부분 안에 있는 각 점이 두 개의 다른 포트폴리오에 해당된다는 것이다. 그러나 최소분산선 위의 각 점은 하나의 포트폴리오에 해당된다.

예제 3.32

예제 3.29와 3.31에 주어진 3개의 자산에 대해, 그림 3.7은 공매도가 허용되지 않는다면 어떤 일이 일어날지를 보여 준다. 공매도를 포함하지 않는 모든 포트폴리오는 w_1, w_2 평면 위에서 경계선 포함 삼각형 내부로, σ, μ 평면 위에서 경계선 포함 음영 부분으로 표현된다. 공매도가 허용되지 않는 최소분산선은 두 그림에서 모두 굵은 선으로 표현되었다. 비교를 위해, 공매도가 허용되는 경우의 최소분산선이 점선으로 표현되었다.

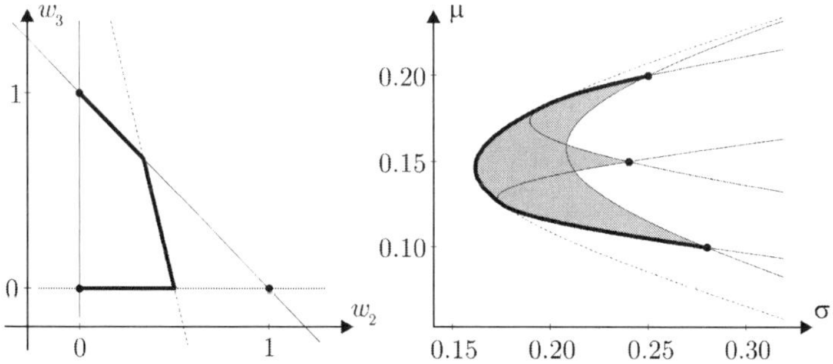

그림 3.7 공매도가 포함되지 않는 포트폴리오

연습문제 3.13

연습문제 3.11의 3개의 자산으로 이루어진 공매도를 포함하는 포트폴리오와 포함하지 않는 포트폴리오에 대해 기대수익률로 모수화된 최소분산선을 구하고, 이를 1) w_2, w_3 평면 위에 그리고 2) σ, μ 평면 위에 그려라. 또한 공매도가 포함되는 경우와 되지 않는 경우 모든 실현가능 포트폴리오의 집합을 그려라.

3.3.4 시장 포트폴리오

이제부터는 n개의 위험자산에 더하여 무위험자산도 이용가능하다고 가정하겠다. 무위험자산의 수익률을 R로 표시하자. 무위험자산에 대해 수익률의 표준편차는 당연히 0이다.

무위험자산과 특정한 위험자산(또는 위험자산으로 이루어진 포트폴리오)로 이루어진 포트폴리오 V가 기대수익률 μ_V와 표준편차 $\sigma_V > 0$을 갖는다고 하자. 기본정리 3.22에 의해, 이러한 모든 포트폴리오는 σ, μ 평면의 세로축 위의 점 $(0, R)$에서 만나는 두 개의 반직선으로 이루어진 선을 형성하며, 이는 그림 3.8에서 점선으로 표현되어 있다. 그림 3.8에서 음영 부분으로 표현되는, σ, μ 평면 위의 실현가능한 집합에 들어가는 σ_V, μ_V를 갖는 위험자산 V와 무위험자산을 포함하는 포트폴리오를 취함으로써, 실선으로 표현된 두 반직선 사이의 어떠한 포트폴리오도 구성할 수 있다. 무위험자산을 포함하게 된 지금, 이 두 반직선 사이 부분이 허용가능 포트폴리오의 새로운 집합을 나타내게 된다.

이 새로운 실현가능 집합의 효율적 투자선은 $(0, R)$을 지나고 위험자산으로부터 구성된 최소분산선을 나타내는 쌍곡선에 접하는 굵게 표시된 반직선이다. 포트폴리오 사이의 우세(dominance) 관계를 존중하는 모든 합리적인 투자자는 **자본시장선 (capital market line, CML)**이라고 불리는 이 반직선 위의 포트폴리오를 선택할 것이다. 이 논의는 무위험수익률 R이 아주 크지 않기만 하면, 즉 R이 최소분산 포트폴리오의 기대수익률보다 작을 때 효과가 있다(이것은 쌍곡선의 점근선이 μ축을 지나기 때문이다. 기본정리 3.18 참조).

접점 (σ_M, μ_M)에 해당하는 포트폴리오 M은 특별한 기능을 한다. 이것은 **시장 포트폴리오**(market portfolio)라고 불린다. 시장 포트폴리오의 가중치를 계산하기 위해서, $(0, R)$과 (σ_M, μ_M)을 통과하는 직선이 위험자산으로 구성된 어떤 실현가능 포트폴리오 V의 (σ_V, μ_V)와 $(0, R)$을 지나는 모든 직선들 중에 가장 큰 기울기(가장 큰 변화율)를 가지고 있음을 알 수 있다. 이러한 직선의 기울기는 $\mathbf{w}$가 포트폴리

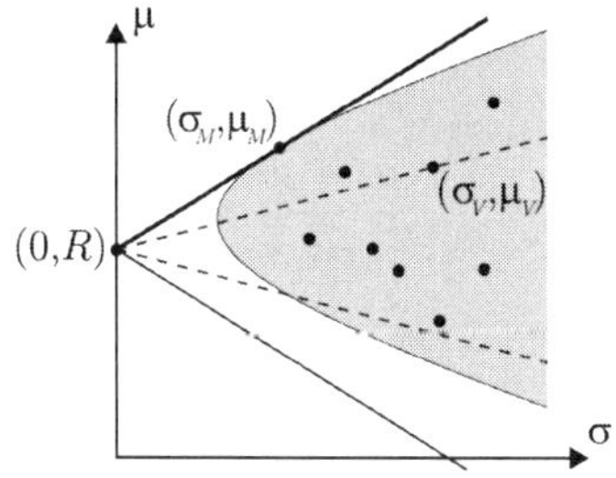

그림 3.8 무위험자산을 포함한 포트폴리오의 효율적 투자선

오 V의 가중치일 때 다음과 같이 쓸 수 있다.

$$\frac{\mu_V - R}{\sigma_V} = \frac{\mathbf{w}\mathbf{m}^{\mathrm{T}} - R}{\sqrt{\mathbf{w}\mathbf{C}\mathbf{w}^{\mathrm{T}}}}.$$

그러므로 다음과 같은 일반적인 제약이 있는 모든 벡터 $\mathbf{w} \in \mathbb{R}^n$에 대해

$$\mathbf{w}\mathbf{u}^{\mathrm{T}} = 1,$$

다음을 구한다.

$$\max \frac{\mathbf{w}\mathbf{m}^{\mathrm{T}} - R}{\sqrt{\mathbf{w}\mathbf{C}\mathbf{w}^{\mathrm{T}}}}.$$

이 최댓값 문제를 풀기 위해 다음과 같은 라그랑지 함수를 구성하고,

$$F(\mathbf{w}, \lambda) = \frac{\mathbf{w}\mathbf{m}^{\mathrm{T}} - R}{\sqrt{\mathbf{w}\mathbf{C}\mathbf{w}^{\mathrm{T}}}} - \lambda(\mathbf{w}\mathbf{u}^{\mathrm{T}} - 1)$$

다음과 같이 그 기울기가 0이 되도록 한다:

$$\nabla_{\mathbf{w}} F(\mathbf{w}, \lambda) = \frac{\sqrt{\mathbf{w}\mathbf{C}\mathbf{w}^{\mathrm{T}}}\,\mathbf{m} - \dfrac{\mathbf{w}\mathbf{m}^{\mathrm{T}} - R}{\sqrt{\mathbf{w}\mathbf{C}\mathbf{w}^{\mathrm{T}}}}\mathbf{w}\mathbf{C}}{\mathbf{w}\mathbf{C}\mathbf{w}^{\mathrm{T}}} - \lambda\mathbf{u} = 0.$$

이것은 다음과 같이 쓸 수 있고,

$$\frac{\mu_V - R}{\sigma_V^2}\mathbf{w}\mathbf{C} = \mathbf{m} - \lambda\sigma_V\mathbf{u},$$

오른쪽에서 $\mathbf{w}^{\mathrm{T}}$를 곱하여 다음을 얻는다.

$$\frac{\mu_V - R}{\sigma_V^2}\mathbf{wCw}^{\mathrm{T}} = \mu_V - \lambda\sigma_V.$$

따라서

$$\lambda = \frac{R}{\sigma_V}$$

이 된다. 그러므로 $\gamma = \dfrac{\mu_V - R}{\sigma_V^2}$일 때 다음과 같은 방정식을 얻게 되고,

$$\gamma\mathbf{wC} = \mathrm{m} - R\mathrm{u}, \tag{3.23}$$

$$\gamma\mathrm{w} = (\mathrm{m} - R\mathrm{u})\mathrm{C}^{-1}$$

가 된다. 이것을 w에 대하여 푸는 데에 있어서 어려운 점은 γ가 w에 의존한다는 것이다. γ를 구하기 위해, 오른쪽에서 u^{T}를 곱하고 제약을 한 번 더 주어서,

$$\gamma = (\mathrm{m} - R\mathrm{u})\mathrm{C}^{-1}\mathrm{u}^{\mathrm{T}}$$

를 얻고, 이는 다음의 결과를 가져온다.

정리 3.33

C의 행렬식이 0이 아니고, 무위험이자율 R이 최소분산 포트폴리오의 기대수익률 μ_{MVP}보다 낮으면, 시장 포트폴리오 M이 존재하고 그 가중치가 다음과 같이 주어진다.

$$\mathrm{w}_M = \frac{(\mathrm{m} - R\mathrm{u})\mathrm{C}^{-1}}{(\mathrm{m} - R\mathrm{u})\mathrm{C}^{-1}\mathrm{u}^{\mathrm{T}}}.$$

증명

$\gamma \neq 0$만 확인하면 된다. 식 (3.19)에 의해 최소분산 포트폴리오의 기대수익률은 다음과 같이 쓸 수 있다.

$$\mu_{\mathrm{MVP}} = \mathbf{w}_{MVP}\mathbf{m}^{\mathrm{T}} = \frac{\mathbf{u}\mathbf{C}^{-1}\mathbf{m}^{\mathrm{T}}}{\mathbf{u}\mathbf{C}^{-1}\mathbf{u}^{\mathrm{T}}}.$$

가정에 의해, $R < \mu_{\mathrm{MVP}}$ 이고 $\mathbf{u}\mathbf{C}^{-1}\mathbf{u}^{\mathrm{T}} > 0$ 이므로,

$$\gamma = \mathbf{u}\mathbf{C}^{-1}\mathbf{m}^{\mathrm{T}} - R\mathbf{u}\mathbf{C}^{-1}\mathbf{u}^{\mathrm{T}} > 0$$

이 된다. ■

연습문제 3.14

무위험수익률이 $R = 5\%$ 라고 가정하자. 연습문제 3.10의 3개 자산으로 구성된 시장 포트폴리오의 가중치를 구하여라. 또한 시장 포트폴리오의 기대수익률과 표준편차를 구하여라.

연습문제 3.15

연습문제 3.11의 3개 자산으로 구성된 시장에서, 기대수익률이 $\mu_V = 21\%$ 이면서 효율적 투자선 상에 있는 포트폴리오 V를 생각해 보자. 이 포트폴리오의 가중치 $\mathbf{w}$ 가 $\gamma\mathbf{w}\mathbf{C} = \mathbf{m} - R\mathbf{u}$ 를 만족할 때 γ와 R을 구하여라.

$(0, R)$로 표현되는 무위험자산과 좌표 (σ_M, μ_M)을 갖는 시장 포트폴리오를 연결하는 자본시장선(CML)은 다음의 방정식을 만족시킨다.

$$\mu = R + \frac{\mu_M - R}{\sigma_M}\sigma. \tag{3.24}$$

위험이 σ인 CML 위의 포트폴리오에 대해, $\frac{\mu_M - R}{\sigma_M}\sigma$는 **위험 프리미엄(risk premium)**이라고 불린다. 이것은 위험에 노출되는 것에 대한 보상으로 주어지는, 무위험수익률 R에 더해지는 추가적 수익률이라고 볼 수 있다.

만약 투자자가 동일한 모형 모수(기본 자산의 기대수익률과 공분산행렬의 성분들)를 사용하고 다른 포트폴리오에 열세(dominated)가 아닌 포트폴리오를 선택한다면, 각 투자자는 CML 위에 포트폴리오를 구성하게 된다. 요컨대, 모든 투자자들이 무위험자산 투자와 하나의 위험 포트폴리오 즉, 시장 포트폴리오 M을 결합할 것이다. 결과적으로, 포트폴리오의 위험자산 상대 비율이 모든 투자자에게 동일할 것이다. 이는 시장 포트폴리오의 가중치가 시장에서 이용가능한 각 위험자산의 총

가치(**시가 총액**, market capitalization)에 비례할 때에만 발생한다.

실제로, 시장 포트폴리오는 시장지수(market index)로 대표될 수 있다. 그러므로 이론의 실증적 검증은 무위험자산과 결합되었을 때 시장지수가 효율적 투자선 상에 있는지와 접선을 결정하는지를 보는 것이라고 할 수 있다.

3.4 자본자산가격결정모형(CAPM)

역설적으로, 표준편차로 표현되는 위험에 기초하여 결정이 내려지는 모형에서, 위험을 측정하기 위해 자산의 포트폴리오를 보면, 개별 자산의 표준편차가 자산 간의 공분산만큼 관련이 있지 않다는 것이 드러날 수 있다. 다음의 예제가 이를 예시한다.

예제 3.34

포트폴리오의 가중치가 n이 위험자산의 개수일 때 $w_j = \frac{1}{n}$의 꼴이라고 가정하고, n에 의존하는 이 포트폴리오의 위험을 살펴보자. 시장에서 거래되고 있는 모든 자산의 분산이 모든 j에서 균일하게 $\sigma_j^2 \le L$로 유계라고 가정하면,

$$\begin{aligned}\sigma_V^2 &= \sum_{j,k} w_j w_k c_{jk} \\ &= \sum_j w_j^2 \sigma_j^2 + \sum_{j \neq k} w_j w_k c_{jk} \le \frac{1}{n} L + \frac{1}{n^2} \sum_{j \neq k} c_{jk}\end{aligned}$$

이다. 공분산행렬의 비대각(off-diagonal) 원소들이 모두 $c_{jk} = c > 0 (j \neq k)$로 같다고 가정하면,

$$\sigma_V^2 \le \frac{L}{n} + \frac{1}{n^2} n(n-1)c$$

가 된다. 상한은 $n \to \infty$일 때 c로 수렴한다. 이러한 많은 자산을 포함하는 포트폴리오의 위험은 공분산에 의해 결정된다. 개별 자산의 분산은 n이 클 때 관련이 없어진다.

이 예제는 두 가지 종류의 위험을 다음과 같이 구별하게 한다. **분산가능**(diversifiable)

또는 **고유 위험**(specific risk)은 포트폴리오를 확장함으로써 0으로 줄일 수 있고, **분산불가능**(undiversifiable), **체계적**(systematic), 또는 **시장 위험**(market risk)은 자산들이 어느 정도 시장과 연관되어 있기 때문에 피할 수 없다.

알고 있듯이, CML은 가중치가 $\mathbf{w}_M$인 시장 포트폴리오 M을 나타내는 점 (σ_M, μ_M)에서 효율적 투자선에 접한다. σ, μ 평면 위의 점 (σ_V, μ_V)로 나타나는 다른 포트폴리오(혹은 개별 자산) V를 생각해 보자. 이제 포트폴리오 M과 V로 구성할 수 있는 모든 포트폴리오들을 고려해 보면 이들은 쌍곡선을 형성하는데, 이 쌍곡선은 점 (σ_M, μ_M)에서 CML에 접하게 됨을 보게 될 것이다. 만약 이 쌍곡선이 CML과 교차한다면, 이것은 CML의 기울기가 최대라는 사실에 모순이 된다. 그림 3.9를 참고하여라.

이제 M에서의 쌍곡선의 접선의 기울기를 구할 것이고, CML의 기울기는 같아야만 한다는 사실을 이용할 것이다. 쌍곡선 위에 있는 포트폴리오 P에서 V와 M의 가중치를 $(x, 1-x)$로 나타내자. P의 위험과 수익률은 다음과 같다.

$$\sigma_P = (x^2\sigma_V^2 + (1-x)^2\sigma_M^2 + 2x(1-x)\mathrm{Cov}(K_V, K_M))^{\frac{1}{2}},$$
$$\mu_P = x\mu_V + (1-x)\mu_M.$$

x에 대한 도함수에 $x = 0$을 대입하면,

$$\left.\frac{\partial \sigma_P}{\partial x}\right|_{x=0} = \frac{\mathrm{Cov}(K_V, K_M) - \sigma_M^2}{\sigma_M},$$
$$\left.\frac{\partial \mu_P}{\partial x}\right|_{x=0} = \mu_V - \mu_M,$$

이 된다. 접선의 기울기는 이 도함수들의 비이고, 이를 CML의 기울기와 같게 놓을 것이다.

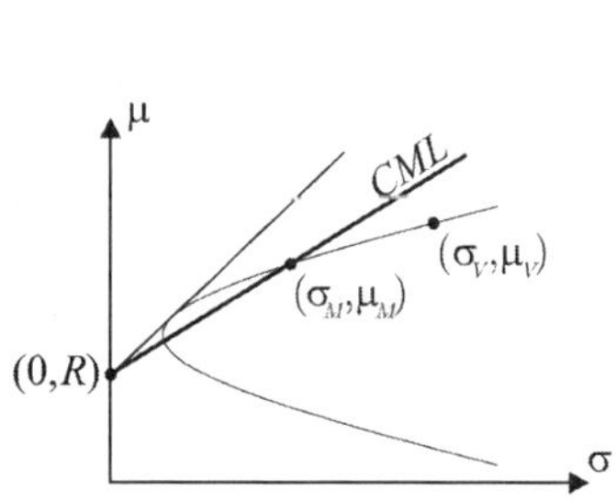

그림 3.9 CML은 최대기울기를 가지면서 동시에 M과 V를 지나는 두 자산선과 교차할 수 없다.

$$\frac{\mu_V - \mu_M}{\frac{\mathrm{Cov}(K_V, K_M) - \sigma_M^2}{\sigma_M}} = \frac{\mu_M - R}{\sigma_M}.$$

μ_V에 대해 풀면 다음과 얻는다.

$$\mu_V = R + \frac{\mathrm{Cov}(K_V, K_M)}{\sigma_M^2}(\mu_M - R).$$

정의 3.35

다음을 포트폴리오 V의 **베타 계수(beta factor)**라고 부른다.

$$\beta_V = \frac{\mathrm{Cov}(K_V, K_M)}{\sigma_M^2}.$$

다음 정리를 증명하였다.

정리 3.36 CAPM

무위험 이자율 R이 최소분산 포트폴리오의 기대수익률 μ_{MVP}보다 낮다고 가정하자(포트폴리오 M이 존재하게 된다). 그러면 실현가능 포트폴리오 V의 기대수익률 μ_V는 다음과 같이 주어진다.

$$\mu_V = R + \beta_V(\mu_M - R). \tag{3.25}$$

$\beta_V(\mu_M - R)$항을 **위험 프리미엄(risk premium)**이라고 부르고, 이것은 포트폴리오와 시장의 연관 때문에 위험을 대면해야 하는 투자자가 요구하는 추가 수익률을 나타낸다. 식 (3.24)의 위험 프리미엄과 유사하다. 그러나 식 (3.24)는 자본시장선 위에 있는 포트폴리오에만 적용되는 반면, 식 (3.25)는 모든 실현가능 포트폴리오와 개별 자산에 적용된다는 점에서 훨씬 더 일반적이다. 물론, 자본시장선 위에 있는 포트폴리오 V에 대해서는 식 (3.25)의 위험 프리미엄이 식 (3.24)의 위험 프리미엄과 같아진다:

$$\beta_V(\mu_M - R) = \frac{\mu_M - R}{\sigma_M}\sigma_V.$$

연습문제 3.16

가중치가 $w_1, \cdots, w_n$ 인 n개의 자산으로 이루어진 포트폴리오의 베타 계수 β_V는 자산들의 베타 계수가 $\beta_1, \cdots \beta_n$ 일 때 $\beta_V = w_1\beta_1 + \cdots + w_n\beta_n$이 됨을 보여라.

CAPM 식 (3.25)는 기대수익률과 관련이 있다. 다음 단계는 수익률 자체를 생각해 보는 것이다. 실현가능 포트폴리오 V의 수익률 K_V를 시장 포트폴리오 M의 수익률 K_M의 선형식인 $\beta K_M + \alpha$로 근사시키고 싶다고 가정하자. 이 근사의 오차는 다음과 같고,

$$\epsilon = K_V - (\beta K_M + \alpha),$$

이를 **잔여오차**(residual error)라고 부른다. **선형회귀**(linear regression)라고 알려진, $\mathrm{Var}(\epsilon)$을 가장 작게 한다는 의미의 최적근사는

$$\beta = \beta_V, \tag{3.26}$$

$$\alpha = \mu_V - \beta_V \mu_M = R(1 - \beta_V) \tag{3.27}$$

일 때 얻어진다. 부록 10.5를 참고하기 바란다. 이를 통해 β_V가 잔여오차의 분산을 최소화하는 회귀식의 기울기라는 또 다른 해석을 할 수 있다.

β와 α가 식 (3.26)과 식 (3.27)로 주어졌을 때 잔여오차를 ϵ_V로 나타낼 것이다. 이것은

$$\begin{aligned}\epsilon_V &= (K_V - \mu_V) - \beta_V(K_M - \mu_M) \\ &= (K_V - R) - \beta_V(K_M - R)\end{aligned} \tag{3.28}$$

임을 의미한다. 두 번째 등식은 CAPM 식 (3.25)에서 나온다.

연습문제 3.17

다음을 증명하여라.

$$\begin{aligned}E(\epsilon_V) &= 0, \\ \mathrm{Cov}(K_M, \epsilon_V) &= 0.\end{aligned}$$

식 (3.28)은 $K_V - \mu_V = \epsilon_V + \beta_V(K_M - \mu_M)$으로 쓸 수 있다. 이 등식의 양변에

분산을 적용하고 연습문제 3.17의 결과를 이용하면 다음을 얻는다.

$$\sigma_V^2 = Var(\epsilon_V) + \beta_V^2 \sigma_M^2.$$

이것은 분산가능 위험과 체계적 위험의 차이를 좀 더 명백히 보여 준다. 좌변은 포트폴리오 V의 위험과 직접적으로 관련이 있다. 우변의 두 번째 항은 포트폴리오와 시장과의 관계 때문에 발생하며 β_V로 측정되는 체계적 위험을 나타내고, 첫 번째 항은 위험의 분산가능한 부분에 해당된다. 특히, $V = M$이라면 $\mathrm{Var}(\epsilon_M) = 0$이다. 만약 시장 포트폴리오(또는 시장 포트폴리오와 무위험자산을 결합한, CML 위에 있는 포트폴리오)에 투자한다면 분산가능한 위험은 없다.

참고 3.37

3.3.4절에서 수립된 결과를 이용하여 CAPM 식을 다르게 증명할 수 있다. 가중치가 $\mathbf{w}$인 임의의 포트폴리오 V를 생각해 보자. 시장 포트폴리오의 가중치 $\mathbf{w}_M$는 어떤 숫자 $\gamma > 0$에 대해,

$$\gamma \mathbf{w}_M \mathbf{C} = \mathbf{m} - R\mathbf{u}$$

를 만족한다. 식 (3.23)을 참고하여라. 그러므로 가중치가 $\mathbf{w}$인 포트폴리오 V의 베타 계수를 다음과 같이 쓸 수 있다.

$$\beta_V = \frac{\mathrm{Cov}(K_V, K_M)}{\sigma_M^2} = \frac{\gamma \mathbf{w} \mathbf{C} \mathbf{w}_M^{\mathrm{T}}}{\gamma \mathbf{w}_M \mathbf{C} \mathbf{w}_M^{\mathrm{T}}} = \frac{\mathbf{w} \frac{1}{\gamma} (\mathbf{m} - R\mathbf{u})^{\mathrm{T}}}{\mathbf{w}_M \frac{1}{\gamma} (\mathbf{m} - R\mathbf{u})^{\mathrm{T}}} = \frac{\mu_V - R}{\mu_M - R}.$$

이를 μ_V에 대해 풀면, CAPM 식 (3.25)를 다시 한 번 얻게 된다.

식 (3.25)에 따르면, 포트폴리오의 기대수익률은 베타 계수의 아핀 함수(affine function)이다. β, μ 평면에서 이 함수의 그래프를 **증권시장선(security market line, SML)**이라고 한다. 이 직선이 그림 3.10에 나타나 있고, 비교를 위해 CML도 표시되어 있다.

CAPM은 시장의 균형 상태를 표현한다. 모든 사람들이 시장 포트폴리오에서와 같은 가중치로 위험자산 포트폴리오를 보유하게 된다. 투자자에 의해 행해질 수 있는 거래는 그들의 무위험자산과 시장 포트폴리오 간의 자금 분할에만 영향을 미친다. 결과적으로, 모든 자산의 수요과 공급이 균형잡히게 된다.

기대수익률과 베타 계수의 추정값들이 식 (3.25)를 만족시키는 한, 시장의 균형

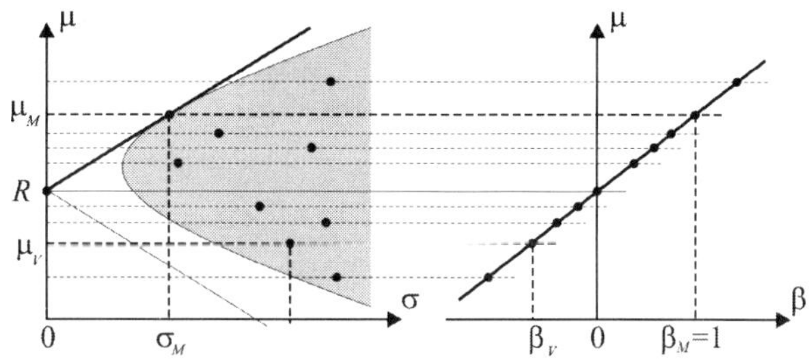

그림 3.10 자본시장선과 증권시장선

상태는 계속해서 유지될 것이다. 특정 포트폴리오 V에 대한 어떤 새로운 정보는 기대수익률 μ_V 또는 베타 계수 β_V에 영향을 줄 수 있고, 따라서 CAPM 식 (3.25)가 더 이상 유효하지 않을 수도 있다. 예를 들어, 다음을 가정하자.

$$\mu_V > R + \beta_V(\mu_M - R).$$

이 경우에 투자자는 이 자산의 상대적인 포지션을 증가시키고 싶을 것이다. 이 자산이 체계적인 위험에 대한 보상으로 요구되는 것보다 더 높은 기대수익률을 제공하기 때문이다. 그렇게 되면, 수요가 공급을 초과하게 될 것이고, 자산의 가격은 오르기 시작하고 기대수익률은 감소할 것이다. 한편, 반대의 부등식이 성립한다면,

$$\mu_V < R + \beta_V(\mu_M - R),$$

투자자는 자산을 팔거나 심지어 공매도하려고 할 것이고, 초과공급 때문에 가격이 떨어져서 기대수익률이 증가할 것이다. 두 경우 모두, 가격 조정을 통해 CAPM 식이 회복되고, 균형 상태로 돌아감을 주목해야 한다.

사례 3 논의

사례 2에서와 비슷한 퇴직연금 설계에 대한 목표를 세우고 비슷한 가정을 하도록 하자. 40년 후에 퇴직하게 되면, 당신은 20년 동안 연금을 받기 원한다. 당신의 급여는 매년 2%씩 오를 것으로 기대되고, 첫 번째로 받는 연금 지급은 마지막 급여의 50%이고 매년 2%씩 오르기를 원한다고 하자. 무위험은행계좌의 이자율은 5%이다.

또한, 당신은 위험이 10%(표준편차로 측정된) 정도까지가 합리적이라고 생각하고, 은행계좌에다가 세 주식 A, B, C를 골라서 포트폴리오에 추가시키려고 한다. 주식의 기대수익률은 각각 연 8%, 10%, 14%가 되고 연 수익률의 표준편차는 15%, 22%, 26%가 될 것이라고 추정한다. 주식 A와 B 사이 상관계수의 추정치는 0.5, A와 C 사이는 −0.3, B와 C 사이는 0.3이다.

선택된 3개의 주식은 작은 시장을 구성하고, 이 장에서 유도된 이론들을 여기에 적용할 수 있다. 이에, 자본시장선 위에 있는 적절한 포트폴리오를 선택해야 한다. 이를 위해, 정리 3.33의 식을 이용하여 시장 포트폴리오 M의 가중치를 (0.6773, −0.1518, 0.4745)로 구할 수 있다.

그러나 소액 투자자들이 공매도를 할 수 있는 가능성은 희박하므로 포트폴리오의 가중치가 음이 아니도록 제한할 필요가 있다. 더 이상 가중치에 대한 엄밀한 식이 없으므로, 수치적인 해답에 의존하여야 한다. 엑셀의 해찾기(Solver) 기능을 사용하여 무위험자산과 공매도가 없는 실현가능 포트폴리오를 지나는 직선의 기울기를 최대화시켜, 공매도가 없는 시장 포트폴리오 M'의 가중치를 (0.5646, 0.0000, 0.4354)로 구한다. 포트폴리오 M'은 기대수익률 10.61%(공매도가 있는 경우에는 10.54%)와 표준편차 11.93%(공매도가 있는 경우에는 11.52%)를 갖는다.

이제 우리는 은행계좌에 5%로 투자하는 무위험투자와 M'을 결합하여 자본시장선 위의 포트폴리오 P를 구성할 수 있다. M'과 은행계좌에 투자금액을 어떻게 나눌 것이냐의 선택은 위험에 대한 성향에 달려 있다. 위험이 10%인 포트폴리오 P를 구성하기 위해서는 16.19%의 자금을 은행계좌에 넣고 나머지를 포트폴리오 M'에 넣어야 할 것이고, 그러면 P의 기대수익률은 9.70%가 될 것이다. 사례 2로 돌아가 보면, 이 수익률 수준에서 당신이 퇴직연금 설계에 지불해야 하는 프리미엄은 급여의 2.20%밖에 되지 않는다. 은행계좌에서 모두 투자하는 경우에는 10.05%였다.

퇴직연금 설계에 있어서 위험 10%가 너무 높다고 생각되면, 은행계좌에 투자되는 자금의 비율을 올림으로써 위험을 낮출 수 있다. 표 3.1에서 이를 볼 수 있다.

위험	0.00%	2.50%	5.00%	7.50%	10.00%
기대수익률	5.00%	6.18%	7.35%	8.53%	9.70%
지불금액의 급여에 대한 비율	10.05%	6.94%	4.76%	3.24%	2.20%
무위험자산에 투자되는 비율	100.00%	79.05%	58.09%	37.14%	16.19%

표 3.1 위험에 대한 다른 성향을 바탕으로 한 퇴직연금 설계

제 4 장 선도와 선물계약

사례 4

사례 2와 사례 3에서 개인 퇴직연금을 살펴보았다. 포트폴리오에 위험자산을 포함하는 것은 장기적인 관점에서 바라보았을 때 기대수익률을 높이게 된다. 이는 퇴직연금의 개인 분담금을 줄이는 데 도움이 된다. 하지만 피할 수 없는 단점이 있는데 그것은 바로 위험자산에 수반되는 위험이다. 퇴직연금의 장점을 이어가며, 위험을 줄일 수 있는 금융시장의 여러 수단들을 탐색해 보자.

4.1 선도계약

1.5절에서 선도계약의 개념을 소개하였다. 선도계약이란 기초자산을 미래의 특정 시점에 계약 시 미리 정한 가격으로 사거나 팔기로 하는 약속이다.

4.1.1 기초자산

기초자산의 시장 가격을 시간 $t \in [0, T]$에 $S(t)$라 하자. 이 값은 모든 t에 대해 양수의 값을 가진다고 가정한다. 현재의 시간을 $t=0$라 하면 $S(0)$은 기초자산의 현재 시장 가격이 된다. 이 가격은 모든 투자자에게 알려진다. 하지만 $t>0$에 대한 미래의 가격 $S(t)$는 일반적으로 알려지지 않는다.

수학적으로, $S(t)$는 확률공간 Ω에 대한 양의 확률변수로 나타낼 수 있다. 즉,

$$S(t): \Omega \to (0, \infty)$$

이다. 확률공간 Ω는 모든 실현가능한 가격변동 '시나리오들' $\omega \in \Omega$로 구성되어

있다. 만약 시장이 시나리오 $\omega \in \Omega$를 따른다면 시간 t에서의 가격은 $S^{\omega}(t)$라 할 것이다. 현재 시장 가격 $S(0)$은 단순히 양의 값을 갖는 숫자이지만 항상 같은 값을 갖는 확률변수라고도 생각할 수 있다. $t > 0$에 대한 미지의 미래의 가격 $S(t)$는 항상 같은 값을 갖지는 않는 확률변수가 될 것이다. 이 사실은 각각의 $t > 0$에서, $S^{\omega}(t) \neq S^{\omega'}(t)$가 되는 적어도 2가지의 시나리오 $\omega, \omega' \in \Omega$가 있다는 것을 의미한다.

모든 $S(t)$에 대한 확률공간과 확률분포는 시장 모형의 주요한 요소이다. 이 장에서의 논의는 어떤 특정 모형을 명시할 필요는 없다. 선도계약과 선물계약에 대한 결과들은 **모형에 의존하지 않으며** 이것은 이 계약들의 중요한 특성이다.

기초자산을 소유하는 것은 중간의 현금흐름을 포함할 수 있다. 예를 들어 $S(t)$가 주식이라면, 주주에게 배당금이 지급될 수 있다. 또한 $S(t)$가 현금인 경우에 대해서도, 일정한 이자율로 예금이 이루어졌다면 이자를 얻을 수 있다. 반면, 상품의 경우는 보관비용이 적용될 수 있다. 일반적으로, 기초자산의 매입과 매도포지션을 유지하는 데 수반되는 현금흐름을 **보유비용(cost of carry)**이라고 한다.

선도가격 $F(0,T)$와 인도 시점 T를 갖는 선도계약이 시간 0에 성립되었다고 가정하자. 시간 0에서는 양측에서 어떠한 현금 지불도 하지 않는다. 만기 시, 매입포지션 측은 기초자산을 $F(0,T)$로 사고 시장 가격 $S(T)$로 매도함으로써 $S(T)-F(0,T)$의 금액을 받을 것이다(만약 이 금액이 음수라면 돈을 지불해야 한다). 이때 매도포지션 측의 이득(payoff)은 반대로 $F(0,T)-S(T)$가 된다. 그림 4.1을 보자.

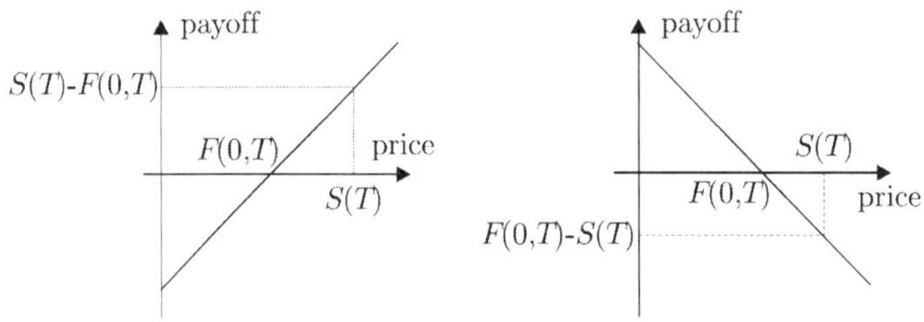

그림 4.1 만기 때의 매입과 매도포지션의 이득

계약이 0이 아닌 $t < T$의 시간에 시작되었다면, 선도가격은 $F(t,T)$로 표시해야 한다. 그리고 만기일에 얻게되는 이득은 매입포지션 측이 $S(T)-F(t,T)$, 매도포지션 측이 $F(t,T)-S(T)$가 될 것이다.

4.1.2 선도가격

무재정원리(가정 1.9)는 다양한 자산에 대한 선도가격을 수식화할 수 있게 한다. 기본정리 1.10을 떠올려 보자. 여기서 우리는 보유비용이 없다는 가정 아래,

$$F(0,T) = S(0)\frac{A(T)}{A(0)}$$

의 식을 세울 수 있다.

또한 자금 시장 계정의 미래가격은 시간 0에 알려져 있다고 가정할 것이다. 이것은 이자율이 전체 기간 동안 일정하다는 가정이 될 것이다. 하나의 예로, 연속 복리를 활용해 $A(t) = A(0)e^{rt}$ 를 이용할 수 있다고 하면 위의 식은 당연히 아래와 같아진다.

$$F(0,T) = S(0)e^{rT}.$$

이제 $e^{rT} = \dfrac{1}{B(0,T)}$ 임을 주목하자. 여기서 $B(0,T)$는 만기 T를 갖는 단위 무이표채권의 가격이다. 이 식은 변하지 않는 이자율의 가정을 필요로 하지 않는, 기본정리 1.10의 다른 버전을 제공한다. 추가적으로 만기일 T보다 앞선 임의의 t를 선도계약이 시작된 시점으로 놓을 것이다. 이에 따른 선도가격은 $F(t,T)$가 된다.

정리 4.1

보유비용이 없는 기초자산에 대한 선도계약이 $t \le T$의 시점에 거래되었다면, 선도가격은

$$F(t,T) = \frac{S(t)}{B(t,T)} \tag{4.1}$$

가 되어야 한다.

증명

$F(t,T) > S(t)/B(t,T)$ 라고 가정하자. 이 경우, 시간 t에서

- $S(t)/B(t,T)$만큼의 무이표채권을 매도하여 $S(t)$의 금액을 받는다.
- $S(t)$의 금액을 지불하고 주식 한 주를 매입한다.
- 이 주식을 시간 T에 $F(t,T)$로 팔기로 하는 선도계약을 맺는다. 이는 선도계약의

매도포지션이 된다.

그 후, 시간 T에서

- 선도계약을 이용해 $F(t,T)$의 금액을 받고 주식을 매도한다.
- 팔았던 채권에 대해 단위당 각각 액면가 $1씩을 지불한다.

이러한 절차를 통해 다음과 같은 무위험이익을 얻을 수 있다.

$$F(t,T) - \frac{S(t)}{B(t,T)} > 0.$$

이는 무재정원리에 위반하는 결과가 된다.

다음으로, $F(t,T) < S(t)/B(t,T)$ 일 때를 보자. 이 경우에는 위의 전략과는 반대의 전략을 세울 수 있다. 즉, 시간 t에서는

- 하나의 주식을 공매도하고 $S(t)$의 금액을 받는다.
- $S(t)/B(t,T)$의 무이표채권을 구입한다.
- 선도가격 $F(t,T)$의 선도계약의 매입포지션을 취한다.

그러면, 시간 T에서는

- 소유하고 있는 채권에 대해 각각 단위당 $1의 액면가를 받아, $S(t)/B(t,T)$의 금액을 수령한다.
- 선도계약을 이용해 $F(t,T)$로 주식을 구입한다.
- 이 주식을 소유자에게 돌려줌으로써, 주식의 매도포지션을 청산한다.

위 전략은 0보다 큰 금액을 남기며 종료된다.

$$\frac{S(t)}{B(t,T)} - F(t,T) > 0.$$

마찬가지로 다시 무재정원리를 위반하게 된다. ■

참고 4.2

시간 S를 만기로 갖는 채권 $B(t,S)$를 기초자산으로 생각해 보자. 이 채권의 선도가격은 만기일이 T $(t \le T \le S)$라면 $F(t,T) = B(t,S)/B(t,T)$가 된다. 특별한 경우로, $F(0,S) = 1$이 되는데 이는 채권이 시간 S에서 반드시 1의 값을 갖는다는 것과 같은 결과이다.

공매도에 대한 제한이 있는 시장에서 $F(t,T) < S(t)/B(t,T)$가 반드시 재정기회를 발생시키지는 않는다.

연습문제 4.1

$S(0)=17$, $F(0,1)=18$달러, $r=8\%$, 그리고 공매도 측에 이자율 $d=4\%$를 주는 30% 담보예금이 요구된다고 가정하자. 이 조건에서 재정기회는 발생하는가? 또한 재정기회가 없게 하는 가장 높은 이자율 d를 구하여라.

연습문제 4.2

2000년 4월 1일의 주식가격은 같은 해 1월 1일에 비해 10% 낮은 것으로 확인되었다. 또한 무위험이자율이 $r=6\%$로 일정하다고 가정한다. 이와 같은 상황에서 2000년 10월 1일을 만기로 하는 선도계약이 있을 때, 4월 1일의 선도가격은 1월 1일과 비교해 몇 % 더 낮은가?

참고 4.3

앞에서 논의된 바에 따르면 $B(t,T)<1$이기 때문에 항상 $F(t,T)=S(t)/B(t,T)>S(t)$의 관계를 가진다. 이때, 차이 $F(t,T)-S(t)$를 **베이시스(basis)**라고 한다. 베이시스는 $t\to T$이면 $B(t,T)\to B(T,T)=1$이기에 0으로 수렴한다.

배당금이 있는 경우. 선도계약 기간 동안 수익을 발생시키는 자산이 있다고 할 때, 이 자산에 대한 선도계약의 가격 또한 수식화할 수 있다. 이때 자산이 발생시키는 수익은 대개 배당금이나 이자의 형태로 이루어진다. 그러나 자산은 보관이나 보험과 같은 약간의 비용(보유비용)을 발생시키기도 하는데, 이 경우에 대해서도 발생하는 비용을 음의 소득이라고 간주하여 선도가격을 수식화할 수 있다.

주식이 선도계약이 이루어진 시점과 만기 시점 사이인 시간 t에 배당금 div를 지급한다고 하자. 시간 t에서 주식가격은 지급된 배당금만큼 떨어질 것이다. 주식의 현가를 포함하는 선도가격의 식은 현가에서 배당금을 차감함으로써 나타낼 수 있다.

정리 4.4

시간 t에 배당금 div를 지급하는 주식의 선도가격은, $0<t<T$에서

$$F(0,T)=[S(0)-B(0,t)\mathrm{div}]\frac{1}{B(0,T)} \tag{4.2}$$

와 같다.

증명

$$F(0,T) > [S(0) - B(0,t)\mathrm{div}]\frac{1}{B(0,T)}$$

라고 가정하면 시간 0에서 다음과 같은 재정전략을 구성할 수 있다.

- 인도 시점 T와 선도가격 $F(0,T)$를 갖는 선도계약의 매도포지션을 취한다.
- $S(0)/B(0,T)$만큼 무이표채권을 발행함으로써 $S(0)$만큼의 금액을 받는다.
- 차입한 $S(0)$로 하나의 주식을 구매한다.
- 만기일이 T인 채권에 대한 선도계약에서 $\mathrm{div}\frac{B(0,t)}{B(0,T)}$만큼 매입포지션을 취한다. 이 선도계약은 만기일 t, 선도가격 $\frac{B(0,T)}{B(0,t)}$를 갖는다.

시간 t에서는

- 배당금 div를 현금화하여 선도가격 $\frac{B(0,T)}{B(0,t)}$에 $\mathrm{div}\frac{B(0,t)}{B(0,T)}$ 채권을 구매함으로써 채권 $B(t,T)$에 투자한다.

시간 T에서는

- 주식을 $F(0,T)$로 매도한다.
- 채권소유자에게 $S(0)/B(0,T)$를 지불한다.
- 시간 t에 구입한 채권들로부터 $\mathrm{div}\frac{B(0,t)}{B(0,T)}$의 금액을 수령한다.

그럼으로 잔고는 최종적으로 양수가 될 것이다.

$$F(0,T) - \frac{S(0)}{B(0,T)} + \mathrm{div}\frac{B(0,t)}{B(0,T)} > 0.$$

이는 무재정원리에 위반된다. $F(0,T) < [S(0) - B(0,t)\mathrm{div}]\frac{1}{B(0,T)}$의 경우는 위와는 반대의 포지션을 취함으로써 차익을 얻을 수 있다. ■

배당이 2번 이상 이루어질 경우의 식은 다음과 같이 간단하게 나타낼 수 있다.

$$F(0,T) = [S(0) - \mathrm{div}_0]\frac{1}{B(0,T)}. \tag{4.3}$$

여기서 div_0은 선도계약의 기간 동안 발생한 모든 배당금의 현가이다.

연습문제 4.3

2000년 1월 1일의 가격이 \$120인 주식을 고려해 보자. 이 주식은 2000년 7월 1일에 \$1의 배당금을 지급하고 2000년 10월 1일에는 \$2의 배당금을 지급한다. 이자율은 12%이다. 2000년 11월 1일을 만기로 하는 선도계약이 있고, 이 선도계약의 선도가격이 2000년 1월 1일에 \$131라면 재정거래의 기회는 존재하는가? 그렇다면 재정전략을 구성하고 계산하여라.

연습문제 4.4

무위험이자율이 8%라고 가정하자. 그러나 개미투자자로서 당신은 돈을 오직 7%의 이자율로만 투자할 수 있고, 10%의 이자율로 차입할 수 있다. $F(0,1) = \$89$, $S(0) = \$83$에 시간 1/2에서 \$2의 배당금 지급이 이루어진다면, 정리 4.4의 증명에서 보인 전략으로 재정이익을 발생시킬 수 있는가?

배당 수익률. 배당금의 지급은 어느 몇몇 특정한 시점에 이루어지는 것보다는, 연속적이면서 특정한 비율로 이루어진다고 종종 가정된다. 한 예로, 다양한 주식들로 이루어진 포트폴리오에 대한 분석을 할 때, 배당금이 한 해에 몇 차례 지급된다는 가정은 하지 않는 게 좋다. 이 같은 다른 예시로는 일정 비율의 이자를 가지는 외화가 있다.

1.7절을 돌아보면 외화에 대한 선도가격이 다음과 같이 주어진다는 것을 알 수 있다.

$$F(0,T) = S(0)\frac{1+K_h}{1+K_f} = S(0)\frac{A_h(T)/A_h(0)}{A_f(T)/A_f(0)}.$$

여기서 $A_h(t)$와 $A_f(t)$는 각각 국내통화와 외화 통화 시장의 계정을 나타내고, K_h와 K_f는 이에 대응하는 수익률을 나타낸다. 앞에서 이용한 방식과, 국내와 외국통화로 명명된 채권들을 새로 이용해

$$F(0,T) = S(0)\frac{B_f(0,T)}{B_h(0,T)}$$

의 식을 얻을 수 있다.

다음 단계로, 주식이 배당금을 (연속) **배당 수익율**(dividend yield)이라 불리는 비율 $r_{\text{div}} > 0$로 연속적으로 지급한다고 하자. 만약 배당금이 주식에 재투자된다면, 시간 0에서 하나의 주식을 가지고 시작한 투자는 시간 T에서 $e^{r_{\text{div}}T}$개로 증가한다(이 상황은 연속 복리와 유사하다). 결과적으로, 시간 T에서 하나의 주식을 가지기 위해서는 시간 0에 $e^{-r_{\text{div}}T}$개의 주식을 가져야 한다. 이러한 사실은 아래의 재정 증명에서 활용된다.

정리 4.5

r_{div}의 연속 배당 수익률로 배당금을 지급하는 주식이 있다고 할 때, 이 주식에 대한 선도가격은

$$F(0, T) = S(0)e^{-r_{\text{div}}T}\frac{1}{B(0, T)} \tag{4.4}$$

와 같다.

증명

$$F(0, T) > S(0)e^{-r_{\text{div}}T}\frac{1}{B(0, T)}$$

라고 하자. 이 경우 시간 0에서는

- 선도계약의 매도포지션을 취한다.
- $e^{-r_{\text{div}}T}$의 주식을 구입하기 위해 $S(0)e^{-r_{\text{div}}T}$의 금액을 차입한다.

0과 T 사이에서는 연속적으로 지급받은 배당금을 이용해 주식에 재투자한다. 그러므로 시간 T에서 하나의 주식을 가지게 된다. 이때,

- 주식을 $F(0, T)$로 팔고, 선도계약의 매도포지션을 청산한다.
- $S(0)e^{-r_{\text{div}}T}/B(0, T)$로 이자를 포함한 대출금을 갚는다.

이에 따른 최종적인 잔고 $F(0, T) - S(0)e^{-r_{\text{div}}T}/B(0, T) > 0$ 는 재정 이익이 될 것이다.

$$F(0, T) < S(0)e^{-r_{\text{div}}T}\frac{1}{B(0, T)}$$

인 경우의 논의는 앞에서의 경우와 비슷하나 앞과는 반대 포지션을 취하여야 한다. ■

일반적으로, 계약이 시간 $t < T$에 시작되었다면, 선도가격은

$$F(t, T) = S(t)e^{-r_{\text{div}}(T-t)}\frac{1}{B(t, T)} \tag{4.5}$$

이 된다.

연습문제 4.5

독일 차를 수입하는 미국의 수입업자는 유로를 반년 후에 사들이는 선도계약을 맺고자 한다. 미국 달러와 유로의 이자율은 각각 $r_{\$} = 4\%$와 $r_{€} = 3\%$이고, 환율은 1달러당 0.9834유로라고 주어진다. 이 경우 유로에 대한 선도가격을 달러(즉, 선도환율)로 나타내면 얼마인가?

4.1.3 선도계약의 가치

모든 선도계약은 시작 시 0의 가치를 갖는다. 하지만 시간이 지남에 따라, 기초자산의 가격은 변할 수 있다. 가격의 변화와 함께, 일반적으로 선도계약의 가치 역시 변하고 더 이상 0이 아니게 된다. 특히 선도계약의 가치는 인도 시점에 $S(T) - F(0, T)$가 될 것인데, 이 값은 양수이거나 음수 혹은 0의 값을 가진다. 이와 같은 선도계약의 변화를 포착할 수 있는 식을 만들어 보자.

$0 < t < T$ 인 시간 t에 선도계약이 선도가격 $F(t, T)$로 이루어졌다고 가정하자. 더불어 선도가격 $F(t, T)$는 $F(0, T)$과 비교해 더 높은 값이라 한다. 이 가정은 시간 0에 시작된 선도계약을 매입한 투자자들에게는 분명 희소식일 것이다. 그들은 똑같이 인도 시점 T를 갖는 선도계약에 대해, 시간 t에 매입한 새 투자자에 비교했을 때, $F(t, T) - F(0, T)$ 만큼 이익을 더 얻기 때문이다. 시간 t에서의 원래 선도포지션의 가치를 구하기 위해 해야 할 것은 이 이익을 t 시점으로 할인하는 것이다. 선도계약이 0에서 시작되어 $t\,(< T)$에 청산된다면, 이 할인된 금액은 매입포지션을 가진 투자자들의 이익이 될 것이다(금액이 음수일 경우는 지불이 된다). 이 직관적인 논의는 재정 증명을 통해 보다 엄밀하게 보여질 필요가 있다.

정리 4.6

$0 \leq t \leq T$를 만족시키는 시점 t에서의, 선도가격 $F(0, T)$를 갖는 선도계약의 매입포지션의 가치는 다음과 같이 주어진다.

$$V(t) = [F(t, T) - F(0, T)]B(t, T). \tag{4.6}$$

증명

시점 t에서 선도계약의 매입포지션을 소유한 사람은 동시에 매도포지션 또한 취할 수 있다. 이때 매도포지션을 취하기 위해 추가 비용은 부담하지 않으며, $F(t,T)$라는 일반적인 선도가격을 사용한게 된다. 두 가지 결합된 포지션의 최종 이득은 다음과 같이 나타낼 수 있다.

$$S(T)-F(0,T)-[S(T)-F(t,T)]=F(t,T)-F(0,T).$$

이것은 랜덤하지 않으므로, 무위험이다. 시간 t에서의 가치는 T 시점에서의 가격에서 할인된 것으로 할인계수는 $B(t,T)$이다. ■

배당이 없는 주식에 대한 식 (4.6)은 다음과 같이 표현된다.

$$V(t)=\left[\frac{S(t)}{B(t,T)}-\frac{S(0)}{B(0,T)}\right]B(t,T)=S(t)-S(0)\frac{B(t,T)}{B(0,T)}. \tag{4.7}$$

이 식은 주식가격이 무위험투자의 수익률과 같은 비율로 올라갈 때, 선도계약의 가치는 0이라는 의미이다. 주식가격이 무위험수익률보다 더 높은 비율로 오르면, 선도계약의 매입포지션을 가진 사람은 이득을 얻게 될 것이다.

참고 4.7

$F(0,T)$ 대신 X를 인도가격으로 하는 계약을 고려해 보자. 시간 t에 대한 이 계약의 가치는 식 (4.6)에서 $F(0,T)$를 X로 대체한 것과 같다.

$$V_X(t)=[F(t,T)-X]B(t,T).$$

이러한 계약은 처음에 0이 아닌 가치를 가질 수 있다. 무배당 주식의 경우는

$$V_X(0)=[F(0,T)-X]B(0,T)=S(0)-XB(0,T) \tag{4.8}$$

와 같다.

연습문제 4.6

주식의 가격이 연초에 \$45이고, 무위험수익률은 일정하게 6%, 반년 후에는 \$2의 배당금지급이 이루어진다고 가정하자. 1년 후에 인도되는 선도계약 매입포지션이 있을 때, 이 포지션의 9개월 후 가치를 a) 9개월 후의 주식가격이 \$49라고 밝혀진 경우, b) 9개월 후의 주식가격이 \$51라고 밝혀진 경우에 대해서 구해 보자.

4.2 선물

선도계약을 맺은 양쪽 가운데 한쪽은 돈을 잃게 된다. 돈을 잃는 쪽에 의한 채무불이행의 위험은 항상 존재한다. **선물계약**(futures contract)은 이러한 위험을 줄이기 위해 고안되었다.

선도계약과 마찬가지로, 선물계약은 기초자산($S(t)$가격의 주식이라고 하자)과 특정한 인도 시점 T를 가진다. 시장은 주식가격에 더해, $t < T$에서 $f(t, T)$로 나타내어지는 선물가격에도 영향을 준다. $f(0, T)$를 제외하고, 이 선물가격 $f(t, T)$는 시간이 0일 때 알려져 있지 않다. 즉 확률변수로 다뤄야 한다.

선도계약의 경우와 같이, 선물포지션을 시작하기 위한 비용은 발생하지 않는다. 그러나 계약기간 중의 현금흐름에 있어 두 계약은 차이가 있다. 선도계약의 매입포지션은 인도 시 $S(T) - F(0, T)$ 라는 한 번의 지급만을 수반하지만 선물계약은 **일일정산**(marking to market)이라는 임의의 현금흐름을 수반한다. 즉, 미리 결정된 시간간격 $t_1 < t_2 < \cdots < t_N = T$에, 연이은 거래일이 일반적으로 존재하는 것이다. 따라서 선물계약의 매입포지션을 가진 사람은 시간 t_n, $n = 1, \cdots, N$에

$$f(t_n, T) - f(t_{n-1}, T)$$

의 금액을 받는다. 하지만 이 금액이 음수라면 금액만큼의 돈을 지불해야 한다. 선물계약의 매도포지션에 대해서는 매입포지션과는 정반대의 금전 지급이 이루어진다. 이어 2가지 조건들이 선도계약에 적용된다.

1) 만기 시 선물가격은 $f(T, T) = S(T)$이다.
2) 각각의 시간 $t_n \leq T$, $n = 1, \cdots, N$에 대한 선물가격 $f(t_n, T)$는 그 시점에 선물계약을 시작하는 데에 비용이 들지 않도록 하는 값이다.

4.2.1 가격결정

이제 선물가격과 선도가격이 같아지는 상황을 보자. r을 연속 복리하의 무위험이자율이라 하자.

정리 4.8

만약 이자율이 상수라면, $f(0, T) = F(0, T)$이다.

증명

증명의 편의를 위해 일일정산이 $0 < t < T$의 중간에서 한 번만 이루어진다고 가정하겠다. 아래의 논의는 더 많은 일일정산이 이루어지는 경우로 쉽게 확장될 수 있다.

$f(0, T) > F(0, T)$라고 가정하자. 그러면 시간 0에서

- 선도계약의 매입포지션을 취한다(비용이 발생하지 않음).
- 선물계약의 매도포지션을 $e^{-r(T-t)}$만큼 취한다(비용이 발생하지 않음).

시간 t에서는

- 일일정산의 결과로써, $e^{-r(T-t)}[f(t, T) - f(0, T)]$의 금액을 지불한다.
- 무위험으로 $e^{-r(T-t)}[f(t, T) - f(0, T)]$ 만큼의 금액을 차입한다.
- 선물계약의 매도포지션을 1만큼 늘린다(비용이 발생하지 않음).

여기서 차이 $f(t, T) - f(0, T)$는 음수일 수 있음을 주목해야 한다. 만약 음수라면, 시간 t에서는 일일정산의 결과로 $e^{-r(T-t)}[f(t, T) - f(0, T)]$의 금액을 받게 되고, 무위험으로 그만큼의 금액을 투자해야 한다. 마지막으로 시간 T에서는

- 무위험으로 빌린 금액 $f(t, T) - f(0, T)$를 갚는다.
- $S(T) - f(t, T)$를 지불함으로써 선물계약의 매도포지션을 청산한다($S(T) = f(T, T)$이다).
- 선도계약의 매입포지션을 $S(T) - F(0, T)$ 만큼의 금액을 받고 청산한다.

이에 최종적인 잔고는 $f(0, T) - F(0, T) > 0$가 될 것이다. 이것은 위의 전략이 재정거래의 기회가 될 수 있다는 것을 의미한다.

$f(0, T) < F(0, T)$인 경우는 위와는 반대의 포지션을 취함으로써 유사하게 다뤄질 수 있다. ■

위의 논의는 어떤 시간 t에도 적용되므로 $f(t, T) = F(t, T)$가 된다. 이러한 전략은 이자율이 만약 예측할 수 없게 변한다면 시행될 수 없다. 하지만 이자율의 움직임이 미리 알려진다면, 위의 전략은 적절하게 변형될 수 있고 선물가격과 선도가격의 등식은 유효하게 된다.

일정한 이자율 r이 적용되는 시장에서 우리는 선물가격에 대한 간단한 식을 얻을 수 있다.

$$f(t, T) = S(t)e^{r(T-t)}. \tag{4.9}$$

이 식은 주식이 배당금을 지급하지 않았을 때의 식이다. 선물가격은 임의적

(random)이나 이러한 임의성은 전적으로 기초자산가격의 임의성에 기인한다. 만약 선물가격이 식 (4.9)에 주어진 가격과 달라진다면, 이는 미래 이자율 변동에 대한 시장의 관점을 보여 준다.

예제 4.9

계약 만기에 같은 주식가격을 가질 3가지 시나리오를 생각해 보자. 현재로부터 2일 후의 시간은 $T=2/365$, 일일정산 날을 $t_1=1/365$, 그리고 $t_2=T$라고 한다.

1. 주식가격이 이자율 r로 오르면 $S(t)=S(0)e^{rt}$이다. 모든 t에 대해

$$f(t,T)=S(0)e^{rt}e^{r(T-t)}=S(0)e^{rT}$$

   이고 일일정산 시 지급되는 금액은 0이다.

2. 가격이 시나리오 1보다 상승하면, 1일째에는 $S(t_1)>S(0)e^{rt_1}$이다. 그러면,

$$f(t_1,T)=S(t_1)e^{r(T-t_1)}>f(0,T)=S(0)e^{rT}$$

   이 되어, 선물계약의 매입포지션을 소유한 사람에게 양의 현금흐름이 발생된다. 다음으로는, $S(T)=S(0)e^{rT}=f(T,T)$가 되는데 여기서

$$f(T,T)-f(t_1,T)=S(0)e^{rT}-S(t_1)e^{r(T-t_1)}=-(f(t_1,T)-f(0,0))$$

   가 되어 2일째에는 음의 현금흐름이 발생하게 된다. 이때의 지불금액은 1일째에 받은 지급을 정확히 상쇄한다.

3. 1일째의 가격이 $S(0)e^{rt_1}$보다 낮으면, 우리는 위 식에서 주어진 지급과 같은 크기만큼의 음의 지급을 갖게 된다.

이러한 지급이 일어나는 시간의 차이는 매우 중요하다. 화폐의 시간가치의 영향으로, 시나리오 2에서의 매입포지션은 시나리오 3과 비교해 더 낫게 되기 때문이다.

이 예제는 선물계약 포지션의 이윤성에 대한 중요한 기준을 보여 준다. 무위험이자율을 넘어서는, 주식가격의 예상되는 상승으로 이득을 얻고자 하는 투자자는 선

물계약 매입포지션을 취해야 한다. 선물계약의 매도포지션은 주가가 떨어지거나 주가가 상승하더라도 무위험이자율보다 작을 때 이윤을 줄 수 있다.

4.2.2 증거금

선물포지션에 수반되는 의무수행을 확실하게 하기 위해서 어떠한 실질적인 규제가 시행된다. 선물계약을 맺고자 하는 각각의 투자자는 **초기증거금**(initial margin)이라고 불리는 금액을 납입해야 한다. 납입된 증거금은 담보로서 결제소(clearing house)에 맡겨진다. 선물계약의 매입포지션의 경우에는, 시간 n의 $f(t_n, T) - f(t_{n-1}, T)$값이 양수라면 기존의 증거금에 이 금액만큼 더해지고, 반대로 음수라면 이 금액만큼 증거금에서 차감된다. 이러한 증감과 차감의 과정은 일반적으로 하루에 한 번 이루어진다(선도계약의 매도포지션에 대해서는 반대부호의 금액이 더해지고 차감된다). 초기증거금을 넘는 초과금은 투자자들에 의해 인출된다. 반면, 보증금이 **유지증거금**(maintenance margin)이라고 불리는 특정 수준 아래로 떨어진다면, 결제소는 **증거금납입요청**(margin call)을 하게 되고, 투자자로 하여금 초기증거금 수준으로 보증금을 회복시키도록 요구한다. 선물포지션은 보증금이 투자자에게 다시 되돌아갈 때 청산될 수 있다. 특별히, 투자자들이 증거금납입요청에 대응하지 못한다면 선물포지션은 결제소에 의해 즉시 청산된다. 결과적으로 채무불이행의 위험이 제거된다.

예제 4.10

초기증거금을 선물가격의 10%라고 하고, 유지증거금을 선물가격의 5%라고 가정한다. 아래의 표는 선물가격 $f(t, T)$의 시나리오를 나타낸다. '증거금 1'과 '증거금 2'라고 표시된 열은 각각, 각 날의 시작과 끝부분에 대한 보증금을 의미한다. '지급' 열은 보증금을 채우기 위해 지불된 금액(음수일 때) 혹은 인출된 금액(양수일 때)을 의미한다.

날짜	$f(t, T)$	현금흐름	증거금 1	지급	증거금 2
0	140	개시:	0	−14	14
1	138	−2	12	0	12
2	130	−8	4	−9	13
3	140	+10	23	+9	14
4	150	+10	24	+9	15
		청산:	15	+15	0
			총계:	10	

날짜 0에서 선물포지션이 개시되고 10%의 보증금이 지불된다. 날짜 1에서는 선물가격이 $2만큼 떨어지고, 이 금액은 보증금에서 차감된다. 날짜 2에서 선물가격은 $8만큼 더 떨어지고, 증거금이 5% 수준 밑으로 떨어지면서 증거금납입요청이 이뤄진다. 이에 투자자는 보증금을 다시 10% 수준으로 회복시키기 위해 $9의 금액을 지불해야 한다. 날짜 3에서 선물가격은 상승하고 투자자는 $9을 인출한다. 이때 10% 수준의 증거금은 남겨진다. 날짜 4에 선물가격은 다시 오르고 투자자는 전날과 같이 $9만큼 인출을 한다. 마지막 날, 투자자는 포지션을 청산하기로 하며 보증금의 잔고를 되찾는다. 모든 지급의 총합은 $10가 되는데, 이는 날짜 0에서 4까지의 증가된 선물가격과 같다.

참고 4.11

선물시장의 중요한 특성은 유동성이다. 이러한 특성은 표준화와 결제소의 존재로 가능하다. 시장에서는 오직 특정한 거래일을 상정한 선물계약만이 거래된다. 더욱이, 금이나 목재와 같은 재화에 대한 선물계약은 표준화된 인도조건과 자산의 표준화된 물리적 성질을 명시한다. 결제소는 중재자로서의 역할을 하는데, 다양한 크기로 존재하는 선물계약의 매도포지션과 매입포지션 전체를 연결시킨다. 또한 결제소는 채무불이행의 위험을 제거하기 위해 각각의 투자자로 하여금 증거보증금을 유지시킨다. 이것은 양쪽의 직접적인 협상에 의해 맺어지는 선도계약과는 대조적이다.

특정 주식이 오를 것이라 믿는 투자자는 주식에 직접적으로 투자를 할 수도 있으나 선물계약의 매입포지션을 취할 수 있다. 후자의 경우에 있어 필요한 투자는 주식가격의 일부 %로 주어진 개시증거금이다. 만약 예측이 정확해 주식가격이 오른다면, 개시증거금에 쓰인 금액이 적기 때문에 투자결과는 더 좋아진다. 이러한 현상은 다음의 예제에 잘 나타나 있다.

예제 4.12

$S(0)=100$ 달러, $r=6\%$, $T=0.5$이고 일일정산은 오직 $t_1=0.25$의 한 순간으로만 제한된다고 하다. 그리고 t_1에서 투자를 청산하고자 한다. 만약 개시증거금이 가격의 20%라면, 투자자는 5개의 선물계약을 맺을 수 있을 것이다. 여기서 $S(t_1)=108$달러라고 가정하면 $f(t_1, T)\cong 109.63$이 되어, $f(0,T)\cong 103.05$달러이므로 일일정산의 이득은 다 합치면 약 $32.9가 된다. 이 이득은 주식에 대한 직접투자로 얻을 수 있는 $8의 네 배가 넘는 액수이다.

4.2.3 선물을 이용한 헤징

주식가격변동의 영향을 줄이는 상대적으로 간단한 방법 중에 하나는 선도계약을 맺는 것이다. 그러나 이런 종류의 계약이 늘 가능한 것도 아니고 또한 채무불이행에 대한 위험을 막지도 못한다. 이에 가능한 다른 방법은 잘 구성되고, 유동적이며 채무불이행으로부터 보호받을 수 있는 선물계약을 이용하는 것이다.

예제 4.13

$S(0) = 100$ 달러, 무위험이자율은 $r = 8\%$ 라고 하자. 일일정산은 한 달에 한 번 발생한다고 가정한다. 또 우리는 3개월 후에 주식을 팔길 원한다고 가정하자. 주식가격변동의 영향을 헤지(hedge)하기 위해, 우리는 같은 만기의 주식에 대한 선물계약 매도포지션을 하나 개시한다. 일일정산에 의해 이루어지는 지급은 투자되고(혹은 차입되고), 무위험이자율로 이자를 발생시킨다. 두 개의 다른 주식가격 시나리오의 결과가 아래와 같이 주어져 있다. 여기서 'm2m'이라 표시된 열은 일일정산으로 인해 발생한 지급을 나타내고 마지막 열은 만기일까지 축적된 이자를 나타낸다.

시나리오 1

달	$S(t)$	$f(t, 3/12)$	m2m	이자
0	100	102.02		
1	102	103.37	−1.35	−0.02
2	101	101.67	+1.69	+0.01
3	105	105.00	−3.32	0.00
		총:	−2.98	−0.01

이 시나리오에서 우리는 주식을 \$105.00에 판다. 그러나 일일정산은 합계를 105.00 − 2.98 − 0.01 = 102.01달러로 줄임으로써 손실을 가져온다. 일일정산의 지급이 무위험이자율로 투자되지 못한다면, 현실적인 합계는 105.00 − 2.98 = 102.02달러가 됨을 주목하자. 이 경우, 이 가격은 선물가격인 $f(0, 3/12)$와 정확히 같게 된다.

시나리오 2

달	$S(t)$	$f(t, 3/12)$	m2m	이자
0	100	102.02		
1	98	99.32	+2.70	+0.04
2	97	97.65	+1.67	+0.01
3	92	92.00	+5.65	0.00
		총:	+10.02	+0.05

이 경우 우리는 \$92.00에 주식을 판다. 그러면 일일정산과 이자로 총합이 92.00 + 10.02 + 0.05 = 102.07달러가 되어 이익을 얻는다. 이자가 없다면 최종 합계는 92.00 + 10.02 = 102.02달러가 될 것이다. 이 금액은 다시 한 번 $f(0, 3/12)$와 정확히 같게 된다.

현실적으로 예제 4.13의 계산은 간편한 계산을 위해 무시했던 개시증거금의 존재로 약간 더 복잡하다. 또한 선물계약의 표준화로부터 몇 가지 제약이 생긴다. 표준화의 결과로 필요한 우리가 원하는 계약조건들을 맞추는 데는 어려움이 있을 수 있다. 선물의 행사날짜는 일반적으로 1년 내 명시된 4개의 달 중의 특정 날짜가 된다. 예를 들면, 3월, 6월, 9월, 12월의 셋째 주 금요일이다. 여기서 만약 4월30일에 투자를 청산하기를 원한다면, 4월30일 이후에 만기가 되는 선물계약으로 헤지할 필요가 있다.

예제 4.14

두 달 후에 주식을 팔고자 하고, 이를 3개월 후에 만기가 되는 선물계약을 이용해서 헤지하고자 한다(예제 4.13과 같은 시나리오가 적용된다).

시나리오 1

달	$S(t)$	$f(t, 3/12)$	m2m	이자
0	100	102.02		
1	102	103.37	−1.35	−0.01
2	101	101.67	+1.69	0.00
		총:	+0.34	−0.01

\$101.00에 주식을 팔고, 일일정산과 이자를 합쳐 총 \$101.33의 돈을 받는다.

시나리오 2

달	$S(t)$	$f(t, 3/12)$	m2m	이자
0	100	102.02		
1	98	99.31	+2.70	+0.02
2	97	97.65	+1.67	0.00
		총:	+4.37	+0.02

이 경우에는 주식을 $97.00에 팔고 일일정산과 이자를 합쳐 총 $101.39의 금액을 얻는다.

두 가지 모두 선물가격인 $f(0,2/12) \cong 101.34$달러, 즉 $100에 복리무위험 이자율이 적용된 값에 거의 근접했다.

참고 4.15

선물가격과 현물가격의 차이를 **베이시스(basis)**라고 한다(선도계약에 있어서도 마찬가지이다).

$$b(t, T) = S(t) - f(t, T).$$

(때때로, 베이시스는 $f(t, T) - S(t)$로 정의된다.) 베이시스는 $t \to T$일 때, 0으로 수렴하는데 그 이유는 $f(T, T) = S(T)$이기 때문이다. 일정한 이자율의 시장에서 이 값은 다음의 식과 같이 주어진다.

$$b(t, T) = S(t)(1 - e^{r(T-t)}).$$

$t < T$에 대해 이 값은 음수이다. 만약 자산이 배당수익율 $r_{\text{div}} > r$로 배당금을 지급한다면

$$b(t, T) = S(t)(1 - e^{(r - r_{\text{div}})(T-t)})$$

가 된다.

헤지 전략을 세우는 논제로 돌아가, 한 자산을 시점 $t < T$에 팔기를 원한다고 가정해 보자. 자산가격이 줄어드는 것에 대응하기 위해, 시점 0에서 가격 $f(0, T)$로 선물계약을 매도할 수 있을 것이다. 시점 t에는 자산을 팔고, 일일정산에 따른 현금흐름 $f(0, T) - f(t, T)$를 더함으로써 $S(t)$의 금액을 받을 수 있다(간단하게 t가 일일정산이 일어나는 첫 번째 시간임을 가정하고, 중간현금흐름을 무시한다). 즉,

$$f(0, T) + S(t) - f(t, T) = f(0, T) + b(t, T)$$

이다. 가격 $f(0,T)$는 시간 0에서 알려지기에 헤지포지션에 수반되는 위험은 알려지지 않은 베이시스의 수준과 관련이 있다. 이 불확실성은 알려지지 않은 미래 이자율과 주로 관련이 있다.

만약 헤지하는 사람의 목표가 리스크를 최소화하는 것이라면, 어떤 최적 헤지비율을 이용하는 것이 가장 좋을 것이다. 즉, N개의 선물계약을 체결하는 것인데 이때 N은 보유하는 기초자산의 개수와 같을 필요는 없다. 최적비율을 구하기 위해 위험을 계산하는데, 이때 위험은 베이시스 $b_N(t,T)=S(t)-Nf(t,T)$에 대한 분산인

$$Var(b_N(t,T))=\sigma^2_{S(t)}+N^2\sigma^2_{f(t,T)}-2N\sigma_{S(t)}\sigma_{f(t,T)}\rho_{S(t)f(t,T)}$$

로 측정될 수 있다. 여기서 $\rho_{S(t)f(t,T)}$는 현물가격과 선물가격 사이의 상관계수이고 $\sigma_{S(t)}$와 $\sigma_{f(t,T)}$는 표준편차이다. 분산은 N에 대한 이차함수형식이 되어 다음과 같은 최솟값을 가지는데,

$$N=\rho_{S(t)f(t,T)}\frac{\sigma_{S(t)}}{\sigma_{f(t,T)}},$$

이 값이 바로 최적헤지비율이 된다.

연습문제 4.7

이자율이 일정하다고 할 때, 최적헤지비율을 구하여라.

4.2.4 지수선물

주식거래지수는 주식의 시장자본화에 비례하는 가중치를 둔, 다양한 주식가격의 가중평균이다. 이러한 종류의 지수는 선택된 주식들이 충분히 크다면, 시장 포트폴리오(3장 참조)의 값에 대체적으로 비례할 것이다. 예를 들어, S&P500 지수(Standard & Poors index)는 뉴욕주식거래소에서 이루어지는 거래의 약 80%에 해당하는 500개의 주식을 활용해서 계산된다. 선물시장의 관점에서 지수는 증권과 같이 다루어질 수 있다. 실제로 거래비용 때문에 이 포트폴리오를 거래하는 것은 매우 어려움에도 불구하고, 지수는 포트폴리오와 동일시될 수 있기 때문이다. 지수 수치로 나타낸 선물가격 $f(t,T)$는 이전과 같은 조건들을 만족하는 것으로 가정된다. 일일정산은 $f(t_n,T)-f(t_{n-1},T)$에 고정된 금액(S&P500에 대한 선물인 경우, \$500)을 곱한

것으로 주어진다. 만약 지수에 수반된 주식의 수가 많다면, 지수는 배당금을 연속적으로 지급하는 자산이라고 가정하는 것이 가능하며 편리하다.

연습문제 4.8

주식거래지수의 값이 13,500, 9개월 후에 만기가 되는 선물가격은 14,100 지수 포인트, 그리고 이자율은 8%라고 가정한다. 배당수익률을 구하여라.

이 절에서 우리의 목적은 3장에 소개된 CAPM 기반의 헤지를 하기 위한 지수선물의 적용을 공부하는 것이다. 알다시피, 식 (3.25)를 보면, 길이 t인 시간구간에서 포트폴리오의 기대수익률은 다음과 같이 주어진다.

$$\mu_V = R + \beta_V(\mu_M - R).$$

이 식에서 β_V는 포트폴리오의 베타 계수를, μ_M은 시장포트폴리오의 기대수익률을, 그리고 R은 하나의 시간구간 τ에 대한 무위험수익률을 나타낸다. 이제 $V(0)$을 포트폴리오의 초깃값이라 하자. 계산상의 편의를 위해 지수는 시장 포트폴리오의 값과 같다고 가정할 것이고, 그럼으로써 선물가격은 다음과 같이 주어지게 된다.

$$f(t,T) = M(t)e^{r(T-t)}.$$

$M(t)$는 시장포트폴리오의 값이고 r은 $e^{rt} = 1 + R$이 되는 연속복리이자율이다.

원래의 포트폴리오에 인도 시점 T의 지수에 대한 N 선물계약 매도포지션을 보충하여 가격이 $\widetilde{V}(0)$되는 새로운 포트폴리오를 만들 수 있다. 새로운 포트폴리오의 초깃값은 원래의 포트폴리오의 초깃값 $V(0)$와 같다. 왜냐하면 선물계약의 시작 시에는 어떠한 비용도 발생하지 않기 때문이다. 시점 t에서 첫 번째 일일정산이 일어날 때는 새로운 포트폴리오의 값이

$$\widetilde{V}(t) = V(t) - N(f(t,T) - f(0,T))$$

이 된다. 기간 $[0,t]$에서 새 포트폴리오의 수익률은

$$K_{\widetilde{V}} = \frac{\widetilde{V}(t) - \widetilde{V}(0)}{\widetilde{V}(0)} = \frac{V(t) - N(f(t,T) - f(0,T)) - V(0)}{V(0)}$$

이다. 이제 새 포트폴리오의 베타 계수 $\beta_{\widetilde{V}}$는 선물포지션 N의 적절한 선택을 통해

임의로 수정될 수 있음을 보일 것이다.

기본정리 4.16

주어진 어떤 숫자 a에 대해, 만약

$$N = (\beta_V - a)\frac{V(0)e^{tr}}{f(0,T)}$$

이라면, $\beta_{\tilde{V}} = a$ 이다.

증명

정의로부터 베타 계수를 계산해 보자.

$$\begin{aligned}\beta_{\tilde{V}} &= \mathrm{Cov}(K_{\tilde{V}}, K_M)/\sigma_M^2 \\ &= \mathrm{Cov}(K_V, K_M)/\sigma_M^2 - \frac{1}{V(0)}\mathrm{Cov}(N(f(t,T) - f(0,T)), K_M)/\sigma_M^2.\end{aligned}$$

여기서 K_M은 시장 포트폴리오의 수익률이고 K_V는 선물이 없는 포트폴리오의 수익률이다. $\mathrm{Cov}(f(0,T), K_M) = 0$이고 공분산은 입력변수에 대해 선형이기 때문에,

$$\mathrm{Cov}(N(f(t,T) - f(0,T)), K_M) = N\mathrm{Cov}(f(t,T), K_M)$$

이 된다. 위 식에 선물가격 $f(t,T) = M(t)e^{r(T-t)}$ 을 삽입하면,

$$\mathrm{Cov}(f(t,T), K_M) = e^{r(T-t)}\mathrm{Cov}(M(t), K_M)$$

의 식을 구할 수 있고, 다시 공분산의 선형성에 의해

$$\mathrm{Cov}(M(t), K_M) = M(0)\mathrm{Cov}(\frac{M(t) - M(0)}{M(0)}, K_M) = M(0)\sigma_M^2$$

를 얻을 수 있다. 치환을 통해서

$$\beta_{\tilde{V}} = \beta_V - \frac{NM(0)e^{r(T-t)}}{V(0)} = \beta_V - N\frac{f(0,T)}{V(0)e^{rt}}$$

를 구할 수 있다. ■

따름정리 **4.17**

$a = 0$이라면, $\mu_{\tilde{V}} = R$이다.

예제 4.18

지수가 $M(0) = 890$에서 $M(t) = 850$으로 떨어진다고 가정하자. 이는 한 시간구간에서 4.49%만큼 하락하는 것과 같다. 나아가 길이 t의 기간에 대한 무위험이자률이 $r = 1\%$라고 가정하자. 즉, $1 + R = e^{tr} = 1.01$이다. 가정에 의해, 지수에 대한 선물가격(인도 시점이 길이 t인 3시간 구간 후일 때)은

$$f(0, 3t) = M(0)(1+R)^3 = 890 \times 1.01^3 \cong 916.97$$
$$f(t, 3t) = M(t)(1+R)^2 = 850 \times 1.01^2 \cong 867.09$$

가 된다. 또 $\beta_V = 1.5$이고 초깃값으로 $V(0) = 100$ 달러를 가지는 포트폴리오를 고려해 보자. 이 포트폴리오는 다음과 같은 음의 기대수익률을 가질 것이다.

$$\begin{aligned}\mu_V &= R + (\mu_M - R)\beta_V \\ &\cong 1\% + (-4.49\% - 1\%)1.5 \cong -7.24\%.\end{aligned}$$

$\beta_{\tilde{V}} = 0$의 새 포트폴리오를 구성하기 위해, 기존의 포트폴리오에

$$N = \beta_V \frac{(1+R)V(0)}{f(0, 3t)} \cong 1.5 \times \frac{1.01 \times 100}{916.97} \cong 0.1652$$

만큼의 선물매도계약을 보충할 수 있다. 이 계약은 3시간 구간 후에 인도되는 지수에 대한 것이다.

첫 번째 시간 구간 동안, 기존 포트폴리오의 실질적인 수익률이 기대수익률과 우연히 같다고 가정해 보자. 이 가정은 $V(t) \cong 92.76$ 달러를 만족시킨다. 일일정산은 $N \cong 0.1652$의 선물계약의 매도포지션 보유자에게

$$-N(f(t, 3t) - f(0, 3t)) \cong -0.1652 \times (867.09 - 916.97) \cong 8.24$$

달러를 지급한다. 이것은 새로운 포트폴리오가 시간 t에 다음과 같은 가치를 갖게 한다.

$$\tilde{V}(t) = V(t) - N(f(t, 3t) - f(0, 3t)) \cong 92.76 + 8.24 = 101.00$$

이 가치는 무위험수익률과 정확히 일치한다.

연습문제 4.9

지수가 890에서 920으로 상승했을 경우 동일한 계산을 수행하여라.

참고 4.19

포트폴리오의 베타 계수를 조절할 수 있는 것은 체계적 위험을 줄이거나 늘리길 원하는 투자자들에게 가치 있는 일이다. 예를 들어, 투자자가 평균적으로 우수한 실적으로 포트폴리오를 구성할 수 있다고 가정해 보자. 포트폴리오의 베타 계수가 0이 되도록 하는 선물포지션에 참여함으로써 투자자는 시장의 부정적 움직임에 대한 헤지를 하게 되는 것이다. 이러한 헤지는 경기침체시 큰 의미를 가진다. 시장과 비교해 포트폴리오의 우수한 성과는 시장의 하락에도 불구하고 이윤으로 돌아오게 된다. 반면 시장이 성장률을 보인다면, 헤지된 포트폴리오에 대한 기대수익률은 앞과 비해서는 줄어든다. 선물포지션은 손실로 나타날 것이기 때문이다.

선물로 헤지를 하는 이러한 유형은 오직 평균적으로 작용함을 강조할 필요가 있다. 특히, 베타 계수를 0으로 설정하는 것은 투자를 무위험이 되게 하지 않는다.

이 장을 지수선물의 놀랄만한 응용으로 마무리하자.

예제 4.20

신흥시장에서 공매도판매의 기회는 찾기 어렵다. 이는 1990년대 후반의 폴란드가 그러하였지만, 지수선물은 거래되었다. 지수 중 하나인 WIG20는 20개의 주식으로만 구성되어 있었기에, 20개의 주식 중 어떠한 주식에 대해서도 그것의 공매도판매를 구성할 수 있었다. 남은 19개의 주식에 대한 적당한 포트폴리오를 사고, 지수에 대한 선물계약에 매도포지션에 참여함으로써 가능했던 것이다. 지수와 결합된 주식의 수가 클수록 증가된 거래비용 때문에 이와 같은 구성을 하는 것은 거의 불가능했을 것이다.

사례 4 논의

먼저 선도계약과 선물계약 사이의 선택에 대해 논의해야 한다. 선물은 쉽게 사고 팔 수 있지만, 증거금관리가 어려울 수 있다. 초기 예치금에 더해, 단기 유동성문제에도 봉착할 수 있다. 그렇기에 선도계약을 고려하게 된다.

첫 단계로 자산을 구매하여 포트폴리오를 구성하고자 한다. 이에 가격상승에 대한 걱정이 생길 것이다(역주: 지금 당장 이 주식을 구입하는 것은 불가능하다고 가정하자). 이러한 위험을 헤지하기 위해서 매입포지션을 취해야 한다. 예를 들어, 현재가격 $S(0)=100$달러인 주식을 포트폴리오에 포함하고 싶다고 하자. 주식을 살 수 있는 가장 가까운 미래 시점 T를 만기로 하는 선도계약의 매입포지션을 취함으로써, 주식을 T 시점에 $S(0)e^{rT}$의 값으로 사기로 한다. $T=0.5$, $r=5\%$이라면, 선도가격은 102.53달러가 된다. 이것은 주가가 평균적으로 $\mu=10\%$(연속복리) 오른다는 가정에 따른 $S(0)e^{\mu T}=105.13$달러보다 작은 값이다. 그러므로 주식에 투자할 수 있는 돈으로 선도계약으로 더 많은 주식을 사거나, 아니면 자금을 절약할 수 있다. 예를 들어 \$1000를 주식에 투자할 계획이라면, 주식의 평균증가율에 따라 9.51개의 주식을 구입할 돈으로 선도계약을 맺는다면 \$975.31만을 사용하게 된다.

불행히도 $S(T)$가 $S(0)e^{rT}$보다 낮은 경우, 선도계약은 반드시 이행해야 하므로, 이런 전략을 통한 이익은 얻을 수 없게 된다. 주식의 장기 기대 성장이 무위험이자율보다 높은 경우에도 $S(T)$는 $S(0)e^{rT}$보다 작을 가능성이 있다. 투자의 유연성을 높이기 위해서는 더 복잡한 상품에 대해 배워야 할 것이다.

두 번째 단계로, 우리 자신에게 연금을 지급함으로써 포트폴리오를 천천히 유동화하려 할 때, 선도계약이나 선물계약의 매도포지션이 우리의 수익률을 무위험이자율의 수준으로 보장해줄 수 있다. $S(0)$의 가치를 갖는 주식에 대해(시계를 옮겨, 0이 미래 어느 시점이라고 하자) 이것을 $S(0)e^{rT}$의 선도가격으로 팔 수 있다. 이것은 시장 가격이 떨어지는 경우 유리하고 그렇지 않으면 불리한데, 전체적으로 별 의미가 없다. 우리가 무위험이자율을 얻고자 한다면 무위험자산에 투자하면 된다.

제 5 장 옵션: 일반적 성질

사례 5

독일회사 G의 현재 주식가격은 99유로이다. 이 주식에 대한 행사가격이 98유로인 유럽식 콜옵션과 풋옵션의 가격은 각각 4.145유로와 2.738유로이다. 영국의 회사 B의 주식가격은 66파운드인데, 행사가격이 65파운드이고 만기가 한 달 후인 유럽식 콜옵션과 풋옵션의 가격은 각각 2.55와 1.34파운드이다. 행사가격이 현재 환율, 즉 파운드당 1.5유로인, 유럽식 콜옵션의 가격은 1000파운드당 14.4유로이고, 풋옵션의 가격은 13.16유로이다. 이 옵션들은 한 달 후를 만기일로 하고 있다. 우리는 가격이 잘못 매겨지는 순간을 발견할 목적으로 독자들이 큰 금융기관에 고용된다고 가정하기에 어떠한 거래비용도 발생하지 않으며, 매입과 매도포지션은 같은 가격에 취해질 수 있다고 본다.

5.1 정의

1장에서 1단계 이항모형에서의 콜옵션과 풋옵션에 대한 간단한 예를 살펴보았다. 여기에서는 옵션에 대한 정의를 하고 그것의 근본적인 특성을 정립하고자 한다. 이 특성들은 임의의 시장모형에 대해서도 유효하고, 무재정원리에만 기반을 두고 있다.

유럽식 콜옵션은 소유자에게 자산을 살 수 있는 권리를 주는 계약이다. 옵션의 소유자는 **행사일**(exercise) 또는 **만기일**(expiry time)로 명시된 시간 T에, 미리 정해진 **행사가격**(exercise price 또는 strike pricc)인 X의 값으로 자산을 구매할 수 있다. **유럽식 풋옵션**은 기초자산을 행사일 T에 행사가격 X로 팔 수 있는 권리를 부여한다.

미국식 콜옵션과 **풋옵션**은 현재부터 **만기일**인 특정 미래시간 T 사이 아무 때나 행사가격 X로 기초자산을 사고팔 수 있는 권리를 주는 계약이다. 다시 말해 미국식 옵션은 만기 때 혹은 만기까지의 어떠한 시간에도 권리가 행사될 수 있다.

'기초자산'이라는 용어는 상당히 넓은 범위를 갖는다. 주식이나 상품, 외환과 같은 전형적인 자산 외에도 주식지수, 이자율, 심지어 스키장의 적설량에도 옵션이 있다. 몇몇 기초자산들은 사거나 파는 것이 불가능할 수도 있다. 옵션은 내기와 유사하게 현금으로 청산된다. 예를 들어 S&P(119쪽 참조)에 대한 행사가격 800의 유럽식 콜옵션을 소유한 사람은, 만약 만기일에 지수가 815가 된다면 이득을 얻게 된다. 옵션의 발행자는 소유자에게 옵션 하나당 $815-800=15$ 만큼의 금액을 지불해야 한다. 만약 지수가 만기일에 800보다 낮다면, 어떠한 지불도 이루어지지 않을 것이다.

옵션은 그 지급에 의해 결정되는데, 유럽식 콜옵션의 경우에는 다음과 같다.

$$\begin{cases} S(T)-X & (S(T)>X \text{ 일 때}), \\ 0 & (\text{그 외의 경우}) \end{cases}$$

이 지급은 확률변수로서, 만기일 T의 기초자산가격인 $S(T)$에 의존한다[이러한 사실은 왜 옵션이 **조건부청구권(contingent claims)**으로 종종 참조되는지 설명해 준다]. 이는 다음의 기호를 이용하면 간단히 나타낼 수 있다.

$$x^+ = \begin{cases} x & (x>0 \text{일 때}), \\ 0 & (\text{그 외에}) \end{cases}$$

이를 이용해 유럽식 옵션의 지급은 $(S(T)-X)^+$로 나타낼 수 있다. 풋옵션의 지급은 $(X-S(T))^+$가 된다.

이 지급은 늘 0 이상이며, 양의 확률로 0보다 큰 값을 가진다. 그렇기에 옵션을 구매하기 위해서는 일정한 금액(프리미엄)을 지불해야 한다. 만약 옵션이 무료라면, 이 옵션을 구매한 투자자는 어떤 경우에도 손실을 입지 않고, 지급이 0보다 클 때는 이윤을 얻게 된다. 하지만 이것은 일반적인 상식, 특히 무재정원리에 위반되는 것이다. 프리미엄은 옵션의 시장 가격이 된다.

옵션가격에 대한 경곗값과 일반적인 특성을 보이는 것이 이 장의 주된 목표이다. 콜옵션과 풋옵션의 가격은 유럽식 옵션의 경우 각각 C_E, P_E로, 미국식 옵션의 경우는 각각 C_A, P_A로 표시한다. 일정한 이자율 r이 무위험으로 돈을 대출하거나 차입하는 데 적용될 것이고, 연속 복리가 사용될 것이다.

예제 5.1

2007년 12월 21일에 640펜스로 행사되는 옵션이 있다. 이 옵션은 Cadbury Schweppes PLC 주식에 대한 옵션으로, 2007년 10월 20일에 Euronext London International Financial Futures Exchange (LIFFE)에서 22.5펜스로 거래되고 있다. 이 옵션을 구매하는 데 5.23%의 연속 복리가 적용되는 대출금이 조달되었다고 가정하자. 그러면 만기일에 대출금을 갚기 위해서 $22.5e^{0.0523\times\frac{2}{12}} \cong 22.7$ 펜스가 필요할 것이다. 주식가격이 행사시점에 $640+22.7=662.7$보다 높을 때, 이 투자는 이윤을 창출할 수 있다.

연습문제 5.1

행사가격이 \$36이고, 만기일은 3달 후인 유럽식 풋옵션이 있다. 12%의 연속 복리가 적용되는 대출금이 조달되어 \$4.50의 가격으로 이 옵션이 구매되었을 때, 3달 후 \$3의 이익을 가져오는 만기일의 주식가격을 구하여라.

옵션의 소유자(발행자)의 이득은, 옵션에 지불한(수령한) 프리미엄인 C_E나 P_E로 조정된 지급이다. 시간 T에서 유럽식 콜옵션의 소유자가 얻는 이득은, 프리미엄의 시간 가치를 고려하여 $(S(T)-X)^+ - C_E e^{rT}$이다. 다시 말해, 대안이 될 수 있는 무위험투자의 기회비용을 포함한다. 유럽식 풋옵션의 소유자에게 이득은 $(X-S(T))^+ - P_E e^{rT}$가 된다. 이 이득은 그림 5.1에 나타나 있다. 옵션의 발행자의 이득은 콜옵션에 대해서는 $C_E e^{rT} - (S(T)-X)^+$가 되고, 풋옵션에 대해서는 $P_E e^{rT} - (X-S(T))^+$ 가 된다. 콜옵션이나 풋옵션의 소유자에게 가능한 손실은 지급된 프리미엄 수준으로 제한되어 있음을 주목하자. 발행자에게 손실은 이보다 높을 수 있는데, 콜옵션의 경우는 무한히 커질 수 있다.

연습문제 5.2

한 유럽시 콜옵션이 행사가격을 \$90로 하고 민기는 6개월 후이다. 이 옵션은 9%의 연속 복리로 조달된 대출금으로 \$8에 구매될 수 있다고 한다. 만약 만기 때, 주식가격이 각각 $\frac{1}{3}$의 확률로 \$87, \$92, \$97이 된다면, 이 유럽식 콜옵션의 기대 이득(손실)은 얼마가 되는가?

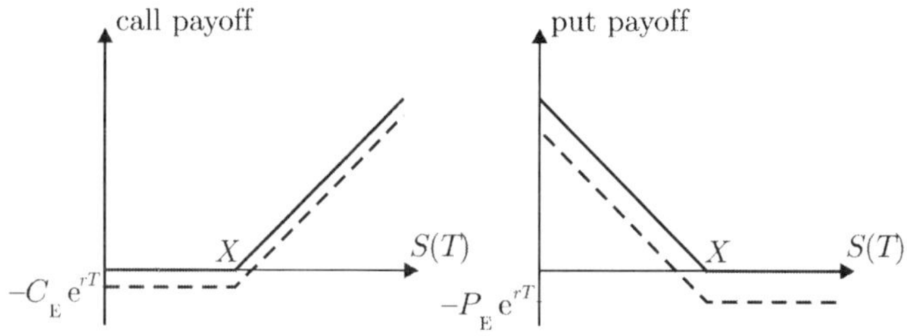

그림 5.1 유럽식 콜옵션과 풋옵션의 소유자의 지급(실선)과 이득(점선)

5.2 풋-콜 패리티

이 절에서는 유럽식 콜옵션과 풋옵션의 가격을 연결하는 중요한 내용을 다룰 것이다.

하나의 풋옵션을 파는 것과 하나의 콜옵션을 사는 것으로 구성된 포트폴리오를 고려하자. 이 옵션들의 행사가격은 똑같이 X이고 만기일은 T이다. 콜옵션에 대한 포지션의 지급과 풋옵션에 대한 포지션의 지급을 합치면, 인도 시점이 T이고 선도가격이 X인 선도계약 매입포지션의 지급을 얻게 된다. 실제로, $S(T) \geq X$ 라면 콜옵션은 $S(T) - X$를 지급받고 풋옵션은 아무 가치도 없게 된다. $S(T) < X$ 라면, 콜옵션이 가치가 없게 되고 풋옵션의 발행자는 $X - S(T)$ 만큼 지불해야 한다. 어느 경우이든 포트폴리오의 가치는 만기 시 $S(T) - X$가 될 것이다. 이는 그림 5.2에 나타난 것과 같이 선도계약 매입포지션의 경우와 같다. 그러므로 이러한 포트폴리오의 현재 가치는 선도계약의 현재 가치와 같아야 하는데, 그것은 이자율 r이 일정하다면 $S(0) - Xe^{-rT}$가 된다(참고 4.7 참조).

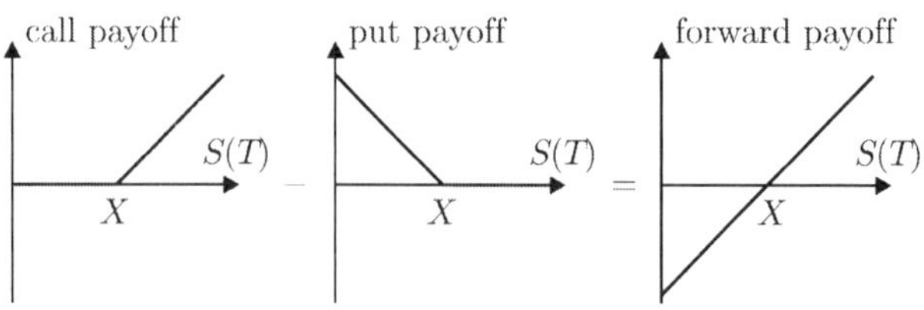

그림 5.2 콜옵션과 풋옵션으로 만들어지는 선도계약의 지급

이 사실로부터 다음과 같은 정리를 얻는다. 이 정리는 위의 직관적인 논의를 따르지만, 여기서는 일반화의 가능성을 염두에 두고 다르게 증명해 보겠다.

정리 5.2 풋-콜 패리티(put-call parity)

무배당주식에 대해, 다음 식은 유럽식 콜옵션과 풋옵션의 가격 사이의 관계를 나타낸다. 이 옵션들의 행사가격은 X이고, 만기일은 T이다.

$$C_E - P_E = S(0) - Xe^{-rT}. \tag{5.1}$$

증명

다음과 같은 식

$$C_E - P_E > S(0) - Xe^{-rT} \tag{5.2}$$

을 가정하자. 이 경우 재정전략은 다음과 같이 세워질 수 있다. 시간 0에서

- $S(0)$을 지불해 하나의 주식을 구매한다.
- P_E로 하나의 풋옵션을 구매한다.
- C_E를 받고 하나의 콜옵션을 판다.
- 자금시장에서 이자율 r로 총 $C_E - P_E - S(0)$ 을 투자한다(만약, 이 값이 음수라면 차입한다).

이 거래의 잔고는 0이다. 그 후 시간 T에서는,

- 총 $(C_E - P_E - S(0))e^{rT}$ 만큼의 금액을 수령해서 자금시장 포지션을 청산한다(만약 값이 음수라면 청산하기 위해 금액을 지불한다).
- $S(T) \leq X$ 일 때는 풋옵션을 행사함으로써, $S(T) > X$ 일 때는 콜옵션의 매도포지션을 이행함으로써 주식을 X의 가격에 판다.

잔고는 $(C_E - P_E - S(0))e^{rT} + X$가 되고, 식 (5.2)에 의해 양수가 되어 무재정원리에 위배된다.

이제

$$C_E - P_E < S(0) - Xe^{-rT} \tag{5.3}$$

임을 가정하자. 그러면 다음과 같이 반대의 전략이 재정기회를 만들 수 있다. 시간 0에서

- $S(0)$를 받고 주식 한 주를 공매도한다.
- P_E를 받고 하나의 풋옵션을 판다.
- C_E를 지불하고 하나의 콜옵션을 구입한다.

• 자금시장에서 이자율 r로, 총 $S(0) - C_E + P_E$의 금액을 투자한다(만약 이것이 음수라면 차입한다).

이 거래의 잔고는 0이다. 시간 T에서는

• 총 $(S(0) - C_E + P_E)e^{rT}$의 금액을 수령해서 자금시장 포지션을 청산한다(만약 값이 음수라면 청산하기 위해 금액을 지불한다).

• 만약 $S(T) > X$이면 콜옵션을 행사함으로써, 만약 $S(T) \leq X$이면 풋옵션의 매도포지션을 청산함으로써 주식 하나를 X의 가격으로 산다. 이것으로 빌린 주식을 갚는다.

잔고는 $(S(0) - C_E + P_E)e^{rT} - X$가 되고, 식 (5.3)에 의해 양수가 되어 다시 한 번 무재정원리에 위배된다. ■

연습문제 5.3

무배당주식이 한 주당 $15.60으로 거래된다고 가정하자. 행사가격이 $15이고 만기일이 3달 후인, 이 주식에 대한 유럽식 콜옵션은 $2.83에 거래된다. 이자율은 연속복리 하에서 $r = 6.72\%$이다. 이때 같은 행사가격과 만기일을 가지는 유럽식 풋옵션의 가격은 얼마인가?

연습문제 5.4

행사가격이 $24이고, 6달 후가 만기인 유럽식 콜옵션과 풋옵션이 각각 $5.09, $7.78로 거래되고 있다. 기초자산의 가격은 $20.37이고 이자율은 $r = 7.48\%$이다. 재정기회를 찾아보아라.

참고 5.3

정리 5.2에 기반하여 간단하지만 매우 유용한 사실을 발견할 수 있다. 그것은 유럽식 콜옵션과 풋옵션의 가격 차이는 풋-콜 패리티 식 (5.1)에 없는 변수들에는 의존하지 않는다는 사실이다. 예를 들어 주식의 기대수익률을 고려해 보자. 콜옵션의 가격이 기대수익률이 높아짐에 따라 올라간다면 풋옵션의 가격도 올라가야 한다. 콜옵션에 대해서는 주식가격이 높아질수록 높은 지급을 줄 수 있기에 직관적으로 받아들일 수 있지만, 풋옵션의 경우는 높은 주식가격이 풋옵션의 낮은 지급을 의미하기 때문에 일반적인 상식과는 반대가 된다. 이러한 이유로 풋옵션과 콜옵션의 가격은 주식의 기대수익률과는 독립이 되어야 한다고 추측할 수 있다. 콜옵션과 풋옵션의 가격 공식을 구하고 나면 이것이 실제 성립됨을 볼 것이다.

이 절의 시작 부분에 소개된 논의에 따라, 풋-콜 패리티 공식을 다음과 같이 나타낼 수 있다.

$$C_E - P_E = V_X(0). \tag{5.4}$$

여기서 $V_X(0)$은 선도계약 매입포지션의 가치이다(식 (4.8) 참조). 만약 X가 자산의 이론적인 선도가격인 $S(0)e^{rT}$와 같다면, 선도계약의 가치는 0이므로 $V_X(0)=0$, 즉 $C_E = P_E$가 된다. 식 (5.4)는 참고 4.7에서 세워진 관계에 따라 풋-콜 패리티를 일반화할 수 있게 한다. 주식이 배당금을 시간 0에서 T 사이에 지급하면 $V_X(0)=S(0)-\mathrm{div}_0 - Xe^{-rT}$가 된다. 이 식에서 div_0는 배당금의 현재가치이다. 이에

$$C_E - P_E = S(0) - \mathrm{div}_0 - Xe^{-rT} \tag{5.5}$$

가 되고, 배당금이 r_{div}의 비율로 연속적으로 지급된다면

$$V_X(0) = S(0)e^{-r_{\mathrm{div}}T} - Xe^{-rT}$$

이므로

$$C_E - P_E = S(0)e^{-r_{\mathrm{div}}T} - Xe^{-rT} \tag{5.6}$$

가 된다.

연습문제 5.5

식 (5.5)에서의 재정기회에 대한 증명을 간단히 설명하여라.

연습문제 5.6

식 (5.6)에서의 재정기회에 대한 증명을 간단히 설명하여라.

연습문제 5.7

연습문제 4.5의 자료에 대해, 6달 후에 만기가 되는 유럽식 콜옵션과 풋옵션의 가격이 $C_E = P_E$로 같게 되는 행사가격을 구하여라.

미국식 옵션에 대해, 풋-콜 패리티는 콜옵션과 풋옵션의 가격을 포함하는 등식을 제시하지는 못하고 단지 추정치만을 제공한다.

정리 5.4 미국식 풋-콜 패리티 추정치

무배당주식에 대한 행사가격 X, 만기 T를 갖는 미국식 콜옵션과 풋옵션의 가격은 다음의 부등식을 만족시킨다.

$$S(0) - Xe^{-rT} \geq C_A - P_A \geq S(0) - X.$$

증명

만약 첫 번째 부등식이 성립되지 않는다고 해 보자. 즉 아래 부등식과 같다.

$$C_A - P_A - S(0) + Xe^{-rT} > 0.$$

이 경우 자금시장에서 거래에 대한 자금을 조달하여, 하나의 콜옵션을 팔고 하나의 풋옵션과 주식을 살 수 있다. 만약 미국식 콜옵션의 소유자가 시간 $t \leq T$에 옵션을 행사한다고 하자. 그러면 주식을 팔아 X의 금액을 수령할 수 있고, 자금시장 포지션을 풋옵션과 양수의 금액을 가지고 종료할 수 있다.

$$\begin{aligned} X + (C_A - P_A - S(0))e^{rt} &= (Xe^{-rt} + C_A - P_A - S(0))e^{rt} \\ &\geq (Xe^{-rT} + C_A - P_A - S(0))e^{rt} > 0. \end{aligned}$$

콜옵션이 전혀 행사되지 않는다면, 풋옵션을 시간 T에 행사해 주식을 X로 매도할 수 있을 것이다. 이에 자금시장 포지션은 양수의 금액을 남기고 청산된다.

$$X + (C_A - P_A - S(0))e^{rT} > 0.$$

이제

$$C_A - P_A - S(0) + X < 0$$

의 부등식을 가정해 보자. 이 경우 하나의 풋옵션을 팔고, 콜옵션 하나를 사고, 주식을 공매도한 다음, 자금시장에 남은 금액을 투자할 수 있을 것이다. 만약 미국식 풋옵션이 시간 $t \leq T$에 행사된다면, 자금시장에서 X만큼 인출하여 주식 한 주를 구매해 빌린 주식을 갚을 수 있다. 이로써 콜옵션과 양수의 금액

$$(-C_A + P_A + S(0))e^{rt} - X > Xe^{rt} - X \geq 0$$

을 얻을 수 있다. 만약 풋옵션이 전혀 행사되지 않는다면, 시간 T에 콜옵션을 행사해 X의 금액으로 주식을 살 수 있다. 빌린 주식을 갚고 자금시장 포지션을 청산하여 다음과 같은 양수의 금액을 가지게 된다.

$$(-C_A + P_A + S(0))e^{rT} - X > Xe^{rT} - X > 0.$$

즉, 이 정리는 무재정원리에 의해 성립한다. ■

연습문제 5.8

정리 5.4의 증명을 수정해서

$$S(0) - Xe^{-rT} \geq C_A - P_A \geq S(0) - \mathrm{div}_0 - X$$

가 만족됨을 보여라. 이 주식은 시간 0에서 만기 T 사이에 배당금을 지급하며, div_0는 시간 0까지 할인된 배당금의 가치를 뜻한다.

연습문제 5.9

정리 5.4의 증명을 수정해서

$$S(0) - Xe^{-rT} \geq C_A - P_A \geq S(0)e^{-r_{\mathrm{div}}T} - X$$

가 만족됨을 보여라. 이 주식은 비율 r_{div}로 배당금을 연속적으로 지급한다.

5.3 옵션가격의 경계

우선 같은 행사가격 X와 만기일 T를 갖는 유럽식 옵션과 미국식 옵션에 대한 다음과 같은 명백한 식을 생각할 수 있다.

$$C_E \leq C_A, \quad P_E \leq P_A. \tag{5.7}$$

위 부등식은 미국식 옵션이 상응하는 유럽식 옵션에 대해 적어도 같은 권리를 보장하기에 성립한다.

그림 5.3은 만기 T에서 유럽식 콜옵션의 지급은 0이지만 주식가격이 X보다 커지는 $t < T$에서 행사되는 경우 미국식 콜옵션의 지급은 0보다 커지는 주식가격의 시나리오를 보여 준다. 그럼에도 불구하고, 부등식 (5.7)에서 등호를 뺄 수 있는 것은 아니다. 5.3.2절에서 무배당자산에 대한 콜옵션의 경우 $C_E = C_A$ 임을 보일 것이다.

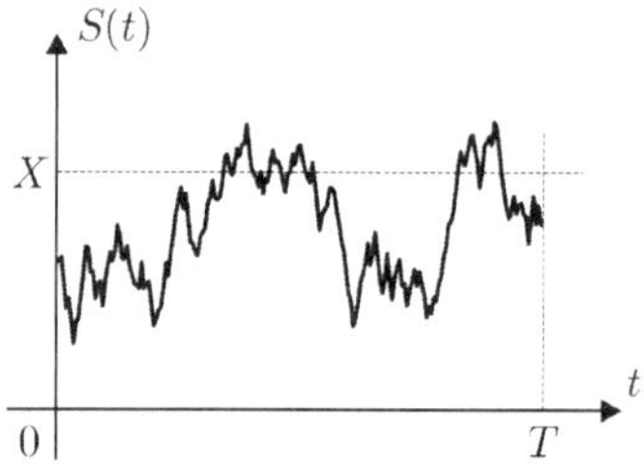

그림 5.3 미국식 콜옵션은 양의 지급을 받을 수 있으나 유럽식 콜옵션은 받을 수 없는 시나리오

연습문제 5.10
식 (5.7)을 재정기회에 대한 논의로 증명하여라.

콜옵션과 풋옵션의 가격이 음수가 되지 않는다는 것은 확실하다. 이러한 종류의 옵션은 아무런 부채 없이 미래의 이득 가능성을 주기 때문이다. 그러므로

$$C_E \geq 0 , \quad P_E \geq 0$$

이다. 이 부등식은 보다 가치가 큰 미국식 옵션에 대해서도 물론 유효하다. 이제 유럽식, 미국식 옵션가격에 대한 상한과 하한에 대해 좀 더 논의해보도록 하자.

5.3.1 유럽식 옵션

유럽식 콜옵션과 풋옵션의 가격에 대한 상한과 하한을 설정해 보자.

일단, 다음 부등식이 성립한다.

$$C_E < S(0).$$

만약 반대의 부등식이 만족되어 $C_E \geq S(0)$이 된다면, 옵션을 발행해 매도하고 주식을 구매한 다음, 그 남은 금액을 자금시장에 투자할 수 있을 것이다. 만기일 T에는 주식을 $\min(S(T), K)$로 팔고 콜옵션을 청산할 수 있다. 이때 그 차익 이윤은

$(C_E - S(0))e^{rT} + \min(S(T), X) > 0$가 될 것이다. 이것은 $C_E < S(0)$가 만족함을 증명한다. 한편, C_E는 하한값도 가지게 되는데 이것은

$$S(0) - Xe^{-rT} \le C_E$$

로서, $P_E \ge 0$ 이기 때문에 풋-콜 패리티 공식으로부터 바로 보일 수 있다. 게다가 $C_E < S(0)$ 이므로 풋-콜 패리티 공식을 이용해 다음과 같은 관계를 도출할 수 있다.

$$P_E < Xe^{-rT}.$$

그리고 $C_E \ge 0$ 이기에,

$$-S(0) + Xe^{-rT} \le P_E$$

또한 성립한다.

이 결과들은 다음의 기본정리에 요약되어 있고 그림 5.4에도 나타나 있다. 어둡게 표시된 부분이 경곗값을 만족하는 옵션가격에 해당한다.

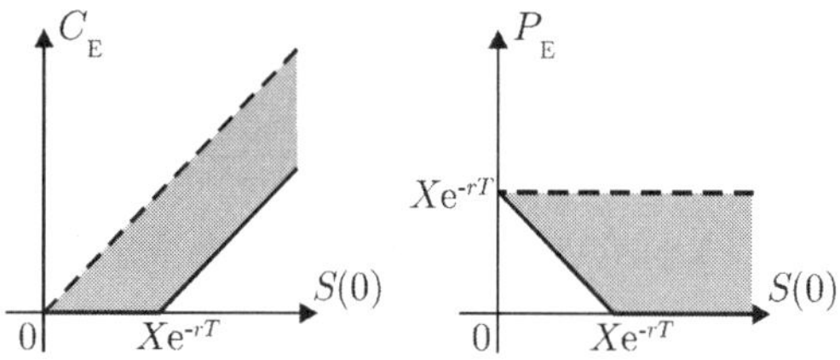

그림 5.4 유럽식 콜옵션과 풋옵션의 가격에 대한 경계

기본정리 5.5

무배당주식에 대한 유럽식 콜옵션과 풋옵션의 가격은 다음과 같은 부등식을 만족한다.

$$\max\{0, S(0) - Xe^{-rT}\} \le C_E < S(0),$$
$$\max\{0, -S(0) + Xe^{-rT}\} \le P_E < Xe^{-rT}.$$

배당을 지급하는 주식에 대해서는 경곗값이 다음과 같다.

$$\max\{0, S(0) - \mathrm{div}_0 - Xe^{-rT}\} \le C_E < S(0) - \mathrm{div}_0,$$
$$\max\{0, -S(0) + \mathrm{div}_0 + Xe^{-rT}\} \le P_E < Xe^{-rT}.$$

연습문제 5.11

배당을 지급하는 주식에 대한 옵션가격의 경곗값이 위와 같이 됨을 증명하여라.

연습문제 5.12

배당을 지급하는 주식에 대해, 경곗값에 의해 결정되는 콜옵션과 풋옵션의 가격 영역을 그려라.

5.3.2 무배당 주식에 대한 콜옵션

행사가격이 X로 같고, 만기 시점이 T로 같은 유럽식 콜옵션과 미국식 콜옵션을 고려해 보자. 미국식 옵션은 유럽식 옵션과 비교해 더 많은 권리를 제공하기에 $C_A \ge C_E$가 성립함을 알고 있다. 만약 기초자산이 배당금을 지급하지 않는다면, 기본정리 5.5에 의해 $C_E \ge S(0) - Xe^{-rT}$이다. 그리고 $r > 0$라면 $C_A > S(0) - X$의 식을 만족하게 된다. 미국식 콜옵션의 가격은 시점 0에서 그것이 줄 수 있는 지급보다 높기 때문에, 옵션은 시간 0에 행사되지 않고 팔리게 될 것이다.

0을 시작점으로 설정한 것은 물론 임의적이다. 0을 주어진 $t < T$로 대체하면, 미국식 옵션은 위의 논의에 따라 시간 t에 행사되지 않을 것이다. 이러한 사실은 미국식 옵션이 실제로 만기 전에 결코 행사되지 않는다는 것을 뜻한다. 그렇기에 미국식 옵션은 유럽식 옵션과 동등해야 한다. 특히 두 옵션의 가격은 같아야 하고, 다음의 정리를 얻는다.

정리 5.6

동일한 행사가격 X와 동일한 만기일 T를 갖는 무배당주식에 대한 유럽식 콜옵션과 미국식 콜옵션의 가격은 $C_A = C_E$로 같아야 한다.

증명

이미 식 (5.7)과 연습문제 5.10을 통해 $C_A \ge C_E$가 성립함을 보았다. 만약

$C_A > C_E$ 라면, 미국식 콜옵션을 발행해 팔고 유럽식 콜옵션을 구매한 후, 남은 금액 $C_A - C_E$를 이자율 r로 투자한다. 이때, 미국식 콜옵션이 시간 $t \leq T$에 행사된다면, 콜옵션 발행자의 의무를 이행하기 위해 한 주를 차입, X의 가격으로 매도하고 수령한 X를 이자율 r로 투자한다. 이어, 시간 T에서는 유럽식 콜옵션을 사용해 주식 한 주를 X로 구매하여 차입한 주식을 갚아서 주식에 대한 매도포지션을 청산한다. 이때 이윤은 항상 $(C_A - C_E)e^{rT} + Xe^{r(T-t)} - X > 0$로 재정이 발생한다. 만약 미국식 콜옵션이 행사되지 않는다면, 시점 T에서 유럽식 옵션과 차익 이윤 $(C_A - C_E)e^{rT} > 0$을 남기고 포지션이 종료되어 재정이 발생한다. 그러므로 $C_A = C_E$가 성립한다. ■

정리 5.6은 겉보기에는 직관과 반대되는 것처럼 보일 수 있다. 시간 $t < T$에 $S(t) > X$라면, 미국식 콜옵션을 행사하여 $S(t) - X$의 이득을 얻는 것이 가능하지만 유럽식 콜옵션은 시간 $t < T$에 행사가 불가능하므로 이득을 얻을 수 없다. 그렇기에 미국식 콜옵션이 유럽식 콜옵션보다 더 큰 가치가 있어야 한다고 생각될 수 있다. 그럼에도 불구하고 모순은 발생하지 않는다. 유럽식 콜옵션은 시간 $t < T$에 행사될 수 없지만, 적어도 $S(t) - X$의 가격으로 팔릴 수 있다.

배당을 지급하는 주식은 이야기가 다르다. 다음 장의 예제 6.21에서 미국식 콜옵션이 유럽식 콜옵션보다 더 가치 있고, 적어도 몇 가지 시나리오에서는 옵션이 만기 전에 행사되어야 함을 보일 것이다.

한편, 미국식 풋옵션은 기초자산이 배당을 지급하지 않는다 하더라도 종종 만기 전에 행사되어야 하는데, 이는 다음의 예제에 잘 나타나 있다.

예제 5.7

주식가격이 \$10이고, 이자율은 16%이며, 1년 후를 만기로 하는 미국식 풋옵션의 행사가격이 \$80라고 가정하자. 옵션을 지금 행사하면 \$70를 벌 수 있고, 이것을 연이율 16%로 투자하면 1년 후 \$81.20가 된다. 식 (5.8)에서 보일 것과 같이, 풋옵션의 가치는 행사가격을 넘어설 수 없으므로 이 옵션을 지금 행사하는 것이 기다리는 것보다 확실히 낫다.

5.3.3 미국식 옵션

먼저 무배당주식에 대한 옵션을 살펴보겠다. 이 경우, 미국식 콜옵션의 가격은 유럽식 콜옵션과 같기에 $C_A = C_E$ 가 된다(정리 5.6). 그러므로 미국식 콜옵션의 가격도 기본정리 5.5에서 보인 유럽식 콜옵션 가격의 경곗값을 만족시켜야 한다. 미국식 풋옵션에 대한 식으로는

$$-S(0) + X \le P_A$$

가 만족되는데, 이는 P_A 가 시간 0에서의 옵션 지급액보다 작을 수 없기 때문이다. 이러한 사실은 유럽식 풋옵션의 경우보다 더 효율적인 하한값을 제시한다. 하지만 상한값은 유럽식 풋옵션의 경우와 비교하여 덜 효율적이게 된다. 즉,

$$P_A < X \tag{5.8}$$

이다. 실제로, 만약 $P_A \ge X$ 이면 다음의 재정전략이 구성될 수 있다. 미국식 풋옵션을 발행해 P_A 로 매도하고 이 금액을 이자율 r 로 투자한다. 만약 풋옵션이 $t \le T$ 에 행사가 된다면, 기초자산은 금액 X 로 구매되고 $S(t)$ 로 매도될 수 있다. 그러므로 최종 현금 잔액은 $P_A e^{rt} - X + S(t) > 0$ 이 되어, 양수가 될 것이다. 만약 옵션이 아예 행사되지 않는다 해도, 최종 잔액은 만기 시 $P_A e^{rT} > 0$ 가 되어 양수가 된다. 이러한 결과들은 다음의 정리와 같이 요약된다.

기본정리 5.8

무배당 주식에 대한 미국식 콜옵션과 풋옵션의 가격은 다음과 같은 부등식을 만족한다.

$$\max\{0, S(0) - Xe^{-rT}\} \le C_A < S(0),$$
$$\max\{0, -S(0) + X\} \le P_A < X.$$

다음에는 배당이 있는 주식에 대한 옵션을 보자. 유럽식 옵션에 대한 하한값은

$$S(0) - \mathrm{div}_0 - Xe^{-rT} \le C_E \le C_A,$$
$$-S(0) + \mathrm{div}_0 + Xe^{-rT} \le P_E \le P_A$$

와 같다. 그러나 미국식 옵션의 가격은 항상 그것의 지급보다는 작을 수 없기에 $S(0)-X \le C_A$ 와 $X-S(0) \le P_A$ 를 만족한다. 추가적으로, 상한 $C_A < S(0)$ 과 $P_A < X$ 의 부등식도 무배당주식에 대한 것과 같이 유사한 방법으로 성립한다. 이러한 유배당주식에 대한 옵션의 부등식은 아래와 같이 요약될 수 있다.

$$\max\{0, S(0)-\mathrm{div}_0 - Xe^{-rT}, S(0)-X\} \le C_A < S(0),$$
$$\max\{0, -S(0)+\mathrm{div}_0 + Xe^{-rT}, -S(0)+X\} \le P_A < X.$$

연습문제 5.13

차익 논의(재정기회)를 통해, 유배당주식에 대한 미국식 콜옵션이 $C_A < S(0)$ 가 만족함을 증명하여라.

5.4 옵션가격을 결정하는 변수들

옵션가격은 많은 변수들에 의존한다. 이 변수들은 옵션을 특정짓는 변수인 행사가격 X, 만기일 T, 기초자산을 표현하는 변수(가령, 배당률 r_{div}나 현재가 $S(0)$), 전체시장과 관계된 변수(가령, 무위험수익률 r), 그리고 시간 t와 같은 것들이다.

이제부터는 옵션가격을 하나의 변수에 대한 함수로 분석할 것이다. 이때, 나머지 변수들은 일정하다고 가정한다. 대개 한 변수의 변화는 다른 변수들 모두나 일부에 대한 변화를 이끌기에, 이 가정은 매우 단순화된 것이다. 그럼에도 불구하고 이러한 단순화된 상황은 매우 흥미로운 통찰을 제공할 것이다.

5.4.1 유럽식 옵션

행사가격에의 의존성. 기초자산과 만기일 T가 같지만, 행사가격 X가 다른 옵션들을 고려해 보자. 콜옵션과 풋옵션의 가격은 X에 의존한다는 것을 강조하기 위해 각각 $C_E(X)$와 $P_E(X)$로 표시한다. 만기일 T나 시간 t, 그리고 기초자산 $S(0)$와 같은 변수들은 당분간 고정된다.

기본정리 5.9

만약 $X' < X''$ 라면,

$$C_E(X') \geq C_E(X''),$$
$$P_E(X') \leq P_E(X'')$$

이다. 이 부등식은 X에 대해 $C_E(X)$는 감소함수, $P_E(X)$는 증가함수라는 것을 의미한다.

이 부등식들은 자명하다. 더 낮은 가격에 살 수 있는 권리는 높은 가격에 살 수 있는 권리보다 가치가 크다. 유사하게, 높은 가격에 매도하는 것은 낮은 가격에 하는 것보다 더 낫다. 그러나 만기 시에는, 가격은 지급과 같고 여러 행사가격에 대해서는 0일 수 있다. 몇몇 모형하에서는 행사 시점 전에 이 식이 성립할 수도 있음을 보일 것이다.

연습문제 5.14

기본정리 5.9의 부등식을 증명하기 위한 엄밀한 차익을 논의하여라.

기본정리 5.10

만약 $X' < X''$ 라면,

$$C_E(X') - C_E(X'') \leq e^{-rT}(X'' - X'),$$
$$P_E(X'') - P_E(X') \leq e^{-rT}(X'' - X').$$

증명

풋-콜 패리티 공식 (5.1)에 의해,

$$C_E(X') - P_E(X') = S(0) - X'e^{-rT},$$
$$C_E(X'') - P_E(X'') = S(0) - X''e^{-rT}$$

이다. 이 두 식을 빼줌으로써,

$$(C_E(X') - C_E(X'')) + (P_E(X'') - P_E(X')) = (X'' - X')e^{-rT}$$

식을 구할 수 있다. 기본정리 5.9에 의하면, 좌변의 두 항은 모두 음수가 아니기에 어느 항도 우변의 값보다 클 수 없다. ■

참고 5.11

기본정리 5.10의 부등식은 콜옵션과 풋옵션의 가격이 행사가격에 대한 함수로서, 상수 $e^{-rT} < 1$의 Lipschitz 조건을 만족한다는 것을 의미한다.

$$|C_E(X'') - C_E(X')| \le e^{-rT}|X'' - X'|,$$
$$|P_E(X'') - P_E(X')| \le e^{-rT}|X'' - X'|.$$

특히, 행사가격에 대한 함수로, 옵션가격 그래프에 대한 기울기는 45° 보다 작다. 이러한 사실은 콜옵션에 대해 그림 5.5로 나타나 있다.

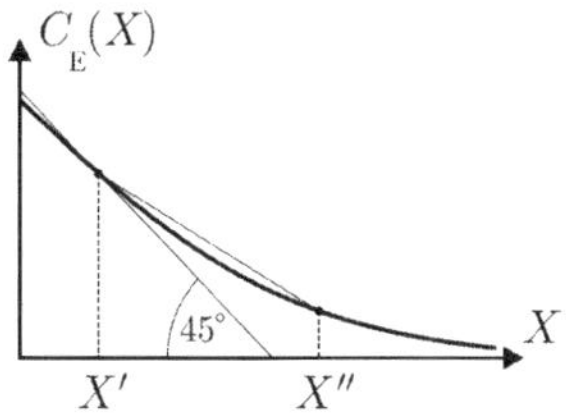

그림 5.5 콜옵션의 가격 $C_E(X)$에 대한 Lipschitz 성질

독자들은 기본정리 5.10에서 등호가 없는 부등식을 가져야 한다고 추측할지도 모른다. 그러나 만기 시 옵션의 가격은 그것의 지급과 동일하고 $S(T) \ge X''$ 라면, 부등식은 등식이 될 것이다 ($T = 0$에서). 이 등식은 몇몇 모형에서는 작은 T에 대해서 또한 성립할 수 있는데, 이 내용은 추후 살펴보도록 하겠다.

기본정리 5.12

어떤 $\alpha \in [0,1]$과 X', X''에 대해,

$$C_E(\alpha X' + (1-\alpha)X'') \le \alpha C_E(X') + (1-\alpha)C_E(X''),$$
$$P_E(\alpha X' + (1-\alpha)X'') \le \alpha P_E(X') + (1-\alpha)P_E(X'')$$

이다. 다시 말해, $C_E(X)$와 $P_E(X)$는 X에 대한 볼록함수이다.

증명

간편성을 위해, $X = \alpha X' + (1-\alpha)X''$로 놓겠다. 부등식

$$C_E(X) > \alpha C_E(X') + (1-\alpha) C_E(X'')$$

가 만족된다고 가정하자. 투자자는 먼저 행사가격 X인 옵션을 발행해 매도하고, 행사가격이 X'인 α옵션과 행사가격이 X''인 $1-\alpha$ 옵션을 매수할 수 있다. 그 후 나머지 잔액인 $C_E(X) - (\alpha C_E(X') + (1-\alpha) C_E(X'')) > 0$을 자금시장에 투자할 수 있다. 만약 행사가격이 X인 옵션이 만기 때 행사된다면, 투자자는 $(S(T) - X)^+$의 금액을 지불하여야 한다. 그리고 행사가격이 X'인 α옵션과 행사가격이 X''인 $1-\alpha$옵션을 행사함으로써 $\alpha(S(T) - X')^+ + (1-\alpha)(S(T) - X'')^+$만큼의 금액을 수령할 수 있다. 이 방법으로 투자자들은 차익에 따른 재정이익을 얻을 수 있다. 이는 다음의 증명이 용이한 부등식으로 뒷받침된다.

$$(S(T) - X)^+ \le \alpha(S(T) - X')^+ + (1-\alpha)(S(T) - X'')^+. \tag{5.9}$$

풋옵션의 볼록성은 풋-콜 패리티 공식 (5.1)을 통해 콜옵션의 볼록성에 기인한다. 다른 방법으로 콜옵션에서와 같이 재정에 대한 논의도 가능하다. ■

연습문제 5.15

부등식 (5.9)를 증명하여라.

참고 5.13

기본정리 5.12에 따르면 $C_E(X)$와 $P_E(X)$는 X에 대한 볼록함수이다. 볼록함수는 기하학적으로, 그래프의 두 점을 잇는다면 두 점 사이의 함수의 그래프는 직선 밑에 위치한다는 것을 의미한다. 이러한 볼록함수는 콜옵션 가격에 대한 그림 5.6으로 나타나 있다.

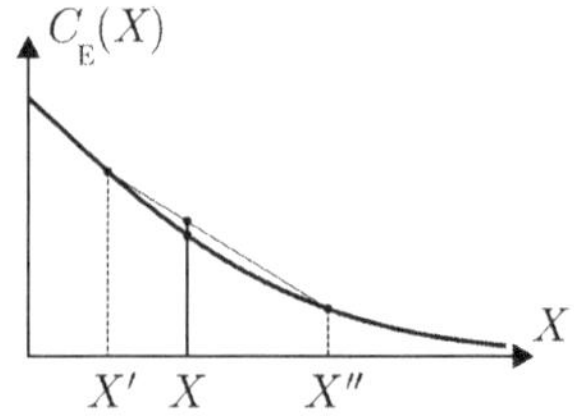

그림 5.6 콜옵션 가격 $C_E(X)$의 볼록성

기초자산가격에의 의존성. 기초자산의 현재가격 $S(0)$은 시장에 의해 주어지는 값으로서 바뀔 수 없다. 그러나 투자자는 x개의 주식으로 이루어진 $S = xS(0)$ 가치의 포트폴리오에 대한 옵션을 고려할 수 있다(전형적으로, 옵션은 여러 개의 주식으로 이루어진 패키지를 기초자산으로 하여 거래된다). 위의 포트폴리오에 대한 유럽식 콜옵션을 고려해 보자. 행사가격은 X이고 만기는 T이다. 이 옵션이 만기 시점에 행사된다고 하면, 지급은 $(xS(T) - X)^+$ 가 된다. 같은 경우, 풋옵션에 대해서는 $(X - xS(T))^+$ 가 된다. 이제 S에 대한 옵션가격의 의존성을 살펴볼 것이다. 나머지 모든 변수들이 고정되었다 가정하고, 콜옵션과 풋옵션의 가격을 각각 $C_E(S)$와 $P_E(S)$로 나타내겠다.

참고 5.14

$C_E(S)$와 $P_E(S)$ 함수는 기초자산의 급격한 가격 변화(남은 변수들은 거의 바뀌지 않는다)에 대한 옵션가격의 의존성을 반영하기 때문에 중요하다. 다음 기본정리의 주장은 경제학적인 관점에서 볼 때 자명하다. 예를 들어, 주식가격이 오른다면 콜옵션은 더 가치 있게 되는데 이는 최종지급이 양수일 가능성이 높아지기 때문이다.

기본정리 5.15

만약 $S' < S''$ 이면,

$$C_E(S') \le C_E(S''),$$
$$P_E(S') \ge P_E(S'')$$

이다. S에 대해, $C_E(S)$는 비감소함수이고, $P_E(S)$는 비증가함수이다.

증명

$S' < S''$에 대해 $C_E(S') > C_E(S'')$라고 가정해 보자. 이때 $S' = x'S(0)$이고 $S'' = x''S(0)$이다. 먼저 투자자는 x'개의 주식으로 이루어진 포트폴리오에 대한 콜옵션을 배도할 수 있다. 이어 x''개의 주식으로 이루어진 포트폴리오에 대한 콜옵션을 매수할 수 있다. 거래된 두 옵션은 모두 같은 행사가격 X와 만기일 T를 가진다. 그 후 투자자는 잔액 $C_E(S') - C_E(S'') > 0$을 자금시장에 투자할 수 있다. $x' < x''$이기 때문에 만기시점에서의 지급은 부등식 $(x'S(T) - X)^+ \le (x''S(T) - X)^+$을 만족한다. 구매된 옵션의 지급은 팔린 옵션의 지불을 감당하기에 충분한 것이다. 마

지막에 투자자는 재정이익으로 잔액 $C_E(S') - C_E(S'') > 0$에 이자를 더한 금액보다 적지 않은 값을 얻게 된다.

풋옵션에 대한 부등식은 비슷한 재정논의를 따른다. ■

연습문제 5.16

기본정리 5.15의 풋옵션에 대한 부등식을 증명하여라.

기본정리 5.16

$S' < S''$ 라고 가정하자. 그러면

$$C_E(S'') - C_E(S') \le S'' - S',$$
$$P_E(S') - P_E(S'') \le S'' - S'$$

이다.

증명

풋-콜 패리티 공식 (5.1)에 의해,

$$C_E(S'') - P_E(S'') = S'' - Xe^{-rT},$$
$$C_E(S') - P_E(S') = S' - Xe^{-rT}$$

이 만족한다. 이 두식을 빼줌으로써,

$$(C_E(S'') - C_E(S')) + (P_E(S') - P_E(S'')) = S'' - S'$$

와 같은 식을 얻을 수 있다. 기본정리 5.15에 의하면 좌변의 두 항은 음수가 아니기에, 각 항은 우변과 비교해 작거나 같게 된다. ■

참고 5.17

기본정리 5.16의 결과는, 콜옵션이나 풋옵션의 가격이 S에 대한 함수로 주어졌을 때, 이 함수 그래프의 두 점을 지나는 직선의 기울기가 45°보다 크지 않다는 것을 의미한다. 이것은 콜옵션에 대한 그래프인 그림 5.7에 나타나 있다. 다시 말해, 콜옵션과 풋옵션의 가격 $C_E(S)$와 $P_E(S)$는 상수 1인 Lipschitz 조건을 만족한다.

$$|C_E(S'') - C_E(S')| \le |S'' - S'|,$$

$$|P_E(S'') - P_E(S')| \le |S'' - S'|.$$

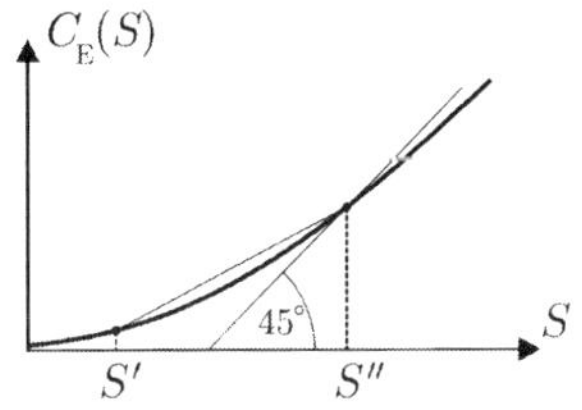

그림 5.7 콜옵션 가격 $C_E(S)$에 대한 Lipschitz 성질

기본정리 **5.18**

$S' < S''$ 이고 $\alpha \in [0,1]$ 이라 하자. 그러면

$$C_E(\alpha S' + (1-\alpha)S'') \le \alpha C_E(S') + (1-\alpha)C_E(S''),$$
$$P_E(\alpha S' + (1-\alpha)S'') \le \alpha P_E(S') + (1-\alpha)P_E(S'')$$

이다. 이 부등식은 콜옵션과 풋옵션의 가격이 S에 대해 볼록함수라는 것을 의미한다.

증명

간편성을 위해 $S = \alpha S' + (1-\alpha)S''$ 라고 놓는다. $S' = x'S(0)$, $S'' = x''S(0)$ 그리고 $S = xS(0)$이면 $x = \alpha x' + (1-\alpha)x''$이다. 부등식

$$C_E(S) > \alpha C_E(S') + (1-\alpha)C_E(S'')$$

가 만족한다고 가정하자. 투자자들은 먼저 x개의 주식으로 이루어진 포트폴리오에 대한 콜옵션을 발행해 매도한다. 이어 x'개의 주식으로 이루어진 포트폴리오에 대한 α개의 콜옵션과 x''개의 주식으로 이루어진 포트폴리오에 대한 $(1-\alpha)$개의 콜옵션을 매수한다. 그리고 남은 잔액 $C_E(S) - \alpha C_E(S') - (1-\alpha)C_E(S'')$은 자금시장에 투자한나. 반약 옵션이 만기일 T에 행사된다면, 투자자는 $(xS(T) - X)^+$의 금액을 지불하여야 한다. 하지만 투자자는

$$(xS(T) - X)^+ \le \alpha(x'S(T) - X)^+ + (1-\alpha)(x''S(T) - X)^+$$

가 만족하기에 옵션에 대한 부채를 충분히 감당할 수 있다. 그렇기에 위의 전략은

재정전략이 된다.

풋옵션에 대한 부등식은 풋-콜 패리티 혹은 재정논의에 의해 증명될 수 있다.■

5.4.2 미국식 옵션

일반적으로, 미국식 옵션은 유럽식 옵션과 비슷한 성질을 가진다. 하지만 한 가지 어려운 점은 미국식 옵션의 경우 풋-콜 패리티 공식이 없다는 것이다. 오직 정리 5.4와 같이 약한 추정만이 가능하다. 더욱이, 조기행사의 가능성 또한 고려해야 한다.

행사가격에의 의존성. 콜옵션과 풋옵션의 가격을 각각 X에 대한 의존성을 강조하기 위해 $C_A(X)$와 $P_A(X)$라고 하자. 이때 남은 변수들은 고정시킨다.

다음의 기본정리는 유럽식 옵션과 마찬가지의 이유로 자명하다. 높은 행사가격은 매수권리를 덜 가치 있게 하는 반면, 매도권리는 더 가치 있게 한다는 것이다.

기본정리 5.19

만약 $X' < X''$ 라면 다음과 같다.

$$C_A(X') \geq C_A(X''),$$
$$P_A(X') \leq P_A(X'').$$

연습문제 5.17

기본정리 5.19에 대해 재정기회를 이용하여 엄밀하게 증명하여라.

기본정리 5.20

$X' < X''$ 라 가정하자. 그러면 다음과 같다.

$$C_A(X') - C_A(X'') \leq e^{-rT}(X'' - X'),$$
$$P_A(X'') - P_A(X') \leq X'' - X'.$$

증명

콜옵션에 대한 부등식은 정리 5.6과 기본정리 5.10을 따른다.

$X' < X''$ 이지만, $P_A(X'') - P_A(X') > X'' - X'$ 라고 가정하자. 먼저 투자자

는 행사가격 X''인 풋옵션을 발행해 팔고, 행사가격 X'인 풋옵션을 구매한다. 그리고 남은 잔액 $P_A(X'')-P_A(X')$은 자금시장에 투자한다. 만약 발행한 옵션이 시간 $t \leq T$에 행사된다면, 투자자는 $X''-S(t)$의 금액을 지불하여야 한다. 그러기 위해, 투자자는 행사가격 X'인 풋옵션을 행사하여 $X'-S(t)$의 지급을 수령할 수 있다. 이 수령액에 화폐시장에 투자된 금액과 시간 t까지 늘어나는 이자를 더해, 다음과 같은 식을 전개할 수 있다.

$$\begin{aligned} X'-S(t)+(P_A(X'')-P_A(X'))e^{rt} &> X'-S(t)+(X''-X')e^{rt} \\ &\geq X''-S(t). \end{aligned}$$

$X''-S(t)$ 이상의 양의 이익은 투자자의 재정이익이 될 것이다. ■

기본정리 5.21

임의의 $\alpha \in [0,1]$와 X', X''에 대해 다음과 같은 부등식이 성립한다.

$$C_A(\alpha X'+(1-\alpha)X'') \leq \alpha C_A(X')+(1-\alpha)C_A(X''),$$
$$P_A(\alpha X'+(1-\alpha)X'') \leq \alpha P_A(X')+(1-\alpha)P_A(X'').$$

증명

콜옵션에 대한 부등식은 정리 5.6과 기본정리 5.12로부터 바로 증명된다.

간편성을 위해 $X=\alpha X'+(1-\alpha)X''$라 하고 다음과 같은 식을 가정해 보자.

$$P_A(X) > \alpha P_A(X')+(1-\alpha)P_A(X'').$$

먼저 투자자는 행사가격 X인 풋옵션을 발행해 매도한다. 그리고 행사가격이 X'인 α개의 풋옵션과 행사가격이 X''인 $(1-\alpha)$개의 풋옵션을 구매한다. 그리고 이 거래에서 발생하는 양의 잔액을 자금시장에 투자한다. 발행한 옵션이 시간 $t \leq T$에서 행사된다면, 이때 발생한 지불금액은 아래의 부등식

$$(X-S(t))^+ \leq \alpha(X'-S(t))^+ + (1-\alpha)(X''-S(t))^+$$

가 만족하기에 구매한 풋옵션의 지급으로 충분히 감당할 수 있다. 자금시장에 대한 투자는 투자자에게 재정이익을 제공한다. ■

기초자산가격에의 의존성. 다시 한 번, x개의 주식으로 구성된 포트폴리오에 대한 옵션을 고려할 것이다. 이러한 포트폴리오에 대한 미국식 콜옵션과 풋옵션의 가격은 $C_A(S)$와 $P_A(S)$로 나타낼 것이다. 여기서 $S = xS(0)$은 포트폴리오의 가치를 뜻하고, 나머지 변수들은 고정되었다고 하자. 그러면 시간 t에서의 포트폴리오의 지급은 콜옵션에 대해서는 $(xS(t) - X)^+$가 되고, 풋옵션에 대해서는 $(X - xS(t))^+$가 된다.

기본정리 **5.22**

$S' < S''$ 라면, 다음의 부등식이 성립한다.

$$C_A(S') \le C_A(S''),$$
$$P_A(S') \ge P_A(S'').$$

증명

콜옵션에 대한 부등식은 정리 5.6과 기본정리 5.15를 이용하여 곧바로 보일 수 있다.

어떤 $S' < S''$ 에 대해 $P_A(S') < P_A(S'')$이라 가정하자. 이때 $S' = x'S(0)$와 $S'' = x''S(0)$가 성립한다. 투자자는 x''개의 주식으로 이루어진 포트폴리오에 대한 풋옵션을 발행해 매도하고, x'개의 주식으로 이루어진 포트폴리오에 대한 풋옵션을 구매할 수 있다. 두 옵션은 모두 같은 행사가격 X와 만기일 T를 가진다. 그리고 거래의 잔액 $P_A(S'') - P_A(S')$을 자금시장에 투자할 수 있다. 만약 발행한 옵션이 $t \le T$에 행사된다면, 투자자는 곧바로 다른 옵션을 행사함으로써 부채를 상환할 수 있다. 실제로 $x' < x''$이기 때문에 옵션의 지급은 $(X - x'S(t))^+ \ge (X - x''S(t))^+$가 된다. 추후 투자자는 자금시장에 대한 투자로 재정 이익을 얻을 수 있다. ■

기본정리 **5.23**

$S' < S''$ 일 때, 다음의 부등식이 성립한다.

$$C_A(S'') - C_A(S') \le S'' - S',$$
$$P_A(S') - P_A(S'') \le S'' - S'.$$

증명

콜옵션에 대한 부등식은 정리 5.6과 기본정리 5.16을 따른다.

풋옵션에 대한 부등식을 증명하기 위해, $S' < S''$일 때 $P_A(S') - P_A(S'') > S'' - S'$이라 가정하자. 여기서 $S' = x'S(0)$와 $S'' = x''S(0)$이다. 먼저 투자자는 $x'' - x' > 0$개의 주식을 구매한다. 이어 x''개의 주식으로 이루어진 포트폴리오에 대한 풋옵션을 매수하고, x'개의 주식으로 이루어진 포트폴리오에 대한 풋옵션을 매도한다. 두 풋옵션은 같은 행사가격 X와 만기일 T를 갖는다. 이 거래의 현금 잔액은 $-(S'' - S') - P_A(S'') + P_A(S') > 0$가 된다. 만약 x'개의 주식에 대한 풋옵션의 소유자가 시간 $t \leq T$에 옵션을 행사하기로 한다면, 투자자는 $(X - x'S(t))^+$의 금액을 지불해야 한다. 이에 투자자는 시간 t에 $x'' - x'$개의 주식을 매도하고 x''개의 주식에 대한 옵션을 행사해야 한다. $x'' > x'$이기 때문에 아래의 부등식이 성립하고, 이로 인해 부채를 청산하기 위한 충분한 현금을 수령할 수 있다.

$$(x'' - x')S(t) + (X - x''S(t))^+ \geq (X - x'S(t))^+$$

만약 x'개의 주식에 대한 풋옵션이 전혀 행사되지 않는다면, 투자자는 아무 행동도 취할 필요가 없다. 어떤 경우에도, 초기 이익과 그에 대한 이자는 투자자에게 재정기회를 제공한다. ■

기본정리 5.24

$S' < S''$이고 $\alpha \in [0, 1]$라 하자. 그러면 다음의 부등식이 성립한다.

$$C_A(\alpha S' + (1-\alpha)S'') \leq \alpha C_A(S') + (1-\alpha)C_A(S''),$$
$$P_A(\alpha S' + (1-\alpha)S'') \leq \alpha P_A(S') + (1-\alpha)P_A(S'').$$

증명

콜옵션에 대한 부등식은 정리 5.6과 기본정리 5.18을 따른다.

이제 $S = \alpha S' + (1-\alpha)S''$, $S' = x'S(0)$, $S'' = x''S(0)$, $S = xS(0)$라 놓고 다음의 부등식이 성립한다고 하자.

$$P_A(S) > \alpha P_A(S') + (1-\alpha)P_A(S'')$$

투자자는 먼저 x개의 주식으로 이루어진 포트폴리오에 대한 풋옵션을 발행해 팔고 x'개의 주식으로 이루어진 포트폴리오에 대한 α개의 풋옵션과 x''개의 주식으로 이루어진 포트폴리오에 대한 $(1-\alpha)$ 개의 풋옵션을 구매할 수 있다. 세 개의 옵션은 모두 같은 행사가격 X와 만기일 T를 가진다. 이러한 거래로 양의 잔액 $P_A(S)-\alpha P_A(S')-(1-\alpha)P_A(S'')$가 발생하고 이 금액은 자금시장에 투자될 수 있다. 만약 발행한 옵션이 시간 $t\leq T$에 행사된다면 투자자는 $(X-xS(t))^+$의 금액을 지불해야 한다. 이때 $x=\alpha x'+(1-\alpha)x''$이다. 하지만 다른 두 옵션이 아래의 부등식과 같이 부채를 청산하기에 위의 전략은 재정전략이 될 수 있다.

$$(X-xS(t))^+ \leq \alpha(X-x'S(t))^+ + (1-\alpha)(X-x''S(t))^+.$$ ■

만기일에의 의존성. 미국식 옵션에 대해서도, 옵션가격의 만기일에 대한 의존성의 일반적인 결과를 공식화할 수 있다. 이 의존성을 강조하기 위해 미국식 콜옵션과 풋옵션의 가격을 각각 $C_A(T)$와 $P_A(T)$라 할 것이다. 이때 다른 모든 변수들은 고정시킨다.

기본정리 5.25

만약 $T'<T''$ 라면 다음 부등식이 성립한다.

$$C_A(T')\leq C_A(T''),$$
$$P_A(T')\leq P_A(T'').$$

증명

$C_A(T')>C_A(T'')$ 임을 가정하자. 투자자는 만기 T'인 옵션을 하나 발행해 매도하고 같은 행사가격의 만기 T'' 옵션을 하나 매수한다. 그리고 자금시장에 남은 잔액을 투자한다. 만약 발행한 옵션이 시간 $t\leq T'$에 행사된다면, 투자자는 부채를 감당하기 위해 즉시 다른 옵션을 행사할 수 있다. 그리고 화폐시장에 투자된 양의 잔액 $C_A(T')-C_A(T'')>0$ 은 투자자의 재정이익이 된다.

풋옵션에 대한 논의도 이와 같다. ■

5.5 옵션의 시간가치

다음과 같은 편리한 용어들이 자주 사용된다. 시간 t에, 행사가격 X의 콜옵션에 대해서는

- $S(t) > X$ 이면 **내가격**(in the money)
- $S(t) = X$ 이면 **등가격**(at the money)
- $S(t) < X$ 이면 **외가격**(out of the money)

이라 한다. 유사하게, 풋옵션에 대해서는

- $S(t) < X$ 이면 **내가격**(in the money)
- $S(t) = X$ 이면 **등가격**(at the money)
- $S(t) > X$ 이면 **외가격**(out of the money)

이라 한다. **깊은 내가격**(deep in the money)과 **깊은 외가격**(deep out of the money) 또한 편리하게 많이 사용되는 용어다. 이 용어는 비록 정확하지는 않지만 부등식의 양변의 차이가 꽤 크다는 것을 뜻한다.

내가격에서의 미국식 옵션은 행사 즉시 양의 지급을 가져온다. 하지만 외가격에서의 미국식 옵션은 양의 금액을 지급하지 못한다. 유럽식 옵션에 대해서도 약간의 의미 차는 있지만 앞에 나타낸 용어를 사용할 수 있다. 유럽식 옵션은 현재 내가격에 있다 하더라도, 만기시점에는 그렇지 못할 수 있다. 그렇기에 만기 때의 지급이 0이 될 수도 있다. 내가격에서의 유럽식 옵션은 전망이 좋은 자산일 따름이다.

정의 5.26

시간 $t \leq T$에서 행사가격이 X인 콜옵션의 **내재가치**(intrinsic value)는 $(S(t) - X)^+$ 이다. 같은 행사가격 X를 갖는 풋옵션의 내재가치는 $(X - S(t))^+$ 이다.

외가격과 등가격에서 옵션의 내재가치는 0이다. 내가격에서의 옵션은 양의 내재가치를 가진다. 만기 T에서의 옵션의 가격은 내재가치와 일치한다. 만기를 앞둔 미국식 옵션의 가격은 미래 이익에 대한 가능성 때문에 내재가치보다 클 수 있다. 만기를 앞둔 유럽식 옵션의 가격은 내재가치보다 크거나 작을 수 있다.

정의 5.27

옵션의 **시간가치**는 옵션의 가격과 그것의 내재가치 간의 차이이다. 즉,

$$\text{유럽식 콜옵션에 대해서는 } C_E(t) - (S(t) - X)^+,$$
$$\text{유럽식 풋옵션에 대해서는 } P_E(t) - (X - S(t))^+,$$
$$\text{미국식 콜옵션에 대해서는 } C_A(t) - (S(t) - X)^+,$$
$$\text{미국식 풋옵션에 대해서는 } P_A(t) - (X - S(t))^+$$

이다.

예제 5.28

전형적인 데이터를 살펴보자. 주식의 현재가격은 한 주당 $125.23라고 가정한다. 행사가격 $110의 미국식 콜옵션은 내가격이며 $15.23의 내재가치를 갖는다. 이때 옵션의 가격은 옵션이 곧바로 행사될 수도 있기 때문에 최소한 내재가치와는 같아야 한다. 대개 옵션가격은 미래 이익에 대한 가능성으로 내재가치보다 높게 된다. 다른 예로 행사가격 $110의 미국식 풋옵션은 외가격이며 내재가치가 0이 된다. 하지만 풋옵션은 양의 가격에 거래되는데, 이는 전적으로 미래 이익의 가능성에 기인한 것이다. 다른 행사가격에 대한 이러한 관계들은 다음의 표에 정리되어 있다.

행사가격	내재가치		옵션가격		시간가치	
	콜	풋	콜	풋	콜	풋
110	15.23	0.00	18.40	2.84	3.17	2.84
120	5.23	0.00	12.27	6.46	7.04	6.46
130	0.00	4.77	6.78	9.64	6.78	4.41

S에 대한 함수로서 유럽식 콜옵션의 시간가치는 그림 5.8에 나타나 있다. 이것은 음수가 될 수 없고, 큰 S에 대해서는 $X - Xe^{-rT}$보다 크다. 그 이유는 기본정리 5.5에서 살펴본 것과 같이, 부등식 $C_E(S) \geq S - Xe^{-rT}$가 성립하기 때문이다.

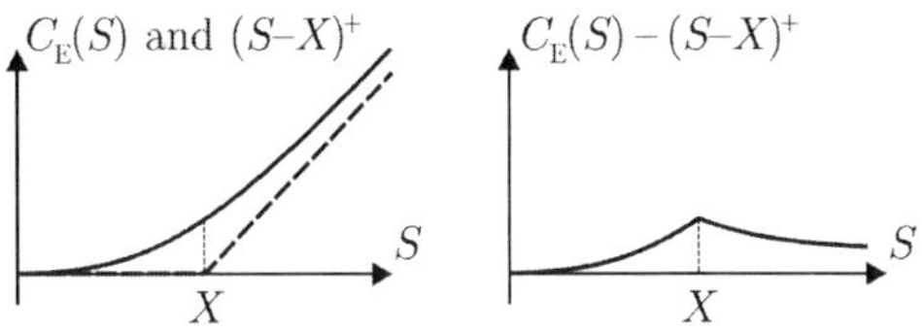

그림 5.8 유럽식 콜옵션의 시간가치 $C_E(S)-(S-X)^+$

유럽식 풋옵션의 시장가치는 그것의 내재가치보다 낮을 수도 있다. 다시 말해, 시간가치가 음수일 수도 있는 것이다. 그림 5.9를 보자. 이는 $S<X$로서 풋옵션이 내가격이며, 특히 깊은 내가격일 경우에만 성립한다. 유럽식 옵션에 대해서는 지급을 얻기 위해 만기 T까지 기다려야 한다. 그동안 주식가격이 X보다 높아질 위험이 있을 수 있기에 옵션의 가치가 줄어드는 것이다.

미국식 콜옵션의 시간가치는 유럽식 콜옵션의 시간가치와 같고(배당금이 없다면) 그림 5.8이 적용된다. 미국식 풋옵션의 시간가치에 대한 전형적인 그래프는 그림 5.10과 같이 주어진다.

그림 5.8, 5.9, 5.10은 다음 정리를 설명한다.

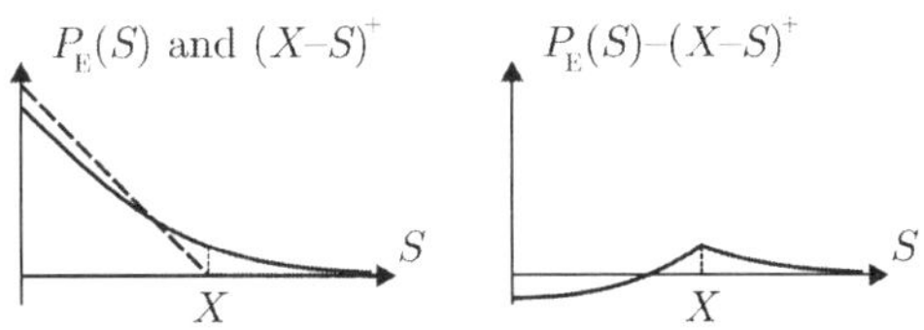

그림 5.9 유럽식 풋옵션에 대한 시간가치 $P_E(S)-(X-S)^+$

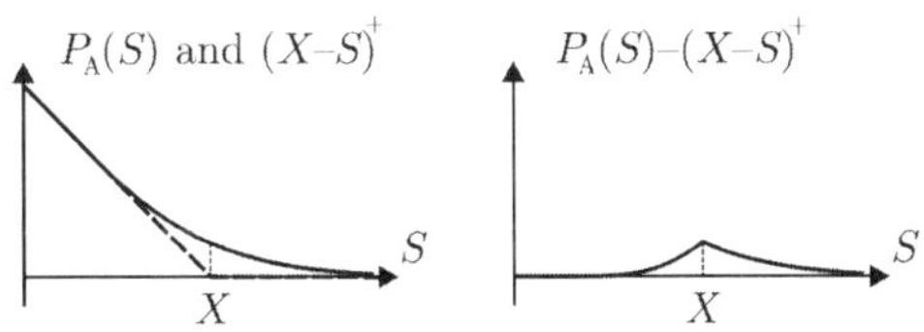

그림 5.10 미국식 풋옵션에 내한 시간가지 $P_A(S)-(X-S)^+$

기본정리 5.29

행사가격이 X인 유럽식 콜옵션이나 풋옵션, 혹은 미국식 콜옵션이나 풋옵션의 시간가치는 $S=X$에서 최댓값을 갖는다.

증명

유럽식 콜옵션에 대한 논의를 해 보자. $S \le X$일 때, 옵션의 내재가치는 0이 된다. 기본정리 5.15에 의하면 $C_E(S)$는 S에 대한 비감소함수이기에, $S \le X$에서의 옵션의 시간가치는 S에 대한 비감소함수가 된다. 한편, 기본정리 5.16에 의해, 임의의 $S' < S''$에서 $C_E(S'') - C_E(S') \le S'' - S'$가 만족된다. 그렇기에 $X \le S' < S''$의 조건이 주어진다면 부등식 $C_E(S'') - (S'' - X)^+ \le C_E(S') - (S' - X)^+$가 성립하게 된다. 이 부등식에 의하면 $S \ge X$에서의 옵션의 시간가치는 S에 대한 비증가함수가 된다. 그 결과, 시간가치는 $S = X$에서 최댓값을 가진다.

다른 옵션들에 대한 증명도 이와 유사하다. ■

연습문제 5.18

기본정리 5.29를 풋옵션에 대해서 증명하여라.

사례 5 논의

거래가능한 통화옵션으로 1파운드당 1.5유로의 행사환율을 고정시킬 수 있다면, 65파운드의 행사가격으로 주식 B에 대한 선도 매입포지션을 취하고 98유로의 행사가격으로 주식 G에 대한 선도 매도포지션을 취해 보자. 이러한 선도계약들이 시장에서 거래된다고 가정한다. 그러면 이 선도계약 포지션들은 만기 시점에 이윤을 낼 것이다. 투자자는 주식 G를 98유로에 매도하고, 97.50유로를 65파운드를 사기 위해 지불할 수 있다. 그리고 주식 B를 65파운드에 구매할 수 있다. 그럼으로 각 주당 0.50유로의 이윤을 남길 수 있는 것이다.

그러나 선도계약을 체결할 때 비용이 발생하지 않는 것은 무재정원리로 결정되는 선도가격을 사용할 때 만이다. 여기서는 위와 같은 선도계약 포지션을 취하는 데 소요되는 비용을 분석해야 한다. 이 비용은 알다시피, 대응되는 옵션가격들의 차이이다. 콜옵션의 가격에서 풋옵션의 가격을 뺀 값이 선도 매입포지션의 가격이다. 행사가격이 65파운드인 주식 B에 대한 선도 매입포지션에는 $(2.55 - 1.34) \times 1.5 = 1.815$유로의 비용이 든다. 주식 G에 대한 선도 매도포지션의 비용은 $-(4.145 - 2.738)$유로이다. 포지션을 완료하기 위해, 파운드에 대한 선도 매입도 취하여야 한다. 이 매입에 드는 비용은 $65 \times (0.0144 - 0.01316) = 0.0806$유로이다. 포지션들에 드는 총 비용은 종합해 0.4885유로가 된다. 이 비용은 미래의 이윤보다는 낮지만, 당일 지불되어야 하고, 그렇기에 유로 이자율을 구하는 문제에 곧 봉착하게 된다. 실질적으로, 이 이자율에 대한 정보는 쉽게 이용가능하다. 그렇지만 여기서 바로 주식 G에 대한 풋–콜 패리티 공식을 통해 $r = -\frac{1}{T}\ln\left(\frac{G(0) - C + P}{X}\right) = 4.994\%$가 도출된다. 이 이자율로(우리는 이상적인 세계에 살고 있다.) 0.4885유로를 차입한다면 1달 후에는 0.4905의 유로를 상환할 수 있다. 나아가 또한 재정 이익까지도 얻을 수 있게 된다.

예리한 독자들은 세 가지 모든 담보들에 대한 풋-콜 관계를 조사해 이 사례를 분석할 수 있을 것이다. 주식 B로부터 생성되는 파운드 이자율은 3.8832%이다. 그러면 통화에 대한 선도포지션의 비용은 0.00139가 된다. 통화 옵션가격의 0.00124와 차이가 있는 것이다. 이 차이로 풋-콜 패리티는 위배되고, 정리 5.2의 증명을 따르는 보다 간단한 방법으로 재정기회가 발생할 수 있다.

제 6 장 이항모형

사례 6

위험자산과 무위험투자까지 포함하는 연금을 선택하여야 하는 상황에 있다고 하자. 3장의 틀 안에서 가능한 한 가지는 연수익률의 평균이 9%이고 표준편차가 8.5%인 포트폴리오일 것이다. 여기서 우리는 이 모수값들의 정확성에 대해 의심해야 한다. 물론 이 모수들이 정확하더라도 투자의 실행과 관련된 위험성이 있다. 기대한 값과는 상당히 다른 시나리오가 일어날 수도 있는 것이다. 이에 따라, 년 단위보다 더욱 정교한 시간단위로 포트폴리오의 움직임을 분석하여야 한다. 첫 번째 단계로, 분기별 움직임에 대한 모형을 구축할 수 있고, 그 이후 월 단위로의 확장은 간단할 것이다. 이와 같은 모델을 구축한 후, 위험을 관리하는 방법에 대해 고려하고자 한다.

6.1 모형의 정의

앞 장에서 미래의 주식가격을 나타내는 확률변수 $S(t)$, $0 < t \leq T$ 를 소개하였다 (이때 $S(0) > 0$이 주어진다). 여기서는 $T = Nh$(h는 0보다 크며 한 시간단위의 길이를 의미)를 끝 시점으로 하는 균등한 시간간격 $t = 0, h, 2h, \cdots, nh, \cdots$를 고려하겠다. 표기의 편의를 위해 $S(nh)$ 대신 $S(n)$이라 하자.

이 장의 첫 번째 목표는 확률변수 $S(n)$의 명확하고 구체적인 모형을 구축하는 것이다. 구축된 모형은 한편으로는 매우 간단하지만 다른 한편으로는 상당히 유연하여 실제 응용에도 매우 적합하다.

6.1.1 한 단계

이미 1장에서 모형에 대한 설명을 완료하였다. $S(1)$을 정의하기 위해서는 확률공간이 필요하다. $S(1)$은 오직 2개의 값만을 가질 수 있기에, 다음과 같은 세 가지 요소를 갖는 확률공간을 고려하면 충분하다. 즉, $\Omega = \{\mathrm{u}, \mathrm{d}\}$와, Ω에 대한 모든 부분집합이 이루는 필드(field) $\mathcal{F}$, 그리고 아래와 같이 하나의 값 p로 결정되는 확률 P이다.

$$P(\mathrm{u}) = p, \quad P(\mathrm{d}) = 1 - p.$$

(부록 10.3 참조) 물론, 다른 Ω의 선택도 가능하다.

$$S(1) : \Omega \to (0, +\infty)$$

위 식이 다음에 의해 주어진다고 하자.

$$S(1) = S(0)(1 + K).$$

여기서, 수익률은 랜덤이고 K는 $-1 < D < U$에서 다음과 같은 형식을 갖는다.

$$K^{\omega} = \begin{cases} U & (\omega = \mathrm{u}\text{일 때}), \\ D & (\omega = \mathrm{d}\text{일 때}) \end{cases}$$

그러면 다음이 성립한다.

$$S^{\omega}(1) = \begin{cases} S(0)(1+U) & (\omega = \mathrm{u}\text{일 때}), \\ S(0)(1+D) & (\omega = \mathrm{d}\text{일 때}). \end{cases}$$

6.1.2 두 단계

두 번째 단계는 첫 번째와 같은 형식을 가지며, 두 번째 단계에서의 수익률은 첫 번째의 수익률과 독립이라고 가정한다. 이러한 가정들은 확률공간의 확장을 필요로 한다. 두 개의 다른 값 U, D를 갖는 독립인 두 확률변수를 고려하기 위하여, 다음과 같은 확률공간을 정의하는 것이 편리하다. $\Omega_1 = \Omega_2 = \{\mathrm{u}, \mathrm{d}\}$이고 $\Omega = \Omega_1 \times \Omega_2 = \{\mathrm{uu}, \mathrm{ud}, \mathrm{du}, \mathrm{dd}\}$로 정의하고(간결한 표현을 위하여 (u, u)보다는 uu 등으로 표기하겠다), Ω에 대한 모든 부분집합이 이루는 필드(field) $\mathcal{F}$, 그리고 다음과 같이 결정되는 확률 P로 구성되는 확률공간이다.

$$P(\mathrm{uu}) = p^2, \quad P(\mathrm{ud}) = P(\mathrm{du}) = p(1-p), \quad P(\mathrm{dd}) = (1-p)^2$$

그러면

$$K^{\omega}(1)= \begin{cases} U & (\omega = \mathrm{ud}\text{ 이거나 } \omega = \mathrm{uu}\text{ 일 때}), \\ \mathrm{D} & (\omega = \mathrm{du}\text{ 이거나 } \omega = \mathrm{dd}\text{ 일 때}) \end{cases}$$

$$K^{\omega}(2)= \begin{cases} U & (\omega = \mathrm{uu}\text{ 이거나 } \omega = \mathrm{du}\text{ 일 때}), \\ D & (\omega = \mathrm{ud}\text{ 이거나 } \omega = \mathrm{dd}\text{ 일 때}) \end{cases}$$

이고 이들은 서로 독립이다. 이제,

$$S(1)= S(0)(1+ K(1)),$$
$$S(2)= S(1)(1+K(2))= S(0)(1+ K(1))(1+ K(2))$$

를 정의하자. 시점 2에서는 아래의 3가지 가능한 주식가격이 있다.

$$S^{\omega}(2)= \begin{cases} S(0)(1+ U)^2 & (\omega = \mathrm{uu}\text{ 일 때}), \\ S(0)(1+ U)(1+ D) & (\omega = \mathrm{ud}\text{ 혹은 } \omega = \mathrm{du}\text{ 일 때}), \\ S(0)(1+ D)^2 & (\omega = \mathrm{dd}\text{ 일 때}) \end{cases}$$

여기서 ud와 du는 같은 결과를 준다.

6.1.3 일반적인 경우

N단계에 대해, 표본공간의 모든 부분집합으로 이루어진 필드(field) $\mathcal{F}$와 확률

$$P(\omega)= p^k(1- p)^{N- k}$$

를 갖춘 표본공간 $\Omega= \{\mathrm{u}, \mathrm{d}\}^N$을 고려하자. ω는 $\omega_1, \cdots, \omega_N \in \{\mathrm{u}, \mathrm{d}\}$에 대해 $\omega = \omega_1 \cdots \omega_N$으로 이루어지고, ω_i 가운데 k개는 u, $N- k$개는 d가 된다. 수익률 $K(n)$은 ω의 n번째 값으로서 다음과 같이 정의된다.

$$K^{\omega}(n)= \begin{cases} U & (\omega_n = \mathrm{u}\text{ 일 때}), \\ D & (\omega_n = \mathrm{d}\text{ 일 때}). \end{cases}$$

귀납적으로 두 단계의 구조로부터 확장하여

$$S(n+ 1)= S(n)(1+ K(n+ 1))$$

로 나타낼 수 있다. 예를 들어,

$$S^{\omega}(3)=\begin{cases} S(0)(1+U)^3 & (\omega=\text{uuu} \text{일 때}), \\ S(0)(1+U)^2(1+D) & (\omega=\text{duu} \text{ 혹은 } \omega=\text{udu} \text{ 혹은 } \omega=\text{uud} \text{일 때}), \\ S(0)(1+U)(1+D)^2 & (\omega=\text{udd} \text{ 혹은 } \omega=\text{dud} \text{ 혹은 } \omega=\text{ddu} \text{ 일 때}), \\ S(0)(1+D)^3 & (\omega=\text{ddd} \text{ 일 때}) \end{cases}$$

가 된다. 시점 n에는 그 시점에 도달하는 시나리오의 개수보다 더 적은 개수의 주식가격이 존재한다(역자 주: 시점 n에서는 2^n개의 시나리오가 존재하지만 같은 결과를 주는 시나리오들도 있기 때문에 $n+1$개의 다른 주식가격이 존재하게 된다). 이와 같은 나무구조는 재결합되는(recombining) 나무구조라고 하고, 다음과 같은 형태를 갖는다(여기서는 $N=3$이라고 하겠다).

$S(0)$		$S(1)$		$S(2)$		$S(3)$
						$S(0)(1+U)^3$
					p↗	
				$S(0)(1+U)^2$		
			p↗		1−p↘	
		$S(0)(1+U)$				$S(0)(1+U)^2(1+D)$
	p↗		1−p↘		p↗	
$S(0)$				$S(0)(1+U)(1+D)$		
	1−p↘		p↗		1−p↘	
		$S(0)(1+D)$				$S(0)(1+U)(1+D)^2$
			1−p↘		p↗	
				$S(0)(1+D)^2$		
					1−p↘	
						$S(0)(1+D)^3$

6.1.4 정보의 흐름

가격의 움직임은 시간이 지남에 따라, 점차적으로 시나리오 ω에 대한 정보를 세상에 드러낸다. 이를 설명하기 위해 $N=3$인 경우를 생각해 보자. 먼저 표본공간

$$\Omega=\{\text{uuu}, \text{uud}, \text{udu}, \text{udd}, \text{duu}, \text{dud}, \text{ddu}, \text{ddd}\}$$

의 각각의 원소는 미래의 시나리오로 현실화될 수 있다. 한 단계의 시간이 지난 후에는 더 많은 정보를 가질 수 있을 것이다. 주식에 대한 수익률이 U로 판명난다면, 시나리오의 범위는

$$B_{\text{u}}=\{\text{uuu}, \text{uud}, \text{udu}, \text{udd}\}$$

로 제한된다. 반면 수익률이 D라면, 시나리오는

$$B_{\mathrm{d}} = \{\mathrm{duu}, \mathrm{dud}, \mathrm{ddu}, \mathrm{ddd}\}$$

중 하나가 되어야 할 것이다. 처음 두 수익률을 알 수 있다면 시나리오가 다음의 4가지 부분집합 중 하나에 속하게 됨을 알 수 있게 된다.

$$B_{\mathrm{uu}} = \{\mathrm{uuu}, \mathrm{uud}\}, \quad B_{\mathrm{ud}} = \{\mathrm{udu}, \mathrm{udd}\},$$
$$B_{\mathrm{du}} = \{\mathrm{duu}, \mathrm{dud}\}, \quad B_{\mathrm{dd}} = \{\mathrm{ddu}, \mathrm{ddd}\}.$$

매번 정보가 공개되면서 불확실성이 줄어드는 것이다.

수학적으로, $\Omega = B_{\mathrm{u}} \cup B_{\mathrm{d}}$ 혹은 $\Omega = B_{\mathrm{uu}} \cup B_{\mathrm{ud}} \cup B_{\mathrm{du}} \cup B_{\mathrm{dd}}$이고, 이때 각각의 요소가 서로소라면 이를 Ω의 분할(partition)이라고 한다. 이 내용은 다음의 일반적인 정의를 가져온다.

정의 6.1

사건들의 모임(family) $\mathcal{P} = \{B_i\}$가 $B_i \neq \varnothing$, $i \neq j$에 대해 $B_i \cap B_j = \varnothing$이고 $\Omega = \bigcup_i B_i$라면 이것을 Ω의 **분할(partition)**이라고 한다.

$B_{\mathrm{u}} = B_{\mathrm{uu}} \cup B_{\mathrm{ud}}$, $B_{\mathrm{d}} = B_{\mathrm{du}} \cup B_{\mathrm{dd}}$임을 주목하자. $\mathcal{P}_2 = \{B_{\mathrm{uu}}, B_{\mathrm{ud}}, B_{\mathrm{du}}, B_{\mathrm{dd}}\}$는 $\mathcal{P}_1 = \{B_{\mathrm{u}}, B_{\mathrm{d}}\}$보다 더 정교한 분할이라고 한다.

정의 6.2

두 개의 분할 $\mathcal{P}$, $\mathcal{P}'$이 주어졌을 때, 만약 $\mathcal{P}$의 각각의 원소가 $\mathcal{P}'$의 원소들의 합집합으로 나타난다면 $\mathcal{P}'$는 $\mathcal{P}$보다 **정교하다(finer)**라고 한다.

확률변수 $S(1)$과 $S(2)$는 대응하는 분할 $\mathcal{P}_1$, $\mathcal{P}_2$의 요소들에서 같은 값을 가짐을 주목하자. 예를 들어 $S(1)$은 B_{u}에서 항상 $S(0)(1+U)$라는 같은 값을 가진다. 논의를 끝마치기 위해, $S(0)$과 $S(3)$의 경우도 살펴보자. $S(0)$은 전체 Ω에 대해 $\mathcal{P}_0 = \{\Omega\}$로 일정한 값을 갖는다. 그리고 $S(3)$은 $\mathcal{P}_3 = \{B_{\mathrm{uuu}}, \cdots, B_{\mathrm{ddd}}\}$의 각각의 요소에서 같은 값을 갖게 된다. 여기서 $\mathcal{P}_3$의 요소는 다음과 같다.

$$B_{\mathrm{uuu}} = \{\mathrm{uuu}\}, \quad B_{\mathrm{uud}} = \{\mathrm{uud}\}, \quad B_{\mathrm{udu}} = \{\mathrm{udu}\}, \quad B_{\mathrm{udd}} = \{\mathrm{udd}\},$$

$$B_{\text{duu}} = \{\text{duu}\}, \quad B_{\text{dud}} = \{\text{dud}\}, \quad B_{\text{ddu}} = \{\text{ddu}\}, \quad B_{\text{ddd}} = \{\text{ddd}\}.$$

정의 6.3

일반적으로 $n \leq N$일 때, $v_1, \cdots, v_n \in \{\text{u}, \text{d}\}$에 대한 $B_{v_1 \cdots v_n}$은 $\omega = \omega_1 \cdots \omega_N$의 첫 n개의 원소가 $\omega_1 = v_1, \cdots, \omega_n = v_n$인 모든 $\omega \in \Omega$로 구성된 집합이 된다. 분할 $\mathcal{P}_n$은 Ω의 이러한 부분집합 $B_{v_1 \cdots v_n}$에 대한 모임(family)으로 정의된다.

6.1.5 집합증대족

정보의 흐름을 분석하는 일반적인 골자는 분할이 아니라 집합의 필드(field)를 사용하는 것에 기초한다. 유한한 분할 $\mathcal{P}$가 주어졌을 때, 공집합 $\varnothing$과 $\mathcal{P}$의 요소들의 모든 가능한 합집합으로 이루어지는 집합의 모임 $\mathcal{F}$를 고려한다. 결과적으로, 집합의 모임 $\mathcal{F}$는 Ω의 부분집합의 필드(field)가 된다(부록 10.3 참조). 이를 분할 $\mathcal{P}$를 확장한 필드라고 한다.

참고 6.4

만약 Ω가 무한하다면, 필드(field)에 대한 개념의 확장이 필요하다(가산 합을 허용하는). 그러나 여기서 이렇게 할 필요는 없다.

정의 6.5

분할 $\mathcal{P}_n$을 확장한 필드를 $\mathcal{F}_n$이라 표기한다.

예를 들면, $N = 3$에 대해,

$$\mathcal{F}_0 = \{\varnothing, \Omega\},$$

$$\mathcal{F}_1 = \{\varnothing, \Omega, B_{\text{u}}, B_{\text{d}}\},$$

$$\mathcal{F}_2 = \{\varnothing, \Omega, B_{\text{uu}}, B_{\text{ud}}, B_{\text{du}}, B_{\text{dd}}, B_{\text{uu}} \cup B_{\text{ud}}, B_{\text{uu}} \cup B_{\text{du}}, B_{\text{uu}} \cup B_{\text{dd}},$$
$$B_{\text{ud}} \cup B_{\text{du}}, B_{\text{ud}} \cup B_{\text{dd}}, B_{\text{du}} \cup B_{\text{dd}}, \Omega \setminus B_{\text{uu}}, \Omega \setminus B_{\text{ud}}, \Omega \setminus B$$
$$\Omega \setminus B_{\text{dd}}\} \text{(모두 16개의 부분집합)}$$

$$\mathcal{F}_3 = 2^{\Omega} \quad (\Omega\text{의 모든 부분집합들})$$

이다. 이에

$$\mathcal{F}_0 \subset \mathcal{F}_1 \subset \mathcal{F}_2 \subset \mathcal{F}_3$$

임을 알 수 있다. 이것은 **집합증대족**(filtration)의 예가 되며, 일반적으로 집합증대족은 $\mathcal{F}_n \subset \mathcal{F}_{n+1}$을 만족한다.

참고 6.6

$\mathcal{F}_n$은 시점 n까지의 모든 주식가격을 알게 되면 $\omega \in A$인지 아닌지 판별할 수 있는 모든 집합 A들로 이루어져 있다(즉, $\omega = \omega_1 \cdots \omega_N$에서 처음 n개의 원소만을 파악함으로써 판별가능하다는 것이다).

6.2 옵션의 가격결정

6.2.1 투자 전략

이항모형을 따르는 주식거래에 더하여, 소위 **자금시장계좌**(money market account)로 불리는 개체를 사거나 팔 수 있다고 가정하겠다. 이 개체들은 가격이 이자율 R에 의해 아래와 같은 방식으로 결정되는 무위험자산이다.

$$A(n) = A(0)(1+R)^n$$

$U = 10\%$, $D = -10\%$, $R = 5\%$, 그리고 $S(0) = A(0) = 100$이라고 하자.

그리고 더 나아가 투자자는 $V(0) = 300$달러만큼의 금액을 원하는 대로 쓸 수 있다고 하자. 이를 초기투자금이라 한다. 투자자는 이 금액을 $x(1)$의 주식 포지션과 $y(1)$의 자금시장계좌로 구성된 포트폴리오를 만드는 데 사용한다. 이에 투자자는 $x(1) = 2$주식을 사고 무위험투자에 $V(0) - x(1)S(0)$을 남기는 결정을 할 수도 있을 것이다. 그러면 $y(1) = \dfrac{V(0) - x(1)S(0)}{A(0)} = 1$이 되고 아래의 등식

$$V(0) = x(1)S(0) + y(1)A(0)$$

이 성립하게 된다. 시점 1에서 포트폴리오의 가치는

$$V^{u}(1) = x(1)S^{u}(1) + y(1)A(1) = 325 \quad (B_u \text{에서})$$

$$V^{\mathrm{d}}(1) = x(1)S^{\mathrm{d}}(1) + y(1)A(1) = 285 \quad (B_{\mathrm{d}}\text{에서})$$

가 될 것이다. 이 금액은 다음 단계에서 투자자가 활용할 수 있는 금액이다. 투자에 있어서는 어떠한 인출 혹은 외부 자금의 투입도 없다고 가정하는데 이러한 전략을 **자기자금조달(self-financing)**이라 한다.

시점 1에서의 상태가 u이면 투자자는 주식 포지션을 $x^{\mathrm{u}}(2) = 1$로 줄이는 결정을 할 수 있다. 이에 다음과 같은 등식이 성립한다.

$$y^{\mathrm{u}}(2) = \frac{V^{\mathrm{u}}(1) - x^{\mathrm{u}}(2) \times S^{\mathrm{u}}(1)}{A(1)} = 2.0476.$$

시점 2에서 이 포트폴리오는 다음의 2가지 가능한 값 중 하나를 취할 것이다.

$$V^{\mathrm{uu}}(2) = x^{\mathrm{u}}(2)S^{\mathrm{uu}}(2) + y^{\mathrm{u}}(2)A(2) = 346.75 \quad (B_{\mathrm{uu}}\text{에서})$$
$$V^{\mathrm{ud}}(2) = x^{\mathrm{u}}(2)S^{\mathrm{ud}}(2) + y^{\mathrm{u}}(2)A(2) = 324.75 \quad (B_{\mathrm{ud}}\text{에서})$$

만약 투자자가 시점 1에서 d인 상태임을 알게 되었다면, 투자자는 $x^{\mathrm{d}}(2) = 3$을 선택할 수 있다. 그러면 다음의 등식이 성립한다.

$$y^{\mathrm{d}}(2) = \frac{V^{\mathrm{d}}(1) - x^{\mathrm{d}}(2) \times S^{\mathrm{d}}(1)}{A(1)} = 0.1429.$$

시점 2에서의 포트폴리오의 값은 아래의 값 중 하나가 된다.

$$V^{\mathrm{du}}(2) = x^{\mathrm{d}}(2)S^{\mathrm{du}}(2) + y^{\mathrm{d}}(2)A(2) = 312.75 \quad (B_{\mathrm{du}}\text{에서})$$
$$V^{\mathrm{dd}}(2) = x^{\mathrm{d}}(2)S^{\mathrm{dd}}(2) + y^{\mathrm{d}}(2)A(2) = 258.75 \quad (B_{\mathrm{dd}}\text{에서})$$

이 같은 방식으로 이후의 시점에 대해서도 논의할 수 있다.

일반적으로, 투자자들은 다음의 원리를 따르는 포트폴리오의 수열 $(x(n), y(n))$인 **전략(strategy)**을 만들 수 있다고 가정한다.

- 전략은 **자기자금조달**이다. 즉

$$x(n)S(n) + y(n)A(n) = x(n+1)S(n) + y(n+1)A(n)$$

으로, 시점 n에서의 포트폴리오 재조정은 $x(n+1)$의 선택에 관여하고 $y(n+1)$의 값은 그에 따라 결정된다.

- 포지션 $x(n+1)$, $y(n+1)$에 대한 결정은 시점 n에서 이용가능한 정보에 기반

한다. 수학적으로 이것은 $x(n+1)$과 $y(n+1)$이 분할 $\mathcal{P}_n$의 각각의 요소들에 대해 같은 값을 가진다는 것을 의미한다. 이와 같은 수열 $x(n)$, $y(n)$을 **예측가능하다**(predictable)고 한다.
이러한 전략에 따른 포트폴리오의 가치는 $n>0$에 대해 다음과 같이 주어진다.

$$V(0)=x(1)S(0)+y(1)A(0),$$
$$V(n)=x(n)S(n)+y(n)A(n).$$

6.2.2 한 단계

$N=1$인 경우로부터 시작해 보자. 1.6절의 콜옵션과 풋옵션에 대해 제시된 절차를, 임의의 함수 f에 대한 일반적인 형식 $f(S(1))$의 지급을 주는 유럽식 조건부 청구권으로 확장할 수 있다. 시점 $t=0,1$에서의 이러한 옵션의 값은 $H(t)$로 표기한다. 만기 시점에서는

$$H(1)=f(S(1))$$

이 된다.

1.6절과 같이, 옵션가격은 두 가지 가능한 값 $H(1)$의 $H^{\mathrm{u}}(1)$, $H^{\mathrm{d}}(1)$을 복제하고, 복제된 포트폴리오의 시점 0에서의 값을 계산함으로써 매겨질 수 있다. 이것을 위해 다음의 연립방정식

$$\begin{cases} x(1)S^{\mathrm{u}}(1)+y(1)A(1)=H^{\mathrm{u}}(1), \\ x(1)S^{\mathrm{d}}(1)+y(1)A(1)=H^{\mathrm{d}}(1), \end{cases}$$

을 풀어야 한다. 이에

$$x(1)=\frac{H^{\mathrm{u}}(1)-H^{\mathrm{d}}(1)}{S^{\mathrm{u}}(1)-S^{\mathrm{d}}(1)}=\frac{H^{\mathrm{u}}(1)-H^{\mathrm{d}}(1)}{S(0)(U-D)}$$

과

$$\begin{aligned} y(1)&=\frac{1}{A(1)}[H^{\mathrm{u}}(1)-x(1)S^{\mathrm{u}}(1)] \\ &=\frac{1}{A(1)}\frac{H^{\mathrm{d}}(1)S^{\mathrm{u}}(1)-H^{\mathrm{u}}(1)S^{\mathrm{d}}(1)}{S^{\mathrm{u}}(1)-S^{\mathrm{d}}(1)} \end{aligned}$$

$$= \frac{1}{A(0)(1+R)} \frac{H^{\mathrm{d}}(1)(1+U) - H^{\mathrm{u}}(1)(1+D)}{U-D}$$

를 얻을 수 있다[$x(1)$은 복제전략의 주식포지션으로 옵션의 **델타**(delta)라 한다]. 무재정원리의 결과로서, 청구권의 가격은 다음과 같다.

$$H(0) = x(1)S(0) + y(1)A(0).$$

앞에서 도출해낸 $x(1)$, $y(1)$을 이용해, 위 식에 대입하면 아래의 식을 얻을 수 있다.

$$H(0) = \frac{1}{1+R}\left(H^{\mathrm{u}}(1)\frac{R-D}{U-D} + H^{\mathrm{d}}(1)\frac{U-R}{U-D}\right). \tag{6.1}$$

계수 $\frac{R-D}{U-D}$와 $\frac{U-R}{U-D}$의 합은 1이다. 또한 각 계수는 $D < R < U$의 조건에서 0보다 크고 1보다는 작다. $D < R < U$는 이항모형에서 재정이 일어나지 않을 조건이다(기본정리 1.7 참조). 이 계수들은 확률로 간주될 수 있고 아래의 기호를 사용해 나타내는 것이 통상적이다.

$$p_* = \frac{R-D}{U-D}.$$

그러면

$$H(0) = \frac{1}{1+R}(H^{\mathrm{u}}(1)p_* + H^{\mathrm{d}}(1)(1-p_*))$$
$$= \frac{1}{1+R}\mathbb{E}_*[H(1)] = \frac{1}{1+R}\mathbb{E}_*[f(S(1)]$$

이 성립한다. 여기서 별표는 확률 p_*, $1-p_* \in (0,1)$가 기댓값의 계산에 사용된다는 것을 의미한다.

기본정리 6.7

$$\mathbb{E}_*[K(1)] = R.$$

증명

$$\mathbb{E}_*[K(1)] = Up_* + D(1-p_*) = U\frac{R-D}{U-D} + D\frac{U-R}{U-D} = R.$$ ■

정의 6.8

기대수익률 $\mathbb{E}_*[K(1)]$을 무위험수익률 R과 같게 만드는 확률 $(p_*, 1-p_*)$를 $(p_*,\ 1-p_* \in (0,1))$ **위험중립(risk-neutral)**이라 한다.

다음과 같이 $S(1)$, $V(1)$, $H(1)$의 **할인값(discounted value)**이라 부르는 $\widetilde{S}(1)$, $\widetilde{V}(1), \widetilde{H}(1)$을 사용하면 편리하다.

$$\widetilde{S}(1) = \frac{S(1)}{1+R}, \quad \widetilde{V}(1) = \frac{V(1)}{1+R}, \quad \widetilde{H}(1) = \frac{H(1)}{1+R}$$

기본정리 6.9

위험중립 확률에서는

$$\mathbb{E}_*[\widetilde{S}(1)] = S(0), \quad \mathbb{E}_*[\widetilde{V}(1)] = V(0), \quad \mathbb{E}_*[\widetilde{H}(1)] = H(0)$$

이다.

증명

기본정리 6.7로부터 $\mathbb{E}_*[K(1)] = R$의 식이 성립한다. 그러므로,

$$\begin{aligned}\mathbb{E}_*[\widetilde{S}(1)] &= \frac{1}{1+R}\mathbb{E}_*[S(1)] = \frac{S(0)}{1+R}\mathbb{E}_*[1+K(1)] \\ &= \frac{S(0)}{1+R}(1+\mathbb{E}_*[K(1)]) = S(0).\end{aligned}$$

그리고 $x(1)$과 $y(1)$이 결정적(deterministic)이기 때문에 (두 값이 시간 0에서 결정되기에) 다음의 식이 성립한다.

$$\begin{aligned}\mathbb{E}_*[\widetilde{V}(1)] &= \mathbb{E}_*[x(1)\widetilde{S}(1) + y(1)A(0)] \\ &= x(1)\mathbb{E}_*[\widetilde{S}(1)] + y(1)A(0) \\ &= x(1)S(0) + y(1)A(0) = V(0).\end{aligned}$$

청구권 H에 대한 가격은 복제 포트폴리오의 가격이다. 그러므로 기본정리의 결과가 성립한다. ■

연습문제 6.1

다른 변수들이 일정할 때, 콜옵션의 가격이 U에 대하여 증가함을 보여라. 더불어 D의 변화가 옵션가격에 미치는 영향을 분석하여라.

연습문제 6.2

$R=0$이고 $S(0)=X=1$일 때, 유럽식 콜옵션의 가격 $C_{\mathrm{E}}(0)$에 대한 공식을 구하여라. 이어 $U=0.05$와 $D=-0.05$일 때와 $U=0.01$과 $D=-0.19$일 때에 대해 각각의 가격을 계산하여라. 주식의 수익률 변동과 옵션의 가격 사이의 관계에 대해 결론을 도출하여라.

연습문제 6.3

거래비용이 기초자산 주식이 매도될 때마다 그 주식가격에 비례하여 발생할 때, 콜옵션을 복제하는 포트폴리오의 초깃값을 구하여라(주식을 살 때는 거래비용이 발생하지 않는다). 구한 값을 거래비용이 발생하지 않는 경우와 비교해 보자. 이때 $S(0)=X=100$, $U=0.1$, $D=-0.1$, $R=0.05$이고 거래비용이 $c=2\%$라고 가정한다(매도자는 주식가격의 98%를 받는 것이다).

연습문제 6.4

$S(0)=75$이고 $U=0.2$, $D=-0.1$이라고 하자. 또한 12%의 대출이자로 돈을 차입할 수 있으나, 예금에 대한 이자율은 이보다 낮은 8%라고 가정하자. 이러한 가정에서 풋옵션과 콜옵션에 대한 복제 포트폴리오의 값은 얼마가 되는가? 이 답은 기본정리 6.9를 따르는 콜옵션과 풋옵션의 가격과 일치하는가?

6.2.3 일반적인 설정

예제 6.10 이색 옵션

기초자산으로 주식가격의 평균을 이용하는 다음과 같은 콜옵션을 고려해 보자. 만기일은 $N=2$이고 지급은

$$C(2) = \max(0, \frac{S(1)+S(2)}{2} - X)$$

이다. 이는 **경로의존**(path-dependent) 혹은 **이색**(exotic)옵션의 예이다. $U=10\%$, $D=-10\%$, $S(0)=100$, $X=90$일 때, 지급액은 다음과 같다.

$$C(2) = \begin{cases} C^{\mathrm{uu}}(2) = 25.5, \\ C^{\mathrm{ud}}(2) = 14.5, \\ C^{\mathrm{du}}(2) = 4.5, \\ C^{\mathrm{dd}}(2) = 0.0. \end{cases}$$

$R=5\%$로 주어지면 $p_*=0.75$가 되고

$$C^{\mathrm{u}}(1) = \frac{1}{1+R}(p_* C^{\mathrm{uu}}(2) + (1-p_*)C^{\mathrm{ud}}(2)) = 21.67,$$

$$C^{\mathrm{d}}(1) = \frac{1}{1+R}(p_* C^{\mathrm{du}}(2) + (1-p_*)C^{\mathrm{dd}}(2)) = 3.21$$

이다. 이 식은 다음과 같은 식을 만족하게 한다.

$$C(0) = \frac{1}{1+R}(p_* C^{\mathrm{u}}(1) + (1-p_*)C^{\mathrm{d}}(1)) = 16.24.$$

한 단계 방법이 여기서 3차례 적용되는데, 최종값에서 시작해 거꾸로 한 단계씩 차례로 적용된다.

이 예제를 일반화하여 다음의 정의를 얻는다.

정의 6.11

만기일을 N으로 하고 기초자산을 S로 하는 경로의존 옵션은, 시간 N에서 소유자에게 $H(N) = f(S(1), \cdots, S(N))$ 형식으로 지급하는 조건부 청구권이다. 여기서 f는 N개 변수에 대한 함수이다. 경로독립 유럽식 조건부 청구권은 f가 한 개 변수에 대한 함수로 $H(N) = f(S(N))$ 형식의 지급을 가진다.

특별한 경우로 행사가격이 X인 일반 콜옵션과 풋옵션이 있다. 이 옵션들에 대한 지급은 $H(N) = f(S(N))$의 형태로 주어진다[콜옵션의 지급은 $f(x) = (x-X)^+$가 되고 풋옵션의 지급은 $f(x) = (X-x)^+$가 된다].

유럽식 옵션은 이항모형에서 연속적인 역방향 복제를 하거나, 혹은 동등하게 나무구조의 각 가지에서 할인된 기대지급값을 계산함으로써 가격이 매겨질 수 있다. 각 나무가지에서 얻어진 값은 현재의 옵션가격이 되어야 하는데 그렇지 않으면 재정기회가 발생하게 된다. 이것을 공식화하기 위해, 여러 단계의 설정에 있어 우선 무재정원리를 논의하겠다.

전략의 개념을 $x(n)$과 $y(n)$에 더해 세 번째 요소 $z(n)$을 도입함으로써 확장해 보자. $z(n)$은 가격을 매길 조건부 청구권으로 1.6절에서 소개되었다. 이 전략에 의한 포트폴리오의 가치는 다음과 같이 주어진다.

$$V(0) = x(1)S(0) + y(1)A(0) + z(1)H(0),$$
$$V(n) = x(n)S(n) + y(n)A(n) + z(n)H(n). \quad (n > 0\text{에 대해})$$

여기서 모든 n에 대해 $V(n) \geq 0$이 성립한다면, 이 전략은 **허용가능**(admissible)이라고 말한다.

정의 6.12

전략이 허용가능이고 자기자금조달이며 예측가능하고, $V(0) = 0$이며 최소 하나의 시나리오 $\omega \in \Omega$에 대해 $V^{\omega}(n) > 0$이라면, 그 전략은 **재정기회**(arbitrage opportunity)를 준다.

근본적인 가정을 돌이켜 보자.

가정 6.13 무재정원리

재정의 기회는 없다.

정리 6.14

조건부 청구권 $H(N)$을 복제하는 (x, y)전략이 있다고 할 때, 그것의 초깃값 $V(0)$은 이 청구권의 시장 가격인 $H(0)$와 같아야 한다.

증명

$V(0) > H(0)$이라고 가정하자. 이 가정 아래 (x, y, z)-전략 $(-x(1), -y(1) + \frac{V(0) - H(0)}{A(0)}, 1)$을 구성한다. 이 전략은 0의 초깃값을 가지고, 시간 N에서는

$x(N)S(N)+y(N)A(N)=H(N)$의 등식이 성립하기에 $A(N)\frac{V(0)-H(0)}{A(0)}>0$의 값을 가진다. 즉 무재정원리에 위반되는 것이다. $V(0)<H(0)$의 경우에도 동일한 방법으로 보일 수 있다. ■

6.2.4 두 단계

이제 경로독립 지급을 가지는 유럽식 청구권으로 논의를 제한하자. $N=2$에 대해,

$$H(2)=f(S(2))$$

의 식이 만족된며 이는 세 가지 가능한 값을 가진다. 그림 6.1에 나타난 바와 같이 이 나무구조는 세 개의 나뭇가지로 나누어볼 수 있고, 각 나뭇가지에는 한 단계 나무구조에서와 같은 절차를 활용할 것이다.

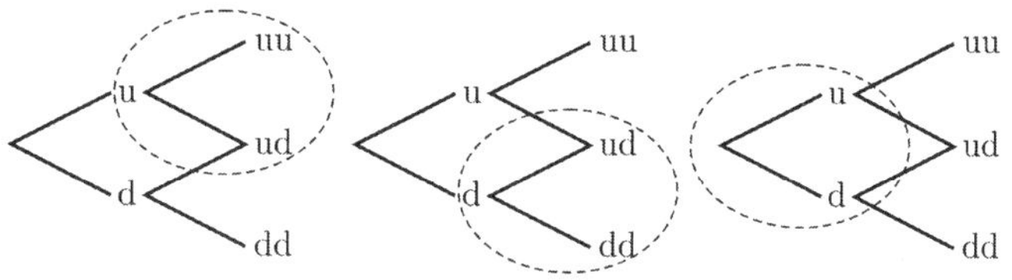

그림 6.1 두 단계 이항 나무에서의 종속부분

청구권 가격 $H(1)$은 다음의 두 값을 가지는데,

$$H(1)=\begin{cases}\frac{1}{1+R}[p_*f(S^{\mathrm{uu}}(2))+(1-p_*)f(S^{\mathrm{ud}}(2))] & (B_{\mathrm{u}}\text{에서})\\ \frac{1}{1+R}[p_*f(S^{\mathrm{du}}(2))+(1-p_*)f(S^{\mathrm{dd}}(2))] & (B_{\mathrm{d}}\text{에서}),\end{cases}$$

와 같다. 이 값은 u와 d로 시작되는 분기점에서 한 단계 절차를 각 나뭇가지에 적용하는 것으로 구해진다. 이 값은 또 다음의 식을 도출한다.

$$\begin{aligned}H(1)&=\frac{1}{1+R}[p_*f(S(1)(1+U))+(1-p_*)f(S(1)(1+D))]\\&=g(S(1)).\end{aligned}$$

여기서

$$g(x) = \frac{1}{1+R}[p_* f(x(1+U)) + (1-p_*)f(x(1+D))]$$

이다. 그 결과, $H(1)$은 만기 시점이 1이고 g에 대한 함수로 정의되는 지급을 갖는 파생상품으로 볼 수 있다(시점 1에서 행사될 수 없다 하더라도 파생상품은 $H(1) = g(S(1))$로 팔릴 수 있다). 이것은 한 단계 절차가 나무구조의 첫 시작인 나뭇가지에 다시 적용될 수 있다는 것을 의미한다. 그러므로 다음의 식

$$H(0) = \frac{1}{1+R}[p_* g(S(0)(1+U)) + (1-p_*)g(S(0)(1+D))]$$

이 만족되고 이 식은

$$\begin{aligned} H(0) &= \frac{1}{1+R}[p_* g(S^{\mathrm{u}}(1)) + (1-p_*)g(S^{\mathrm{d}}(1))] \\ &= \frac{1}{(1+R)^2}[p_*^2 f(S^{\mathrm{uu}}(2)) + 2p_*(1-p_*)f(S^{\mathrm{ud}}(2)) + (1-p_*)^2 f(S^{\mathrm{dd}}(2))] \end{aligned}$$

를 따르게 된다. 두 번째 식에서 중괄호 안에 나오는 표현은 위험중립 확률 P_*하에서 $f(S(2))$의 기댓값이 된다. (P_*는 아래의 식들로 정의된다.)

$$P_*(\mathrm{uu}) = p_*^2, \quad P_*(\mathrm{ud}) = P_*(\mathrm{du}) = p_*(1-p_*), \quad P_*(\mathrm{dd}) = (1-p_*)^2.$$

이것은 다음 결과가 유효하다는 것을 보인다.

정리 6.15

위험중립 확률에 의해 계산된, 할인된 지급의 기댓값은 유럽식 청구권의 현재값과 동일하다.

$$H(0) = \mathbb{E}_*((1+R)^{-2} f(S(2))).$$

연습문제 6.5

$S(0) = 120$달러이고 $U = 0.2$, $D = -0.1$, $R = 0.1$이라고 한다. 또한 행사가격이 $X = 120$이고 만기 시점이 $T = 2$인 콜옵션이 있다고 한다. 이때 이 옵션의 가격과 복제전략을 찾아라.

연습문제 6.6

연습문제 6.5에 나오는 조건들을 이용해서, 만약 15달러의 배당금이 시점 1에서 지불된다면, 콜옵션의 가격은 얼마가 되는지 구해 보자. 더불어 복제전략 또한 찾아보자.

6.2.5 여러 단계

위의 결과를 여러 단계 모형으로 확장하는 것은 간단하다. 마지막 단계에서의 지급에서부터 시작해, 역으로 한 단계씩 반복적으로 풀어나가는 것이다. 아래의 식은 3 단계 모형에 대한 절차를 나타낸다.

$$\begin{aligned}
H(3) &= f(S(3)),\\
H(2) &= \frac{1}{1+R}[p_*f(S(2)(1+U))+(1-p_*)f(S(2)(1+D))]\\
&= g(S(2)),\\
H(1) &= \frac{1}{1+R}[p_*g(S(1)(1+U))+(1-p_*)g(S(1)(1+D))]\\
&= h(S(1)),\\
H(0) &= \frac{1}{1+R}[p_*h(S(0)(1+U))+(1-p_*)h(S(0)(1+D))].
\end{aligned}$$

여기서

$$\begin{aligned}
g(x) &= \frac{1}{1+R}[p_*f(x(1+U))+(1-p_*)f(x(1+D))],\\
h(x) &= \frac{1}{1+R}[p_*g(x(1+U))+(1-p_*)g(x(1+D))]
\end{aligned}$$

이다. 이 식은 다음의 식을 제공한다.

$$\begin{aligned}
H(0) &= \frac{1}{1+R}[p_*h(S^{\mathrm{u}}(1))+(1-p_*)h(S^{\mathrm{d}}(1))]\\
&= \frac{1}{(1+R)^2}[p_*^2g(S^{\mathrm{uu}}(2))+2p_*(1-p_*)g(S^{\mathrm{ud}}(2))+(1-p_*)^2g(S^{\mathrm{dd}}(2))]\\
&= \frac{1}{(1+R)^3}[p_*^3f(S^{\mathrm{uuu}}(3))+3p_*^2(1-p_*)f(S^{\mathrm{uud}}(3))\\
&\qquad +3p_*(1-p_*)^2f(S^{\mathrm{udd}}(3))+(1-p_*)^3f(S^{\mathrm{ddd}}(3))].
\end{aligned}$$

나타나는 패턴은 다음과 같다. 중괄호 내의 각 항은 상승하는 주식가격 움직임의 개수인 k로 특징지어진다. 이 수는 p_*의 제곱수와 지급액을 결정한다. $1-p_*$의 제곱수는 하락하는 주식가격 움직임의 개수로 마지막 식에서 $3-k$와 같고, 일반적으로는 N개의 단계가 있으면 $N-k$와 같다. 각각의 항 앞의 계수는 시나리오의 수(나무구조를 따르는 경로)를 의미하고 이에 대응하는 지급을 이끌게 된다. 가능한 시나리오의 수는 N개 원소에서 k개 원소를 선택하는 조합의 수를 나타내는 $\binom{N}{k}=\dfrac{N!}{k!(N-k)!}$이다. 예를 들면, 3단계 나무구조를 통해 가격 $S^{udd}(3)$이 되게 하는 방법은 udd, dud, ddu의 3가지가 있는 것이다.

그 결과, N단계 모형에서는 다음이 성립한다.

$$H(0)=\frac{1}{(1+R)^N}\sum_{k=0}^{N}\binom{N}{k}p_*^k(1-p_*)^{N-k}f(S(0)(1+U)^k(1+D)^{N-k}).\quad(6.2)$$

(6.2) 식은

$$P_*(\omega)=p_*^k(1-p_*)^{N-k}$$

로 표현되는 위험중립 확률 하에서 $f(S(N))$의 기댓값임을 쉽게 파악할 수 있다. k는 시나리오 $\omega\in\Omega$에서 상승하는 주식가격 움직임의 횟수를 나타낸다. 이 결과는 다음과 같이 요약될 수 있다.

정리 **6.16**

N단계 이항모형에서 $f(S(N))$의 지급을 가지는 유럽식 경로독립 조건부 청구권의 값은 위험중립 확률하에서 할인된 지급의 기댓값이다. 이는 아래의 식으로 나타낼 수 있다.

$$H(0)=\mathbb{E}_*((1+R)^{-N}f(S(N))).$$

참고 6.17

$H(0)$을 계산하기 위해 실제 확률값 p를 알 필요는 없다. 옵션가격에 대한 이러한 주목할 만한 특성은 실제로도 중요한데, 이는 p의 값이 시장 데이터로부터 추정하기는 어렵기 때문이다. $H(0)$에 대한 공식은 대신 위험중립 확률 p_*를 특징짓는다. 이 p_*는 일반적으로 p와 아무 관련이 없지만 다음의 공식으로 쉽게 계산된다.

$$p_*=\frac{R-D}{U-D}.$$

6.2.6 Cox-Ross-Rubinstein 공식

행사가격이 X인 콜옵션이 있을 때, 그것의 지급은 $x \le X$에 대해 $f(x) = 0$을 만족하므로 식 (6.2)의 항의 수를 줄일 수 있다. 식 (6.2)에 나오는 합은 다음의 부등식

$$S(0)(1+U)^m (1+D)^{N-m} > X$$

을 만족시키는 최소의 m의 값부터 시작한다. 그러므로

$$\begin{aligned} C_E(0) &= (1+R)^{-N} \sum_{k=m}^{N} \binom{N}{k} p_*^k (1-p_*)^{N-k} (S(0)(1+U)^k (1+D)^{N-k} - X) \\ &= S(0) \sum_{k=m}^{N} \binom{N}{k} q^k (1-q)^{N-k} - (1+R)^{-N} X \sum_{k=m}^{N} \binom{N}{k} p_*^k (1-p_*)^{N-k} \end{aligned}$$

의 식이 성립한다. 여기서

$$q = p_* \frac{1+U}{1+R}, \quad 1-q = (1-p_*) \frac{1+D}{1+R}$$

이다. 풋옵션에 대한 공식은 직접적으로, 혹은 풋-콜 짝짓기 공식에 의해 유사한 식으로 유도될 수 있다.

이러한 중요한 결과들은 다음 정리로 요약되어 있다(이 정리에 나오는 $\Phi(m, N, p)$는 이항분포(N, p)의 누적이항분포를 나타낸다. 식으로는 다음과 같다).

$$\Phi(m, N, p) = \sum_{k=0}^{m} \binom{N}{k} p^k (1-p)^{N-k}.$$

정리 6.18 Cox-Ross-Rubinstein 공식

이항모형에서 행사가격이 X이고 만기일을 N시간 단계 후로 하는 유럽식 콜옵션과 풋옵션의 가격은 아래와 같다.

$$C_{\mathrm{E}}(0) = S(0)[1 - \Phi(m-1, N, q)] - (1+R)^{-N} X [1 - \Phi(m-1, N, p_*)],$$

$$P_{\mathrm{E}}(0) = -S(0)\Phi(m-1, N, q) + (1+R)^{-N} X \Phi(m-1, N, p_*).$$

연습문제 6.7

$S(0)=50$, $R=5\%$, $U=30\%$ 그리고 $D=-10\%$라 하자. 시간 단계 $N=3$에 만기가 되고, 행사가격이 $X=60$인 유럽식 콜옵션과 풋옵션의 가격을 구하여라.

연습문제 6.8

$S(0)=50$, $R=0.5\%$, $U=1\%$, 그리고 $D=-1\%$라 하자. 시간 단계 $N=50$에 만기가 되고 행사가격이 $X=60$인 유럽식 콜옵션의 가격 $C_E(0)$와 m의 값을 구하여라.

6.3 미국식 청구권

미국식 옵션은 지급 $f(S(n))$으로, $0 \leq n \leq N$인 임의의 시점 n에 행사될 수 있다. 여기서 함수 f는 모든 n에 대해 같은 꼴이다. 물론 옵션은 오직 한 번만 행사될 수 있다. 시간 n에서의 미국식 청구권의 가격은 $H_A(n)$으로 표기한다.

먼저 두 시간 단계 후에 만기가 되는 미국식 청구권을 분석해 보자. 이 청구권이 이미 행사되지 않았다고 하면, 만기에서 이것의 가치는

$$H_A(2) = f(S(2))$$

가 된다. 여기서 $S(2)$의 값에 대한 세 가지 가능한 값들이 있다. 시점 1에서, 미국식 청구권의 소유자는 바로 청구권을 행사할 것인지 혹은 시점 2까지 기다릴 것인지 선택을 하게 될 것이다. 즉시 행사한다면 $f(S(1))$의 지급이 이루어지고, 시점 2까지 기다린다면 그 시점에서 청구권의 값은 $f(S(2))$가 될 것이다. 시점 1에 행사되지 않는 옵션의 값은 $f(S(2))$를 시점 1에 책정된 한 단계 유럽식 조건부 청구권으로 간주함으로써 계산할 수 있다. 그렇기에

$$\frac{1}{1+R}[p_* f(S(1)(1+U)) + (1-p_*)f(S(1)(1+D))]$$

가 만족한다. 사실상 소유자는 이것 또는 즉시 받을 수 있는 $f(S(1))$의 지급을 두고 선택을 하게 된다. 그렇기에, 시점 1에서의 미국식 청구권의 가격은 두 선택에 대한 가격 중 더 높은 것이 된다. 이는 식으로

$$H_{\mathrm{A}}(1) = \max\left\{f(S(1)), \frac{1}{1+R}[p_* f(S(1)(1+U)) + (1-p_*) f(S(1)(1+D))]\right\}$$
$$= f_1(S(1))$$

(두 개의 값을 가질 수 있는 확률변수)와 같다. 여기서

$$f_1(x) = \max\left\{f(x), \frac{1}{1+R}[p_* f(x(1+U)) + (1-p_*) f(x(1+D))]\right\}$$

이다. 비슷한 논의를 통해 시점 0에서는 다음과 같은 식을 도출할 수 있다.

$$H_{\mathrm{A}}(0) = \max\left\{f(S(0)), \frac{1}{1+R}[p_* f_1(S(0)(1+U)) + (1-p_*) f_1(S(0)(1+D))]\right\}.$$

예제 6.19

위의 절차를 도식화하기 위해, 시점 2에 만기가 되고 행사가격이 $X = 80$인 미국식 풋옵션을 고려해 보자. 기초자산은 초기가격이 $S(0) = 80$이고 이항모형을 따른다고 하자. $U = 0.1$, $D = -0.05$, $R = 0.05$의 값을 갖는다(정리 5.6에서 나온 것과 같이 콜옵션의 경우에는 미국식과 유럽식에 차이점이 없으므로 풋옵션을 고려하기로 한다). 주식가격은 다음과 같은 표로 정리된다.

n	0		1		2
					96.80
			88.00	⟨	
$S(n)$	80.00	⟨			83.60
			76.00	⟨	
					72.20

미국식 풋옵션의 가격은 $n = 0, 1, 2$에 대해 $P_{\mathrm{A}}(n)$으로 나타낸다. 두 번 연속 주식이 하락하는 시나리오에서만 만기 시 지급이 양이 될 수 있다.

n	0		1		2
					0.00
			?	⟨	
$P_{\mathrm{A}}(n)$	?	⟨			0.00
			?	⟨	
					7.80

옵션의 소유자는 시점 1에서 옵션을 바로 행사할지 혹은 시점 2가 되기까지 기다릴지 선택할 수 있다. 시점 1에 주식가격이 올랐다면, 즉각적인 지급의 값과 행사되지 않았을 때의 옵션의 값 모두 0이 된다. 하지만 시점 1에 주식가격이 내렸다면, 바로 이루어질 수 있는 지급의 값은 4가 되고 반면 행사되지 않은 옵션의 값은 $1.05^{-1}\times\frac{1}{3}\times 7.8\cong 2.48$이 된다. 이때 옵션의 소유자는 더 높은 값을 선택할 것이다(시점 1에 주식가격이 내린 상태에서는 옵션을 행사할 것이다). 이 값은 시점 1에서의 미국식 풋옵션의 값으로 다음의 표와 같이 정리된다.

n	0		1		2
					0.00
			0.00	〈	
$P_{\mathrm{A}}(n)$	?	〈			0.00
			4.00	〈	
					7.80

시점 0에서의 선택은, 앞의 과정을 반복해서, 0의 값인 지급과 행사되지 않은 옵션의 값 $1.05^{-1}\times\frac{1}{3}\times 4\cong 1.27$달러 중 하나가 된다. 이 중, 더 높은 값을 취함으로써 아래의 표처럼 옵션 가격의 나무구조를 완성할 수 있다.

n	0		1		2
					0.00
			0.00	〈	
$P_{\mathrm{A}}(n)$	1.27	〈			0.00
			4.00	〈	
					7.80

유럽식 풋옵션의 가격은 $P_{\mathrm{E}}(0)=1.05^{-1}\times\frac{1}{3}\times 2.48\cong 0.79$이다. 이 값은 미국식 풋옵션의 가격인 $P_{\mathrm{A}}(0)\cong 1.27$과 비교해 확실히 더 적은 값이 된다.

위에 전개된 논리는 다음의 정리를 통해 일반화될 수 있다.

정의 6.20

지급함수 f와 만기 시점 N을 갖는 **미국식 파생상품** 혹은 **미국식 조건부 청구권**은 역방향 유도(backwards induction)에 의해 정의된 확률변수의 열이다.

$$
\begin{aligned}
H_A(N) &= f(S(N)), \\
H_A(N-1) &= \max\Big\{f(S(N-1)), \frac{1}{1+R}[p_* f(S(N-1)(1+U)) \\
&\qquad + (1-p_*) f(S(N-1)(1+D))]\Big\} =: f_{N-1}(S(N-1)), \\
H_A(N-2) &= \max\Big\{f(S(N-2)), \frac{1}{1+R}[p_* f_{N-1}(S(N-2)(1+U)) \\
&\qquad + (1-p_*) f_{N-1}(S(N-2)(1+D))]\Big\} =: f_{N-2}(S(N-2)), \\
&\vdots \\
H_A(1) &= \max\Big\{f(S(1)), \frac{1}{1+R}[p_* f_2(S(1)(1+U)) \\
&\qquad + (1-p_*) f_2(S(1)(1+D))]\Big\} =: f_1(S(1)), \\
H_A(0) &= \max\Big\{f(S(0)), \frac{1}{1+R}[p_* f_1(S(0)(1+U)) \\
&\qquad + (1-p_*) f_1(S(0)(1+D))]\Big\}.
\end{aligned}
$$

연습문제 6.9

시점 3에 만기가 되고 행사가격이 $X=62$인 미국식 풋옵션이 있다. 이 옵션의 기초자산은 이항모형을 따르는 주식이며, 주식의 초기가격은 $S(0)=60$이고 $U=0.1$, $D=-0.05$, $R=0.03$이다. 이때 이 옵션의 가격을 구하여라.

연습문제 6.10

시점 2에 만기가 되고 행사가격이 $X=120$인 미국식 콜옵션과 유럽식 콜옵션이 있다. 이 옵션의 기초자산은 이항모형을 따르는 주식이며, 초기가격은 $S(0)=120$이고 $U=0.2$, $D=-0.1$, $R=0.1$이다. 이때 두 옵션의 가격을 비교하여라.

예제 6.21

마지막 연습문제를 활용하여 미국식 콜옵션과 유럽식 콜옵션의 가격이 배당금이 지급될 시에는 같지 않을 수 있다는 것을 보일 수 있다. 시점 2에 금액 14가 배당금으로 지급된다고 가정하자. 그리고 나머지 조건은 연습문제 6.10에 나오는 것을 활용하자. 이때 배당락(ex-dividend)의 주식가격은 아래의 표와 같이 정리될 수 있다.

n	0	1	2
			158.80
		144.00 〈	
$S(n)$	120.00 〈		115.60
배당락(ex-div)		108.00 〈	
			83.20

이에 대응하는 유럽식 콜옵션과 미국식 콜옵션의 가격은 다음과 같이 된다.

n	0	1	2
			38.80 38.80
		23.52 **24.00** 〈	
$C_{\mathrm{E}}(n)$ $C_{\mathrm{A}}(n)$	14.25 14.55 〈		0.00 0.00
		0.00 0.00 〈	
			0.00 0.00

시점 1에 주식가격이 올랐다면, 미국식 콜옵션은 24달러의 수익을 내고 행사될 수 있다(진한 글씨체). 이 수익은 옵션을 만기 때까지 가지고 있는 값보다 더 높은 값이다. 그 결과, 미국식 콜옵션의 가격은 유럽식 콜옵션의 가격보다 더 높게 된다.

연습문제 6.11

시점 2에 만기가 되고 행사가격이 $X=14$인 미국식 풋옵션과 유럽식 풋옵션이 있다. 이 옵션의 기초자산은 이항모형을 따르는 주식이며, 초기가격은 $S(0)=12$이고 $U=0.1$, $D=-0.05$, $R=0.02$이다. 시점 1에서 배당금 2가 지급될 때, 두 옵션의 가격을 비교하여라.

6.4 마팅게일 성질

미래에는 수많은 불확실성이 있고, 그렇기에 투자자는 스스로의 투자결정에 대해 적절한 안전장치를 갖추고자 한다. 이를 위해 한 가지 가능한 일은 위험자산이 미래 기대가격을 추정하는 것이다. 미래가격의 추정을 위해서는 모형이 필요하다. 여기에서는 가격이 이항모형을 따른다는 가정을 계속해 나갈 것이다.

예제 6.22

우리의 관점은 수집된 정보와 견해의 변화에 따라 시간이 지나면서 진화한다. $S(0)=100$, $U=10\%$, $D=-10\%$, $R=5\%$ 그리고 $p=0.8$인 이항모형을 고려해 보자.

시간 단계 0. 한 시점만 앞선 단계를 보고, 시점 1에서의 주식가격 기댓값을 계산해 시점 0으로 할인해 보자. 이 값은

$$\mathbb{E}(\tilde{S}(1)) = \frac{pS^{\mathrm{u}}(1) + (1-p)S^{\mathrm{d}}(1)}{1+R} = 100.95$$

가 된다. 주식의 평균 성장은 무위험수익률보다 더 높다는 것을 알 수 있다.

시간 단계 1. 할인된 값을 구한다는, 시점 0에서의 시각을 그대로 유지하자. 그리고 미래의 모든 가능한 사건을 포괄할 수 있는 '만약 ~하면 어떻게 될까?'의 질문에 대해서도 생각할 것이다. 시간 단계 1에서는 두 개의 사례가 분석되어야 한다.

- 주식이 $S^{\mathrm{u}}(1)=110$으로 오르면, 시나리오는 여전히 B_{u}에 머물게 된다. 이러한 설정에서 시점 2의 가격을 할인하면, 그것에 대한 기댓값은 다음과 같이 나타난다.

$$\frac{pS^{\mathrm{uu}}(2) + (1-p)S^{\mathrm{ud}}(2)}{(1+R)^2} = 105.76.$$

- 주식이 $S^{\mathrm{d}}(1)=90$로 하락해 시나리오가 B_{d}에 놓이게 되면, 할인가격의 기댓값은 다음과 같이 나타난다.

$$\frac{pS^{\mathrm{du}}(2) + (1-p)S^{\mathrm{dd}}(2)}{(1+R)^2} = 86.53.$$

두 사례를 통해, 분할 $\mathcal{P}_1$의 각각의 원소에 대해 일정한 값을 갖는 Ω 위에 정의되는 아래와 같은 확률변수를 얻게 된다.

$$\mathbb{E}(\tilde{S}(2)|\mathcal{P}_1) = \begin{cases} 105.75 & (B_{\text{u}}\text{에서}) \\ 86.53 & (B_{\text{d}}\text{에서}), \end{cases}$$

이 값을 $\mathcal{P}_1$이 주어졌을 때 $\tilde{S}(2)$의 **조건부 기댓값**(conditional expectation)이라고 한다.

시간 단계 2. 한 단계 앞으로 나아가 네 가지 사례들에 대해 계산할 수 있다. 이 값들은 각각 다음과 계산된다.

$$\frac{pS^{\text{uuu}}(3) + (1-p)S^{\text{uud}}(3)}{(1+R)^3} = 110.80 \qquad (B_{\text{uu}}\text{에서}),$$

$$\frac{pS^{\text{udu}}(3) + (1-p)S^{\text{udd}}(3)}{(1+R)^3} = 90.65 \qquad (B_{\text{ud}}\text{에서}),$$

$$\frac{pS^{\text{duu}}(3) + (1-p)S^{\text{dud}}(3)}{(1+R)^3} = 90.65 \qquad (B_{\text{du}}\text{에서}),$$

$$\frac{pS^{\text{ddu}}(3) + (1-p)S^{\text{ddd}}(3)}{(1+R)^3} = 74.17 \qquad (B_{\text{dd}}\text{에서}).$$

사실 $S^{\text{udu}}(3) = S^{\text{duu}}(3)$과 $S^{\text{udd}}(3) = S^{\text{dud}}(3)$이 만족되어 B_{ud}와 B_{du}에 대한 기댓값이 동일하므로, 고려해야 하는 값은 세 개뿐이다. 이것은 분할 $\mathcal{P}_2$의 각 원소에 대해 일정한 값을 갖는 확률변수인, $\mathcal{P}_2$가 주어졌을 때의 $\tilde{S}(3)$의 조건부 기댓값이다.

$$\mathbb{E}(\tilde{S}(3)|\mathcal{P}_2) = \begin{cases} 110.80 & (B_{\text{uu}}\text{에서}), \\ 90.65 & (B_{\text{ud}} \cup B_{\text{du}}\text{에서}), \\ 74.17 & (B_{\text{dd}}\text{에서}). \end{cases}$$

정의 6.23

X가 Ω 위에 정의된 확률변수이고 $\mathcal{P}$가 분할이면, 조건부 기댓값 $\mathbb{E}(X|\mathcal{P})$는 $\mathcal{P}$에 속하는 사건 A에 대해 일정한 값, $\mathbb{E}(X|A)$를 갖는 확률변수로 정의된다. 여기서 $\mathbb{E}(X|A)$는 사건 A가 주어졌을 때, X의 조건부 기댓값이다(부록 10.3 참조).

참고 6.24

조건부 기댓값은 분할보다는 필드(field)를 이용하여 종종 표현된다. 즉, $\mathcal{F}$가 분할 $\mathcal{P}$를 확장하는 필드라면, $\mathcal{F}$가 주어졌을 때 X의 조건부 기댓값은

$$\mathbb{E}(X|\mathcal{F}) = \mathbb{E}(X|\mathcal{P})$$

로 정의된다.

연습문제 6.12

$\mathbb{E}_*(\widetilde{S}(2)|\mathcal{P}_1) = \widetilde{S}(1)$과 $\mathbb{E}_*(\widetilde{S}(3)|\mathcal{P}_2) = \widetilde{S}(2)$가 성립함을 보여라. 이때 기댓값은 위험중립 확률 P_*하에서 계산되었다.

이것은 다음에서 보듯이 우연히 나온 결과는 아니다.

정리 6.25

$n = 0, 1, \cdots, N-1$에 대해, 다음이 성립한다.

$$\mathbb{E}_*(\widetilde{S}(n+1)|\mathcal{P}_n) = \widetilde{S}(n).$$

증명

$S(n)$이 임의의 $A \in \mathcal{P}_n$에서 상수이고, $K(n+1)$은 A와 독립이기 때문에,

$$\begin{aligned}
\mathbb{E}_*(\widetilde{S}(n+1)|A) &= \frac{1}{(1+R)^{n+1}}\mathbb{E}_*(S(n+1)|A) \\
&= \frac{1}{(1+R)^{n+1}}S(n)\mathbb{E}_*(1+K(n+1)) \\
&= \frac{1}{(1+R)^{n+1}}S(n)(1+p_*U+(1-p_*)D) \\
&= \frac{1}{(1+R)^{n+1}}S(n)(1+R) \\
&= \widetilde{S}(n)
\end{aligned}$$

이 성립한다. 그러므로

$$\mathbb{E}_*(\widetilde{S}(n+1)|\mathcal{P}_n) = \widetilde{S}(n)$$

이 된다. ■

참고 6.26

각 n에 대해 $\mathbb{E}_*(X(n+1)|\mathcal{P}_n) = X(n)$이 성립하는 확률과정 $X(n)$을 **마팅게일(martingale)**이라 한다. 정리 6.25에 따르면, 할인된 가격과정 $\widetilde{S}(n)$은 확률 P_*하에서의 마팅게일이다. 이 때문에 P_*는 종종 **마팅게일 확률(martingale probability)**이라 불린다.

정리 6.27

$x(n)$, $y(n)$의 자기자금조달 전략의 할인된 가격 $\widetilde{V}(n)$는 P_*하에서의 마팅게일이다.

증명

확률변수 $x(n+1)$, $y(n+1)$은 임의의 $B \in \mathcal{P}_n$에 대해 항상 상수이므로

$$\begin{aligned}
\mathbb{E}_*(\widetilde{V}(n+1)|B) &= \frac{1}{(1+R)^{n+1}}\mathbb{E}_*(x(n+1)S(n+1) + y(n+1)A(n+1)|B) \\
&= x(n+1)\mathbb{E}_*(\widetilde{S}(n+1)|B) + y(n+1) \\
&= x(n+1)\widetilde{S}(n) + y(n+1) \\
&= \frac{1}{(1+R)^n}(x(n+1)S(n) + y(n+1)A(n)) \\
&= \widetilde{V}(n)
\end{aligned}$$

이 성립한다. 그러므로,

$$\mathbb{E}_*(\widetilde{V}(n+1)|\mathcal{P}_n) = \widetilde{V}(n)$$

로 나타낼 수 있다. ■

따름정리 6.28

유럽식 조건부 청구권에 대한 가격과정 $H(n)$은 복제전략에 대한 가격과정 $V(n)$과 같기 때문에 할인된 청구권 가격인 $\widetilde{H}(n)$ 역시 P_*하에서의 마팅게일이 된다.

참고 6.29

임의의 확률변수 Y와 분할 $\mathcal{P}$에 대해 다음의 공식이 성립된다.

$$\mathbb{E}(\mathbb{E}(Y|\mathcal{P})) = \mathbb{E}(Y)$$

이를 이용해, 다음 공식을 유도할 수 있다.

$$H(0) = \mathbb{E}_*((1+R)^{-N}H(N)),$$

이것은 정리 6.16에 대한 다른 증명방법을 제안한다.

6.5 헤징

6.5.1 유럽식 옵션

행사가격이 $X=105$이고, 만기가 $N=3$인 유럽식 콜옵션을 발행하여 이 옵션을 무재정가격에 매도한다고 하자. 무재정가격은 $S(0)=100$달러, $U=20\%$, $D=-10\%$, $R=10\%$인 이항모형에서 나온 값이다. 이때 옵션가격은 CRR 공식을 통해 $C_E(0) = 23.3075$달러로 계산될 수 있다.

옵션 발행자는 위험에 노출되어 있다. 만약 주식이 세 시간 단계 동안 연속해서 상승한다면, 주식가격은 시점 3에 172.80달러까지 도달한다. 발행자는 옵션의 소유자에게 67.80달러를 지불해야 하는 것이다. 물론 주식이 떨어진다면 발행자는 옵션을 판 가격을 가질 수 있다. 발행자는 스스로의 포지션을 안전하게 하기 위해 복제 전략을 통해 옵션을 헤지할 수 있을 것이다.

필요하지는 않지만, 지급시점으로부터 거꾸로 나아감으로써 복제 포트폴리오의 전체 나무구조를 구성할 수도 있다. $N=3$인 이 경우에는 손으로 계산하는 것도 어렵지 않지만, 많은 시간 단계를 갖는 큰 나무구조에 대해서는 컴퓨터를 이용하는 것도 계산자원의 낭비라고 생각될 만큼 많은 계산이 필요할 것이다. 그렇게 계산하는 대신, 시점 0에서 시작하여 실제 주식가격의 변화를 따라가면 모든 시나리오를 다 분석할 필요가 없이 한 단계씩 작업할 수 있다.

시점 0에 구성될 첫 번째 포트폴리오는 시점 1의 콜옵션 가격을 찾아낸 후 알 수 있다. 시간 1의 콜옵션 가격은 CRR 공식을 통해

$$C_{\mathrm{E}}(1) = \begin{cases} 33.9394 & (B_{\mathrm{u}}\text{에서}), \\ 9.0358 & (B_{\mathrm{d}}\text{에서}) \end{cases}$$

로 계산된다. 이에 주식 포지션은

$$x(1) = \frac{C_{\mathrm{E}}^{\mathrm{u}}(1) - C_{\mathrm{E}}^{\mathrm{d}}(1)}{S^{\mathrm{u}}(1) - S^{\mathrm{d}}(1)} = 0.8301$$

이 되고 자금시장 포지션은

$$y(1) = C_{\mathrm{E}}(0) - x(1)S(0) = -59.7045$$

가 된다. 현실적으로 옵션의 발행자는 서비스에 대한 보상차원에서 $C_{\mathrm{E}}(0) = 23.31$ 달러보다 좀 더 많은 금액을 옵션의 가격으로 부과하고자 할 것이다.

다음으로, 시점 1이 되기까지 기다려 주식가격을 확인해 보자. 주식 값이 $S^{\mathrm{u}}(1)$로 상승한다고 가정하자. 이에 주식 포지션은 다음의 등식

$$x^{\mathrm{u}}(2) = \frac{C_{\mathrm{E}}^{\mathrm{uu}}(2) - C_{\mathrm{E}}^{\mathrm{ud}}(2)}{S^{\mathrm{uu}}(2) - S^{\mathrm{ud}}(2)} = 0.9343$$

이 만족되도록 재조정될 필요가 있다. 그렇기에 더 많은 주식을 매수해야 하고, 이에 자금시장 포지션은

$$y^{\mathrm{u}}(2) = y(1) + \frac{1}{1+R}(x(1) - x^{\mathrm{u}}(2))S^{\mathrm{u}}(1) = -71.0744$$

가 될 것이다. 이제 시점 2까지 기다리고, 그때의 주식가격을 확인해 보자. 주식가격은 $S^{\mathrm{ud}}(2)$가 된다고 가정하자. 이에 포트폴리오는 다음과 같이 재조정되어야 한다.

$$x^{\mathrm{ud}}(3) = \frac{C_{\mathrm{E}}^{\mathrm{udu}}(3) - C_{\mathrm{E}}^{\mathrm{udd}}(3)}{S^{\mathrm{udu}}(3) - S^{\mathrm{udd}}(3)} = 0.7593,$$

$$y^{\mathrm{ud}}(3) = y^{\mathrm{u}}(2) + \frac{1}{(1+R)^2}(x^{\mathrm{u}}(2) - x^{\mathrm{ud}}(3))S^{\mathrm{ud}}(2) = -55.4470.$$

옵션은 바로 다음 시점에 행사될 것이다. 주식이 다시 올라 $S^{\mathrm{udu}}(3) = 129.60$이 되면, 다음과 같이 모든 포지션을 청산할 준비가 된다.

- 옵션의 소유자에게 $-(S^{\mathrm{udu}}(3) - X) = 24.60$달러를 지불한다.

- 자금시장 포지션(이자 포함)을 청산하기 위해 $-y^{\mathrm{ud}}(3)(1+R)^3 = 73.80$달러를 지불한다.
- 한 주당 $S^{\mathrm{udu}}(3) = 129.60$달러의 가치를 가지는 주식을 $x^{\mathrm{ud}}(3) = 0.7593$개 매도한다. 그리고 $0.7593 \times 129.60 = 98.40$달러를 수령한다.

위의 세 거래의 잔액은 0이다.

udu 시나리오에 대해 구체적으로 분석했지만, 유사한 분석방법이 다른 시나리오에 대해서도 쉽게 적용될 수 있다. 이렇게 옵션 발행자의 모든 리스크를 헤지하였다.

연습문제 6.13

위와 동일한 유럽식 콜옵션의 헤징 전략을 duu 시나리오에 대해 만들어 보라.

6.5.2 미국식 옵션

6.5.1절에 주어진 자료를 활용해, 행사가격이 $X = 100$이고 만기가 $N = 3$인 미국식 풋옵션을 고려해 보자. 미국식 옵션에 대한 헤징 포지션을 구성하는 것은 유럽식 옵션에 대해 구성하는 것보다 더 어렵다. 왜냐하면 미국식 옵션에 대해서는 CRR 공식을 사용할 수 없고, 옵션가격에 대해서도 전체 나무구조를 계산하여야 하기 때문이다(왼쪽의 표는 주식가격으로서, 이를 통해 옵션이 행사되는 경우들을 알 수 있다).

주식				옵션			
$S(0)$	$S(1)$	$S(2)$	$S(3)$	$P_{\mathrm{A}}(0)$	$P_{\mathrm{A}}(1)$	$P_{\mathrm{A}}(2)$	$P_{\mathrm{A}}(3)$
			172.8				0.0000
		144				0.0000	
	120		129.6		0.2571		0.0000
100		108		3.1861		0.8485	
	90		97.2		10.0000		2.8000
		81				19.0000	
			72.9				27.1000

옵션을 하나 발행해서 3.1861달러에 매도하고 나면, 헤징 포트폴리오의 주식 포지션을 다음과 같이 계산할 수 있다.

$$x(1) = \frac{P_{\mathrm{A}}^{\mathrm{u}}(1) - P_{\mathrm{A}}^{\mathrm{d}}(1)}{S^{\mathrm{u}}(1) - S^{\mathrm{d}}(1)} = -0.3248.$$

이 값은 공매도될 주식의 수(0.3248)를 의미한다. 자금시장 포지션은 옵션에 지급된 프리미엄과 공매도 수익을 포함하여,

$$y(1) = P_A(0) - x(1)S(0) = 35.6624$$

가 된다.

이제 이 포트폴리오를 소유하고 시점 1까지 기다려 보자. 주식은 $S^d(1)$로 하락한다고 가정한다. 이 가정에서 옵션의 소유자는 옵션을 행사할 것인지 말 것인지를 선택하게 된다. 만약 옵션을 행사하기로 선택한다면, 옵션의 발행자는 $X - S^d(1) = 10$달러를 지불해야 한다. 하지만 헤징 포트폴리오 포지션을 청산함으로써 $x(1)S^d(1) + y(1)(1+R) = 10$달러를 받을 수 있기에, 옵션 발행자는 손해를 입지 않는다. 다른 선택으로, 옵션의 소유자가 옵션을 행사하지 않기로 한다면, 포트폴리오는 다음과 같이 재조정될 필요가 있다.

$$x^d(2) = \frac{P_A^{du}(2) - P_A^{dd}(2)}{S^{du}(2) - S^{dd}(2)} = -0.6723,$$

$$y^d(2) = y(1) + \frac{1}{1+R}(x(1) - x^d(2))S^d(1) = 64.0955.$$

이것은 시점 2까지 유지된다. 이제 주식이 또 하락해 $S^{dd}(2)$가 된다고 가정해 보자. 이때 만약 옵션의 소유자가 옵션을 행사한다면, 발행자는 포트폴리오를 현금화하여 $x^d(2)S^{dd}(2) + y^d(2)(1+R)^2 = 23.1010$달러를 수령 받고, 19달러의 지급을 충분히 감당할 수 있게 된다. 하지만 만약 옵션이 행사되지 않는다면, 옵션의 발행자는 또 다시 포트폴리오를 재조정하여야 한다. 그 방법은 아래와 같다.

$$x^{dd}(3) = \frac{P_A^{ddu}(3) - P_A^{ddd}(3)}{S^{ddu}(3) - S^{ddd}(3)} = -1.0000,$$

$$y^{dd}(3) = y^d(2) + \frac{1}{(1+R)^2}(x^d(2) - x^{dd}(3))S^{dd}(2) = 86.0339.$$

이제 시점 3이 되어, 주식가격이 $S^{ddd}(3)$이 되었다고 가정하자. 옵션의 소유자는 옵션을 행사할 것이고, 발행자는 헤징 포트폴리오를 현금화시킴으로써 $x^{dd}(3)S^{ddd}(3) + y^{dd}(3)(1+R)^3 = 41.6111$달러를 수령할 것이다. 수령한 금액은 지급해야 하는 27.10달러보다 크기에 옵션의 발행자는 전과 마찬가지로 채무를 감당할 수 있게 된다.

다음의 사실을 주목하자. 시점 1에서 주식가격이 $S^{\mathrm{d}}(1)$일 때 옵션의 소유자가 옵션을 행사하지 않는다면, 이 헤징전략은 발행자에게 추후 옵션 행사 시 발생하는 지급보다 더 많은 현금을 제공한다. 옵션 소유자에게는 시점 1의 주식가격이 $S^{\mathrm{d}}(1)$일 때, 옵션을 행사해서 10달러를 수령받는 것이 더 나은 것이다. 만약 옵션의 소유자가 시점 2 혹은 3에 행사할 수 있는 풋옵션을 여전히 원한다면, 그러한 옵션을

$$\frac{1}{1+R}(p_*P_A^{\mathrm{du}}(2)+(1-p_*)P_A^{\mathrm{dd}}(2))=6.2718$$

달러에 구매하고 그 차이 3.7282달러를 가지는 것이 가능하다.

지금까지의 논의는 ddd 시나리오에 대해서만 이루어졌다. 하지만 이러한 논의는 다른 시나리오에 대해서도 마찬가지로 활용될 수 있다.

연습문제 6.14

위의 미국식 풋옵션에 대한 udd 시나리오의 헤징전략을 구하여라. 옵션의 소유자는 옵션을 일찍 행사해야 하는가? 아니면 만기가 될 때까지 옵션을 가지고 있어야 하는가?

사례 6 논의

먼저, 연수익률의 기댓값이 9%이고 표준편차 8.5%인, 분기별 포트폴리오 움직임에 대한 이항 나무구조를 만들어 보자. 3달(1분기)을 하나의 시간 단계로 놓고, $S(4)=S(0)(1+K(1))(1+K(2))(1+K(3))(1+K(4))$의 식을 만족시키는 U, D의 값을 구해야 할 것이다. 여기서 $K(n)$은 $\{U,D\}$ 중 하나의 값을 갖는 서로 독립인 확률변수이다. 두 값을 구하기 위해, 주어진 조건들을 수식화하면

$$\mathbb{E}(S(4))=S(0)(1+9\%),$$
$$\mathrm{Var}\left(\frac{S(4)-S(0)}{S(0)}\right)=(8.5\%)^2,$$

이 되어 세 개의 변수 p, U, D에 대한 연립방정식을 세울 수 있다. 그러나 이 연립방정식의 해는 너무 많으므로, 간단히 $p=0.5$를 대입하면 $U=6.16\%$와 $D=-1.80\%$의 값을 구해낼 수 있다(모든 값은 근삿값이다). 분기별 무위험수익률은 연 이자율인 5%로부터 $R=1.23\%$로 계산될 수 있다. 이것으로 위험중립 확률 $p_*=0.76$을 계산할 수 있다(역자주: $p_*=0.3807$로 계산되나 앞으로 나오는 계산에서 0.76으로 사용된다). 이제 이항 나무모형에 $S(0)=100$달러라는 구체적인 값을 넣어보자. 이는 다음과 같은 표로 나타낼 수 있다.

시간	0	1	2	3	4
한 주당 가격					\$127.00
				\$119.63	
			\$112.69		\$117.48
		\$106.16		\$110.66	
	\$100		\$104.24		\$108.67
		\$98.20		\$102.37	
			\$96.43		\$100.52
				\$94.69	
					\$92.99

포트폴리오(처음 40년)를 구성하기 위한 첫 번째 단계를 생각해 보자. 그리고 첫 분기 말에 1,000달러를 투자할 것이라 가정하자(이 금액의 합은 변할 것이고, 예가 될 만한 금액을 고려한다). 이제 우리는 현물가격과 선도가격, 그리고 콜옵션 가격에서 구매한 단위 수를 비교함으로써, 분기 시작의 시점에서 여러 가능한 일들을 분석해 볼 것이다.

선도가격은 $F(0,1)=101.20$달러로, 투자자는 선도계약 매입포지션을 $1{,}000/101.2=9.88$단위만큼 취할 수 있다. 이 경우에는 투자자가 분기 말에 보유하게 되는 위험자산의 개수가 알려져 있지만, 가격은 랜덤이며 이것은 차후의 단계에도 영향을 주게 된다.

1분기 후의 평균가격인 102.18달러와 동일한 행사가격을 가지는 콜옵션을 고려한다면, 하나의 옵션을 구매하는 데 발생하는 비용은 기간의 시작 시점에는 $C=2.99$달러, 끝나는 시점에는 3.03달러가 될 것이다. 투자자는 옵션을 분기의 시작 시점에 구매해야 하지만 투자는 분기 말에 이루어질 것이다. 그렇기에 투자자는 일정 돈을 차입하여야 한다. 여기서 투자자는 돈을 무위험으로 차입할 수 있다고 가정한다. 이 가정은 투자자가 무위험으로 돈을 투자하고 이러한 투자 기금에서 '차입'할 수 있기에 타당한 것이다.

이제 얼마나 많은 콜옵션을 구매할지 결정해야 한다(추가적으로, 다른 행사가격을 알아볼 수도 있다). 가령, 5개의 옵션을 고려해 보자. 그러면 '상승'의 경우에는 5개의 단위를 행사가격에 구매하고, 1,000달러 중 남는 금액으로 위험자산을 현물가격에 구매하는 데 사용할 수 있다. '하락'의 경우에는 모든 단위가 현물가격에 구매될 것이다. '상승' 상태에서 투자자의 1,000달러는 예를 들어, 다음의 단위 수로 전환될 것이다.

$$5+(1{,}000-15.14-5\times 102.18)/106.16=9.46.$$

결과를 요약하면 아래와 같다.

	무헤지		선도계약		5개의 콜옵션	
	단위	값	단위	값	단위	값
상승	9.42	\$1,000	9.88	\$1,048.70	9.46	\$1,004.75
하락	10.18	\$1,000	9.88	\$970.08	10.03	\$984.86

콜옵션을 포함한 전략은 매력적이지 않아 보인다.

다음으로, 계획의 두 번째 단계인 점차적으로 포지션을 현금화하는 마지막 20년에 수반된 위험을 줄이기 위해 파생상품을 활용해 보자. 투자자는 두 번째 단계를, 40년(사례 2)간 축적한 자본금 1,182,000달러로 시작한다. 투자자가 매 분기(간단하게, 성장가정은 연단위로 적용됨)말마다 스스로에게 동일한 액수의 금액을 지급한다고 가정해 보자. 이에 첫 해 동안의 지급은 매 분기 27,500달러가 되고, 1년 단위의 지급은 110,000달러가 된다(40년째 말의 연봉의 약 50%).

한 해에만 국한해 보아, 4단계 이항나무구조를 생각해 보자. 초기 단위 가격이 다시 100달러라 가정하고 나무구조 모수는 위와 같다고 가정한다. 만약 모든 돈이 위험자산에 투자된다고 하면, 투자자는 11,820단위를 소유하게 된다.

나무구조의 각각의 마디에서 일정한 수의 풋옵션을 구입하는 전략을 고려해 보자. 풋옵션의 만기 시점은 다음 분기 말이고, 행사가격은 분기 말에 기대되는 단위 가격으로 각각 102.18, 104.40, 106.68, 109.00달러와 같다. 이 단일 단계 풋옵션들의 지급은 다음의 표를 따른다.

시간	1	2	3	4
풋옵션 지급				$0
			$0	
		$0		$0
	$0		$0	
		$0.1584		$0.3304
	$3.9795		$4.3102	
		$7.9739		$8.4777
			$11.9849	
				$16.0142

이에 대응하는 풋옵션의 가격은 다음과 같다.

시간	0	1	2	3
풋옵션 가격				$0
			$0	
		$0.0374		$0.0780
	$0.9391		$1.0171	
		$2.0010		$2.2490
			$6.0690	
				$10.1534

이제 각각의 시나리오에 따라, 연금지급과 풋옵션 구매를 위해 일부를 팔고 행사된 옵

션의 지급으로 일부는 구매한 후, 남겨진 단위 수를 계산한다. 예를 들면, 첫 번째 분기 말에 노드 d에서의 단위 수는

$$11{,}820-\frac{27{,}500}{98.20}-\frac{5{,}000\times 0.9391}{100}+\frac{5{,}000\times 3.9795}{98.20}=11{,}696$$

이 될 것이다. 이와 같은 방식을 계속 진행해 보자. 4단계 후에는 16개의 값이 있는데 이 설정은 경로 의존적이다. 구한 단위 수를 마지막 자산가격에 곱하여 최종가치를 찾는다. 만약 가장 나쁜 시나리오의 값이 극대화된다면 8,855개의 풋옵션을 사용하는 것이 최선이 될 것이다.

풋옵션의 수	0	8,855
최악 값	$992,029.50	$1,158,097.77
최선 값	$1,380,541.07	$1,369,584.85
평균	$1,174,733.86	$1,212,799.96

대안책은 네 번째 분기 말에 만기가 되는 미국식 옵션을 구매하는 것이다. 여기서 행사가격과 옵션의 수와 관련한 다양한 가능성을 논의해야 한다. 만약 행사가격이 100.56달러보다 높다면, 옵션을 시점 0에서 행사하는 것이 최선이 되어 흥미롭지 못한 경우가 된다. 만약 행사가격이 100달러이면 옵션의 가격은 0.42515달러가 될 것이고 시점 1에서 d 시나리오에 행사될 것이다. 최악의 경우를 극대화하는 미국식 풋옵션의 최적의 수는 51,253이 되어, 결과 값은 1,059,206.41달러가 된다. 그렇기에 좀 더 낮은 행사가격의 풋옵션을 구매하는 것이 더 나을 것이다. 예를 들어, 행사가격이 95달러라면 대응하는 결과는 1,074,404.40달러, 최적의 수는 41,016개이다(여기서 옵션은 dddd 시나리오의 4번째 단계 말에 행사된다). 이 값은 대략적으로, 투자자가 취할 수 있는 최상의 값이다.

제 7 장 일반적인 이산시간모형

사례 7

다시 개인 퇴직연금으로 돌아가 보자. 우리는 위험이 달갑지 않더라도 위험자산에 투자하는 것이 더 높은 수익률을 준다는 것을 알고 있다. 위험은 파생상품을 이용해서 적어도 부분적으로는 관리될 수 있기에 우리는 하나의 주식에 대해 발행된 옵션을 이용했다. 하지만 포트폴리오 이론에 따르면 여러 위험자산에 투자하는 것이 좋다. 이러한 분산투자를 통해 위험을 줄일 수 있는데, 이를 위해서는 여러 기초자산을 다룰 줄 알아야 할 것이다. 여기서 첫 번째 문제는 적절한 모형을 구성하는 것에 대한 것이다. 그 첫 번째 단계로서, 두 개의 주식을 포함하는 문제를 생각해 볼 수 있다.

7.1 3항 나무모형

이항 나무모형의 자연스러운 일반화는 한 단계 수익률 K에 대한 가능한 값의 범위를 세 가지로 늘리는 것이다. 이 방법은 이항모형에서와 같이 가격이 오르거나 떨어지기만 하는 것이 아니라 임의의 주어진 단계에서 어떤 중간의 값을 취할 수 있게 한다. 확률공간은 $\Omega = \{\mathrm{u}, \mathrm{m}, \mathrm{d}\}$와 각각의 확률 $p, q, 1-p-q$ $(0 < p,\ q,\ p+q < 1)$로 구성될 것이다.

조건 7.1

수익률 K는 다음의 형식을 따르는 확률변수이다.

$$K^{\omega} = \begin{cases} U & (\omega = \mathrm{u}\text{일 때}), \\ M & (\omega = \mathrm{m}\text{일 때}), \\ D & (\omega = \mathrm{d}\text{일 때}). \end{cases}$$

여기서 $D < M < U$이 성립한다.

U와 D는 앞에서와 같이 상승, 하락의 가격이동에 따른 수익률을 의미한다. 반면 M은 중간의 가격 움직임에 대한 수익률이다. 이항 나무모형에서와 같이, 위험자산이 하나보다 많다면 $D < M < U$의 조건은 완화될 필요가 있을 수 있다.

조건 7.2

무위험투자의 한 단계 수익률 R은 매시간 단계에서 동일하고 다음을 만족한다.

$$D < R < U.$$

$S(1)/S(0) = 1 + K$이므로, 조건 7.1은 $S(1)$이 다음과 같은 세 가지 다른 값들을 가진다는 것을 함축한다.

$$S^{\omega}(1) = \begin{cases} S^{\mathrm{u}}(1) = S(0)(1+U) & (\omega = \mathrm{u}\text{일 때}), \\ S^{\mathrm{m}}(1) = S(0)(1+M) & (\omega = \mathrm{m}\text{일 때}), \\ S^{\mathrm{d}}(1) = S(0)(1+D) & (\omega = \mathrm{d}\text{일 때}). \end{cases}$$

연습문제 7.1

조건 $D < R < U$가 재정이 발생하지 않는다는 것과 동일함을 증명하여라.

7.1.1 가격결정

앞서의 이항 나무모형에서, 조건부 청구권의 가격결정을 위해 위험중립 확률을 적절하게 사용한 바 있다. 3항 나무모형에서는 위험중립 확률 $(p_*, q_*, 1-p_*-q_*)$에 대한 조건인 $\mathbb{E}_*(K) = R$(정의 6.8 참조)이 다음 식과 같아진다.

$$p_*(U-R) + q_*(M-R) + (1-p_*-q_*)(D-R) = 0. \tag{7.1}$$

이 식은 두 변수를 포함하고 있는 하나의 방정식이므로, 일반적으로 해가 존재하지 않거나 $p_*,\ q_*,\ 1-p_*-q_* \in (0,1)$가 되는 무수히 많은 해가 존재한다.

연습문제 7.2

$D< R< U$의 조건이 세 확률 p_*, q_*, $1-p_*-q_*$이 $(0,1)$에 속하도록 하는, 식 (7.1)의 해의 존재를 보장함을 증명하여라.

3차원 실수 공간 $\mathbb{R}^3$의 벡터 $(p_*, q_*, 1-p_*-q_*)$는 좌표 $(U-R, M-R, D-R)$의 벡터와 직교하는데, 이 좌표는 현금대출로 구입한 주식 한 주를 보유한 투자자들의 수익률로 표현된 한 단계의 이익(손실)을 나타낸다. 이는 벡터 $(p_*, q_*, 1-p_*-q_*)$가 삼각형 $\{(a,b,c): a,b,c \geq 0, a+b+c=1\}$와 이익 벡터인 $(U-R, M-R, D-R)$과 직교하는 평면의 교선(intersection) 위에 놓인다는 것을 의미한다(그림 7.1 참조). 조건 7.2는 벡터 $(U-R, M-R, D-R)$을 포함하는 직선이 양의 8분원을 지나지 않기에, 교선이 비어 있지 않는다는 것을 보장한다. 이 경우에는 교차점이 선분이 되어 무수히 많은 위험중립 확률이 존재하게 된다.

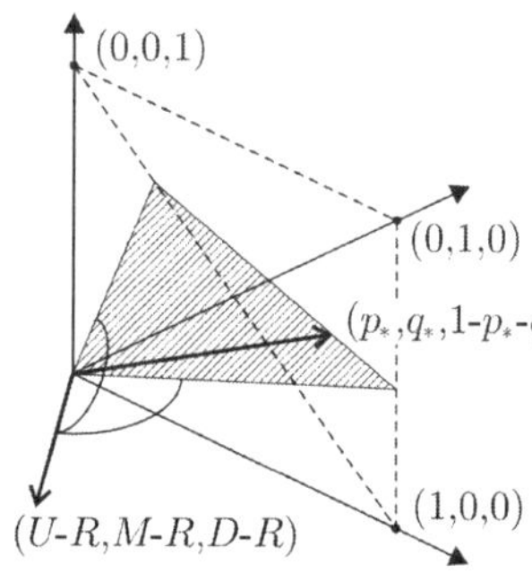

그림 7.1 위험중립 확률 p_*, q_*의 기하학적 해석

위험중립 확률에 대한 조건 (7.1)의 또 다른 해석은 그림 7.2에 나타나 있다. 덩어리 p_*, q_* 그리고 $1-p_*-q_*$가 실수축의 좌표 U, M, D에 붙어 있다면 무게의 중심은 R이 된다는 것이다.

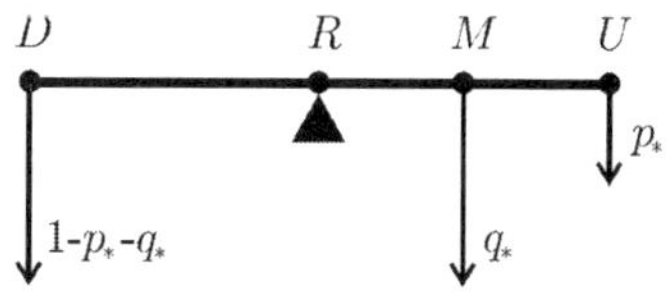

그림 7.2 위험중립 확률 p_*, q_*의 무게중심 해석

연습문제 7.3

$U=0.2$, $M=0$, $D=-0.1$ 그리고 $R=0$이라고 하자. 모든 가능한 위험중립 확률을 구하여라.

6장에서, 이항모형에서의 파생상품 가격결정을 두 가지 방법, 즉 복제 혹은 위험중립 확률에서의 할인된 기대 지급을 사용하는 방법으로 논의하였다. 3항 나무모형의 경우는 많은 서로 다른 위험중립 확률이 있고, 이 확률들은 각각 다른 할인 기대 지급값을 생성할 수 있다. 하지만, 하나의 옵션이 두 개의 다른 가격에 동시에 거래된다면 순간적인 재정기회가 만들어질 수 있다. 복제 방법 역시도 어렵기는 마찬가지이다. 표본공간 $\Omega=\{\mathrm{u},\mathrm{m},\mathrm{d}\}$에 대한 조건부 청구권 $H(1)$은 $H^{\mathrm{u}}(1)$, $H^{\mathrm{m}}(1)$, $H^{\mathrm{d}}(1)$의 세 가지 값을 취한다. 만약 투자자가 그 가치 $V(1)$이 $H(1)$과 동일하게 되는 (x,y) 포트폴리오를 찾는다면, 이 포트폴리오는 x,y에 대한 아래 세 가지 방정식을 동시에 만족해야 할 것이다.

$$\begin{cases} xS^{\mathrm{u}}(1)+yA(0)(1+R)=H^{\mathrm{u}}(1), \\ xS^{\mathrm{m}}(1)+yA(0)(1+R)=H^{\mathrm{m}}(1), \\ xS^{\mathrm{d}}(1)+yA(0)(1+R)=H^{\mathrm{d}}(1). \end{cases}$$

하지만 이 방정식은 일반적으로 해가 존재하지 않는다. 복제에 의한 가격 결정은 그런 경우 실패하게 된다.

7.1.2 두 자산

6장에서 본 것과 같이, 이항모형은 한 개 자산의 가격 변화를 모형화하는 데에 적절하다. 하지만 추가적인 위험자산이 포함된다면, 이항모형으로는 불충분하다. 단일 시간 단계를 상정하고 $S_1(n)$, $S_2(n)$, $n=0,1$을 두 주식의 가격이라고 하자. 만약 상수가 아니면서 동일한 공간 $\Omega=\{\mathrm{u},\mathrm{d}\}$에서 정의되는 K_j에 대해 주식의 가격변화를 $S_j(1)=S_j(0)(1+K_j)$, $j=1,2$라고 표현한다면, 확률변수 K_j는 상관계수 1 혹은 -1로 완벽한 상관관계가 있어야 한다.

연습문제 7.4

이 사실을 증명하여라.

완벽한 상관관계에 있는 수익률은 당연히 현실 모형에서 적용될 수 없다. 하지만 3항 나무모형을 사용하면 상황이 바뀌게 된다. 다음을 가정해 보자.

$$\begin{cases} K_j^{\mathrm{u}} = U_j, \\ K_j^{\mathrm{m}} = M_j, \\ K_j^{\mathrm{d}} = D_j. \end{cases}$$

약간의 기술적 조건이 만족된다면, 가격 결정의 문제를 해결할 수 있을 것이다. 이제 조건부 청구권 $H(1)$의 복제가 가능해진다. 3개의 자산으로 구성된 포트폴리오 (x_1, x_2, y)에 대해 아래와 같은 연립방정식을 세울 수 있는데(x_j는 주식 j에 대한 포지션),

$$\begin{cases} x_1 S_1^{\mathrm{u}}(1) + x_2 S_2^{\mathrm{u}}(1) + yA(0)(1+R) = H^{\mathrm{u}}(1), \\ x_1 S_1^{\mathrm{m}}(1) + x_2 S_2^{\mathrm{m}}(1) + yA(0)(1+R) = H^{\mathrm{m}}(1), \\ x_1 S_1^{\mathrm{d}}(1) + x_2 S_2^{\mathrm{d}}(1) + yA(0)(1+R) = H^{\mathrm{d}}(1). \end{cases} \tag{7.2}$$

이는 세 개의 미지수 x_1, x_2, y를 가지는 세 개의 방정식으로 이루어진 연립방정식이므로 단일 해를 갖는다. 위험중립 확률을 이용한 가격 결정도 가능하다. 만약 두 수익률이 조건 $\mathbb{E}_*(K_j) = R$을 만족해야 한다면, p^*과 q^*에 대해 다음과 같은 연립방정식을 얻는다.

$$\begin{cases} p_*(U_1 - R) + q_*(M_1 - R) + (1 - p_* - q_*)(D_1 - R) = 0, \\ p_*(U_2 - R) + q_*(M_2 - R) + (1 - p_* - q_*)(D_2 - R) = 0. \end{cases} \tag{7.3}$$

기본정리 7.3

위험중립 확률을 결정하는 연립방정식 (7.3)은 복제 연립방정식 (7.2)가 유일한 해를 가질 때 유일한 해를 가지며 역도 성립한다.

연습문제 7.5

기본정리 7.3을 증명하여라.

예제 7.4

$S_1(0) = S_2(0) = 30$이고 $U_1 = 20\%$, $M_1 = 10\%$, $D_1 = -10\%$, $U_2 = -5\%$, $M_2 = 15\%$, $D_2 = 10\%$, $R = 5\%$라 가정하자. 또한 행사가격이 32인 S_1에

대한 콜옵션이 $C^{u}(1)=4$, $C^{m}(1)=1$, $C^{d}(1)=0$이라고 가정하자.

이 경우 복제 포트폴리오는 $x_1=0.25926$, $x_2=-0.37037$, $y=4.97354$이고, 위험중립 확률은 $p_*=0.38889$, $q_*=0.16667$, $1-p_*-q_*=0.44444$이다.

이제 복제 포트폴리오의 초깃값을 취하거나 위험중립 확률을 이용한 할인 기대 지급을 구함으로써 옵션의 가격을 계산할 수 있다. 두 방법을 통해 계산한 값은 모두 $C(0)=1.6402$로 동일하다.

그러나 다음의 예제에서처럼 위 연립방정식의 유일해가 존재한다는 사실만으로는 충분하지 않다.

예제 7.5

주식 S_2의 수익률을 제외하고, 나머지 조건은 모두 앞의 예제와 같다고 하자. 이 문제에서는 $U_2=10\%$, $M_2=5\%$, $D_2=-20\%$를 가정하자. 두 연립방정식은 모두 유일해를 가지지만 이 예제에서는 $p_*=-0.83333$, $q_*=2$, $1-p_*-q_*=-0.166667$이 되기에 확률이 될 수 없다. 또한 복제 포트폴리오는 이 문제에서 $x_1=1.55556$, $x_2=-1.11111$, $y=-14.5032$가 된다. 옵션의 가격은 두 방법이 동일한 값을 주지만, 그 값은 $C(0)=-1.2698$이 되어 음수이고, 이는 당연히 무재정원리를 위반하는 결과이다.

이 장의 뒷부분에서는 무재정원리를 위반하지 않으면서, 가격 결정 문제의 적절한 토대가 되는 두 정리를 증명할 것이다.

연습문제 7.6

수익률이 $U_1=15\%$, $M_1=5\%$, $D_1=-10\%$, $U_2=20\%$, $M_2=12\%$, $D_2=-20\%$, $R=5\%$라 하자. 위험중립 확률을 구하여라.

7.2 일반적인 모형

이 절에서는 자금 시장 계좌에 더하여 주식들과 같은 기본자산(또한 기초자산으로 불리는)으로 구성된, 소위 1차 시장(primary market)을 다룰 것이다. 그런 다음 조건부 청구권(파생상품)을 포함하도록 그 범위를 확장할 것이다. 주식가격은 외부로부터 주어지고 파생상품의 가격은 기초자산의 모형 안에서 계산되어지는 내부변수로 얻어지게 된다.

6장에서와 마찬가지로 시간은 고정된 길이 h씩 움직인다고 가정한다. 시간에 의존하는 여러 변수에 대해, n번째 시간 단계 $t = nh$ 대신 n을 사용함으로써 좀 더 표기를 간단하게 할 수 있다. 예를 들어, $A(nh)$ 대신 $A(n)$으로 쓸 것이다.

m개의 위험자산이 거래된다고 가정하고, 위험자산들은 주식이라고 부르도록 하자. $n = 0, 1, 2, \cdots$에서 이들의 가격은 $S_1(n)$, $\cdots$, $S_m(n)$으로 표기되고, 투자자들은 무위험자산을 마음대로 이용할 수 있다고 가정하자. 또, 따로 언급하지 않으면 무위험투자에 대한 초기 수준은 자국 통화의 한 개 단위인 $A(0) = 1$이라고 하자. 자금시장 계좌는 채권(2장 참조)을 이용해서 만들어질 수 있기 때문에, 종종 무위험투자를 채권에 대한 포지션으로 표현할 것이고, 그러므로 $A(n)$을 시간 n에서의 채권가격으로 생각하면 편리할 것이다.

위험자산 1,2,3, $\cdots$,m의 포지션을 각각 x_1, x_2, $\cdots$, x_m으로 나타내고, 무위험자산의 포지션을 y로 나타낸다. 이러한 포트폴리오를 소유하고 있는 투자자의 재산은 시간 n에서 다음과 같다.

$$V(n) = \sum_{j=1}^{m} x_j S_j(n) + yA(n).$$

이어서 몇 가지 자연스러운 가정들을 소개하겠다.

가정 7.6 임의성

주식의 미래가격 $S_1(n)$, $\cdots$, $S_m(n)$은 임의의 $n = 1,2,\cdots$에서 확률변수이다. $n = 1,2,\cdots$에서 채권 미래가격 $A(n)$은 알려진 값이다.

가정 7.7 가격의 양수성

모든 주식과 채권가격은 양수이다.

$$S(n) > 0, \ A(n) > 0 \qquad n = 0,1,2,\cdots$$

가정 7.8 가분성, 유동성, 공매도

투자자는 m개의 주식과 무위험자산을 원하는 만큼 구매, 매도, 또는 소유할 수 있다. 즉 $k=1,\cdots,m$의 주식에 대한 포지션 x_k와 무위험포지션 y는 정수, 분수, 양수, 음수, 또는 0의 값 모두를 취할 수 있으며, 즉

$$x_1,\cdots,x_m, y \in \mathbb{R}$$

이 된다.

가정 7.9 단위 가격의 이산성

$n=0,1,2,\cdots$의 각 시점에서, 주식가격 $S_1(n)$, $\cdots$, $S_m(n)$는 오직 유한개의 값만을 취할 수 있는 이산 확률변수이다. 이것은 수학적으로, 확률공간 Ω가 유한하다는 전제에서 얻어질 수 있다.

7.2.1 투자 전략

투자자가 소유하는 위험과 무위험자산에 대한 포지션은, 자산을 매도하고 다른 자산에 그 자금을 투자함으로써 언제든 바뀔 수 있다. 실생활에서는 소비를 위해 현금을 포트폴리오로부터 빼기도 하고, 다른 출처로부터 현금을 더 조달할 수도 있다. 그렇지만 우리는 가능한 한 상황을 간단하게 만들기 위해, 우리 모형에서 소비나 새로운 자금조달이 발생하지 않는다고 가정할 것이다.

투자자는 언제 포트폴리오를 재조정하고, 또 얼마나 많이 사고 팔 것인지에 대한 결정을 현재 이용가능한 정보에 기초하여 내리게 된다. 여기서 투자자가 미래를 미리 볼 수 있다는 희박한 가능성이나, 내부 정보를 이용하여 불법적인 행동을 하는 경우 등은 배제할 것이다. 그렇지만 어떤 거래 결정이 이루어지는 시점까지의 모든 과거 시장정보는 모두가 자유롭게 이용가능하다.

예제 7.10

$m=2$이고, 다음의 특정 시장 시나리오를 가정하자.

$$\begin{aligned} S_1(0)&=60, & S_1(1)&=65, & S_1(2)&=75,\\ S_2(0)&=20, & S_2(1)&=15, & S_2(2)&=25,\\ A(0)&=100, & A(1)&=110, & A(2)&=121. \end{aligned}$$

시점 0에서 초기자산 $V(0) = 3{,}000$달러는 첫 번째 주식 $x_1(1) = 20$주, 두 번째 주식 $x_2(1) = 65$주, 채권 $y(1) = 5$로 구성된 포트폴리오에 투자된다. 이 책에서는 시간 0에서 만들어지는 포지션을 관례적으로 $x_1(1)$, $x_2(1)$ 그리고 $y(1)$로 쓰는데, 이렇게 함으로써 이것이 첫 번째 시간 구간에서 보유되는 포트폴리오라는 사실을 반영할 수 있다. 시점 1에서 이 포트폴리오는 $V(1) = 20 \times 65 + 65 \times 15 + 5 \times 110 = 2{,}825$달러의 가치를 가진다. 이 시점에서 자산의 수는 총 가치가 \$2,825로 유지되는 한, 일부를 구매하거나 매도함으로써 바뀔 수 있다. 예를 들면, 첫 번째 주식 $x_1(2) = 15$주, 두 번째 주식 $x_2(2) = 94$주, 채권 $y(2) = 4$로 이루어진 새 포트폴리오를 만들어 두 번째 시간구간에서 이를 보유할 수 있다. 이 포트폴리오의 가치는 시간 2에서 $V(2) = 15 \times 75 + 94 \times 25 + 4 \times 121 = 3{,}959$달러가 되고, 이때 주식과 채권에 대한 포지션은 총 가치가 \$3,959로 유지되는 한 다시 한 번 조정될 수 있으며 다음 시점에서도 마찬가지이다. 그렇지만 원래의 포트폴리오에 대해 조정이 이루어지지 않는다면, 시간 1에서의 포트폴리오의 가치는 \$2,825가 되고 시간 2에서의 가치는 \$3,730이 될 것이다.

정의 7.11

포트폴리오는 투자자가 시점 $n-1$과 n 사이에 보유하는 주식과 채권의 수를 나타내는 벡터 $(x_1(n), \cdots, x_m(n), y(n))$이다. $n = 1, 2, \cdots$로 색인을 넣은 일련의 포트폴리오를 **투자 전략**(investment strategy)이라 한다. 시점 $n \geq 1$에서 투자자의 재산 혹은 전략의 가치는 아래와 같이 주어진다.

$$V(n) = \sum_{j=1}^{m} x_j(n) S_j(n) + y(n) A(n).$$

시점 $n = 0$에서의 초기 재산은 다음과 같다.

$$V(0) = \sum_{j=1}^{m} x_j(1) S_j(0) + y(1) A(0).$$

기초자산만을 포함한 전략은 때에 따라 (x, y)-전략으로 참조된다.

포트폴리오의 구성은 포트폴리오의 현재 가치가 변하지 않는 한, 임의의 시점에서 자산의 일부를 구매하거나 매도함으로써 조정될 수 있다.

정의 7.12

시점 $n \geq 1$에서 구성되어 다음 $n+1$ 번째 시간 구간 동안 보유되는 포트폴리오가 전적으로 현재의 재산 $V(n)$에 의해 조달된다면, 즉, 다음의 식

$$\sum_{j=1}^{m} x_j(n+1)S_j(n) + y(n+1)A(n) = V(n). \tag{7.4}$$

을 만족한다면, 이 투자전략은 **자기금융**(self financing)이라 불린다.

예제 7.13

주식과 채권가격이 예제 7.10과 같다고 하자. 초기 재산 $V(0) = 3{,}000$달러가 첫 번째 주식 $x_1(1) = 18.22$주를 구매하고, 두 번째 주식 $x_2(1) = -16.81$주를 공매도하고, 채권 $y(1) = 22.43$을 사는 데 투자된다. 시점 1에서의 이 포트폴리오의 가치는 $V(1) = 18.22 \times 65 - 16.81 \times 15 + 22.43 \times 110 = 3{,}399.45$ 달러가 될 것이다. 투자자는 공매도한 주식의 가격 하락으로부터 이익을 얻는다. 이 예제는 분수 혹은 음수의 자산을 포함하는 포트폴리오가 허용된다는 사실을 보여 준다.

이미 가정한 것과 같이, $x_1(n)$, $\cdots$, $x_m(n)$, $y(n)$에는 어떠한 제약도 두지 않는다. 이 값들이 정수가 아닌 값을 취할 수 있다는 사실은 **가분성**(divisibility)으로 참조된다. 음수의 $x_j(n)$은 주식 j가 **공매도**(sold short)되는 것(다시 말해, 주식 j에 대한 매도포지션을 취하는 것)을 의미하고, 음수의 $y(n)$은 현금 차입(가령, 채권을 발행하여 매도하는 것과 같이 자금시장에서 매도포지션을 취하는 것)에 상응한다. 이 숫자들에 대한 어떠한 제약도 없다는 것은 시장이 **유동적**(liquid)이라는 것, 즉 각 자산이 시간과 양에 구애받지 않고 구매되거나 매도될 수 있다는 사실을 의미한다.

현실적으로는 주식 시장에서 공매도를 제어하는 어떤 조치가 행해질 수 있다. 일반적으로 투자자는 발생 가능한 손실을 보장하는 담보로서 공매도의 일정 부분을 예금해야 한다. 만약 투자자의 손실이 예금액을 넘어선다면, 포지션은 청산되어야 한다. 예금액은 포트폴리오에 더해지는 부담이 되고, 특히 예금한 돈에 대한 이자가 투자자에게 주어지지 않는다면 더욱 그러하다. 그렇지만 이러한 종류의 제한은 소규모 투자자들로부터 맡겨진 많은 수의 주식을 보유하는 큰 금융기관에 근무하는 딜러들에게는 문제가 되지 않을 수 있다. 공매도를 하는 대신 보유하고 있는 주식들을 내부적으로 차입할 수 있기 때문이다.

예제 7.14

계속해서 주식가격이 예제 7.10의 시나리오를 따른다고 가정하겠다. 첫 번째 주식 20주가 공매되어 $x_1(1) = -20$이라고 하자. 이에 투자자는 $20 \times 60 = 1,200$달러를 현금으로 수령할 수 있지만 받은 금액의 50%, 즉 \$600의 담보 예치금을 납부하여야 한다고 가정하자. 한 시간구간이 지난 후, 투자자는 $20 \times 65 - 1,200 = 100$달러만큼의 손실을 입게 된다. 이 손실액은 예치금으로부터 차감되고, 포지션은 예금된 잔액 $600 - 100 = 500$달러를 찾음으로 청산될 수 있다. 한편, 만약 두 번째 주식이 60주만큼 공매된다면 즉, $x_2(1) = -60$이라면, 투자자는 한 시간구간 후 $1,200 - 60 \times 15 = 300$달러만큼 이윤을 얻을 수 있다. 포지션은 최종 재산 $600 + 300 = 900$달러로 청산될 수 있다. 두 경우 모두, 최종 잔액은 $600 \times 0.1 = 60$만큼 줄어들어야 한다. 금액이 주식에 투자되지 않고 화폐시장에 투자되었다면 예치된 금액에 60달러만큼의 이자가 붙었을 것이기 때문이다.

시점 n에서 포트폴리오를 구성하는 투자자는 미래 주식가격에 대해 알지 못한다. 투자 결정은 시장에서 주어지는 지금까지의 정보와 거기에서 오는 미래에 대한 믿음을 기반으로 이루어진다. 이것은 6장에서의 이항모형에서와 같이, 분할을 이용해서 공식화될 수 있다. 분할에 대한 정의 6.1은 그대로 임의의 유한한 확률공간 Ω의 경우로 확장해 적용할 수 있다.

여러 주식들의 시점 n까지의 가격 정보를 담은 분할은 다음과 같이 구성될 수 있다. 임의의 $\omega_1 \in \Omega$을 설정하고, $0, 1, \cdots, n$의 모든 시점에서 시나리오 ω_1을 따르는 주식가격을 고려해 보자. 이제 $0, 1, \cdots, n$의 모든 시점에서 주식가격이 시나리오 ω_1을 따를 때와 동일하게 되는 시나리오 $\omega \in \Omega$의 집합 B_1을 구한다. 그런 다음, 임의의 $\omega_2 \in \Omega \setminus B_1$을 설정하고 앞의 과정을 반복하여 Ω의 다른 부분집합 B_2를 얻는다. 이 과정을 Ω의 모든 원소를 사용할 때까지 반복한다. 그 결과로 얻어진 집합 B_1, B_2, $\cdots$는 Ω의 분할이 되고, 이를 $\mathcal{P}_n$으로 표기한다.

이제 미래 주식의 가격 정보를 포함하지 않는 전략에 대한 정의를 정식으로 내릴 준비가 되었다.

정의 7.15

$n = 0, 1, 2, \cdots$일 때, 각 시점 n에 구성된 포트폴리오 $(x_1(n+1), \cdots,$

$x_m(n+1)$, $y(n+1)$)이 분할 $\mathcal{P}_n$의 각 구성요소(component)에 대해 일정하다면, 이 투자 전략은 **예측가능하다**(predictable)고 한다.

다음 기본정리는, 예측가능한 자기금융전략에서 무위험자산의 포지션은 초기 재산과 위험자산의 포지션에 의해 결정된다는 것을 보여 준다.

기본정리 7.16

초기 재산 $V(0)$와 위험자산포지션의 예측가능한 열인 $(x_1(n), \cdots, x_m(n))$, $n=1,2,\cdots$가 주어졌다고 하자. 그러면 $(x_1(n), \cdots, x_m(n), y(n))$을 예측가능한 자기금융투자전략으로 만드는 무위험포지션 $y(n)$을 언제나 구할 수 있다.

증명

$$y(1)=\frac{V(0)-x_1(1)S_1(0)-\cdots-x_m(1)S_m(0)}{A(0)}$$

으로 놓고, 다음을 계산한다.

$$V(1)=x_1(1)S_1(1)+\cdots+x_m(1)S_m(1)+y(1)A(1).$$

이어서,

$$y(2)=\frac{V(1)-x_1(2)S_1(1)-\cdots-x_m(2)S_m(1)}{A(1)}$$

으로 놓고, 다음을 계산한다.

$$V(2)=x_1(2)S_1(2)+\cdots+x_m(2)S_m(2)+y(2)A(2).$$

3 이상의 시점에 대해서도 똑같이 한다. 이것이 자기금융전략을 정의한다는 것은 쉽게 알 수 있다. 또, 아래에서 보듯이 $y(n+1)$이 시점 n까지의 주식과 채권가격으로 표현되기에 이 전략은 예측가능하다.

$$y(n+1)=\frac{V(n)-x_1(n+1)S_1(n)-\cdots-x_m(n+1)S_m(n)}{A(n)}.$$ ■

연습문제 7.7

초기 재산이 $V(0) = 200$달러이고 위험자산의 포지션이 다음과 같은 예측가능한 자기금융투자전략이 있다고 하자.

$$x_1(1) - 35.24, \quad x_1(2) = -40.50,$$
$$x_2(1) = 24.18, \quad x_2(2) = 10.13.$$

자산가격이 예제 7.10의 시나리오를 따를 때, 이 전략의 첫 번째와 두 번째 시간구간 동안 투자자가 소유하는 채권의 개수인 $y(1)$와 $y(2)$를 구하여라. 또한 이 전략의 시점 1에서의 값 $V(1)$과 시점 2에서의 값 $V(2)$를 구하여라.

예제 7.17

마찬가지로, 주식과 채권의 값이 예제 7.10을 따른다고 가정하자. 만약 $V(0) = 100$달러가 $x_1(1) = -12$, $x_2(1) = 31$ 그리고 $y(1) = 2$의 포트폴리오에 투자되었다면, 시점 1에서 포트폴리오의 가치는 $V(1) = -12 \times 65 + 31 \times 15 + 2 \times 110 = -95$달러로 음수가 되기 때문에 지급불능이 될 것이다.

이러한 포트폴리오를 현실적으로 구성하는 것은 불가능할 수 있다. 임의의 시점과 시나리오에서 청산(필요하다면, 현금을 얻기 위해 포트폴리오에 들어있는 다른 자산을 매도함으로써)될 수 없는 공매도포지션은 허용되지 않을 것이기 때문이다.

정의 7.18

만약 전략이 자기금융이고, 예측가능하고, 각 $n = 0, 1, 2, \cdots$에서 1의 확률로

$$V(n) \geq 0$$

를 만족한다면, 전략은 **허용가능하다**(admissible)라고 한다.

연습문제 7.8

$A(0) = 10$과 $A(1) = 11$달러를 만족하는 무위험자산과 $S(0) = 10$과 $S(1) = 13$ 또는 9달러를 만족하는 하나의 위험자산으로 이루어진 시장을 생각해 보자. 이 같은 조건에서, 위험포지션 x와 무위험포지션 y을 포함하는 한 단계 전략이 허용가능한 전략이 되게 하는 모든 포트폴리오 (x, y)를 x, y 평면에 그려보아라.

7.2.2 무재정원리

이제, 금융 분야의 모든 수학적 모형의 토대가 되는 기본적인 원칙을 공식화해 보자. 이것은 1장에서 보았던 간소화된 한 단계 형태의 무재정원리를 여러 시간 단계와 여러 개의 위험자산들을 포함한 모형으로 일반화한다. 포트폴리오의 개념은 한 단계 과정으로 설명하기 충분한 반면, 일반 설정에서는 허용가능한 투자전략을 구성하는 일련의 포트폴리오들을 사용해야 한다. 이는 투자자들이 각 시간 단계에서 그들의 포지션을 조정할 수 있기 때문이다.

가정 7.19 무재정원리

$V(0)=0$이면서 어떤 $n=1,2,\cdots$에서 양의 확률로 $V(n)>0$이 되는 허용가능전략은 존재하지 않는다.

연습문제 7.9

초기가치가 $V(0)=0$, 최종 가치가 $V(2)\geq 0$이면서 양의 확률로 $V(1)<0$가 되는 예측가능한 자기금융전략이 있다면, 무재정원리가 위반됨을 증명하여라.

연습문제 7.9의 전략은 $V(1)$이 음수일 수도 있기에 허용가능하지 않다. 사실, 이 가정은 무재정원리의 공식화에 필수적이지는 않다. 재정 기회를 현실화하는 허용가능전략은, $V(0)=0$과 어떤 $n>0$에 대해 $0\neq V(n)\geq 0$을 만족하는 예측가능 자기금융전략이 있다면 언제나 구할 수 있다.

연습문제 7.10

하나의 무위험자산과 이항 나무모형을 따르는 하나의 위험자산으로 구성된 시장을 생각해 보자. 또한 주식이 상승하면 다음 단계에서는 반드시 하락한다고 가정해 보자. 이때 $V(0)=0$, $V(1)\geq 0$, 그리고 $0\neq V(2)\geq 0$가 성립하는 자기금융(예측가능할 필요는 없는)전략을 찾아보아라.

이 연습문제는 예측가능성이 무재정원리의 본질적인 가정임을 나타낸다. 주식가격(여기서 만약 주식이 특정 단계에 하락한다면, 다음 단계에서는 어떻게 될 것인지 예상할 수 있다)의 미래 움직임을 예측할 수 있는 투자자들은 항상 무위험 이윤을 얻을 수 있는 적절한 투자전략을 찾을 수 있을 것이다.

연습문제 7.11

$A(0)=100$, $A(1)=110$, $A(2)=121$달러의 무위험자산과 아래의 세 가지 가능한 시나리오를 따르는 하나의 위험자산으로 구성된 시장을 고려해 보자.

시나리오	$S(0)$	$S(1)$	$S(2)$
ω_1	100	120	144
ω_2	100	120	96
ω_3	100	90	96

이때, a)공매도에 대한 제약이 없다면, 그리고 b)위험자산의 공매도가 허용되지 않는다면 재정기회가 있는가?

연습문제 7.12

채권과 주식가격이 연습문제 7.11과 같이 주어지고 주식에 대한 공매도가 허용된다면, 재정기회는 존재하는가? 이때 포트폴리오의 각 자산 단위의 수는 반드시 정수여야 한다.

연습문제 7.13

채권과 주식가격이 연습문제 7.11과 같이 주어지고 주식에 대한 공매도가 허용된다면, 재정기회는 존재하는가? 이때 거래량의 5%에 해당하는 거래비용이 주식이 거래되는 시점에 부과된다고 한다.

7.3 자산가격결정의 기본정리

간단한 단일 단계모형에 대한 것으로 범위를 제한하겠다. 일반적인 경우에 필요한 핵심적인 개념은 다음에 제시된 증명에 의해 다뤄진다. 이 증명들은 기초적이지만 쉽지는 않다. 이 책의 다른 부분에 비해 어느 정도 난이도가 있는 내용이다.

7.3.1 첫 번째 기본 정리

이제 여기서 공식화하고 증명하고자 하는 금융 수학의 첫 번째 기본 정리는 재정기회가 없다는 조건과 동등한 조건을 제공한다. 이 정리는 6장의 이항모형에 대해 증명된 결과, 즉 재정기회가 없다는 것은 $D < R < U$라는 것과 같고, 결과적으로 $0 < p_* < 1$을 만족하는 위험중립 확률 $p_* = \frac{R-D}{U-D}$가 존재한다는 것과 같다는 것을 일반화한다.

여기서 Ω는 n개의 원소 $\omega_1, \cdots, \omega_n$를 가진다고 가정하고, Ω 위에 정의되는 확률은 $\sum_{j=1}^{n} p_j = 1$를 만족하는 양수들의 벡터, $(p_1, \cdots, p_n)$로 표현된다고 가정한다. p_i는 $i = 1, 2, \cdots, n$에 대해 시나리오 ω_i가 관측될 확률이다.

정의 7.20

각 $i = 1, 2, \cdots, n$에 대해 $0 < p_i^* < 1$이고,

$$\mathbb{E}_*(S_i(1)) = S_i(0)(1+R)$$

이면 확률 $(p_1^*, \cdots, p_n^*)$는 위험중립(risk-neutral)이라고 한다. 이때 $\mathbb{E}_*$는 확률 $(p_1^*, \cdots, p_n^*)$로 계산한 기댓값을 나타낸다.

정리 7.21

위험중립 확률 $(p_1^*, \cdots, p_n^*)$이 존재함은 재정기회가 없다는 것에 대한 필요충분조건이다.

증명

우선 위험중립 확률 $(p_1^*, \cdots, p_n^*)$이 존재한다고 가정하고, $V(0) = 0$과 $V(1) \geq 0$인 포트폴리오를 생각해 보자.

$$\begin{aligned}\mathbb{E}_*(V(1)) = \sum_{j=1}^{n}\left(\sum_{i=1}^{m} x_i S_i^{\omega_j}(1)\right)p_j^* &= \sum_{i=1}^{m} x_i \left(\sum_{j=1}^{n} S_i^{\omega_j}(1) p_j^*\right) \\ &= \sum_{i=1}^{m} x_i \mathbb{E}_*(S_i(1)) = (1+R)\sum_{i=1}^{m} x_i S_i(0) \\ &= (1+R)V(0) = 0\end{aligned}$$

이고, 음이 아닌 확률변수가 0의 기댓값을 가지기 위해서는 그 값이 항상 0(유한한 확률공간의 맥락 내에서)이 되어야 하기 때문에, 위 식은 모든 ω에 대해 $V(1) = 0$임을 암시한다. 즉 재정의 기회를 찾을 수 없다는 것이다.

반대 방향으로, 재정의 기회가 없다고 가정해 보자. 할인된 포트폴리오의 이득,

$$G = \sum_{i=1}^{m} x_i \left(\frac{S_i(1)}{1+R} - S_i(0) \right), \qquad (x_1, \cdots, x_m \in \mathbb{R})$$

으로 구성된 집합 V는 벡터공간이 되고, 이 공간은 G가 $\mathbb{R}^n$상의 벡터 $(G^{\omega_1}, \cdots, G^{\omega_n})$으로 표현되므로 $\mathbb{R}^n$의 한 부분공간이 된다.

이제 V의 각 원소 G가 다음과 같은 특성을 가짐을 주장하려고 한다. 만약 모든 $\omega \in \Omega$에 대해 $G^{\omega} \geq 0$이라면, 모든 $\omega \in \Omega$에 대해 $G^{\omega} = 0$이 된다는 것이다. 사실, 모든 $\omega \in \Omega$에 대해

$$G^{\omega} = \sum_{i=1}^{m} x_i \left(\frac{S_i^{\omega}(1)}{1+R} - S_i(0) \right) \geq 0$$

임을 가정해 보자. 그리고 위험자산의 포지션, $x_1, \cdots, x_m$과 적절한 자금 시장의 포지션 y로 구성된 포트폴리오에 대해 초기 재산이 $V(0) = 0$이라 하자. 이 포트폴리오의 할인된 최종 가치는 다음과 같이 될 것이다.

$$\begin{aligned} \widetilde{V}(1) &= \frac{1}{1+R} \sum_{i=1}^{m} x_i S_i(1) + y \\ &= \frac{1}{1+R} \sum_{i=1}^{m} x_i S_i(1) + y - V(0) \\ &= \sum_{i=1}^{m} x_i \left(\frac{S_i(1)}{1+R} - S_i(0) \right) = G \geq 0. \end{aligned}$$

재정기회를 만들지 않기 위해서는 $V(1)$이 항상 0의 값을 가져야 하고, 따라서 G도 항상 0이어야 하므로 위의 주장이 증명되었다.

Ω 위의 모든 확률의 집합

$$A = \left\{ (q_1, \cdots, q_n) : \sum_{i=1}^{n} q_i = 1, q_i \geq 0 \right\}$$

을 고려해 보자. A에 속하는 벡터들 가운데 V와 직교하고 양의 좌표값을 가지는 벡터 $(p_1^*, \cdots, p_n^*)$을 구할 수 있을 것이다. 직교조건은 $(p_1^*, \cdots, p_n^*)$와 $(G^{\omega_1}, \cdots, G^{\omega_n})$의 내적이 0이라는 것을 의미하므로, 이러한 벡터의 좌표는 필요한 확률 p_i^*의 값을

주게 된다. 즉, 모든 G에 대해,

$$\mathbb{E}_*(G) = \sum_{i=1}^{n} p_i^* G^{\omega_i} = 0$$

이기 때문이다. 특히, $x_i = 1$이고 $k \neq i$인 모든 k에서 $x_k = 0$이면 $G = \frac{S_i(1)}{1+R} - S_i(0)$이 되며, 그렇기에 모든 $i = 1, \cdots, m$에 대해 $\mathbb{E}_*(S_i(1)) = S(0)(1+R)$이 된다. 이러한 벡터 $(p_1^*, \cdots, p_n^*)$의 존재는 아래의 보조정리 7.22에 따라 보인다. 사실, A는 $A \cap V = \varnothing$인 $\mathbb{R}^n$의 볼록한(convex) 컴팩트(compact) 집합이다. 보조정리에 따르면, 모든 $a \in A$에 대해 $\sum_{i=1}^{n} z_i a_i > 0$이 되고 V에 직교하는 $z \in \mathbb{R}^n$이 있다. $j = 1, \cdots, n$에 대해서 $a_j = 1$($k \neq j$인 모든 k에 대해서는 $a_k = 0$)인 $a \in A$를 취함으로써 $z_j > 0$가 만족될 수 있다. 이제 p_j^*를 다음과 같이 놓음으로써 정리의 증명을 완료한다.

$$p_j^* = \frac{z_j}{\sum_{i=1}^{n} z_i}$$

■

보조정리 7.22

만약 $A \subset \mathbb{R}^n$가 볼록하고 컴펙트하며 V가 A와 서로소인 $\mathbb{R}^n$의 벡터 부분공간이라면, 모든 $a \in A$에 대해 $\langle z, a \rangle = \sum_{i=1}^{n} z_i a_i > 0$을 만족시키는 $z \in \mathbb{R}^n$가 존재하고, 이 $z \in \mathbb{R}^n$는 모든 $v \in V$에서 $\langle z, v \rangle = \sum_{i=1}^{n} z_i v_i = 0$ 또한 만족한다(여기서, $\langle \cdot, \cdot \rangle$는 $\mathbb{R}^n$의 내적을 의미한다).

증명

집합

$$A - V = \{a - v : a \in A, v \in V\}$$

를 고려해 보자. A와 V는 서로 서로소이기에, $0 \notin A - V$ 이다.

다음으로, A와 V는 볼록하고(convex) 닫혀 있기에(closed) $A - V$도 볼록하고 닫혀 있다는 사실을 알 수 있다. 보다 구체적으로, 만약 $x, y \in A-V$, $x=a-v$, $y=b-w$이면, $\alpha x+(1-\alpha)y=\alpha a+(1-\alpha)b-[\alpha v+(1-\alpha)w] \in A-V$가 되는데 이것으로 볼록성을 증명할 수 있다. $A-V$가 닫혀 있다는 것을 보이기 위해, $x \in \mathbb{R}^n$에 수렴하는 $x_n \in A-V$ 열을 취해 보자. 그러면 $x_n=a_n-v_n$가 되는데, 열 a_n는 A가 컴팩트하기에 $a_{n_k} \to a$로 수렴하는 부분열을 갖게 되고, v_{n_k}역시 $v \in \mathbb{R}^n$에 수렴하게 될 것이다. 열 x_n의 극한은 x_{n_k}의 극한값과 같아야만 하고, 그렇기에 $x=a-v \in A-V$가 성립한다.

이제 z를 0에 가장 가까운 $A-V$의 원소라고 하자. $A-V$의 다른 원소 c에 대해서는 $|c| \geq |z| > 0$의 부등식이 성립한다($0 \notin A-V$임을 기억할 것). 이러한 원소 z의 존재는 함수 $x \mapsto |x|$가 연속이고, $A-V$에서 양수값을 가진다는 사실로부터 보여진다. 집합 $A-V$는 닫혀 있기 때문에 최솟값이 얻어지고, 그것은 0과 다르게 된다. 이제 꼭짓점을 $0, z, c$로 하는 삼각형을 생각해 보자. 이제 $\langle z, c\rangle \geq \langle z, z\rangle = |z|^2 > 0$임을 증명하려고 한다. 이 생각은 그림 7.3에 잘 설명되어 있다. 그림 7.3으로부터 다음을 얻는다.

$$\langle z, c\rangle = |z||c|\cos\alpha = |z||c|\frac{|z|}{|y|} = |z|^2\frac{|c|}{|y|}.$$

여기서 삼각형 $0, z, y$는 z에서 직각이고, 이로부터 $|c| \geq |y|$임을 알 수 있다. 우선, $|c| < |y|$라 가정하자. c와 z를 연결하는 선분은 볼록 집합 $A-V$에 포함되어 있을 것이다. 그러나 직선은 중심이 0이고 반지름이 $|z|$인 원 내부와 교차한다. 그러므로 이 선분은 0까지의 거리가 $|z|$보다 작은 거리의 점을 포함하여, 이는 z의 정의에 위배된다.

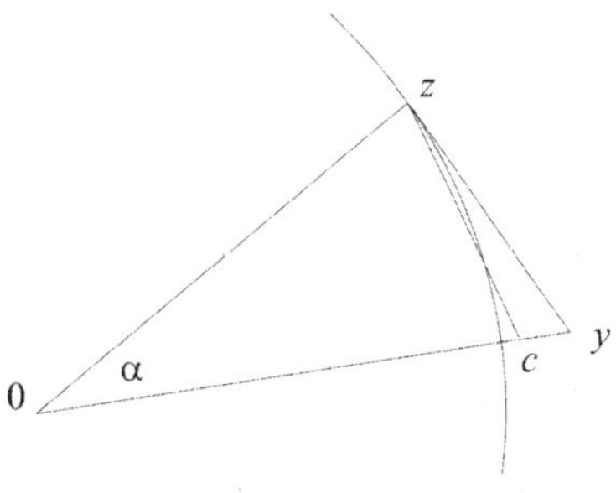

그림 7.3 선분 z, c가 중심이 0이고 반지름이 $|z|$인 원에 교차한다.

이러한 사실은 각 $v \in V$에 대해, $\langle z, a-v\rangle = \langle z, a\rangle - \langle z, v\rangle \geq \langle z, z\rangle$의 관

계를 주지만, V는 벡터공간이기에 각 n에 대해 $nv \in V$이므로, $\langle z, v \rangle = 0$이 아닌 경우 부등식의 성립이 불가능하게 된다. 결과적으로 $\langle z, a \rangle \geq \langle z, z \rangle > 0$가 되어, 증명을 완료할 수 있다. ■

7.3.2 두 번째 기본정리

7.1절에서 우리는 주식이 하나 있는 단일 단계 3항 모형에서는 조건부 청구권에 대한 복제 포트폴리오를 찾는 것이 불가능할 수 있다는 것을 살펴보았다. 반면, 이항 모형은 모든 청구권을 복제할 수 있었다. 주식이 두 개 있는 3항 모형도 이러한 성질을 가질 수 있을 것이다.

정의 7.23

만약 각 유럽식 조건부 청구권에 대한 복제 포트폴리오가 존재한다면, 이 시장 모형은 완전하다(complete)라고 한다.

가격결정의 관점에서 복제는 바람직한 성질이다. (이항 나무구조의) 간단한 경우에서 유도된 가격결정 공식은 청구권의 가격이 위험중립 확률에 대한 기댓값으로 나타낼 수 있음을 보여 준다. 유일한 위험중립 확률은 유일한 가격을 도출하게 되고, 이것은 복제의 가능성과 일치할 것이라 기대할 수 있다. 다음의 정리는 이러한 발상의 고리를 완성한다.

정리 7.24

어떤 모형이 재정기회를 허용하지 않고 완전하다는 것은 위험중립 확률 $(p_1^*, p_2^*, \cdots, p_n^*)$이 유일하게 존재한다는 것과 필요충분관계이다.

증명

재정기회가 없다는 것은 위험중립 확률 $(p_1^*, p_2^*, \cdots, p_n^*)$이 존재하다는 것을 함축한다. 이제 완전모형에서는 이 벡터가 유일하다는 것을 보일 것이다. 임의의 $\omega \in \Omega$를 고정하고, 집합 $\{\omega\}$에 대한 지시함수 $H(1) = \mathbb{I}_{\{\omega\}}$을 지급하는 청구권을 생각해 보자. 완전성에 의해, $H(1) = xS(1) + y(1+R)$을 만족하는 포트폴리오 (x, y)가 존재한다. 이제 $(p_1^*, p_2^*, \cdots, p_n^*)$하에서의 기댓값을 이 등식의 양변에 적용하면, 임의의 위험중립 확률에 대해 $\mathbb{E}_*(S(1)) = S(0)(1+R)$가 만족되므로 다음의 식이 성립한다.

$$p_j^* = \mathbb{E}_*(\mathbb{I}_{\{\omega\}}) = \mathbb{E}_*(xS(1) + y(1+R)) \tag{7.5}$$
$$= x\mathbb{E}_*(S(1)) + y(1+R) = xS(0)(1+R) + y(1+R).$$

즉, 위험중립 확률이 유일하다.

역으로, $(p_1^*, p_2^*, \cdots, p_n^*)$가 유일한 위험중립 확률이라 하고, 복제될 수 없는 청구권 $H(1)$가 존재한다고 가정해 보자. 이에 목표는 $(p_1^*, p_2^*, \cdots, p_n^*)$과는 다른 위험중립 확률 $(q_1^*, q_2^*, \cdots, q_n^*)$을 구성하는 것이 된다. 모든 포트폴리오의 시점 1에서의 가치의 집합 $V = \{V(1) : (x, y) \in R^{m+1}\}$을 생각해 보면, $H(1) \notin V$이 된다. 이 값들은 $\mathbb{R}^n$의 벡터 부분공간을 구성하게 되고($V(1)$은 벡터 $(V^{\omega_1}(1), \cdots, V^{\omega_n}(1))$로 식별할 수 있음), 이 부분공간은 벡터 $\mathbf{1} = (1, \cdots, 1)$을 포함한다. 그 이유는, $x = 0$ 그리고 $y = \dfrac{1}{1+R}$이라면 모든 시나리오 $\omega \in \Omega$에 대해 $V^{\omega}(1) = 1$이 되기 때문이다. 이제 $\mathbb{R}^n$에 내적 $\langle z, w \rangle = \sum_{i=1}^{n} z_j w_j p_j^* = \mathbb{E}_*(zw)$를 정의하고, $A = \{C\}$를 보조정리 7.22에 적용하여 모든 $v \in V$에서 $\langle z, C \rangle > 0$과 $\langle z, v \rangle = 0$이 성립하는 $z \in \mathbb{R}^n$를 구할 수 있다. 여기서 앞의 조건은 $z \neq 0$임을 보장하는 반면, 뒤의 조건은 특히, $\langle z, \mathbf{1} \rangle = \mathbb{E}_* z = 0$가 만족됨을 보인다. 그러므로 $(p_1^*, p_2^*, \cdots, p_n^*)$과는 다른 위험중립 확률을 다음과 같이 정의할 수 있을 것이다.

$$q_j^* = (1 + \frac{z_j}{2a})p_j^*.$$

여기서 $a = \max_{\omega_j \in \Omega} |z_j|$이다.

$$\sum_{j=1}^{n} q_j^* = \sum_{j=1}^{n} p_j^* + \sum_{j=1}^{n} \frac{z_j}{2a} p_j^* = 1 + \frac{1}{2a}\mathbb{E}_*(z) = 1$$

이므로 $(q_1^*, q_2^*, \cdots, q_n^*)$는 확률이 된다. $-a \le z_j$이기에 $1 + \dfrac{z_j}{2a}$는 항상 양수가 되고, 벡터 z가 0이 아니므로 적어도 하나의 j값에 대해 $1 + \dfrac{z_j}{2a}$는 1과 다른 값을 갖는다. 그러므로 모든 j에서 $0 < q_j^*$이고, 적어도 하나의 j에 대해 $q_j^* \neq p_j^*$가 성립한다. 최종적으로 $(q_1^*, q_2^*, \cdots, q_n^*)$의 위험중립적 성질을 다음과 같이 확인할 수 있다.

$$\sum_{j=1}^{n} S^{\omega_j}(1)q_j^* = \mathbb{E}_*\Big((1+\frac{z}{2a})S(1)\Big)$$
$$= \mathbb{E}_*(S(1)) + \frac{1}{2a}\mathbb{E}_*(zS(1))$$
$$= S(0)(1+R).$$

$S(1)$이 V에 속하므로($x=1, y=0$) $\mathbb{E}_*(zS(1)) = \langle z, S(1)\rangle = 0$이 되고, 증명이 완료되었다. ■

7.4 확장된 모형들

1차 시장(primary market)에 대한 모형은 m개의 주식들과 자금 시장계좌의 거래를 기반으로 한다. 여기서 우리는 거래자산들의 조건부 청구권까지 포함하고자 하며, 이는 모형의 적절한 확장을 필요로 한다.

주요 자산들에 더하여 동일한 만기일 N을 갖는 k개의 유럽식 조건부 청구권이 있다고 가정하자. 이 청구권들은 지급 $H_i(N)$, $i=1,\cdots,k$에 의해 결정된다. 조건부 청구권은 거래될 수 있으므로 포트폴리오에 추가할 필요가 있다. 조건부 청구권에 대한 포지션은 $z_1,\cdots,z_k$로 나타내자. 이 외에는 1차 시장을 다룰 때와 비슷한 설정을 유지하겠다.

가정 7.25 가분성, 유동성 그리고 공매도

투자자는 조건부 청구권을 임의의 수로 구매하거나 매도, 보유할 수 있다(임의의 수는 정수나 분수 혹은 음수, 양수, 0 모두 가능). 즉, 다음이 성립한다.

$$z_1,\cdots,z_k \in \mathbb{R}.$$

정의 7.26

포트폴리오는 다음과 같은 벡터로,

$$(x_1(n),\cdots,x_m(n),y(n),z_1(n),\cdots,z_k(n))$$

시점 $n-1$과 n 사이에 투자자가 보유하는 주요 자산, 자금 시장계좌, 그리고 파생상품에 대한 포지션을 나타낸다. $n = 1, 2, \cdots$ 로 색인되는 포트폴리오의 열을 **확장된 투자전략**(extended investment strategy)이라 부른다. 투자자의 **재산**(wealth) 혹은 **확장된 전략의 가치**(value of the extended strategy)는 시점 $n \geq 1$ 에서

$$V(n) = \sum_{j=1}^{m} x_j(n) S_j(n) + y(n) A(n) + \sum_{i=1}^{k} z_i(n) H_i(n)$$

이다. 시점 $n = 0$ 에서의 **초기 재산**(initial wealth)은 다음과 같이 주어진다.

$$V(0) = \sum_{j=1}^{m} x_j(1) S_j(0) + y(1) A(0) + \sum_{i=1}^{k} z_i(1) H_i(0).$$

정의 7.27

시점 $n \geq 1$ 에 구성되고 $(n+1)$ 번째 시간 단계에 보유되는 포트폴리오가 현재의 재산 $V(n)$ 에 전적으로 조달된다면, 이 확장된 투자전략이 **자기금융**(self-financing)이라고 한다. 즉,

$$\sum_{j=1}^{m} x_j(n+1) S_j(n) + y(n+1) A(n) + \sum_{i=1}^{k} z_i(n+1) H_i(n) = V(n)$$

이 성립하게 되는 경우이다.

정의 7.28

각 $n = 0, 1, 2, \cdots$ 에 대해, 시점 n 에 구성된 포트폴리오

$$(x_1(n+1), \cdots, x_m(n+1), y(n+1), z_1(n+1), \cdots, z_k(n+1))$$

가 분할 $\mathcal{P}_n$ 의 각 구성요소(component)에 대해 일정하다면, 이 확장된 투자전략은 **예측가능**하다고 한다($\mathcal{P}_n$ 의 구성에 대해서는 7.2.1절 참조).

정의 7.29

어떤 확장된 전략이 자기 금융이고, 예측가능하고, 각 $n = 0, 1, 2, \cdots$ 에 대해 1의 확률로

$$V(n) \geq 0$$

이라면 이 전략은 **허용가능**하다고 한다.

무재정원리는 큰 수정 없이 확장된다.

가정 7.30 무재정원리

$V(0) = 0$ 이고 어떤 n 에 대해 양의 확률로 $V(n) > 0$ 이 되는 허용가능한 확장된 전략은 존재하지 않는다.

이 가정이 뜻하는 바는 다음과 같다. 조건부 청구권의 값 $H_i(n)$ 의 과정은 확장된 시장모형이 무재정의 기회를 갖지 않도록 해야 한다는 의미이다.

예제 7.31

1.3절의 단일 단계 이항모형을 생각해 보자($S(0) = 100$ 달러, $U = 0.2$, $D = -0.2$, $R = 0.1$). 알다시피, 이 모형에서 재정기회는 존재하지 않는다. 이를 행사가격이 $X = 100$ 달러인 콜옵션을 포함하도록 확장해 보자. 즉, $k = 1$, $H_1(T) = (S(T) - 100)^+$ 이다. $H_1(0) = \mathbb{E}_*(H_1(T)) \cong 13.6364$ 달러라면, 확장된 모형에서도 재정기회는 없다. 그러나 $H_2(T) = (S(T) - 90)^+$, $H_2(0) = 19.4545$ 달러인 콜옵션을 포함하게 되면 재정기회가 존재하게 된다. 복제가격이 $\mathbb{E}_*(H_2(T)) \cong 20.4545$ 달러이기 때문이다.

1차 시장이 재정기회를 허락하지 않고 완전하다면, 유일한 옵션 가격을 구하기 위해서 위에서 전개된 이론을 사용할 수 있다. 임의의 조건부 청구권 지급 $H_i(N)$ 에 대해, 주요한 복제전략을 찾을 수 있고 이러한 전략의 가치는 조건부 청구권의 가치 $H_i(n)$ 을 준다. 이때 확장된 시장은 명백히 무재정원리를 따르게 된다. 특히, 다음과 같은 가격 결정 공식이 성립된다. $H_i(0) = \mathbb{E}_*(H_i(N)/A(N))$.

반면, 불완전한 1차 시장에서는 무재정원리와 조화를 이루는 많은 확장이 있을

수 있다. 이러한 경우에는 일반적으로 파생상품의 가격이 유일하지 않다.

사례 7 논의

기본 정리의 관점에서, 두 주식을 포함하면서 유일한 위험중립 확률을 가지는 3항 모형을 구성해 보도록 하겠다. 현재 주식가격이 $S_1(0)=30$이고 $S_2(0)=50$이라고 가정하자. 포트폴리오 이론의 설정 내의 데이터들은 수익률의 기댓값, 표준편차 그리고 상관계수와 관련되어 있다. 기대수익률이 $\mu_1=9\%$, $\mu_2=6\%$, 무위험수익률이 $R=5\%$, 표준편차가 $\sigma_1=11\%$, $\sigma_2=13.5\%$, 그리고 상관계수는 $\rho_{12}=-0.36$이라고 하자. 모형에 필요한 모수는 6개의 수익률과 2개의 확률이지만 데이터는 5개의 방정식만을 주기 때문에 이것만으로는 부족하다. 간편성을 위해 각 시나리오가 실제로 관측되는 확률은 $\frac{1}{3}$이라고 가정한다. 아직도 약간의 탄력성이 남아 있으므로 아래에 제안된 선택은 유일하지 않다. 다음을 가정하면,

$$U_1=22\%,\quad M_1=10\%,\quad D_1=-5\%,$$
$$U_2=-5\%,\quad M_2=15\%,\quad D_1=8\%$$

위험중립 확률을 아래와 같이 도출할 수 있다.

$$p_*=0.29948,\quad q_*=0.12760,\quad 1-p_*-q_*=0.57292.$$

포트폴리오 이론이 간단한 가중치, 즉 $w_1=w_2=0.5$(다른 값이 주어지는 경우 뒤이어 나오는 계산들을 쉽게 수정가능)를 제안한다고 가정하자. 이 가중치들은 주식 S_2의 각 주에 대해 대략 1.67주의 S_1 주식을 구매하여야 함을 함축한다. 이 포트폴리오의 기대수익률은 7.5%이 된다. 불리한 가격변화에 대해 포트폴리오의 미래가치를 보장하기 위해서 풋옵션을 고려해 보자.

단계 1. 우선 두 주식에 대한 풋옵션을 각각 구매하는 방법을 분석해 보자. 행사가격은 마음대로 선택가능하다고 가정하고, 전반적인 기대수익률로 각 주식이 상승함을 반영하기 위해 행사가격을

$$X_1=S_1(0)(1+7.5\%)=32.25,\quad X_2=S_2(0)(1+7.5\%)=53.75$$

라고 해 보자. 그러면 풋옵션의 가격이 아래와 같이

$$P_1=2.05,\quad P_2=1.78$$

이 된다는 것을 쉽게 알 수 있다. 가중치와 그에 따라 S_2의 각 주당 S_1의 1.67주를 구매해야 한다는 것을 염두에 두면, 헤징 비용은 $1.67\times 2.05+1.78=5.19$이다. 이 금액은 기

간의 시작 시점에 지불되어야 한다. 무위험으로 이 금액을 차입하였다고(이것이 우리 투자기금의 무위험부분이 됨) 가정하면 기간 말에 그 비용이 5% 늘어나서, 대략 5.45가 될 것이다. 모형 안에서 풋옵션을 포함한 포트폴리오의 지급은 다음과 같다.

$$V_1^{\mathrm{u}} = 1.67 \times 36.60 + 53.75 = 114.75,$$
$$V_1^{\mathrm{m}} = 1.67 \times 33.00 + 57.50 = 112.50,$$
$$V_1^{\mathrm{d}} = 1.67 \times 32.25 + 54.00 = 105.25.$$

(주식 S_1에 대한 풋옵션은 '떨어지는' 시나리오 때 행사되고, 주식 S_2에 대한 풋옵션은 '오르는' 시나리오에서 행사된다). 평균적인 지급(실제 관측되는 확률 $\frac{1}{3}$을 활용하여)은 110.83으로, 옵션의 가격을 차감하면 기대수익률은 $\mu_{V_1} = 3.51\%$가 된다(역자주: $\mu_{V_1} = 5.38\%$로 계산된다). 이 수익률은 무위험수익률보다도 낮기 때문에 매력적이지 않아 보인다.

단계 2. 옵션의 지급이 두 주식가격의 함수가 되는, 소위 바구니 옵션(basket option)을 고려해 보자. 여기서는 행사가격이 107.5인 포트폴리오에 대한 풋옵션을 취할 것이다(초깃값이 $30 \times 1.67 + 50 = 100$이므로 행사가격은 전과 동일하게 선택하였다). 그러면 옵션의 지급은 다음과 같아지며, 세 시나리오에 대해 각각 0, 0, 6의 값을 갖게 된다.

$$\max\{107.5 - (1.67 \times S_1(T) + S_2(T)), 0\}.$$

옵션의 가격은 3.27이다. 이자로 인해 5% 증가되어, 기간 말에 헤징 비용은 3.44가 될 것이다. 바구니 풋옵션이 추가된 포트폴리오의 지급은 아래와 같고, 기댓값은 109.5이다.

$$V_2^{\mathrm{u}} = 1.67 \times 36.60 + 47.50 = 108.50,$$
$$V_2^{\mathrm{m}} = 1.67 \times 33.00 + 57.50 = 112.50,$$
$$V_2^{\mathrm{d}} = 1.67 \times 28.50 + 54.00 + 6 = 107.5.$$

헤징 비용을 차감한 후의 기대수익률은 6.06%가 된다.

두 번째 포트폴리오가 첫 번째 포트폴리오보다 나은 결과를 보인다. 이것은 바구니 옵션의 가격이 낮기 때문이다. (곧 책에서 제시할 블랙-숄즈 모형과 같이 더 정교한 모형에서는, 바구니 옵션의 가격 결정이 닫힌 해가 존재하지 않는 어려운 문제가 된다.)

위의 결과는 더 높은 기대수익률인 7.5%를 제공하는 헤지되지 않는 포지션(풋옵션을 포함하지 않는 포트폴리오)과 비교되어야 하지만, 그 포트폴리오의 최종 가치는 보다 변동이 커서 위험할 수 있다. 가장 나쁜 시나리오 d에서는 101.5만을 얻게 되기 때문이다. 헤지되는 포트폴리오와 그렇지 않은 포트폴리오 사이의 선택은 투자자의 개인적인 선호에 의존한다.

제 8 장 연속시간모형

사례 8

한 회사가 영국에서 상품을 제조하여 미국에서 그것을 판매한다. 생산을 위한 투자금은 500만 파운드이다. 헤징에 필요한 추가적인 자금을 조달하기 위해 16%의 이자율로 영국 파운드를 차입할 수 있다. 투자자들이 요구하는 수익률은, 수반되는 위험을 감안하여 25%이다. 판매를 통해, 그 해 말에는 800만 달러를 벌 수 있을 것으로 예상한다. 비용은 매년 300만 파운드가 들고, 이자율은 달러에 대해서 8%이며 파운드에 대해서 11%이다(연속 복리를 가정). 현재 환율은 파운드당 1.6달러이고, 환율의 로그 수익률의 변동성은 $\sigma = 15\%$로 추정된다. 회사는 수익에 대해 20%의 세금을 지불한다.

8.1 이산모형의 단점

이산모형은 상당한 이점을 가지고 있는데, 특히 수학적인 간단함을 수반한다. 중요한 개념을 설명하는 데에 기초적인 확률이론과 선형대수 정도가 필요할 뿐이다. 하지만, 이산모형은 자산가격의 변동 범위와 이러한 변동이 일어나는 시점 설정에 제약을 두기 때문에 중대한 결점 또한 갖게 된다.

이를 개선하기 위해, 적절히 선택된 이항모형의 열(sequence)을 연속 시간으로 수렴시켜 얻어지는 모형을 고려하고자 한다. 이 전개는 수학의 역사에서 도함수와 미분방정식의 시작과 유사하다고 볼 수 있다. 이러한 방법은 모형을 보다 정확하게 하고 관련된 수학의 전개를 고상하게 할 뿐 아니라 다른 많은 것을 할 수 있게 한다.

연속모형을 수학적으로 정밀하게 소개하는 것은 이 책의 수준을 뛰어 넘으므로 앞으로 제시되는 내용들이 매우 엄밀하지는 않을 것이다. 그러나 정확한 사실들을 소개할 것이고 크게 보면 엄밀한 증명이 가는 길을 대부분 따라갈 것이다.

8.2 연속시간으로의 극한

여기서 우리의 목표는 그 유명한 블랙-숄즈 시장 모형에 이항모형의 극한을 이용하여 다가가는 것이다.

$T>0$는 시간 축(연 단위로 측정된)을 나타낸다. N단계 이항모형에서, 각 시간 단계의 기간은 $h=\frac{T}{N}$이 될 것이다. 0과 T 사이의 시점 t는 h의 배수로 나타내어 $t=nh,\ n=0,\cdots,N$ 이 될 것이다. 이러한 t의 시점에서 N단계 이항모형의 주식과 무위험자산가격은 각각 $S_N(t)$와 $A_N(t)$로 나타낸다.

8.2.1 N단계 이항모형의 선택

6장에서 무위험자산과 주식가격의 변화를 단일 단계 수익률로 나타내었다. 단계의 수가 변하면 단일 단계의 길이와 수익률 역시 변하므로, 이 변화는 기호에 그대로 반영되어야 한다. 새 기호적 표현으로, $t=nh,\ n=0,1,2,\cdots$에 대해 다음과 같이 쓸 것이다.

$$A_N(t+h)=(1+R_N)A_N(t),$$
$$S_N(t+h)=(1+K_N(t))S_N(t).$$

여기서 $K_N(t)$는 $D_N<R_N<U_N$에 대하여 다음을 만족하는 서로 독립이고 분포가 같은(iid; independent and identically distributed) 확률변수이다(부록 10.3 참조).

$$K_N(t)=\begin{cases}U_N & (\text{만약 주식이 시간 } n\text{에 상승한다면}),\\ D_N & (\text{만약 주식이 시간 } n\text{에 하락한다면}).\end{cases}$$

또, 주식가격이 오르거나 떨어질 확률은 각 단계에서 동일하게 $\frac{1}{2}$이라고 가정될 것이다. 즉,

$$P(K_N(t)=U_N)=P(K_N(t)=D_N)=\frac{1}{2}$$

을 만족한다. 이항모형에서 옵션의 가격이 실제 관측되는 확률에 의존하기 않기 때문에, 이 단순화된 가정은 일반성을 잃지 않고 도입될 수 있을 것이다.

참고 8.1

실용 지향적인 사람들은 종종 확률변수가 정의되는 확률공간을 생각하지 않는다. 실제 적용에 있어서 문제가 되는 것은 확률분포이기 때문이다. 그럼에도 불구하고, 구체적인 확률 공간으로 작업하는 것이 때로는 편리하다. 이것은 다양한 방법으로 실현될 수 있는데, 여기에 한 가지 가능한 방법이 있다. 간단하면서도, 독립인 확률변수의 무한 열을 쉽게 수용할 수 있을 정도로 풍부한 확률공간이다. $\Omega = [0, 1]$ 이라고 하고, 여기에 임의의 $0 \le a \le b \le 1$에 대해 $P([a, b]) = b - a$를 만족시키는 P(소위 균등확률이라고 하는)를 부여한다. 그러면 $K_N(t): \Omega \to \{U_N, D_N\}$ $(t = (n-1)h, h = \frac{T}{N})$를 $\omega \in \Omega = [0, 1]$에 대해

$$K_N^{\omega}(t) = \begin{cases} U_N & (\text{짝수 } k\text{에 대해 } \omega \in [\frac{k}{2^n}, \frac{k+1}{2^n})\text{라면}), \\ D_N & (\text{이 밖에 다른 경우}) \end{cases} \tag{8.1}$$

로 정의할 수 있고, 약간의 간단한(지루하긴 하지만) 작업을 거치면 이 확률변수들이 독립이며 $P(K_N(t) = U_N) = P(K_N(t) = D_N) = \frac{1}{2}$인 것을 보일 수 있다.

연속시간으로 극한을 보낼 때, 무위험자산은 다음과 같이 연속복리이자율 r로 나타내는 것이 편리하다. 모든 $t \ge 0$에 대해,

$$A(t) = e^{rt} A(0).$$

여기서 $e^{rh} = 1 + R_N$이다. 편의상 $A(0) = 1$이라고 하자.

단일 단계 **로그 수익률(logarithmic returns)**은 $t = nh,\ n = 0, 1, \cdots, N-1$에 대해,

$$k_N(t) = \ln(1 + K_N(t)) = \ln \frac{S_N(t+h)}{S_N(t)}$$

로 정의된다. 이 수익률은 동일한 분포를 따르는 독립적인(iid) 확률변수로서, 다음과 같다.

$$k_N(t) = \begin{cases} \ln(1 + U_N) & (\text{주식이 시간 } n\text{에 상승한다면}), \\ \ln(1 + D_N) & (\text{주식이 시간 } n\text{에 하락한다면}). \end{cases}$$

일반적으로, $t < u$의 시점 간 **로그 수익률**은

$$k_N(t, u) = \ln \frac{S_N(u)}{S_N(t)}$$

로 정의된다. 확률변수 $k_N(0,t)$의 기댓값과 분산은 다음의 특별한 형식을 따른다고 가정한다.

$$\mathbb{E}(k_N(0,t)) = \mu t,$$
$$\mathrm{Var}(k_N(0,t)) = \sigma^2 t.$$

여기서 $\mu \in \mathbb{R}$과 $\sigma > 0$는 N과 관련이 없다.

로그의 특성에 의해, 각 $t = nh$에서

$$k_N(0,t) = k_N(0) + k_N(h) + k_N(2h) + \cdots + k_N((n-1)h)$$

이고 각 항들이 서로 독립이고 분포가 동일한(iid) 확률변수이기에

$$\mathbb{E}(k_N(0,t)) = n\mathbb{E}(k_N(h)),$$
$$\mathrm{Var}(k_N(0,t)) = n\mathrm{Var}(k_N(h))$$

를 만족한다. 그러므로

$$\mu = \frac{1}{h}\mathbb{E}(k_N(h))$$

가 단위 시간당 기대 로그 수익률이고,

$$\sigma^2 = \frac{1}{h}\mathrm{Var}(k_N(h))$$

가 단위 시간당 로그 수익률의 분산이 된다. σ를 주식의 **변동성(volatility)**이라고 부른다.

이제 모수 μ와 σ를 이용해서 단일 단계 수익률을 다음과 같이 표현할 수 있다.

$$1 + U_N = e^{\mu h + \sigma\sqrt{h}}, \quad 1 + D_N = e^{\mu h - \sigma\sqrt{h}}. \tag{8.2}$$

연습문제 8.1

식 (8.2)를 유도하여라.

이제 주식가격으로 돌아가서, 식 (8.2)로부터

$$S_N(h) = S(0)e^{\mu h + Y_1 \sigma \sqrt{h}}$$

을 구할 수 있다. 이때,

$$Y_1 = \begin{cases} +1 & (1/2\text{의 확률로}) \\ -1 & (1/2\text{의 확률로}) \end{cases}$$

이다. 단계별로 확장해 나아가면, 각 $t = nh$, $n = 0, 1, \cdots, N$, $h = \frac{T}{N}$에 대해

$$S_N(t) = S(0)e^{\mu t + \sigma W_N(t)} \tag{8.3}$$

을 도출할 수 있다. 여기서 $W_N(t)$는

$$Y_n = \begin{cases} +1 & 1/2\text{의 확률로} \\ -1 & 1/2\text{의 확률로} \end{cases}$$

와 같은 분포를 따르는 iid 확률변수의 무한 열(sequence), Y_1, Y_2, $\cdots$ 에 대하여

$$W_N(t) = \sqrt{h}(Y_1 + \cdots + Y_n) \tag{8.4}$$

으로 정의된다. 특히, $W_N(0) = 0$이 된다. 이 $W_N(t)$는 **척도화된 랜덤워크(scaled random walk)**(시간 h단계와 점프 $\pm\sqrt{h}$를 갖는)라고 불린다.

참고 8.2

척도화된 랜덤워크 W_N 은 동일한 확률공간 Ω에 정의된 확률변수의 열, Y_1, Y_2, $\cdots$로 각 N에 대해 구성될 수 있다. 예를 들어, 참고 8.1의 확률공간 같은 것이다. 이를 위해, 식 (8.1)에 정의된 $K_N(nh-h)$를 이용하여 Y_n를 $n = 1, 2, \cdots$ 에 대해 아래와 같이 놓을 수 있다.

$$Y_n = \frac{\ln(1 + K_N(nh-h)) - \mu h}{\sigma\sqrt{h}}.$$

8.2.2 위너 확률과정

척도화된 랜덤워크 $W_N(t)$의 $N \to \infty$일 때(즉, $h = \frac{T}{N} \to 0$일 때)의 극한을 고려해 보자. 식 (8.4)로부터 $W_N(T)$는 다음과 같이 쓸 수 있다.

$$W_N(T) = \sqrt{h}(Y_1 + \cdots + Y_N).$$

iid 확률변수 $Y_1, Y_2, \cdots$ 각각의 기댓값은 0, 분산은 1이다. 이에 $Y_1 + \cdots + Y_N$ 의 기댓값은 0이고 분산은 N이 된다. 중심극한정리(부록 10.3 참조)에 따라, $N \to \infty$ 일 때

$$\frac{W_N(T)}{\sqrt{T}} = \frac{Y_1 + \cdots + Y_N}{\sqrt{N}}$$

의 분포는 평균이 0이고 분산이 1인 **정규분포**로 수렴하게 된다. 이때 수렴의 의미는 모든 $a \leq b$에 대해, $N \to \infty$ 에서

$$P(a \leq \frac{W_N(T)}{\sqrt{T}} \leq b) \to \int_a^b \frac{1}{\sqrt{2\pi}} e^{-\frac{x^2}{2}} dx$$

라는 것이다. 결과적으로 $W_N(T)$의 극한분포는 평균이 0이고 분산인 T인 정규분포가 된다.

이와 유사하게,

$$W_N(t) - W_N(s) = \sqrt{h} \sum_{s < nh \leq t} Y_n$$

의 극한분포가 평균이 0이고 분산이 $t-s$ 인 정규분포를 따름도 보일 수 있다.

이는 다음 정의에 대한 동기가 되는데, 다음의 정의에서는 척도화된 랜덤워크의 극한(적절한 의미에서)으로 간주될 수 있는 성질을 갖는 확률과정을 소개한다.

정의 8.3

위너 확률과정(Wiener process, **브라운 운동이라고도 함**)은 $t \in [0, \infty)$에 대해 정의되는 확률변수 $W(t)$들의 모임으로서, $W(0) = 0$이고 $0 \leq s < t$에 대한 증가분 $W(t) - W(s)$는 평균이 0이고 분산이 $t-s$ 인 정규분포를 따른다. 그리고 $W(t_n) - W(t_{n-1}), \cdots, W(t_2) - W(t_1)$는 모든 수열 $0 \leq t_1 < t_2 < \cdots < t_n$ 에 대해 서로 독립이다.

적절한 확률공간의 선택을 포함하는 위너 확률과정의 존재를 보이는 것은 이 책의 수준을 넘는, 보다 상급적인 내용을 필요로 한다.

8.2.3 블랙-숄즈 모형

N-단계 이항모형에서 주식가격은 척도화된 랜덤워크 $W_N(t)$를 이용하여 다음과 같이 표현될 수 있음을 보았다.

$$S_N(t) = S(0)e^{\mu t + \sigma W_N(t)}. \tag{8.5}$$

$W_N(t)$를 위너 확률과정 $W(t)$ ($N \to \infty$의 극한에 대응하는)로 대체하면, 모든 실수 $t \geq 0$에 대해 다음과 같이 정의되는 새로운 주식가격모형, $S(t)$를 얻을 수 있다.

$$S(t) = S(0)e^{\mu t + \sigma W(t)}. \tag{8.6}$$

식 (8.6)은 **블랙-숄즈 모형(Black-Scholes model)**으로 알려진 유명한 주식가격 모형의 핵심적인 부분이 된다. 이 식은

$$\ln S(t) = \ln S(0) + \mu t + \sigma W(t)$$

으로도 쓸 수 있다. $W(t)$가 $N(0, t)$의 정규분포를 따르므로, $\ln S(t)$는 $N(\ln S(0) + \mu t, \sigma^2 t)$의 정규분포를 따르게 된다. 이 같은 이유로 블랙-숄즈 모형에서 주식가격 $S(t)$는 **로그 정규분포(lognormal distribution)**를 갖는다고 말한다.

$t = 10$, $S(0) = 1$, $\mu = 0$, $\sigma = 0.1$일 때 $S(t)$가 따르는 분포의 밀도함수가 그림 8.1에 나타나 있다. 이를 그림 8.2의 이산분포와 비교해 볼 수 있다.

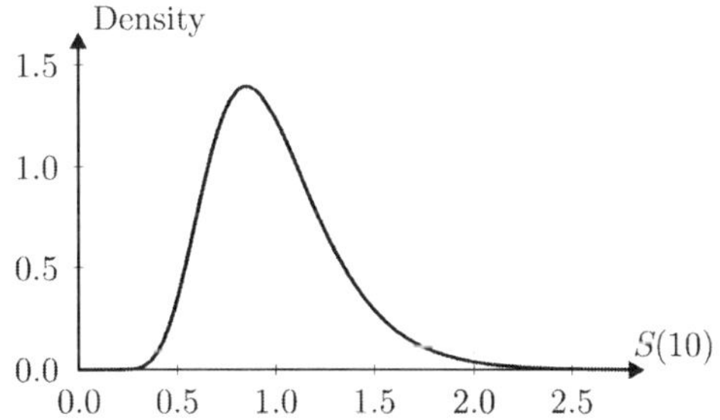

그림 8.1 블랙-숄즈 모형에서 주식가격 $S(t)$의 밀도함수

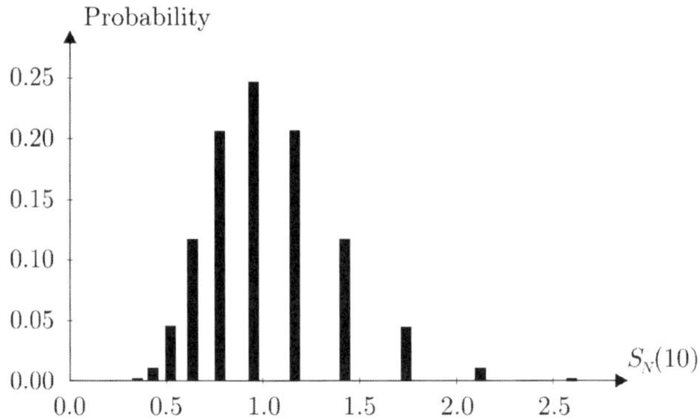

그림 8.2 $N=10$인 이항모형에서 주식가격 $S_N(t)$의 분포

연습문제 8.2

다음을 증명하여라.

$$\mathbb{E}(S(t)) = S(0)e^{(\mu + \frac{1}{2}\sigma^2)t}.$$

참고 8.4

연습문제 8.2에 따르면,

$$\nu = \mu + \frac{1}{2}\sigma^2 \tag{8.7}$$

는 주식가격 기댓값의 증가율이다. 이것은 블랙-숄즈 모형을 전개해 나갈 때 로그 수익률의 기댓값 μ 대신 자주 사용할 수 있는 모수로, 식 (8.6)은

$$S(t) = S(0)e^{(\nu - \frac{1}{2}\sigma^2)t + \sigma W(t)}$$

로 쓸 수 있게 된다.

8.3 확률 미적분의 개요

이 절에서는 연속시간 금융(continuous-time finance)에 이용되는 수학적 기법들을 소개하겠다. 정밀한 구성과 증명보다는, 이산 시간 설정에서 정립된 성질들과 시간 단계가 무한히 전개됨에 따른 극한의 비공식적 처리에 기반한 직관적 이해를 목적으로 할 것이다.

8.3.1 이토의 공식

이항근사에 대한 식 (8.5)와 블랙-숄즈 모형의 식 (8.6)은 함수 $f(t,x)=S(0)e^{\mu t+\sigma x}$를 이용하여 다음과 같이 나타낼 수 있다.

$$S_N(t)=f(t,\ W_N(t)), \tag{8.8}$$

$$S(t)=f(t,\ W(t)). \tag{8.9}$$

충분히 정칙적인(regular) 함수 f에 대해 Taylor 급수를 적용하면, $t=nh$, $n=0,1,\cdots,N-1$에서

$$\begin{aligned}\Delta f(t,\ W_N(t)) &= f_t(t,\ W_N(t))h+f_x(t,\ W_N(t))\Delta W_N(t)\\ &\quad +\frac{1}{2}f_{xx}(t,\ W_N(t))h+O(h^{3/2})\end{aligned} \tag{8.10}$$

로 쓸 수 있다. 이때 기호

$$f_t=\frac{\partial f}{\partial t},\quad f_x=\frac{\partial f}{\partial x},\quad f_{xx}=\frac{\partial^2 f}{\partial x^2}$$

는 편미분을 나타내고

$$\begin{aligned}\Delta f(t,\ W_N(t)) &= f(t+h,\ W_N(t+h))-f(t,\ W_N(t)),\\ \Delta W_N(t) &= W_N(t+h)-W_N(t)\end{aligned}$$

는 증분을 나타내며, $O(h^{3/2})$는 $h^{3/2}$ 혹은 그 이상의 차수를 갖는 항을 나타낸다. $\Delta W_N(t)$가 $\pm\sqrt{h}$의 값을 가지므로 $(\Delta W_N(t))^2=h$이고 $k\geq 3$에 대해서는 $(\Delta W_N(t))^k=O(h^{3/2})$이 됨을 식 (8.10)에서 이용하였다.

이제 식 (8.10)을 $0\leq nh<T$가 되는 모든 t에 대해 더해 보면,

$$\begin{aligned}f(T,\ W_N(T)) &= f(0,\ W_N(0))+\sum_{0\leq nh<T} f_t(nh,\ W_N(nh))h\\ &\quad +\sum_{0\leq nh<T} f_x(nh,\ W_N(nh))\Delta W_N(nh)\\ &\quad +\frac{1}{2}\sum_{0\leq nh<T} f_{xx}(nh,\ W_N(nh))h+O(h^{1/2})\end{aligned} \tag{8.11}$$

이 된다. 이때 차수가 $O(h^{3/2})$ 인 $N=\frac{T}{h}$ 개 항들의 합은 $O(h^{1/2})$ 이다.

$$f(T, W(T)) = f(0, W(0)) + \int_0^T f_t(t, W(t))dt + \int_0^T f_x(t, W(t))dW(t) + \frac{1}{2}\int_0^T f_{xx}(t, W(t))dt \tag{8.12}$$

은 식 (8.11)의 양변에 $N \to \infty$ 일 때의 극한을 취한 것이다. 첫 번째와 세 번째의 적분은 잘 알려진 리만 적분인 반면, 두 번째의 적분은 **확률적분**(stochastic integral) 혹은 **이토 적분**(Itô integral)이라고 부르는 특별한 적분의 형태이다. **이토의 공식**(Itô formula)이라고 불리는 등식 (8.12)는 **확률미적분**(stochastic calculus)의 토대가 된다. 확률적분의 정밀한 정의와 이토의 공식의 증명은 좀 더 고급 과정을 다룬 책을 참조하기 바란다.

참고 8.5

이토의 보정(Itô correction)이라 일컫는 $\frac{1}{2}\int_0^T f_{xx}(t, W(t))dt$ 의 항은 확률미적분의 특별한 항이다. 위너 확률과정 $W(t)$ 대신 미분가능한 함수 $z(t)$를 사용한다고 가정해 보자. 그러면,

$$f(T, z(T)) = f(0, z(0)) + \int_0^T f_t(t, z(t))dt + \int_0^T f_x(t, z(t))z'(t)dt$$

가 되어 이 경우, 이토의 보정에 대응하는 항이 나타나지 않는다.

이토의 공식 (8.12)는 다음과 같은 약식 표기로 나타내는 것이 편리하다.

$$df(t, W(t)) = f_t(t, W(t))dt + f_x(t, W(t))dW(t) + \frac{1}{2}f_{xx}(t, W(t))dt. \tag{8.13}$$

이 식은 간결함을 위해 적분기호를 생략한 것이다. 특히 합성함수 $h(t, W(t)) = g(t, f(t, W(t)))$에 대한 이토의 공식은 다음과 같다.

$$dh(t, W(t)) = g_t(t, f(t, W(t))dt + g_x(t, W(t))df(t, W(t)) + \frac{1}{2}g_{xx}(t, W(t))[f_x(t, W(t))]^2 dt. \tag{8.14}$$

마지막 공식은 뒤에서 여러 번 사용될 것이다.

$f(t,x) = S(0)e^{\mu t + \sigma x}$로 식 (8.8)을 보면, 식 (8.10)을

$$\Delta S_N(t) = (\mu + \frac{1}{2}\sigma^2)S_N(t)h + \sigma S_N(t)\Delta W_N(t) + O(h^{3/2}) \tag{8.15}$$

로 나타낼 수 있다. 이 식은 이항모형에서의 주식가격 $S_N(t)$에 대한 차분 방정식으로 볼 수 있다. 더욱이, 이토의 공식 (8.13)을 (8.9)에 $f(t,x) = S(0)e^{\mu t + \sigma x}$로 보고 적용하면,

$$dS(t) = (\mu + \frac{1}{2}\sigma^2)S(t)dt + \sigma S(t)dW(t) \tag{8.16}$$

의 식을 얻는다. 이것이 블랙-숄즈 모형에서 주식가격 $S(t)$에 의해 만족되는 **확률미분방정식**(stochastic differential equation)이다.

참고 8.6

식 (8.7)의 모수 $\nu = \mu + \frac{1}{2}\sigma^2$를 이용하면, 확률미분방정식 (8.16)은

$$dS(t) = \nu S(t)dt + \sigma S(t)dW(t)$$

가 되며, 보기 좋은 형태로 쓰여진 이 식은 종종 블랙-숄즈 모형을 구성하는 시작점이 된다.

8.3.2 이토 적분의 기댓값

이토 적분 $\int_0^t f(u, W(u))dW(u)$는 $N \to \infty$일 때,

$$\sum_{0 \le nh < t} f(nh, W_N(nh))\Delta W_N(nh)$$

의 극한값에 대응된다. 이와 같은 확률변수들의 열의 극한이 갖는 정확한 의미는 세심한 논의를 필요로 하며 여기서는 다루지 않겠다.

랜덤워크의 증분들은 독립이기 때문에, $W_N(nh)$와 $\Delta W_N(nh)$는 독립이고, 마찬가지로 각 n값에 대해 $f(nh, W_N(nh))$와 $\Delta W_N(nh)$ 또한 독립이다. 그 결과로,

$$\begin{aligned}&\mathbb{E}\Big[\sum_{0\le nh<t} f(nh,\,W_N(nh))\triangle W_N(nh)\Big]\\&=\sum_{0\le nh<t}\mathbb{E}\big[f(nh,\,W_N(nh))\big]\,\mathbb{E}\big[\triangle W_N(nh)\big]=0\end{aligned}$$

이 만족된다. $N\to\infty$ 일 때 이것은

$$\mathbb{E}\int_0^t f(u,\,W(u))dW(u)=0 \tag{8.17}$$

에 대응된다. 이것은 비공식적 주장이지만, 사실 식 (8.17)은 f에 대한 적절한 가정 아래 엄밀히 증명될 수 있다.

8.3.3 기르사노프의 정리

이 절의 목표는 이산모형에서의 마팅게일(위험중립적) 확률과 유사한 역할을 하는 블랙-숄즈 모형에서의 확률을 구성하는 것이다.

이항모형에서 할인된 주식가격은 $t=nh,\ n=0,1,\cdots,N$에서 다음과 같이 주어진다.

$$\widetilde{S_N}(t)=\frac{S_N(t)}{A_N(t)}=S(0)e^{(\mu-r)t+\sigma W_N(t)}.$$

할인된 주식가격 $\widetilde{S_N}(t)$는 (아래와 같이 주어지는) 이항 나무구조에서의 다음과 같이 주어지는 마팅게일 확률하에서 마팅게일이다.

$$p_*=\frac{R-D}{U-D}=\frac{e^{rh}-e^{\mu h-\sigma\sqrt{h}}}{e^{\mu h+\sigma\sqrt{h}}-e^{\mu h-\sigma\sqrt{h}}}.$$

기호계산을 해 줄 수 있는 컴퓨터 프로그램을 이용하면 쉽게 할 수 있는, 테일러 공식을 이용한 다소 지루한 계산을 거치면 $\sqrt{h}$ 의 거듭제곱에 대한 다음과 같은 확장식을 도출할 수 있다.

$$\begin{aligned}p_*&=\frac{e^{rh}-e^{\mu h-\sigma\sqrt{h}}}{e^{\mu h+\sigma\sqrt{h}}-e^{\mu h-\sigma\sqrt{h}}}\\&=\frac{1}{2}-\frac{1}{2}b\sqrt{h}+O(h^{3/2})=\frac{1}{2}e^{-b\sqrt{h}-\frac{1}{2}b^2h+O(h^{3/2})},\end{aligned} \tag{8.18}$$

$$1-p_* = \frac{e^{\mu h+\sigma\sqrt{h}} - e^{rh}}{e^{\mu h+\sigma\sqrt{h}} - e^{\mu h-\sigma\sqrt{h}}}$$

$$= \frac{1}{2} + \frac{1}{2}b\sqrt{h} + O(h^{3/2}) = \frac{1}{2}e^{+b\sqrt{h} - \frac{1}{2}b^2 h + O(h^{3/2})}. \qquad (8.19)$$

위 식을 간결하게 나타내기 위해,

$$b = \frac{\mu - r + \frac{1}{2}\sigma^2}{\sigma} \qquad (8.20)$$

로 대체하였다.

랜덤워크 W_N이 특정한 경로를 따르는 실제 관측 확률과 마팅게일 확률을 각각 P_{W_N}, $P^*_{W_N}$로 나타내자. 그러면 P_{W_N}는 p와 $1-p$의 곱이 되고, 반면 $P^*_{W_N}$는 p_*와 $1-p_*$ 요소들의 곱이 된다. 이 확률들은 $t=nh$, $n=0, 1, \cdots, N-1$에서 각각 $\Delta W_N(t) = +\sqrt{h}$ 혹은 $-\sqrt{h}$을 나타내는, '상승'과 '하락' 움직임에 대응한다. $p = 1-p = \frac{1}{2}$이고, p_*와 $1-p_*$에 대해서는 식 (8.18)과 (8.19)를 활용하기 때문에, $P_{W_N} = 2^{-N}$이 되고

$$P^*_{W_N} = 2^{-N}e^{-bW_N(T) - \frac{1}{2}b^2T + O(h^{1/2})}$$

이 된다. 이토의 공식을 유도할 때와 같이, 차수가 $O(h^{3/2})$인 $N = \frac{T}{h}$개의 항을 더하는 것이 차수가 $O(h^{1/2})$인 항이 된다는 비공식적인 주장이 여기에도 적용된다. 그 결과 다음과 같다.

$$P^*_{W_N} = P_{W_N}e^{-bW_N(T) - \frac{1}{2}b^2T + O(h^{1/2})} \qquad (8.21)$$

여기서 $h = \frac{T}{N} \to 0$이 되는 $N \to \infty$의 극한을 생각하면 모든 사건 A에 대해

$$P_*(A) = \mathbb{E}(e^{-bW(T) - \frac{1}{2}b^2T}\mathbb{I}_A) \qquad (8.22)$$

가 되는 새로운 확률 P^*를 구할 수 있다. $\mathbb{I}_A$는 A에서는 1의 값을 갖고, 아니면 0

의 값을 갖는 A에 대한 지시함수(indicator function)이고, $\mathbb{E}$는 확률 P에서의 기댓값이다. 비공식적으로 도출되긴 했지만, 식 (8.22)는 확률 P_*에 대한 정확한 정의로 사용될 수 있다.

이토의 공식 (8.13)을 $f(t,x)=S(0)e^{(\mu-r)t+\sigma x}$에 적용하면, 블랙-숄즈 모형에서의 할인된 주식가격의 과정

$$\widetilde{S}(t)=\frac{S(t)}{A(t)}=S(0)e^{(\mu-r)t+\sigma W(t)}$$

는

$$d\widetilde{S}(t)=\left(\mu-r+\frac{1}{2}\sigma^2\right)\widetilde{S}(t)dt+\sigma\widetilde{S}(t)\,dW(t)=\sigma\,\widetilde{S}(t)dW_*(t)$$

를 만족한다. 이 식에서 $W_*(t)$는

$$W_*(t)=bt+W(t) \tag{8.23}$$

이고 b는 식 (8.20)에서 주어진 값이다. $W(t)$는 확률 P 하에서 위너 확률과정임을 알고 있다. 다음에 나오는 중요하고도 흥미로운 기본정리는 새로운 확률 P_* 하에서 $W_*(t)$가 유사한 성질을 가짐을 보여 준다.

기본정리 8.7 기르사노프 정리의 특별한 경우

식 (8.23)에 의해 정의되는 $W_*(t)$는 식 (8.22)에 의해 정의된 확률 P_* 하에서 위너 확률과정이다.

참고 8.8

기본정리 8.7은 **기르사노프 정리(Girsanov Theorem)**로 알려진 중요한 결과의 특별한 경우이다. 기르사노프 정리는 b가 상수가 아니라 확률과정인 경우에도 적용될 수 있는 정리이다. 여기서는 그 정도의 일반적인 수준을 필요로 하지 않으므로 b가 상수인 특별한 경우만을 살펴보자.

증명

X가 정규분포 $N(0,t)$를 따르는 확률변수라면,

$$\mathbb{E}(e^{-bX-\frac{1}{2}b^2t}\mathbb{I}_{\{X+bt\le a\}})=\int_{\{x+bt\le a\}}e^{-bx-\frac{1}{2}b^2t}\frac{1}{\sqrt{2\pi t}}e^{-\frac{x^2}{2t}}dx$$

$$=\int_{\{x+bt\le a\}}\frac{1}{\sqrt{2\pi t}}e^{-\frac{(x+bt)^2}{2t}}dx$$

$$=\int_{\{y\le a\}}\frac{1}{\sqrt{2\pi t}}e^{-\frac{y^2}{2t}}dy=P(X\le a) \qquad (8.24)$$

이다. $0=t_0<t_1<\cdots<t_n=T$, 그리고 $a_1,\cdots,a_n\in\mathbb{R}$이라 하자. $i=1,\cdots,n$에 대한 증분 $W(t_i)-W(t_{i-1})$이 $N(0,t_i-t_{i-1})$의 정규분포를 따르고 확률 P 하에서 독립이기 때문에,

$$P_*\left(\bigcap_{i=1}^{n}\{W_*(t_i)-W_*(t_{i-1})\le a_i\}\right)$$

$$=\mathbb{E}\left(e^{-bW(T)-\frac{1}{2}b^2T}\mathbb{I}_{\bigcap_{i=1}^{n}\{W_*(t_i)-W_*(t_{i-1})\le a_i\}}\right)$$

$$=\mathbb{E}\left(\prod_{i=1}^{n}e^{-b(W(t_i)-W(t_{i-1}))-\frac{1}{2}b^2(t_i-t_{i-1})}\mathbb{I}_{\{W(t_i)-W(t_{i-1})+b(t_i-t_{i-1})\le a_i\}}\right)$$

$$=\prod_{i=1}^{n}\mathbb{E}\left(e^{-b(W(t_i)-W(t_{i-1}))-\frac{1}{2}b^2(t_i-t_{i-1})}\mathbb{I}_{\{W(t_i)-W(t_{i-1})+b(t_i-t_{i-1})\le a_i\}}\right)$$

$$=\prod_{i=1}^{n}P(W(t_i)-W(t_{i-1})\le a_i)$$

이다. 여기서 마지막 식은 (8.24)에 의해 성립한다. 특히, 각 i에 대해

$$P_*(W_*(t_i)-W_*(t_{i-1})\le a_i)=P(W(t_i)-W(t_{i-1})\le a_i)$$

가 되므로, 증분 $W_*(t_i)-W_*(t_{i-1})$는 $N(0,t_i-t_{i-1})$의 정규분포를 따른다. 나아가,

$$P_*\left(\bigcap_{i=1}^{n}\{W_*(t_i)-W_*(t_{i-1})\le a_i\}\right)=\prod_{i=1}^{n}P(W(t_i)-W(t_{i-1})\le a_i)$$

$$=\prod_{i=1}^{n}P_*(W_*(t_i)-W_*(t_{i-1})\le a_i)$$

가 성립하고, 이는 $i = 1, \cdots, n$에 대해 증분 $W_*(t_i) - W_*(t_{i-1})$이 P_* 하에서 독립임을 뜻한다. 그러므로 정의 8.3에 의해, $W_*(t)$는 P_* 하에서의 위너 확률과정이다. ■

연습문제 8.3

블랙-숄즈 주식가격 (8.6)이

$$S(t) = S(0)e^{(r - \frac{1}{2}\sigma^2)t + \sigma W_*(t)} \tag{8.25}$$

임을 증명하여라.

연습문제 8.4

$$dS(t) = rS(t)dt + \sigma S(t)dW_*(t)$$

임을 보여라.

8.4 블랙-숄즈 모형에서의 옵션

블랙-숄즈 모형에서 주식에 대해 발행된 유럽식 옵션을 고려해 보자. 이러한 옵션들의 복제 및 가격결정과 블랙-숄즈 공식으로 잘 알려진 편미분 방정식의 최종값 문제의 해(solution) 사이가 연결될 것이다. 옵션가격은 할인된 지급의 P_* 하에서의 기댓값으로 표현될 것이고, 블랙-숄즈의 모형의 유럽식 콜옵션과 풋옵션에 대한 명확한 가격결정 공식이 유도될 것이다.

8.4.1 복제전략

N단계 이항모형에서, T를 만기일로 하고 그때의 지급이 $g(S_N(T))$인 유럽식 옵션을 고려해 보자. 복제전략은 각각 주식과 무위험자산의 포지션을 나타내는 $x_N(t)$와 $y_N(t)$ 과정의 쌍이다. $t = nh$, $n = 0, \cdots, N$에서 이 전략의 가치는

$$V_N(t) = x_N(t)S_N(t) + y_N(t)A_N(t)$$

로 주어지며, 다음이 성립된다.

- 전략은 $t = nh,\ n = 1, \cdots, N$에서 자기 금융 조건

$$x_N(t)S_N(t) + y_N(t)A_N(t) = x_N(t-h)S_N(t) + y_N(t-h)A_N(t)$$

을 만족하거나, 혹은 동등하게 $t = nh,\ n = 0, \cdots, N-1$에서

$$\Delta V_N(t) = x_N(t)\Delta S_N(t) + y_N(t)\Delta A_N(t)$$

을 만족한다;

- 시점 T에서의 전략의 가치는 옵션의 지급

$$V_N(T) = g(S_N(T))$$

와 일치한다. 이항모형에서의 이러한 복제전략은 6장에서 논의된 바 있다.

이제 블랙-숄즈 모형에서, 만기일이 T이고 지급이 $g(S(T))$인 유럽식 옵션을 고려해 보자. 이항모형에서와 유사하게, 복제전략은 각각 주식과 무위험자산의 포지션을 나타내는 $x(t)$와 $y(t)$ 과정의 쌍이 될 것이고, 시점 $t \in [0, T]$에서 이 전략의 가치는

$$V(t) = x(t)S(t) + y(t)A(t)$$

로 주어지며, 다음이 성립된다:

- 전략은 $t \in [0, T]$에서 자기 금융 조건

$$dV(t) = x(t)dS(t) + y(t)dA(t) \tag{8.26}$$

을 만족한다;

- 시점 T에서의 전략의 가치는 옵션의 지급

$$V(T) = g(S(T)) \tag{8.27}$$

와 일치한다.

8.4.2 블랙–숄즈 방정식

블랙–숄즈 모형에서 할인된 주식가격은 $\widetilde{S}(t) = e^{-rt}S(t)$로 나타낸다. 만약, 만기일 T와 지급 $g(S(T))$를 갖는 옵션에 대해 복제전략 $x(t)$, $y(t)$가 있다면, 옵션은 **성취가능**(attainable)이라고 한다. 복제전략의 할인된 가치는 $\widetilde{V}(t) = e^{-rt}V(t)$로 표기된다.

$x(t)$와 $y(t)$가 t와 $W(t)$의 충분히 정칙적인(regular) 함수로 표현될 수 있다면, $V(t)$와 $\widetilde{V}(t)$ 역시 마찬가지로 표현될 수 있고, 이토의 공식이 이 함수들에 적용될 수 있다. 따라서,

$$
\begin{aligned}
d\widetilde{V}(t) &= -re^{-rt}V(t)dt + e^{-rt}dV(t) \\
&= -re^{-rt}[x(t)S(t) + y(t)A(t)]dt + e^{-rt}[x(t)dS(t) + y(t)dA(t)] \\
&= x(t)d\widetilde{S}(t) \\
&= \sigma x(t)\widetilde{S}(t)\,dW_*(t)
\end{aligned}
$$

가 성립한다. $W_*(t)$가 P_* 하에서의 위너 확률과정임을 알고 있으므로 식 (8.17)을 이용해,

$$
\begin{aligned}
V(0) = \widetilde{V}(0) &= \mathbb{E}_*\left[\widetilde{V}(0) + \int_0^T \sigma x(t)\widetilde{S}(t)dW_*(t)\right] \\
&= \mathbb{E}_*\widetilde{V}(T) = e^{-rT}\mathbb{E}_*V(T) = e^{-rT}\mathbb{E}_*g(S(T))
\end{aligned}
$$

를 얻는다. 이때 $\mathbb{E}_*$는 P_* 하에서의 기댓값이다. 보통의 무재정 논의에 의해 옵션의 가격은 반드시 $V(0)$와 같아야 하고, 그러므로 $e^{-rT}\mathbb{E}_*g(S(T))$와도 같아야 한다.

이러한 표현이 유용하려면, 옵션이 성취가능해야 하고 복제전략의 포지션 $x(t)$, $y(t)$가 t와 $W(t)$에 대한 충분히 정칙적인 함수로 표현될 수 있어야 한다. 이것은 임의의 지급 $g(S(T))$에 대해, 복제전략을 블랙–숄즈 방정식이라고 불리는 편미분 방정식의 최종값 문제에 대한 해로 표현함으로써 가능해진다.

이제 충분히 정칙적인 함수 $u(t,x)$에 대해 다음과 같이 놓아보자.

$$
f(t,x) = e^{-rt}u\left(t, S(0)e^{(r-\frac{1}{2}\sigma^2)t + \sigma x}\right).
$$

그러면, 식 (8.25)에 따라

$$f(t, W_*(t)) = e^{-rt} u(t, S(t))$$

이 되고, 이토의 공식 (8.13)을 $f(t, W_*(t))$에 적용하여

$$df(t, W_*(t)) = \left(f_t(t, W_*(t)) + \frac{1}{2} f_{xx}(t, W_*(t))\right)dt + f_x(t, W_*(t))dW_*(t)$$

의 식을 얻는다. 만약 f가 다음의 편미분 방정식

$$f_t + \frac{1}{2} f_{xx} = 0 \tag{8.28}$$

을 만족한다면, $df(t, W_*(t)) = f_x(t, W_*(t))dW_*(t)$이다. $W_*(t)$가 P_*하에서 위너 확률과정이기 때문에, 식 (8.17)에 의해 다음이 만족된다.

$$\begin{aligned} f(0, W_*(0)) &= \mathbb{E}_*\left[f(0, W_*(0)) + \int_0^T f_x(t, W_*(t))dW_*(t)\right] \\ &= \mathbb{E}_* f(T, W_*(T)). \end{aligned}$$

편미분 방정식 (8.28)을 $u(t,x)$로 나타내면

$$u_t + rxu_x + \frac{1}{2}\sigma^2 x^2 u_{xx} = ru \tag{8.29}$$

가 된다. 이 식이 유명한 **블랙-숄즈 방정식(Black-Scholes equation)**이다. 이 방정식의 임의의 해인 $u(t, x)$에 대해,

$$u(0, S(0)) = f(0, W_*(0)) = \mathbb{E}_* f(T, W_*(T)) = e^{-rT}\mathbb{E}_* u(T, S(T))$$

라고 결론내릴 수 있다.

특히, 최종 조건인

$$u(T, x) = g(x) \tag{8.30}$$

를 만족시키는 블랙-숄즈 방정식 (8.29)의 해 $u(t, x)$는 지급이 $g(S(T))$인 옵션의 가격결정과 복제에 중요한 역할을 한다. 복제전략 $x(t)$, $y(t)$는 이 해를 이용하여 표현될 수 있다. 이를 위해 $u(t, x)$가 블랙-숄즈 방정식 (8.29)를 만족하고 $dS(t) = rS(t)dt + \sigma S(t)dW_*(t)$, 그리고 $dA(t) = rA(t)dt$임을 유념하고, 이토의

공식 (8.14)를 $u(t, S(t))$에 적용한다:

$$\begin{aligned} du(t, S(t)) &= \left[u_t(t, S(t)) + \frac{1}{2}\sigma^2 S(t)^2 u_{xx}(t, S(t))\right]dt + u_x(t, S(t))dS(t) \\ &= r[u(t, S(t)) - S(t)u_x(t, S(t))]dt + u_x(t, S(t))dS(t) \\ &= \frac{u(t, S(t)) - S(t)u_x(t, S(t))}{A(t)} dA(t) + u_x(t, S(t))dS(t). \end{aligned}$$

각 $t \in [0, T]$에 대해

$$V(t) = x(t)S(t) + y(t)A(t) = u(t, S(t))$$

의 가치를 갖는 전략

$$x(t) = u_x(t, S(t)), \quad y(t) = \frac{u(t, S(t)) - S(t)u_x(t, S(t))}{A(t)}$$

는 자기금융조건 (8.26)과 복제조건 (8.27)을 만족한다. 이것은 만기 시점 T와 지급 $g(S(T))$를 갖는 유럽식 옵션에 대한 복제전략이다.

옵션이 성취가능하다는 논의를 완료하기 위해, 최종 조건 (8.30)을 갖는 블랙-숄즈 방정식 (8.29)에 대한 해 $u(t, x)$가 존재함을 알 필요가 있다. 이것은 포물형 편미분방정식에 대한 일반적인 해의 존재에 대한 결과로부터 얻어질 수 있다. 대안적으로, 직접적인 계산을 통해,

$$u(t, x) = e^{r(T-t)} \int_{-\infty}^{+\infty} \frac{1}{\sqrt{2\pi(T-t)}} e^{-\frac{y^2}{2(T-t)}} g(xe^{(r-\frac{1}{2}\sigma^2)(T-t)+\sigma y})dy$$

가 이러한 해가 된다는 것을 알 수 있다.

이러한 결론은 다음의 중요한 정리로 요약될 수 있다.

정리 8.9 블랙-숄즈 방정식

$g(x)$를 충분히 정칙화된 함수라 하고 $u(t, x)$를 블랙-숄즈 방정식

$$u_t(t, x) + rxu_x(t, x) + \frac{1}{2}\sigma^2 x^2 u_{xx}(t, x) = ru(t, x),$$
$$u(T, x) = g(x)$$

의 최종값 문제에 대한 해라고 하자. 그러면 만기 시점을 T로 하고, 지급을 $g(S(T))$로 하는 유럽식 옵션은 다음의 복제전략

$$x(t) = u_x(t, S(t)), \quad y(t) = \frac{u(t, S(t)) - S(t)u_x(t, S(t))}{A(t)}$$

로 성취가능하다. 그리고 옵션의 무재정가격(복제전략의 가치와 동일한)은

$$V(0) = u(0, S(0)) = e^{-rT}\mathbb{E}_* g(S(T))$$

가 된다. 이때 $\mathbb{E}_*$는 P_* 하에서의 기댓값이다.

참고 8.10

기대 로그 수익률 μ는 블랙-숄즈 방정식 (8.29)에 나타나지 않는다. 이것은 옵션가격이 μ에 의존하지 않는다는 의미로서, 실제 확률이 이항모형에서의 옵션가격에 영향을 주지 않는 것과 유사한, 겉보기에 역설적인 결과이다. 실제로 μ에 대한 믿을 만한 추정치를 구하는 것이 어렵기 때문에, 이것은 중요한 결과이다. 반면 이자율 r은 정확하게 알려지고, 변동성 σ에 대해서는 좋은 추정치들이 얻어질 수 있다.

8.4.3 블랙-숄즈 공식

정리 8.9로부터, 행사가격이 X인 블랙-숄즈 모형의 유럽식 콜옵션에 대한 시점 0에서의 가격은

$$C_E(0) = e^{-rT}\mathbb{E}_*(\max\{S(T) - X, 0\})$$

이다. 우변의 기댓값을 계산해 보자. 연습문제 8.3으로부터 블랙-숄즈 주식가격은

$$S(T) = S(0)e^{(r - \frac{1}{2}\sigma^2)T + \sigma W_*(T)}$$

임을 알고 있다. 기르사노프 성리에 의해 $W_*(T)$는 P_* 하에서 평균이 0이고 분산이 T인 정규분포를 따르므로,

$$\begin{aligned} C_E(0) &= \mathbb{E}_*\left(e^{-rT}\max\{S(T) - X, 0\}\right) \\ &= \mathbb{E}_*\left(e^{-rT}\max\left\{S(0)e^{(r - \frac{1}{2}\sigma^2)T + \sigma W_*(T)} - X, 0\right\}\right) \end{aligned}$$

$$= \int_{-d_-}^{\infty} (S(0)e^{\sigma\sqrt{T}x - \frac{1}{2}\sigma^2 T} - Xe^{-rT}) \frac{1}{\sqrt{2\pi}} e^{-\frac{x^2}{2}} dx$$

$$= S(0) \int_{-d_+}^{\infty} \frac{1}{\sqrt{2\pi}} e^{-\frac{x^2}{2}} dx - Xe^{-rT} \int_{-d_-}^{\infty} \frac{1}{\sqrt{2\pi}} e^{-\frac{x^2}{2}} dx$$

$$= S(0)N(d_+) - Xe^{-rT}N(d_-)$$

가 된다. 여기서

$$d_{\pm} = \frac{\ln \frac{S(0)}{X} + (r \pm \frac{1}{2}\sigma^2)T}{\sigma\sqrt{T}} \tag{8.31}$$

이고,

$$N(x) = \int_{-\infty}^{x} \frac{1}{\sqrt{2\pi}} e^{-\frac{y^2}{2}} dy = \int_{-x}^{\infty} \frac{1}{\sqrt{2\pi}} e^{-\frac{y^2}{2}} dy \tag{8.32}$$

는 표준정규분포의 누적분포함수이다.

연습문제 8.5

$$N(d_-) = P_*(S(T) \geq X)$$

임을 보여라.

옵션가격을 계산하기 위해 시점 0을 선택한 것은 임의적이다. 일반적으로 옵션가격은 $t < T$인 임의의 시점 t에서 계산될 수 있다. 이때 옵션이 행사되기까지 남은 시간은 $T-t$가 될 것이다. 위의 식에서 0을 t로 대체하고 T를 $T-t$로 대체하여, 다음 결과를 얻을 수 있다.

정리 8.11 블랙-숄즈 공식

행사가격이 X이고 만기 시점이 T인 유럽식 콜옵션의 시점 $t(t < T)$에서의 가격은

$$C_E(t) = S(t)N(d_+(t)) - Xe^{-r(T-t)}N(d_-(t)) \tag{8.33}$$

이고, 여기서

$$d_{\pm}(t)=\frac{\ln\frac{S(t)}{X}+(r\pm\frac{1}{2}\sigma^2)(T-t)}{\sigma\sqrt{T-t}} \tag{8.34}$$

이다.

연습문제 8.6

행사가격이 X이고 만기일이 T인 유럽식 풋옵션의 가격에 대한 블랙-숄즈 공식

$$P_E(t)=Xe^{-r(T-t)}N(-d_-(t))-S(t)N(-d_+(t))$$

를 식 (8.34)에 주어진 $d_+(t)$와 $d_-(t)$을 써서 유도하여라.

참고 8.12

블랙-숄즈 공식이 μ를 포함하지 않는다는 것을 주목하자. 이것은 참고 6.17과 8.10에 주어진 성질과 유사하며 현실적으로 그와 비슷하게 중요하다. 블랙-숄즈 모형에서 유럽식 콜옵션과 풋옵션에 대한 가격을 구하기 위해 μ를 알 필요가 없다는 것이다.

유럽식 콜옵션에 대한 블랙-숄즈 공식과 Cox-Ross-Rubinstein 공식을 수치적으로 비교하는 것은 흥미롭다. 그림 8.3은 $S(0)=100$, $\sigma=0.3$, 그리고 $\mu=20\%$인 주식에 대한, 행사가격이 $X=100$인 유럽식 콜옵션의 가격을 보여 준다[μ는 블랙-숄즈 공식에 무관하지만, 이산시간 근사치인 식 (8.3)에 필요하다]. 연속복리이자율은 $r=8\%$이다. 옵션가격은 행사시점까지 남은 시간 T의 함수로서 다음과 같이 두 가지 방법으로 계산된다.

a) (실선) 0과 1 사이의 T에 대한 블랙-숄즈 공식으로부터,
b) (점들) 각 단계의 지속시간을 $h=0.1$로 하여 0부터 1까지 $N=10$단계로 증가하는 T에서 Cox-Ross-Rubinstein 공식을 이용하여, 각 단계에서 이산적인 성장률은 공식 (8.2)를 이용하여 계산된다.

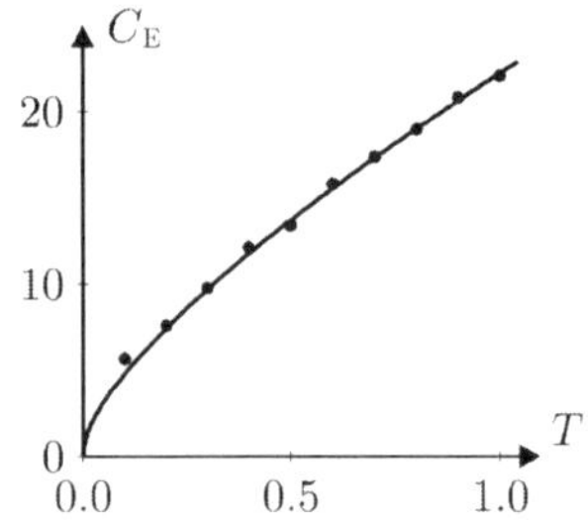

그림 8.3 연속시간모형과 이산시간모형에서, 행사 시점까지 남은 시간 T의 함수로서의 콜옵션 가격

단계의 개수가 10일 뿐인데도 이산 시간 공식과 연속시간 공식은 놀라울 정도로 일치한다.

연습문제 8.7

유럽식 콜옵션에 대한 복제전략이

$$x(t) = N(d_+(t)), \quad y(t) = -Xe^{-r(T-t)}N(d_-(t))$$

임을 보여라. $d_+(t)$와 $d_-(t)$는 식 (8.34)에서 주어진다.

8.5 위험관리

옵션의 발행자는 위험에 노출된다. 시점 0에서 발행자가 받게 되는 프리미엄은 위험중립 확률하에서 할인된 미래 지급의 기댓값과 같다. 불리한 시나리오가 발생하는 경우, 옵션의 소유자에게 주어야 하는 금액은 상당히 커질 수 있고, 예를 들어 콜옵션의 경우에는 심지어 상한이 없다. 발행자가 갖게 되는 위험은 좀 더 만족할 만하게 다루어져야 한다.

8.5.1 델타 헤징

블랙-숄즈 공식으로 주어진 유럽식 콜옵션이나 풋옵션에 대한 가격은 당연히 기초자산의 가격에 의존하게 되는데, 이를 좀 더 광범위한 문맥에서 바라보자.

그 가치가 현재의 주식가격 $S = S(0)$에 의존하고, 그래서 $V(S)$로 나타내어지는 포트폴리오를 고려해 보자. S에 대한 의존성은 포트폴리오의 **델타**(delta)라 불리는 도함수 $\frac{d}{dS}V(S)$로 측정될 수 있다. S에서 $S+\Delta S$까지의 작은 가격 변동에 대하여, 포트폴리오의 가치는

$$\Delta V(S) \cong \frac{d}{dS}V(S) \times \Delta S$$

만큼 변할 것이다. **델타 헤징**(delta hedging)의 원리는 포트폴리오에 끼워 넣는 파생상품을 근간으로 하는데, 파생상품을 넣어서 확장된 포트폴리오의 가치가 S가 변할 때 크게 변하지 않도록 만드는 것이다. 이것은 포트폴리오의 델타가 0과 같도록 만듦으로써 얻어질 수 있다. 이러한 포트폴리오를 **델타 중립**(delta neutral)이라 한다.

주식, 자금 시장 계좌, 그리고 헤지된 파생상품으로 구성되어 그 가치가

$$V(S) = xS + y + zH(S)$$

인 포트폴리오를 생각해 보자. 이때 파생상품의 가격은 $H(S)$로 표시되고 현재 가격이 1인 채권은 무위험포지션에 활용된다. 구체적으로, 단일 파생상품이 발행되었다고 가정하면(즉, $z = -1$),

$$\frac{d}{dS}V(S) = x - \frac{d}{dS}H(S)$$

가 된다. 파생상품의 **델타**인, 마지막 항 $\frac{d}{dS}H(S)$는 주식가격의 블랙-숄즈 모형에서 쉽게 계산될 수 있어서 $H(S)$에 대한 명시적인 공식이 이용가능하다.

기본정리 8.13

블랙-숄즈 모형에서 유럽식 콜옵션의 가격을 $C_E(S)$로 나타내자. 이 옵션의 델타는 다음과 같이 주어진다.

$$\frac{d}{dS}C_E(S) = N(d_+).$$

$N(x)$는 표준정규분포의 누적분포함수이고 d_+는 식 (8.31)에 의해 정의된다.

증명

정리 8.11을 보면, 가격 $S=S(0)$는 블랙-숄즈 공식에서 세 번 나타난다. 그렇기 때문에 미분은 상당한 작업을 필요로 하지만, 이 경우 그 절차 가운데 여러 번의 반가운 약분이 이루어진다. 계산은 독자에게 남기도록 하겠다. 연습문제 8.7을 참고할 수 있다. 도함수 $\frac{d}{dS}C_E(S)$가 $t=0$에서 계산된다는 것을 염두에 두도록 하자. ■

연습문제 8.8

블랙-숄즈 모형에서 유럽식 풋옵션의 델타 $\frac{d}{dS}P_E(S)$에 대한 위와 유사한 표현을 찾아라.

이 절의 남은 부분에서는 블랙-숄즈 모형 내의 유럽식 콜옵션을 고려할 것이다. 기본정리 8.13에 의해서, 포트폴리오 $(x, y, z)=(N(d_+), y, -1)$는 임의의 y에 대하여 0의 델타를 갖는다. 이때 주식의 포지션 $N(d_+)$는 초기 주식가격 $S=S(0)$으로 계산된다. 결과적으로, 포트폴리오의 가치

$$V(S)=N(d_+)S+y-C_E(S)$$

는 주식가격이 초기 가격으로부터 조금 변할 때, 크게 변하지 않는다. 포트폴리오의 초기가치가 0이 되도록 y의 값을 선택하면 편리하다. $C_E(S)$에 대한 블랙-숄즈 공식에 의해 이 식은

$$y=-Xe^{-Tr}N(d_-)$$

을 도출한다. d_-는 식 (8.31)에 의해 주어진다.

다음의 예제를 분석해 보자. 이 예제는 차후에 확장되고 적용될 것이다. 만기가 90일이고 행사가격이 $X=60$인, 현재 가격이 $S=60$달러인 주식에 대해 발행된 콜옵션을 고려해 보자. 무위험수익률은 8%이고 주식의 변동성은 $\sigma=30\%$라고 가정한다. 그러면 옵션가격은 블랙-숄즈 공식를 통해 $C_E=4.14452$달러가 되고, 옵션의 델타는 0.581957이 된다.

이제 우리가 1,000개의 콜옵션을 발행, 매도하여 \$4,144.52의 프리미엄을 현금화한다고 가정하자. 헤징을 구성하기 위해, \$30,722.88를 차입하여 581.96주를 \$34,917.39의 가격으로 매수한다. 이에 포트폴리오 (x, y, z)는 $x=581.96$,

$y=-30,772.88$, $z=-1000$이 되고 그 총 가치는 0이 될 것이다($z=-1$인 단일 옵션을 고려하는 것이 수리적으로 보다 자연스러울 수 있으나, 현실적으로 옵션은 묶음으로 거래된다).

하루가 지난 이후 이 포트폴리오의 가치를 가능한 몇 가지 시나리오를 고려하여 분석해 보자. 하루가 지났으니 만기까지 남은 시간은 89일이 된다. 주식 변동성과 무위험수익률이 변하지 않는다고 가정하고 주식가격 움직임에 대한 다음의 3가지 시나리오를 고려해 보자.

1. 주식가격이 변하지 않는다. 즉, $S(\frac{1}{365})=60$달러이다. 단일 옵션은 \$4.11833의 가치를 지니게 되고, 이에 옵션의 매도포지션에 기인한 부채는 줄어들게 된다. 자금 시장에 대한 빚은 이자로 인해 늘어나고, 주식포지션은 처음과 같은 가치를 가진다. 1일째의 잔고는 다음과 같다.

주식	34,917.39
자금	-30,779.62
옵션	-4,118.33
총계	**19.45**

헤징을 하지 않으면($x=0$, $y=4,118.33$, $z=-1,000$), 옵션의 줄어든 가치로부터 이익을 얻고 무위험으로 투자된 프리미엄에서 나온 이자로 이익을 얻어, 우리의 재산은 \$27.10가 된다.

2. 주식가격이 $S(\frac{1}{365})=61$달러로 상승한다. 단일 옵션의 가치는 처음보다 높은 \$4.72150이 된다. 헤지되지 않은(그대로 노출된) 포지션은 \$576.07만큼의 손실을 입는다. 반면, 델타 중립인 포트폴리오의 소유자에게는 옵션에서의 손실이 주식가격의 상승에 의해 거의 완벽하게 상쇄된다.

주식	35,499 35
자금	-30,779.62
옵션	-4,721.50
총계	**-1.77**

3. 주식가격의 $S(\frac{1}{365}) = 59$ 달러로 하락한다. 발행된 옵션의 가치는 하락하여, 단일 옵션의 가치는 \$3.55908가 된다. 소유한 주식의 가치 역시 하락한다. 포트폴리오는 다음과 같이 약간의 손실을 가져온다.

주식	34,335.44
자금	−30,779.62
옵션	−3,559.08
총계	**−3.26**

이 시나리오에서는 헤지를 하지 않는 경우 \$586.35의 이익을 얻기 때문에 헤지를 아예 하지 않는 것이 훨씬 낫다.

주식가격이 변하지 않을 때, 헤징 포트폴리오가 이익을 가져 온다는 것은 놀라운 사실로 다가올 수 있다. 추후 연습문제 8.12에서 보게 될, 일반적인 법칙이 여기서 작용된다.

연습문제 8.9

헤징 포트폴리오가 최대 가치에 이르기 위한 1일째 주식가격을 구하여라.

연습문제 8.10

만기일을 90일로 하고 행사가격을 $X = 1.80$달러로 하는 풋옵션 50,000개가, 현재가격 $S(0) = 1.82$달러인 주식에 대해 발행되었다고 가정하자. 주식의 변동성은 $\sigma = 14\%$이고 무위험수익률은 $r = 5\%$이다. 델타 중립 포트폴리오를 구성하고, 하루가 지난 후 주식가격이 $S(\frac{1}{365}) = 1.81$달러로 하락할 때 포트폴리오의 가치를 계산하여라.

다시 예제로 돌아가서, 1일 후의 다양한 주식가격에 대한 델타 중립 포트폴리오의 가치 V를 정리하여 헤지되지 않은 포지션의 가치인 U과 비교해 보자:

S	V	U
58.00	−71.35	1,100.22
58.50	−31.56	849.03
59.00	−3.26	586.35
59.50	13.69	312.32
60.00	19.45	27.10
60.50	14.22	−269.11
61.00	−1.77	−576.07
61.50	−28.24	−893.53
62.00	−64.93	−1,221.19

이제 주식가격 변화가 꽤 크다면 어떤 일이 일어나는지 살펴보자.

S	V	U
50	−2,233.19	3,594.03
55	−554.65	2,362.79
60	19.45	27.10
65	−481.60	−3,383.73
70	−1,765.15	−7,577.06

만약 이와 같은 큰 변화가 발생하는 것이 우려된다면, 위의 헤지는 만족스러운 답이 되지 못한다. 만약 헤지하지 않는다면, 적어도 주식가격이 하락할 때는 수익을 얻게 되는 도박을 한다고 할 수 있다. 반면 델타 중립 포트폴리오는 주식가격이 상승하든지 하락하든지 관계없이, 헤지하지 않은 포지션에 비해서는 현저히 작다 하더라도, 손실을 가져올 수 있다.

만약 주식가격에 더하여, 다른 변수들의 값이 1일 후에 변할 때 어떤 일이 발생할 수 있는지 생각해 보자.

1. 주식의 변동성은 이전과 같이 유지되니, 이자율이 9%로 상승한다고 가정하자. 이때 약간의 손실이 옵션가격의 상승으로부터 발생할 것이다. 1일째를 만기로 하는 현금 대출 이자는 영향을 받지 않는다. 새로운 이자율이 2일 혹은 그 이후에 지불되는 이자에만 영향을 미치기 때문이다. 헤징 포트폴리오의 값은 아래의 표 2열과 같이 주어진다.
2. 이제 이자율은 원래의 수준인 8%를 유지하지만 주식의 변동성 σ가 32%로 상

승한다고 가정하자. 이에 옵션가격은 상당히 상승할 것이고, 이 상승 값은 주식가격이 상승함에도 불구하고 주식포지션에 의해 보상되지 않는다. 결과는 아래의 표 3열과 같이 주어진다.

S	V	
	$r=9\%,\ \sigma=30\%$	$r=8\%,\ \sigma=32\%$
58.00	−133.72	−299.83
58.50	−97.22	−261.87
59.00	−72.19	−234.69
59.50	−58.50	−218.14
60.00	−55.96	−212.08
60.50	−64.38	−216.33
61.00	−83.51	−230.68
61.50	−113.07	−254.90
62.00	−152.78	−288.74

표에서 볼 수 있듯이, 경우에 따라 델타 헤징은 전혀 만족스럽지 않을 수 있다. 기초자산가격이 크게 변하거나 다른 변수들이 동시에 변할 때, 헤징의 안정성을 높일 필요가 있다. 이제 약간의 이론적인 도구들을 소개한 후, 이 예제로 다시 돌아오도록 하겠다.

연습문제 8.11

무위험이자율이 1일 후 3%로 하락하였을 때, 연습문제 8.10의 델타 중립 포트폴리오의 가치를 구하여라.

8.5.2 Greek 모수들

옵션가격을 결정하는 여러 변수들에 대한 포트폴리오의 민감도를 나타내는 소위 **Greek 모수들**(Greek parameters)을 정의하도록 하자. 한 번 옵션이 발행되면, 행사가격 X와 만기 시점 T는 고정된 값이 되므로 남은 네 가지 변수인 S, t, r, σ를 분석해야 한다.

주식과 이 주식을 기반으로 하는 조건부 청구권들로 이루어진 일반적인 포트폴리오의 가치를 위 변수들의 함수 $V(S, t, \sigma, r)$로 나타내 보자. 그리고

$$\text{delta}_V = \frac{\partial V}{\partial S},$$

$$\text{gamma}_V = \frac{\partial^2 V}{\partial S^2},$$

$$\text{theta}_V = \frac{\partial V}{\partial t},$$

$$\text{vega}_V = \frac{\partial V}{\partial \sigma},$$

$$\text{rho}_V = \frac{\partial V}{\partial r}$$

이라 하자. 변수들의 작은 변화 $\triangle S$, $\triangle t$, $\triangle \sigma$, $\triangle r$에 대해(테일러 공식에 의해), 다음의 근사식이 성립한다.

$$\triangle V \cong \text{delta}_V \times \triangle S + \text{theta}_V \times \triangle t + \text{vega}_V \times \triangle \sigma + \text{rho}_V \times \triangle r + \frac{1}{2}\text{gamma}_V \times (\triangle S)^2.$$

그러므로 어느 한 변수의 작은 변화에 대해 포트폴리오가 영향을 받지 않도록 하기 위해서는 그에 대응하는 Greek 모수를 0과 같게 해야 한다. 예를 들어, 변동성의 움직임을 헤지하기 위해서는 베가(vega)를 0으로 놓아서 **베가 중립(vega neutral)** 포트폴리오를 구성해야 한다. 델타 헤징의 혜택 또한 유지하기 위해서는 델타와 베가를 모두 0으로 하는 **델타-베가 중립(delta-vega neutral)** 포트폴리오를 구성해야 한다. **델타-감마 중립(delta-gamma neutral)** 포트폴리오의 경우는 주식가격의 큰 변화에 대해서도 영향을 적게 받을 것이다. 아래에서 이러한 헤징 포트폴리오의 예들을 살펴보도록 하자.

블랙-숄즈 공식은 단일 옵션에 대한 파생상품을 명확하게 계산할 수 있게 한다. 유럽식 콜옵션에 대해서 Greek 모수들은,

$$\text{delta}_{C_E} = N(d_+),$$

$$\text{gamma}_{C_E} = \frac{1}{S\sigma\sqrt{2\pi T}} e^{-\frac{d_+^2}{2}},$$

$$\text{theta}_{C_E} = -\frac{S\sigma}{2\sqrt{2\pi T}} e^{-\frac{d_+^2}{2}} - rXe^{-rT}N(d_-),$$

$$\text{vega}_{C_E} = \frac{S\sqrt{T}}{\sqrt{2\pi}} e^{-\frac{d_+^2}{2}},$$
$$\text{rho}_{C_E} = TXe^{-rT}N(d_-)$$

와 같다(이들은 시간 $t=0$에서 계산됨).

참고 8.14

위의 식으로부터

$$\text{theta}_{C_E} + rS\ \text{delta}_{C_E} + \frac{1}{2}\sigma^2 S^2 \text{gamma}_{C_E} = rC_E$$

가 성립한다. 이 식은 t와 S에 대한 콜옵션 가격의 의존성을 나타내는 함수 u, 즉 $C_E = u(t,s)$가 블랙–숄즈 방정식을 만족함을 함축한다.

$$\frac{\partial u}{\partial t} + rS\frac{\partial u}{\partial S} + \frac{1}{2}\sigma^2 S^2 \frac{\partial^2 u}{\partial S^2} = ru.$$

연습문제 8.12

단일 콜옵션을 헤징하기 위한, 초기가치 0인 델타 중립 포트폴리오의 가치는 주식가격과 변동성, 무위험이자율이 변하지 않는다면 시간이 지날수록 상승함을 보여라.

연습문제 8.13

풋옵션에 대한 Greek 모수들의 공식을 유도하여라.

Greek 모수들로 할 수 있는 것들을 보기 위해, 유럽식 콜옵션의 발행자의 포지션을 헤징하는 경우를 살펴보자.

델타-감마 헤징. 구성은 델타와 감마가 모두 0이 되는 것을 기본으로 한다. 이를 위해 (x, y, z)형식의 포트폴리오는 불충분하다. 옵션에 대한 포지션을 예를 들어 $z = -1{,}000$라고 고정하자. 그러면 조정될 수 있는 것은 하나뿐인데, 말하자면 기초자산의 포지션 x이다. 이는 포트폴리오의 델타가 0이 되도록 만들 수 있다. 감마 또한 0과 같게 하려면 추가적인 자유도가 필요하다. 이를 위해, 같은 주식에 대한 다른 옵션, 예를 들면 60일 후 $\hat{T} = 60/365$에 만기가 되고 행사가격이 $\hat{X} = 65$인 콜옵션을 고려해 보자. 그리고 추가된 옵션의 포지션 $\hat{z}$을 포함하는 포트폴리오 $(x, y, z, \hat{z})$을 구성하자. 다른 변수들은 앞의 예제들에서처럼 $r = 8\%$, $\sigma = 30\%$, $S(0) = 60$이다.

가격과 선택된 Greek 모수들(나중에 사용될 베가도 포함하였다)에 대한 모든 정보를 취합하면 다음 표와 같다:

옵션	만기까지 남은 시간	행사가격	옵션가격	델타	감마	베가
기본	90/365	60	4.14452	0.581957	0.043688	11.634305
추가	60/365	65	1.37826	0.312373	0.048502	8.610681

포트폴리오의 델타와 감마가 0이 되도록 x와 $\hat{z}$의 값을 선택한다.

$$\begin{aligned} \text{delta}_V &= x - 1{,}000\,\text{delta}_{C_E} + \hat{z}\,\text{delta}_{\widehat{C}_E} = 0, \\ \text{gamma}_V &= -1{,}000\,\text{gamma}_{C_E} + \hat{z}\,\text{gamma}_{\widehat{C}_E} = 0. \end{aligned}$$

그리고 포트폴리오의 가치가 0이 되도록 자금포지션 y를 선택한다.

$$V(S) = xS + y - 1{,}000\,C_E(S) + \hat{z}\,\widehat{C}_E(S) = 0.$$

이 식은 다음과 같은 연립방정식을 도출하고,

$$\begin{aligned} x - 581.957 + 0.312373\,\hat{z} &= 0, \\ -43.688 + 0.048502\,\hat{z} &= 0, \end{aligned}$$

이 방정식은 $x \cong 300.58$과 $\hat{z} \cong 900.76$의 해를 갖는다. 따라서 $y \cong -15{,}131.77$이 된다. 즉, 주식과 추가적인 옵션에 대해서는 매수포지션을 취하고 현금은 매도포지션을 취해야 한다(원래의 옵션에 대해서는 이미 $z = -1{,}000$의 매도포지션을 취하였다).

하루가 지난 후, 주식이 상승한다면 원래의 옵션은 가격이 상승하여 채무를 증가시키지만, 이것은 주식과 추가된 옵션의 가격 상승으로 청산될 것이다. 주식의 가격이 하락한다면, 이와는 반대의 현상이 발생한다. 자금 시장에서의 빚은 어느 경우에라도 이자에 의해 증가하게 된다. 포트폴리오의 가치는 아래와 같이 주어진다(비교를 위해 델타 중립 포트폴리오의 가치도 포함하였다):

$S(\frac{1}{365})$	델타-감마	델타
58.00	−2.04	−71.35
58.50	0.30	−31.56
59.00	1.07	−3.26
59.50	0.81	13.69
60.00	0.02	19.45
60.50	−0.79	14.22
61.00	−1.11	−1.77
61.50	−0.49	−28.24
62.00	1.52	−64.93

주식가격의 주어진 범위 내에서는 현실적으로 안전하다는 것을 볼 수 있다. 더 큰 변화에 대해서도 델타 헤징과 비교해 더 나은 상황이 된다.

$S(\frac{1}{365})$	델타-감마	델타
50	−614.08	−2,233.19
55	−78.22	−554.65
60	0.02	19.45
65	63.13	−481.60
70	440.81	−1,765.15

예상되었듯이, 델타-감마 중립 포트폴리오는 델타 중립 포트폴리오보다 주식가격의 변화에 대해 더 좋은 보호책을 제공한다.

델타-베가 헤징. 다음으로 주식가격의 작은 변화에 대한 보호책을 유지하면서, 변동성의 증가를 헤지하여 보자. 이것은 앞에서처럼, 추가적인 옵션을 포함한 델타-베가 포트폴리오를 구성함으로써 가능하다. 부과된 조건은 다음과 같다.

$$\text{delta}_V = x - 1{,}000\,\text{delta}_{C_E} + \hat{z}\,\text{delta}_{\widehat{C}_E} = 0,$$
$$\text{vega}_V = -1{,}000\,\text{vega}_{C_E} + \hat{z}\,\text{vega}_{\widehat{C}_E} = 0.$$

이 식은 아래의 연립방정식을 유도하고,

$$x - 581.957 + 0.312373\,\hat{z} = 0,$$
$$-11{,}634.305 + 8.610681\,\hat{z} = 0,$$

이것은 근사적인 해로 $x \cong 159.89$, $\hat{z} \cong 1,351.15$를 갖는다. 이에 대응하는 자금 포지션은 $y \cong -7,311.12$이다.

변동성이 1일 째에 $\sigma = 32\%$로 증가한다고 가정해 보자. 델타-베가 헤징과 델타 헤징의 결과를 비교하면 다음 표와 같다:

$S(1/365)$	델타-베가	델타
58.00	-5.90	-299.83
58.50	-12.81	-261.87
59.00	-16.05	-234.69
59.50	-14.99	-218.14
60.00	-9.06	-212.08
60.50	2.27	-216.33
61.00	19.52	-230.68
61.50	43.17	-254.90
62.00	73.62	-288.74

연습문제 8.14

우리가 다루고 있는 예제에서의 자료(주식가격 $60, 변동성 30%, 이자율 8%)를 이용하여, 90일 후에 행사가격 $60로 만기가 되는 1,000개 콜옵션의 매도포지션을 헤지하기 위한 델타-로우 중립 포트폴리오를, 행사가격이 $65이고 만기가 120일인 콜옵션을 추가적으로 포함하여 구성해 보자. 그리고 1일 후에 이자율이 9%로 상승한다고 할 때, 주식가격 변동에 대한 포트폴리오 가치의 민감도를 앞의 결과들과 비교해서 분석하여라. 만약 이자율이 15%로 오르면 어떠한 일이 발생하는가?

위의 예제는 여러 가지 가능한 헤징 전략을 예시한다. 어떤 헤징 전략을 선택할 것인가는 개개인의 목표와 선호에 달려있다. 우리는 거래 비용이나 장기간(long term) 헤징에 관련된 문제를 다루지 않았고, 추가적으로 포함할 파생상품의 선택에 대한 최적성 또한 논의하지 않았다. 세 개의 Greek 모수를 기반으로 하는 포트폴리오는 구성요소로서 또 다른 파생상품을 요구할 것이다. 그러한 포트폴리오는 변수들이 변하지 않는다면 성능이 더 악화될 수 있음에도 불구하고, 포괄적인 보장을 해줄 수 있다. 추가적으로, 거래 비용이 포함된다면 가격은 더 비싸질 것이다.

8.5.3 Value-at-Risk

사업 운영에 수반되는 위험을 측정하기 위해, 발생가능한 손실의 크기와 가능도

(likelihood)로써 위험을 직관적으로 이해하는 것이 일반적이다.

간단한 예제를 활용하여 기본적 개념을 설명하겠다. 1년 후에 주식을 팔 목적으로, 한 주를 $S(0)=100$달러에 산다고 해 보자. 매도가격 $S(1)$은 랜덤하다. 연속복리 무위험이자율이 r일 때, 만약 $S(1)<100e^r$라면, 투자자는 손실을 입게 된다(주식의 구매는 대출로 조달되거나 이미 갖고 있는 돈으로 조달될 수 있다. 이미 갖고 있던 돈으로 조달되었더라도 무위험투자를 했다면 가능했을 수익을 생각하여 손실이 발생한다고 본다). 이때, 손실이 어떤 주어진 금액보다 작을 확률은 얼마인가? 예를 들어,

$$P(100e^r - S(1) < 20) = ?$$

이 질문을 역으로 생각하여 확률을, 예를 들어 95%라고 놓아 보자. 그러면 주어진 금액을 넘지 않는 손실이 발생할 확률이 95%가 되는 금액을 구하게 된다. 이 값을 95% 신뢰수준에서의 **Value-at-risk**라고 하며 VaR이라 표시한다(95% 이외의 다른 신뢰수준 또한 사용가능). 즉, VaR는 다음의 부등식을 만족시키는 값이 된다.

$$P(100e^r - S(1) < \text{VaR}) = 95\%.$$

이러한 맥락에서 대다수의 책들이 화폐의 시간 가치를 무시한다는 것을 주목해야 한다. VaR의 정의를 오직 $r=0$에 대해 기술하는 것이다.

예제 8.15

주식가격이 로그 정규분포를 따르고, 로그 수익률 $k=\ln(S(1)/S(0))$은 평균이 $\mu=12\%$이고 표준편차가 $\sigma=30\%$인 정규분포를 가정하자(마팅게일 확률이 아닌 실제 관측되는 확률로 계산하기에 무위험수익률이 아닌 실제 기대수익률을 사용). 수익률은 95%의 확률로 $k>\mu+x\sigma\cong-37.50\%$를 만족시킬 것이다. 이때 $N(x)\cong5\%$이므로, $x\cong-1.645$가 된다($N(x)$은 표준 정규분포의 누적분포함수). 95%의 확률로 미래의 가격 $S(1)$은

$$S(1) > S(0)e^{\mu+x\sigma} \cong 68.83\text{달러}$$

를 만족할 것이고 $r=8\%$가 주어졌을 때는,

$$\text{VaR} = S(0)e^r - S(0)e^{\mu+x\sigma} \cong 39.50\text{달러}$$

가 된다.

연습문제 8.15

유로에 1년간 투자된 $1,000에 대해 95% 신뢰수준에서 VaR를 구해 보자. 유로에 대한 무위험이자율은 $r_{\mathrm{EUR}} = 4\%$ 이고, 유로를 미국 달러로 바꾸는 환율은 $\mu = 1\%$, $\sigma = 15\%$ 의 로그 정규분포를 따른다고 가정한다. 달러에 대한 무위험이자율이 $r_{\mathrm{USD}} = 5\%$ 일 때, 달러를 무위험으로 투자할 수 있었던 기회를 고려하도록 하여라.

연습문제 8.16

$1,000가 현재 가격 $S(0) = 60$ 달러인 주식에 대한 유럽식 콜옵션에 투자되었다고 가정하자. 옵션의 만기는 6개월 후이고, 행사가격은 $X = 40$ 달러이다. 또한 $\sigma = 30\%$, $r = 8\%$, 그리고 주식에 대한 로그 수익률의 기댓값은 12%라고 한다. 이 때, 95%의 신뢰수준으로 6개월 후의 VaR를 계산해 보자. 더불어 주식가격이 기대 수익률만큼 상승했을 때, 최종 재산을 구하여라. 또, 5%의 확률로 초과되는 주식가격의 수준을 찾고 그에 대응하는 최종 지급도 계산하여라.

사례 8 논의

Value-at-Risk를 관리하는 관점에서 문제를 논의하겠다. 이러한 접근은 대출을 신청하는 회사들을 평가하기 위해 은행들이 종종 사용한다.

우선, 회사는 투자자들의 기대를 만족시키기 위해 배당금을 지급해야 하고, 만족스런 배당금을 지급하기 위해 1년에 125만 파운드의 이윤을 내야만 한다는 점을 염두에 두자. 보다 낮은 이윤이 발생하면, 요구되는 것보다 적은 배당금을 지급하게 되므로 그 부족분은 투자자의 관점에서 손실로 간주된다. 수익은 연말의 환율 d에 의존하기에 약간의 위험이 나타난다(다른 값들은 예측가능하다고 가정한다).

첫째로, 위험을 관리하기 위한 어떠한 행동도 하지 않는다고 가정하자.

1. **헤지되지 않은 포지션. 연말에 환율 d가 파운드당 1.6달러가 된다면, 순수익은 다음의 명세서에서 보는 것과 같이 160만 파운드일 것이다(모든 값은 파운드로 표시):**

판매액	5,000,000
비용	−3,000,000
세전 수익	2,000,000
세금	−400,000
세후 수익	1,600,000
배당금	−1,250,000
결과	350,000

잔여 수익은 35만 파운드가 된다.

그러나 환율 d가 파운드당 2달러가 된다면, 배당금은 사실 줄어야 할 것이고 투자자는 45만 파운드의 손실을 입을 것이다(전체 배당금을 가정된 비용으로 취급):

판매액	4,000,000
비용	−3,000,000
세전 수익	1,000,000
세금	−200,000
세후 수익	800,000
배당금	−1,250,000
결과	−450,000

이제 VaR값을 계산해 보자. 환율은 다음과 같은 형태의 로그 정규분포를 따른다고 가정한다.

$$d(t) = d(0)\exp((r_{\text{USD}} - r_{\text{GBP}} - \frac{1}{2}\sigma^2)t + \sigma\sqrt{t}\,N).$$

위 식에서 N은 표준정규분포이다.[3] 95%의 확률로, N은 1.6449를 넘지 않고, 여기에 대응되는 환율은 파운드당 $d = d(1) \cong 1.9650$달러이다. 환율이 이 경곗값을 취할 때의 명세서는 다음과 같다(모든 값은 파운드 단위로 반올림):

판매액	4,071,290
비용	−3,000,000
세전 수익	1,071,290
세금	−214,258
세후 수익	857,032
배당금	−1,250,000
결과	−392,968

이 결과, VaR $\cong$ 392,968달러가 된다. 환율 d의 함수로서 최종 결과는 다음과 같다.

$$\begin{aligned} b(d) &= 80\% \times (\frac{8{,}000{,}000}{d} - 3{,}000{,}000) - 1{,}250{,}000 \\ &= \frac{6{,}400{,}000}{d} - 3{,}650{,}000. \end{aligned}$$

이 식을 $b(d) = 0$로 놓고 풀어서 손익분기 환율을 찾으면, 파운드당 대략 1.7534달

3) Etheridge (2002)의 5.3절을 참조.

러가 된다. 파운드가 약세를 보이는 낙관적인 시나리오일 때, 예를 들어 파운드당 1.5달러로 떨어지면, 최종 잔고는 £616,667가 된다.

이제 문제는 이 노출된 위험을 어떻게 관리하는가 하는 것이다.

2. 선도계약. 환율을 미리 고정시키기 위한 가장 쉬운 방법은 선도계약을 매수하는 것이다. 선도금리는 파운드당 $d(0)e^{r_{\text{USD}}-r_{\text{GBP}}} = 1.6 \times e^{-3\%} \cong 1.5527$달러이다. 그 결과, 회사는 잔여 수익이 보장되는 다음과 같은 명세서를 얻을 수 있으나, 환율이 유리하게 움직이는 경우 더 큰 이익을 볼 가능성은 없어진다:

판매액	5,152,273
비용	−3,000,000
세전 수익	2,152,273
세금	−430,455
세후 수익	1,721,818
배당금	−1,250,000
결과	471,818

3. 옵션을 사용한 완벽한 헤지. 옵션들은 환율을 특정 수준보다 더 불리하게 움직이지 않도록 하면서 유리한 환율의 움직임에 대한 혜택은 유지되도록 만들기 위해 사용될 수 있다. 하지만 옵션의 프리미엄 때문에 비용이 클 수 있다.

회사는 파운드에 대한 콜옵션을 구매할 수 있다. 1파운드를 구입하기 위한 유럽식 콜옵션의 프리미엄은 행사가가 파운드당 1.6달러일 때 $0.0669가 될 것이다.[4] 회사가 £209,069를 지불하여 이러한 옵션을 5백만 개 구매한다고 하고, 이 금액을 16%로 차입해야 한다고 하자. 이자는 소득 공제가 되어 대출금의 비용을 줄여준다. 그럼에도 불구하고, 최종 결과는 실망스럽다:

판매액	5,000,000
비용	−3,000,000
이자와 세금 부과 전 수익	2,000,000
이자	−33,451
세전 수익	1,966,549
세금	−393,310
순이익	1,573,239
대출금 상환	−209,069
배당금	−1,250,000
결과	114,170

4) 통화 옵션에 대해서는 $r = r_{\text{USD}}$, $t = 1$, $S(0) = d(0)\exp(-r_{\text{GBP}})$로 놓고 블랙-숄즈 공식을 적용하면 된다.

만약 환율이 파운드당 1.5달러로 하락한다면, 옵션은 행사되지 않을 것이고, 판매로부터 얻은 합계는 £5,333,333가 되어 최종적으로 £380,837를 얻게 될 것이다. 이 전략은 환율이 파운드당 1.4687달러 아래로 하락한다는 가정하에서만 선도계약을 포함한 헤지보다 더 나은 결과를 준다.

4. 옵션을 사용한 부분적 헤지. 옵션 비용을 줄이기 위해서 회사는 판매로부터 나오는 달러의 일부분만을 담당하는 콜옵션을 구매함으로써 부분적으로 헤지할 수 있다. 위에서 구입한 동일한 콜옵션을, 앞서 지출한 프리미엄의 절반만을 지불하여 2,500,000개 산다고 하자. 그러면 수입의 절반은 위험에 노출된다. 이제 95% 신뢰수준에서의 VaR를 구하기 위해, 절반은 옵션의 행사가격으로 거래되고 나머지 절반은 헤지되지 않은 포지션의 경우처럼 파운드당 1.9650달러로 거래된다고 가정한다.

판매액	4,535,645
비용	−3,000,000
이자와 세금 부과 전 수익	1,535,645
이자	−16,726
세전 수익	1,518,919
세금	−303,784
순이익	1,215,136
대출금 상환	−104,534
배당금	−1,250,000
결과	−139,399

만약 환율이 파운드당 1.5달러로 하락하면, 투자자들은 £498,752의 잔여 수익을 얻게 된다.

5. 옵션과 선도계약의 조합. 마지막으로 회사가 두 종류의 파생상품을 모두 이용하여 헤지한다면 어떤 일이 발생하는지 살펴보자. 회사의 포지션 절반은 옵션들로 헤지될 것이다. 최악의 시나리오에서, 회사는 달러 수익의 절반을 파운드당 1.6달러의 환율로 바꾸고 나머지 절반을 파운드당 1.5527달러의 선도 금리로 바꿀 것이다. 결과는 아래와 같다. 앞에서 고려한 모든 전략들에 대한 VaR들이 정리되어 있다(아래 결과는 마이너스 VaR값과 같다).

전략	1	2	3	4	5
결과	−392,968	471,818	114,170	−139,399	292,994

이 값들은 95% 신뢰수준에서 계산되었고, 파운드당 1.9650달러의 환율에 대응된다.

VaR는 분명히, 다양한 전략의 가능한 결과들에 대한 부분적 정보만을 제공한다. 그림 8.4는 위의 각 전략들에 대해 최종 결과의 그래프를 환율 d의 함수로서 보여 준다. 그래프는 위에서 본 전략번호로 표시되어 있다. 선도계약(전략 2)을 이용한 전략은 가장 안전한 것으로 나타난다. 파운드가 상당히 약화될 것이라고 굳게 믿는 모험적인 투자자는 무헤지(전략 1)를 선호할 것이다. 다양한 형태의 중도전략도 이용가능하다. 환율 d의 확률분포 역시 그래프를 볼 때 고려되어야 한다.

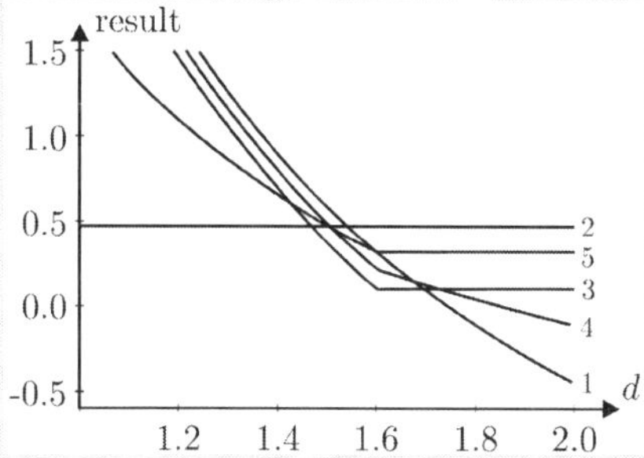

그림 8.4 다양한 전략들의 비교

제 9 장 이자율

사례 9

현재는 2050년이다. 당신은 개인 퇴직연금에 상당한 돈을 비축해두고 은퇴 연령에 도달했다. 국민연금을 보충해서 매달 얼마간의 돈을 인출해서 사용할 때인 것이다. 하지만 무위험수익률이 변할 수 있고, 이 변화가 소득에 영향을 줄 것이라는 걱정이 있다. 은행 관리인은 매년 초 $1,000을 투자하면 그 해에 매달 $85.08씩을 지급하는 연금을 제안한다. 당신은 이자율 상품들에 투자하여 연금을 구성하는 것이 더 나은 방법인지 알고자 한다.

9.1 도구

채권에 내재된 이자율이 만기에 의존하지 않는 모형에서부터 시작하자. 만약 이자율이 결정적(deterministic)이라면, 이자율은 일정해야만 하고 모형은 현실 상황을 나타내기에 지나치게 단순해질 것이다. 이자율이 랜덤하게 변할 수 있는 상황에서는 위험관리의 문제가 채권투자의 **듀레이션**(duration)이라 불리는 수학적 도구로 다루어질 것이다. 그러고 나서 만기에 의존하는 이자율은 결정적일 수 없음을 보일 것인데, 이것은 확률적 이자율의 간단한 모형이 다루어질 마지막 절에 대한 동기와 표기를 제공할 것이다.

2장에서와 같이, $B(t, T)$는 시점 T(만기)에 단위 통화(액면가)를 지급하는 무이표채권의 시점 t의 가격을 나타낸다. 이는 두 개의 시간 변수에 의존하기에 채권에 대한 수학적 모형이 어려워진다. 이러한 가격들이 바로 화폐의 시간 가치를 표현하기 위해 필요한 것들이다. 2장에서는 이자율이 일정하다는 가정 아래, 채권가격이 이자율을 어떻게 내포하는지를 살펴보았다. 이제 가변적인 이자율을 도입하며 이러한 제약을 완화할 것이다.

이 장에서, 부분적으로 이론이 연속시간으로 쉽게 확장될 수 있긴 하지만, 시간은 이산형이 될 것이다. 시간 단계 h를 고정하고, 흐르는 시간을 $t=nh$라고 쓰고, 만기 시간은 $T=Nh$로 쓴다. 대다수의 예제에서는 $h=\frac{1}{12}$ 혹은 $h=1$의 값을 가질 것이다. 또한 $B(n,N)$은 $B(t,T)$ 대신 무이표 단위 채권의 가격을 나타나기 위해 활용될 것이다. 또, 연속 복리를 사용하여 표기를 보다 간단히 하고, 임의 길이의 시간 단계를 일관되게 다루도록 한다.

9.2 만기에 독립인 수익률

무이표 단위 채권의 현재 가격은 **수익률(yield)**이라고 부르는 이자율을 결정하고, 시점 0에서 계산된 것임을 강조하기 위하여 $y(0)$로 나타낸다.

$$B(0,N)=e^{-Nhy(0)}.$$

다른 시점인 $n<N$에 대해 내재된 수익률은 일반적으로 $y(0)$과는 다를 것이다. 이러한 각 n에 대해,

$$B(n,N)=e^{-(N-n)hy(n)}$$

을 만족하는 $y(n)$을 생각할 수 있다. 일반적으로(많은 현실의 사례에 있어서), 만기가 다른 채권은 다른 수익률을 내재한다. 그럼에도 불구하고 이 절에서는 $y(n)$이 N과 독립인, 즉 만기가 다른 채권들이 같은 수익률을 생성하는 간단한 상황을 고려할 것이다. 만기에 대한 독립성의 가정은 9.3절에서 완화될 것이다.

기본정리 9.1

만약 어떤 $n>0$에 대해 수익률 $y(n)$이 시간 0에 알려져 있다면, $y(0)=y(n)$이 되거나 그렇지 않으면 재정(arbitrage)전략을 찾을 수 있다.

증명

$y(0)<y(n)$이라고 가정하자(이 부등식이 성립하는지 알기 위해서는 시간 0에서 $y(0)$뿐 아니라 $y(n)$의 값도 알아야 한다).

- 0과 $n+1$ 사이의 기간에 대해 1달러를 차입하여, 0과 n 사이의 기간 동안 그

달러를 예금한다. 두 경우 모두 이자율은 $y(0)$이다(수익률은 예금과 대출에 대한 이자율로 간주될 수 있다).

- 시간 n에서 그간 받은 이자, $e^{nhy(0)}$를 포함하여 예금을 인출한다. 인출한 예금을 단일 시간 단계 동안 $y(n)$의 이자율로 투자한다. 시간 $n+1$에서 이 예금액은 $e^{nhy(0)+hy(n)}$이 될 것이다. 초기의 대출금은 상환금 $e^{(n+1)hy(0)}$을 필요로 하며, 양의 잔액 $e^{nhy(0)}(e^{hy(n)}-e^{hy(0)})$은 재정 이익이 된다.

반대로 $y(0)>y(n)$인 경우 또한 비슷한 방법으로 다루어질 수 있다. ■

연습문제 9.1

$h=\frac{1}{12}$이라고 하자. 수익률이 만기와 독립이고, 시점 6(6개월)에서 만기가 되는 단위 채권이 $B(0,6)=0.9320$, $B(3,6)=0.9665$달러에 거래될 때, 재정기회를 구하여라. $B(0,6)$와 $B(3,6)$은 시간 0에 모두 알려져 있는 값이다.

기본정리 9.1의 결과에 따라, 수익률이 만기와 독립이고 결정적(즉, $y(n)$이 모든 $n\geq 0$에 대해 미리 알려짐)이라면, 수익률은 모든 n에 대해 $y(n)=y$로 일정해야 한다. 이것은 모든 채권가격들은 단일한 이자율에 의해 결정되었던 2장의 상황과 같다. 그러면 n에 상관없이 $y(n)=y$인 수익률은 앞서 r로 나타내었던 일정한 무위험이자율과 동일하다.

자료를 통해 보이는 채권가격의 모습은 그와 다르다. 과거에 기록된 채권가격에 내재된 수익률은 시간에 따라 분명하게 변한다. 무재정모형에서 시간에 따라 변하지만 만기와는 독립인 수익률을 고려하기 위해서는, 수익률이 임의적(random)일 수 있도록 허용하여야 하고 이때는 $y(n)$이 $y(0)$보다 높을 것인지 낮을 것인지 미리 예측할 수 없게 된다.

그러므로 각 시점에서 수익률 $y(n)$은 기초 채권의 만기에 독립적인 양의 난수(random number)라고 가정할 것이다.

우리의 목표는 채권 투자의 수익률과 이자율의 임의적 변화에 기인하는 임박한 위험을 분석하는 것이다. 고정된 N 시간 단계 동안 자금 합계 P를 투자하려 한다고 가정하자. 만약 수익률 y가 일정하다면, 2장에서 살펴본 것과 같이 투자자의 최종 재산은 Pe^{Nhy}가 될 것이다. 이것은 예측 불가능한 이자율의 움직임에 대한 헤징 전략을 설계하는 기준점이 된다.

9.2.1 단일 채권에의 투자

만약 투자자가 무이표채권들에 투자하고 만기까지 이를 보유한다면, 최종 지급이 미리 고정되고 이자율의 미래 변화에 대해 영향을 받지 않기 때문에 수익률은 보장된다. 하지만 만기 전에 채권을 매도해서 투자를 청산하려 한다면, 그 사이에 이자율이 투자의 최종 가치에 불리한 방향으로 변할 수 있다는 위험을 떠안게 된다.

예제 9.2

6개월의 기간 동안 채권에 투자한다고 가정하고, $h=\frac{1}{12}$ 이라 하자. 투자자는 1년 후에 만기가 될 단위 채권들을 각 $B(0,12)=0.9300$에 매입한다. 이 가격은 수익률 $y(0)\cong 7.26\%$를 내재한다. 투자자는 시점 $n=6$에 채권을 매도할 것이기 때문에 가격 $B(6,12)$, 혹은 이에 대응하는 수익률 $y(6)$에 관심을 가지게 된다. 몇 가지 가능한 시나리오들을 논의해 보자.

1. 수익률이 $y(6)=7.26\%$로 안정되어 있다. 채권가격은 $B(6,12)\cong 0.9644$이고 투자에 대한 로그 수익률은 3.63%이다. 이는 로그 수익률의 가법성에 의해 이자율의 절반이다.
2. 수익률이 예를 들어 $y(6)=6.26\%$로 감소한다[관례상 0.01%를 1 **베이시스 포인트(BP, basis point)**라 한다. 즉, 여기서는 수익률이 100 베이시스 포인트만큼 떨어진 것이다]. 그러면 $B(6,12)\cong 0.9692$가 되어 시나리오 1에서보다 큰 값을 가진다. 그 결과, 투자자는 더 많은 수익을 얻게 되고 로그 수익률은 4.13%에 이른다.
3. 수익률이 $y(6)=8.26\%$로 증가한다. 이 경우, 투자의 로그 수익률은 3.13%가 되어 시나리오 1에서보다 낮아지며, 채권가격은 $B(6,12)\cong 0.9596$이 된다.

여기서 한 가지 패턴을 볼 수 있다. 수익률이 떨어지면 투자자의 형편은 더 좋아지고, 수익률이 오르면 투자자의 형편은 더 나빠지는 것이다. 이러한 투자의 수익률에 대한 일반적인 공식은 알기 쉽다.

초기의 수익률이 임의적으로 변해 시점 n에서 $y(n)$이 된다고 가정해 보자. 그러면

$$B(0,N)=e^{-y(0)hN},\quad B(n,N)=e^{-y(n)h(N-n)}$$

이고, 시점 n에 청산되는 투자에 대한 수익률은

$$k(0,n) = \ln \frac{B(n,N)}{B(0,N)} = \ln e^{y(0)hN - y(n)h(N-n)} = y(0)hN - y(n)h(N-n)$$

이 된다. $y(n)$이 증가함에 따라 수익률이 감소하는 것을 볼 수 있다. 수익률 변화의 영향은 시기(timing)에 의존한다. 예를 들어 $h = \frac{1}{12}$, $N = 12$, $n = 6$이라고 하면, 120 베이시스 포인트의 비율증가는 비율이 변하지 않을 때와 비교해 0.6% 만큼 수익률을 감소시킨다.

연습문제 9.2

$h = \frac{1}{12}$이라 하자. \$100를 $B(0,6) = 0.9400$달러에 거래되는 6개월 무이표채권에 투자한다. 6개월 후, 이익금을 같은 종류의 채권에 재투자한다. 이 채권은 이제 $B(6,12) = 0.9368$달러에 거래된다. 이때 내재된 이자율을 구하고 각 시점에서 보유되는 채권의 수를 계산하여라. 또한 1년에 걸친 이 투자의 로그 수익률도 계산하여라.

연습문제 9.3

$B(0,12) = 0.8700$ 달러라고 가정하자. 무이표채권에 대한 6개월간의 투자가 14%의 로그 수익률을 준다면, 6개월 후의 이자율은 얼마인가?

연습문제 9.4

이 연습문제에서는 $h = \frac{1}{360}$로, 더 정교한 시간 단위를 적용하겠다(1년은 360일이라고 가정). $B(0, 360) = 0.9200$달러라 하고, 수익률은 처음 6개월간은 변하지 않지만 180일 후 200BP가 상승하고 그 이후 연말까지 같은 수준을 유지한다고 가정하자. 채권이 연초에 매입된다고 할 때, 4.88% 혹은 그 이상의 로그 수익률을 내기 위해서는 이 채권은 언제 매도되어야 하는가?

이표채권에 대한 투자는 보다 복잡하다. 채권을 만기까지 보유한다 하더라도 그 동안 이표가 지급되어 재투자될 수 있기 때문이다. 이러한 투자의 수익률은 이표가 지급되는 때의 지배적인 이자율에 의존한다. 먼저, 첫 번째 이표가 지급되는 순간 투자가 종료되는 상대적으로 간단한 경우를 고려해 보자.

예제 9.3

액면가가 $100이고 연간 $10의 이표를 지급하는 4년 만기 채권에 총 $1,000를 투자한다고 가정하자. 이 이표채권은 각각 액면가 $10, $10, $10, $110으로 1, 2, 3, 4년 후에 만기가 되는 4개의 무이표채권들의 모임으로 생각할 수 있다. 이러한 이표채권이 $91.78로 거래된다고 가정해 보자. 이는 아래와 같이 네 개의 무이표채권가격의 합으로 표현할 수 있다.

$$91.78 = 10e^{-y(0)} + 10e^{-2y(0)} + 10e^{-3y(0)} + 110e^{-4y(0)}.$$

(시간 단계의 길이는 $h=1$이다.) 이 식을 풀면, 수익률 $y(0) \cong 12\%$를 구할 수 있다. 투자자는 10.896개의 이표채권을 구매할 여유가 있다. 1년 후, 투자자는 이표를 현금화하여 $108.96을 얻고, 그 시점에서 3년 만기의 이표채권이 되는 이 채권을 매도한다. 이때 세 가지 시나리오를 고려해 보자.

1. 1년 후, 이자율이 변하지 않고 유지되어 $y(1) \cong 12\%$이다. 이표채권의 가치는

$$10e^{-0.12} + 10e^{-2\times 0.12} + 110e^{-3\times 0.12} \cong 93.48$$

   이 되어 투자자는 총 $108.96 + 1{,}018.52 \cong 1{,}127.48$달러를 받을 수 있다.
2. 이자율이 10%로 떨어진다. 그 결과, 이표채권의 가치는 각각

$$10e^{-0.1} + 10e^{-2\times 0.1} + 110e^{-3\times 0.1} \cong 98.73$$

   이 될 것이다. 투자자는 $1,184.63의 돈을 받고 거래를 끝마칠 수 있다.
3. 이자율이 14%로 상승하여, 이표채권이 $88.53에 거래된다. 이 경우 투자의 최종 가치는 $1,073.51가 될 것이다.

연습문제 9.5

예제 9.3의 투자에 대한 로그 수익률이 a) 12%, b) 10%, c) 14%가 되는 수익률 $y(1)$을 구하여라.

만약 투자 기간이 1년을 넘는다면, 이표를 재투자하는 문제에 봉착하게 된다. 다음 예제에서는 이표들이 같은 채권을 구매하는 데 사용된다고 가정한다.

예제 9.4

예제 9.3과 같은 상황이지만, 3년 후에 투자를 마무리하고자 한다고 가정하자. 1년 후, 이제는 3년 만기 이표채권이 된 채권에서 얻은 이표들을 재투자한다. 다음과 같은 1년 후 시나리오를 살펴보자.

1. 수익률이 투자기간 동안 일정하게 유지된다. 즉, $y(0)=y(1)=y(2)=y(3)=12\%$이다. 채권가격은 $93.48이고, 그렇기에 이표로 받은 $108.96으로 1.17개의 채권을 추가로 구매할 수 있다. 이에 보유하는 채권 수는 12.06으로 증가한다. 투자자는 단순히 현재 채권가격에 보유한 채권의 수를 곱함으로써 투자의 가치를 계산할 수 있다. 다음 해에도 이를 반복한다. 3년 후, 투자자는 이표를 현금화하고 채권들을 매도하여 최종적으로 $1,433.33을 얻는다. 이 수치는 다른 시나리오에 대한 기준점으로 활용될 것이다.

$$1,433.33 \simeq 1,000e^{3\times 12\%}$$

임을 보자. 이것은 무이표채권에 투자된 $1,000의 3년 후 가치와 같다. 투자의 기본 구성요소들은 아래의 표에 요약되어 있다.

연도(year)	0	1	2	3
수익률	12%	12%	12%	12%
이표1의 현재가	$8.87	$10.00		
이표2의 현재가	$7.87	$8.87	$10.00	
이표3의 현재가	$6.98	$7.87	$8.87	$10.00
이표4의 현재가	$6.19	$6.98	$7.87	$8.87
액면가의 현재가	$61.88	$69.77	$78.66	$88.69
채권가격	$91.78	$93.48	$95.40	$97.56
현금화된 이표		$108.96	$120.60	$133.26
추가 채권		1.17	1.26	
채권의 수	10.90	12.06	13.33	
투자가치	$1,000.00	$1,127.50	$1,271.25	$1,433.33

2. 수익률이 1년 후 2% 만큼 떨어지고 이후에는 유지된다고 가정하자. 수익률의 하락은 모든 채권가격을 상승시키는 결과로 이어진다. 이표로 추가구매할 수 있는 채권의 수는 시나리오 1과 비교해 더 적다. 그럼에도 불구하고

투자의 최종 가치는 더 높은데, 이는 투자가가 3년 후에 매도하는 채권의 가격 또한 높아지기 때문이다.

연도(year)	0	1	2	3
수익률	12%	10%	10%	10%
이표1의 현재가	$8.87	$10.00		
이표2의 현재가	$7.87	$9.05	$10.00	
이표3의 현재가	$6.98	$8.19	$9.05	$10.00
이표4의 현재가	$6.19	$7.41	$8.19	$9.05
액면가의 현재가	$61.88	$74.08	$81.87	$90.48
채권가격	$91.78	$98.73	$99.11	$99.53
현금화된 이표		$108.96	$119.99	$132.10
추가 채권		1.10	1.21	
채권의 수	10.90	12.00	13.21	
투자가치	$1,000.00	$1,184.65	$1,309.25	$1,446.94

3. 수익률이 14%로 상승하고 그 수준을 유지한다면, 채권가격은 시나리오 1과 비교해 낮아진다. 이에 투자의 최종가치는 실망스러운 것이 된다.

연도(year)	0	1	2	3
수익률	12%	14%	14%	14%
이표1의 현재가	$8.87	$10.00		
이표2의 현재가	$7.87	$8.69	$10.00	
이표3의 현재가	$6.98	$7.56	$8.69	$10.00
이표4의 현재가	$6.19	$6.57	$7.56	$8.69
액면가의 현재가	$61.88	$65.70	$75.58	$86.94
채권가격	$91.78	$88.53	$91.83	$95.63
현금화된 이표		$108.96	$121.26	$134.46
추가 채권		1.23	1.32	
채권의 수	10.90	12.13	13.45	
투자가치	$1,000.00	$1,073.53	$1,234.85	$1,420.41

특정한 이론적 개념에 대한 동기부여 차원에서, 위의 투자들을 동일한 시나리오에서 고려하되, 특별히 고안된 담보, 즉 매년 이표 $32를 지급하는 이표채권을 포함하도록 해 보자. 다른 모든 모수들은 변하지 않는다 한다. 그 결과는 다음과 같다.

시나리오	3년 후의 가치
12%, 12%, 12%, 12%	$1,433.33
12%, 10%, 10%, 10%	$1,433.68
12%, 14%, 14%, 14%	$1,433.78

이자율의 어떠한 변화도 투자결과를 나아지게 만든다는 것이 놀랍다. 만약 수익률이 불리하게 바뀌어도 손실을 입지 않고, 반면 반대의 상황에서도 이익을 얻지 않는다. 이것은 듀레이션(duration)이라 불리고 아래에서 정의될, 채권의 특정 모수가 투자 기간과 정확히 일치한다는 사실에서 설명된다. 어떤 점에서는, 채권이 정해진 만기를 갖는 무이표채권과 비슷하게 작용한다는 것을 의미한다.

연습문제 9.6

위의 표에 주어진 수치들을 확인하여라.

연습문제 9.7

수익률이 매해 다음과 같이 주어진다는 조건하에서, 액면가가 $100이고 매년 이표 $32를 지급하는 4년 만기 채권에 투자된 $1,000의 3년 후 가치를 계산해 보자.

시나리오 1 : 12%, 11%, 12%, 12%

시나리오 2 : 12%, 13%, 12%, 12%

이에 대한 도표를 작성하고, 다양한 이자율에 대해 살펴보아라.

9.2.2 듀레이션

다양한 수익률이 채권 투자의 미래 가치에 대한 불확실성을 가져온다는 것을 보았다. 이러한 불확실성은, 예를 들어 연금 펀드매니저에게는 원치 않는, 혹은 받아들이기 어려운 것일 수 있다. 적어도 수익률이 만기에 독립인 특별한 상황에서는 이러한 위험을 방지할 수 있는 도구를 소개하고자 한다.

표기의 편의성을 위해 현재 수익률 $y(0)$을 y라 하자. 그리고 시점 $0 < hn_1 < hn_2 < \cdots < hn_N$에서 이표 $C_1, C_2, \cdots, C_N$을 지급하고 액면가를 F, 만기를 hn_N으로 가지는 이표채권을 고려해 보자. 이 채권의 현재 가치는 다음과 같이 주어진다.

$$P(y)= C_1e^{-hn_1y}+ C_2e^{-hn_2y}+\cdots+ (C_N+F)e^{-hn_Ny}. \tag{9.1}$$

이표채권의 **듀레이션**(duration)은 다음과 같다.

$$D(y)= \frac{hn_1C_1e^{-hn_1y}+ hn_2C_2e^{-hn_2y}+\cdots+ hn_N(C_N+F)e^{-hn_Ny}}{P(y)}. \tag{9.2}$$

$C_1e^{-hn_1y}/P(y)$, $C_2e^{-hn_2y}/P(y)$, ⋯ , $(C_N+F)e^{-hn_Ny}/P(y)$는 음수가 아니고, 더해서 1이 되는 값들이므로 가중치 혹은 확률로 간주될 수 있다. 즉, 듀레이션은 미래 지급 시점의 가중 평균이라 할 수 있다. 어떠한 미래 현금흐름의 듀레이션도 이와 유사한 방법으로 정의될 수 있다.

듀레이션은 이자율의 변화에 대한 채권가격의 민감도를 측정한다. 이를 보기 위해서, y에 대한 채권가격의 도함수를 구해 보자. 이것은

$$\frac{d}{dy}P(y)= -hn_1C_1e^{-hn_1y}- hn_2C_2e^{-hn_2y}-\cdots- hn_N(C_N+F)e^{-hn_Ny}$$

으로,

$$\frac{d}{dy}P(y)= -D(y)P(y)$$

와 같다. 마지막 식은 때로 듀레이션의 정의로 사용된다.

예제 9.5

매년 $10의 이표를 지급하고, 액면가가 $100, 그리고 수익률이 6%인 6년 만기 채권이 4.898년의 듀레이션을 가진다. 같은 이표와 수익률을 가지지만 액면가는 $500인 6년 채권은 듀레이션이 5.671년이다. 임의의 무이표채권의 듀레이션은 만기와 동일하다.

연습문제 9.8

액면가 $100인 2년 만기 채권이 분기별로 $6의 이표를 지급하고 11%의 수익률을 가진다. 이때 듀레이션을 계산하여라.

연습문제 9.9

수익률 10%, 듀레이션 4로 매년 \$10의 이표를 지급하는 5년 채권의 액면가는 얼마여야 하는가? 이표가 액면가를 넘을 수 없다는 조건에서, 액면가 값을 바꿈에 따라 얻어질 수 있는 듀레이션의 범위를 구하여라. 만약 액면가가 \$100로 고정되었다면, 듀레이션이 4가 되기 위한 이표의 수준이 얼마인지 구하여라. 어떤 듀레이션이 이러한 방법으로 구성될 수 있는가?

연습문제 9.10

P가 y의 볼록함수(convex function)임을 보여라.

만약 투자자가 시간 t에 투자를 청산할 의도로 채권에 투자를 한다면, 이자율이 변하지 않는다는 가정하에서(초기 수익률 $y(0)$와 같음) 단일 채권에 투자되는 자금의 미래가치는 $P(y(0))e^{ty(0)}$가 된다. 이 액수가 이자율의 변화에 얼마나 민감한지 보기 위해서 다음의 도함수를 계산하자.

$$\frac{d}{dy}(P(y)e^{ty}) = (\frac{d}{dy}P(y))e^{ty} + tP(y)e^{ty} = (t - D(y))P(y)e^{ty}.$$

채권의 듀레이션이 정확히 t라면,

$$\left.\frac{d}{dy}(P(y)e^{ty})\right|_{y=y(0)} = 0$$

이다. 만약 도함수가 어떤 점에서 0의 값을 가지면, 함수의 그래프는 이 점 근처에서 '평평'하다. 이는 수익률의 작은 변화가 투자의 미래가치에 거의 아무 영향을 주지 않을 것이라는 의미이다.

9.2.3 채권의 포트폴리오들

바람직한 듀레이션을 갖는 채권을 이용할 수 없다면, 다른 듀레이션을 갖는 채권의 적절한 포트폴리오에 투자함으로써 원하는 채권을 합성하는 것이 가능하다.

예제 9.6

초기의 이자율이 14%라고 하면, 매해 이표 $C = 10$를 지급하고 액면가가 $F = 100$인 4년 채권은 3.44년의 듀레이션을 갖는다. $F = 100$이고 $N = 1$인 무이표채권은 1의 듀레이션을 갖는다. 이 같은 채권 하나씩으로 구성된 포트폴리오는 이표가 $C_1 = 110$, $C_2 = C_3 = C_4 = 10$이고 $F = 100$인 단일 채권으로 간주될 수 있다. 이 포트폴리오의 듀레이션은 일반적인 공식 (9.2)를 이용하여 2.21년으로 계산된다.

포트폴리오의 듀레이션에 대한 공식을 포트폴리오를 구성하는 요소들의 듀레이션을 이용하여 유도해 보자. 듀레이션을 각각 $D_A(y)$, $D_B(y)$로 갖는 채권 A, B의 가치를 $P_A(y)$와 $P_B(y)$로 나타내자. a개의 채권 A, b개의 채권 B로 구성된 포트폴리오를 취하면, 이것의 가치는 $aP_A(y) + bP_B(y)$가 된다. 이 포트폴리오의 듀레이션을 두 단계로 나누어서 구할 수 있다.

단계 1. 채권 A가 a개 있는 포트폴리오의 듀레이션을 구한다. 이 포트폴리오를 aA로 표기하자. 이것의 가격은 명백히 $aP_A(y)$가 된다.

$$\frac{d}{dy}(aP_A(y)) = -D_A(y)(aP_A(y))$$

가 성립하고, 이는

$$D_{aA(y)} = D_A(y)$$

를 보여 준다. aA의 현금흐름을 보면 이는 명백하다. 이 포트폴리오의 이표와 액면가는 채권 A 하나의 이표와 액면가에 a를 곱한 것이고, 이것은 식 (9.2)를 이용한 듀레이션 계산에서 상쇄된다.

단계 2. 하나의 채권 A와 하나의 채권 B로 구성된, 즉 $A+B$로 표기되는 포트폴리오의 듀레이션을 구한다. 이 포트폴리오의 가격은 $P_A(y) + P_B(y)$이다. 이를 미분하면, 다음 식을 얻을 수 있다.

$$\begin{aligned}\frac{d}{dy}(P_A(y) + P_B(y)) &= \frac{d}{dy}P_A(y) + \frac{d}{dy}P_B(y)\\ &= -D_A(y)P_A(y) - D_B(y)P_B(y)\end{aligned}$$

여기서, 위 식의 마지막 항은

$$D_{A+B}(y) = D_A(y)\frac{P_A(y)}{P_A(y) + P_B(y)} + D_B(y)\frac{P_B(y)}{P_A(y) + P_B(y)}$$

라 놓으면, $-D_{A+B}(y)(P_A(y)+P_B(y))$로 나타낼 수 있다. 이는 $D_{A+B}(y)$가 $D_A(y)$와 $D_B(y)$의 선형 결합이고, 각 계수는 포트폴리오에서 각 채권이 차지하는 백분율 가중치라는 것을 의미한다.

위에서 살펴본 내용으로부터, 다음의 일반적인 공식을 얻는다.

$$D_{aA+bB}(y)= D_A(y)w_A+ D_B(y)w_B.$$

여기서

$$w_A = \frac{aP_A(y)}{aP_A(y)+bP_B(y)}, \quad w_B = \frac{bP_B(y)}{aP_A(y)+bP_B(y)}$$

은 개별 채권의 백분율 가중치이다.

만약 a 혹은 b의 값으로 음수가 허용된다면(채권을 구매하는 대신 발행하는, 즉 투자하는 대신 자금을 빌리는 것에 대응), 두 듀레이션이 $D_A \neq D_B$가 주어져 있을 때, 포트폴리오의 듀레이션 D는 어떠한 값도 가질 수 있다. 이는 $w_B = 1 - w_A$이고,

$$D= D_Aw_A+ D_B(1-w_A)= D_B+ w_A(D_A-D_B)$$

이 성립하기 때문이다. D의 값은 음수일 수도 있는데, 이는 지급이 음수인 현금흐름, 즉 현금을 수령하는 것이 아니라 지급해야 하는 경우 발생할 수 있다.

예제 9.7

$D_A = 1$이고 $D_B = 3$이라 하자. 투자자는 6개월 동안 $1,000을 투자하기를 희망한다. 이 투자 기간에 맞는 듀레이션을 얻기 위해서는 $0.5 = w_A + 3w_B$이 되어야 한다. $w_A + w_B = 1$이기 때문에, $w_B = -0.25$이고 $w_A = 1.25$이다. $P_A = 0.92$달러와 $P_B = 1.01$달러일 때, 투자자는 $1,250을 $\frac{1250}{0.92} \cong 1,358.70$개의 채권 A에 투자하고, $\frac{250}{1.01} \cong 247.52$개의 채권 B를 발행한다.

연습문제 9.11

$D_A = 2$, $D_B = 3.4$, $P_A = 0.98$, $P_B = 1.02$이고, 투자자가 $5,000의 가치를 갖는 듀레이션 6의 포트폴리오를 필요로 한다면, 매수될 채권 A와 채권 B의 개수는 얼마가 되는지 구하여라.

연습문제 9.12

액면가가 $100인 1년 무이표채권과 매해 이표 $15를 지급하고 액면가가 $100인, $102에 거래되고 있는 4년 만기 채권을 사용하여, 듀레이션 2인 채권 포트폴리오에 $1,000을 투자해 보자.

투자기간에 적합한 듀레이션을 갖는 포트폴리오는 이자율의 작은 변화에 민감하지 않다. 그렇지만 예를 들어 투자는 3년 동안 해야 하고 포트폴리오를 이루는 한 채권이 1년 후에 만기가 되는 무이표채권이라면, 현실적으로 포트폴리오를 수정해야 할 필요가 있다. 게다가 아래에서 살펴볼 것과 같이 듀레이션이 목표치를 벗어날 수도 있다. 그 결과 투자기간 중간에 포트폴리오를 갱신해야 할 필요가 생길 것이다. 이것이 다음의 9.2.4절에서 다룰 내용이다.

9.2.4 동적 헤징

포트폴리오가 원하는 투자기간에 알맞는 듀레이션으로 선택되었다고 하더라도, 듀레이션은 이자율과 더불어 시간에 따라 바뀌게 되므로 이는 초기 순간에만 유효할 것이다.

예제 9.8

매해 $10의 이표를 지급하고 액면가가 $100인 5년 만기 채권을 생각해 보자. $y = 10\%$ 이면, 듀레이션은 약 4.16년이 될 것이다. 첫 번째 이표가 지급되기 전에 듀레이션은 시간에 따라 줄어든다. 6개월 후에는 3.66이 되고 9개월 후에는 4.16−0.75=3.31이 되는 것이다. 만약 듀레이션이 투자기간에 적합하고 이자율은 변하지 않는다면, 이표가 지급될 때까지 아무 것도 하지 않아도 될 것이다. 첫 번째 이표가 1년 후에 지급되자마자 채권은 듀레이션 3.48의 4년 채권이 될 것이고, 이는 투자기간과 더 이상 일치하지 않게 된다.

연습문제 9.13

이자율이 변하지 않는다고 가정하고, 첫 번째 이표가 지급되기 전, t 시간 후의 듀레이션이 $D-t$임을 보여라. 여기서 D는 시간 0에서 계산된 듀레이션이다.

다음의 예제는 듀레이션에 대한 이자율의 영향을 보여 준다.

예제 9.9

예제 9.8에서의 채권은 $y=6\%$ 일 때 4.23의 듀레이션을 가지고, $y=14\%$ 일 때 4.08의 듀레이션 값을 가진다.

연습문제 9.14

매년 이표를 지급하는 2년 만기 채권의 듀레이션은 수익률이 증가함에 따라 감소함을 보여라.

이제 이자율의 변화에 영향을 받지 않는 투자전략을 고안하는 데 듀레이션을 적용해 보자. 이는 매년 말에 또는 필요하다면 좀 더 자주 포지션을 확인함으로써 가능하다. 명확한 설명을 위해 다음의 예를 생각해 보도록 하겠다.

투자의 기간을 3년, 목표치를 $100,000라고 설정하자. 이자율은 초기에 12%라고 가정하고, 이자율이 일정하게 유지된다는 가정하에서 $100,000의 현재 가치가 되는 $69,767.63를 투자한다.

매년 $10의 이표를 지급하고 액면가가 $100인 5년 만기 채권 A와, 같은 액면가의 1년 무이표채권 B의 두 수단을 생각해 보자. B의 경우 항상 새로운 채권을 살 수 있다고 가정한다. 차후 년도에서 채권 B를 채권 A와 결합할 것이다.

시점 0에서 채권가격은 각각 $90.27와 $88.69이다. $D_A \cong 4.12$ 이고 가중치는 포트폴리오의 듀레이션을 3으로 만드는 $w_A \cong 0.6405$, $w_B \cong 0.3595$ 이다. 초기투자를 가중치에 따라 분할하여 $a \cong 495.05$ 개의 채권 A를 구매하는 데 $44,687.93의 금액을, 그리고 $b \cong 282.77$ 개의 채권 B를 구매하는 데 $25,079.70의 금액을 사용한다. 이제 미래의 이자율 변화의 몇 가지 가능한 시나리오를 살펴보자.

1. 1년 후 이자율이 14%로 상승한다. 포트폴리오의 가치는 다음의 합이다.
   - 채권 A의 첫 번째 이표: $4,950.51;
   - 현금화된 채권 B의 액면가: $28,277.29;
   - 보유한 채권 A, 즉 $85.65에 팔리는 4년 만기 채권의 시장가치: $42,403.53.

   이를 전부 합하면 $75,631.32가 되고, 채권 A의 듀레이션은 이제 3.44이다. 필요한 듀레이션은 2이기에 $w_A \cong 0.4094$, $w_B \cong 0.5906$ 임을 알 수 있다. 이 가중치를 통해 포트폴리오에서 보유되어야 하는 채권의 수를 계산하면 채권 A 361.53개와 채권 B 513.76개가 된다(이는 투자자가 133.52개의 채권 A를 매도하고 513.76개의 새로운 채권 B를 매수해야 한다는 것을 의미한다).

a) 2년 후, 이자율이 9%로 하락한다. 투자자의 재산을 계산하기 위해서 다음을 합산한다.
   - A의 이표들: $3,615.30;
   - B의 액면가: $51,376.39;
   - $101.46에 팔리는 A의 시장가치: $36,682.22.

   결과값은 $91,673.92이며, B에 투자한다(다음 해에 이루어질 이 채권의 지급은 고정되어 있다). $91.39에 판매되는 1,003.07개의 채권 B를 구매할 여력이 있으므로 투자의 최종 가치는 대략 **$100,307**가 될 것이다.

b) 2년 후, 수익률은 16%로 상승한다. a)의 경우와 같은 금액의 이표와 무이표채권을 현금화하게 되지만, $83.85에 팔리는 채권 A가 이 경우 더 저렴하기에, 합계는 더 적어진다. $85,305.68. 그러나 무이표채권들 역시 저렴하여 $85.21에 팔리므로, 1,001.07개의 이 채권들을 구매할 수 있고, 그리하여 투자의 최종 가치는 **$100,107**가 된다.

2. 1년 후, 이자율이 9%로 하락한다. 앞서와 비슷한 방법으로, A의 이표, B의 액면가, 그리고 보유한 채권 A의 시장가치를 더하여 투자의 현재가치를 알 수 있고, 그 값은 $83,658.73이다. 이때 가중치는 $w_A \cong 0.4013$, $w_B \cong 0.5987$이 되고, 새로운 포트폴리오에는 329.56개의 채권 A와 548.04개의 채권 B가 필요함을 알 수 있다(즉 165.50개의 채권 A를 매도하고 548.04개의 채권 B를 구매해야 한다).

   a) 2년 후 이자율이 14%로 상승한다. A의 이표들로부터 $3,295.55를 현금화하고, B로부터 얻은 $54,803.77과 채권 A의 시장가치 $29,174.39를 더해 총 $87,273.72의 금액을 얻게 된다. 이제 새로운 무이표채권 B를 1003.89개만큼 구매해서, 3년 말에는 **$100,389**의 최종 가치를 남긴다.

   b) 2년 후 이자율이 6%로 하락한다. 그러면 투자자의 자산은 $94,405.29가 될 것이고, 1,002.43개의 채권 B를 구매하여 최종 투자가치는 **$100,243**가 될 것이다.

위에서 볼 수 있는 것과 같이, 모든 시나리오에서 $100,000 이상의 최종 가치로 투자가 마무리되었다. 볼록성의 결과로, 듀레이션이 t인 채권투자의 시점 t에서의 미래가치는 수익률 y가 변하지 않을 때 최솟값을 가진다. 이는 만기와 수익률이 독립인 모형에서, 수익률의 점프는 무재정기회로 이어질 수 있다는 것을 의미한다.

연습문제 9.15

만기가 2년인 2종류의 이표채권들로 구성된 듀레이션 2의 포트폴리오에 \$20,000을 넣는 투자를 설계해 보자. 채권 A는 매년 \$20의 이표를 지급하고 액면가가 \$100이며, 채권 B는 매년 \$5의 이표를 지급하고 액면가가 \$500이다. 초기 이자율이 8%일 때, 2년 후 이 투자의 가치는 얼마가 되는가?

9.3 일반적인 기간 구조

이제 수익률이 만기와 독립이라는 조건 없이, 채권가격 모형을 논의할 것이다.

다양한 만기를 가진 무이표 단위 채권의 가격 $B(n, N)$은 다음 식에 의해 수익률 $y(n, N)$의 모임을 결정한다.

$$B(n, N) = e^{-(N-n)hy(n, N)}$$

$B(n, N)$은 $n < N$에서 1보다 작아야 하기에 수익률은 양수가 되어야 한다. 여기서 두 변수 $n < N$에 대한 함수 $y(n, N)$은 **이자율의 기간 구조(term structure of interest rates)**라고 불린다. 현재 가격으로 결정되는 수익률 $y(0, N)$은 현물이자율(spot rate)이라고 불린다.

현물이자율에 의해 형성되는 **초기 기간 구조** $y(0, N)$은 하나의 변수 N에 대한 함수이다. 전형적으로 이는 증가함수이나, 다른 형태들 또한 금융시장에서 발견된다. 특히 초기 기간 구조는 **평평할(flat)** 수 있는데, 이는 앞에서 살펴본 사례와 같이 수익률이 N과 독립일 수 있다는 것이다.

연습문제 9.16

$B(0, 6) = 0.96$달러라면, 초기 기간 구조를 평평하게 하는 $B(0, 3)$와 $B(0, 9)$의 값을 구하여라.

미래 지급의 현가로서 이표채권의 가격은 현물이자율을 이용해 다음과 같이 쓸 수 있다.

$$P = C_1 e^{-hn_1 y(0, n_1)} + C_2 e^{-hn_2 y(0, n_2)} + \cdots + (C_N + F) e^{-hn_N y(0, n_N)} \qquad (9.3)$$

이는 시간 $0 < hn_1 < hn_2 < \cdots < hn_N$에 이표 $C_1, C_2, \cdots, C_N$을 지급하고 액면가가 F, 만기 시점이 hn_N인 채권에 대한 식이다.

이표채권에서 미래 지급을 할인하기 위해 단일 수익률을 활용할 수 없음에도 불구하고 그러한 수익률을 인위적인 값으로서 도입할 수는 있다. 이를 **만기수익률**(yield to maturity)이라 하고 다음 방정식

$$P = C_1 e^{-hn_1 y} + C_2 e^{-hn_2 y} + \cdots + (F + C_N) e^{-hn_N y}$$

의 해, y로 정의된다. 만기수익률은 이표채권들을 편리하고 간단하게 설명하며, 금융보도자료에 그 시세가 보도된다. 물론, 이자율이 만기와 독립이라면, 이 공식은 식 (9.1)과 동일하다.

참고 9.10

초기 기간 구조를 결정하기 위해서는 무이표채권들의 가격이 필요하다. 하지만 만기가 길 경우(일반적으로 1년 초과) 이표채권만이 거래될 수도 있으므로, 이표채권들을 다양한 만기의 무이표채권들로 분해할 필요가 있다. 이는 채권가격과 짧은 만기의 수익률들이 모두 주어져 있을 때, 식 (9.3)을 가장 긴 만기의 수익률을 구하는 데에 반복적으로 적용함으로써 가능하다. 이 절차는 1985년에 STRIPS(Separate Trading of Registered Interest and Principal Securities)라는 프로그램을 도입한 미국 재무부에 의해 인정되었다. STRIPS는 투자자로 하여금 나머지 ['분리된(stripped)' 채권]를 재무부에 다시 매도하도록 함으로써, 요구되는 현금 지급(특정 채권에 대한)을 보유하도록 허용하는 것이다.

예제 9.11

액면가가 \$100인 1년 무이표채권이 \$91.80에 거래되고 매년 \$10의 이표를 지급하고 액면가가 \$100인 2년 만기 채권이 \$103.95에 거래된다고 한다. 이는 수익률에 대한 다음의 방정식을 도출한다.

$$91.80 = 100e^{-y(0,1)},$$
$$103.95 = 10e^{-y(0,1)} + 110e^{-2y(0,2)}.$$

첫 번째 방정식으로부터 $y(0,1) \cong 8.56\%$를 구할 수 있고 이 값을 두 번째 방정식에 대입하면 $y(0,2) \cong 7.45\%$를 구할 수 있다. 그 결과 '분리된' 2년 채권, 즉 2년 후 만기가 되는 액면가 \$100의 무이표채권은 $100e^{-2y(0,2)} \cong 86.16$달러의 값을 가진다. 3년 이표채권의 가격이 주어지면, $y(0,3)$을 구할 수 있고, 다른 경우도 마찬가지로 구할 수 있다.

다시 채권에 대한 일반적인 연구로 돌아가, 결정적인(deterministic) 기간 구조(미리 확실하게 알려진)를 고려해 보자. 다음의 기본정리는 이것이 비현실적이라는 것을 나타낸다.

기본정리 9.12

기간 구조가 결정적이라면, 무재정원리는 다음 식을 함축한다.

$$B(0, N) = B(0, n)\,B(n, N). \tag{9.4}$$

증명

$B(0, N) < B(0, n)\,B(n, N)$ 이라면,

- 시점 N에 만기가 되는 채권을 한 개 구매하고 n에 만기가 되는 채권을 $B(n, N)$의 부분만큼 발행한다(여기서 미래 채권가격이 현재 알려졌다고 가정한다). 이는 현재 $B(0, n)\,B(n, N) - B(0, N)$달러를 준다.
- 시점 n에서, 만기가 N인 단일 단위 채권을 발행하여 $B(n, N)$의 금액을 얻은 다음 시점 0에서 발행했던 채권을 정리한다.
- 시점 N에서 포지션을 청산하고, 초기의 이윤을 유지한다.

반대의 부등식인 $B(0, N) > B(0, n)\,B(n, N)$인 경우도 반대의 전략을 적용함으로써 유사하게 보여질 수 있다. ■

채권가격을 수익률을 이용해 나타내어, 다음의 식을 얻는다.

$$B(n, N) = \frac{B(0, N)}{B(0, n)} = e^{hny(0, n) - hNy(0, N)}.$$

이 식은 모든 채권가격(그리고 또한 모든 기간 구조)이 초기 기간 구조에 의해 결정된다는 것을 의미한다. 그러나 현실의 채권 시장에서는 이 같은 상황을 기대할 수 없다. 특히 시장에서 관측되는 자료는 이 관계를 지지하지 않는다.

이는 결정적인 채권가격을 가정하는 것이 모형의 복잡성을 너무 많이 줄인다는 것을 보여 준다. 따라서 미래의 기간 구조는 랜덤이 되도록 허용해야 한다. 지금부터 다루는 내용에서는, 미래의 채권가격이 랜덤이고, 따라서 그에 의해 결정되는 값들도 모두 랜덤이 될 것이다.

9.3.1 선도이자율

미래의 어떤 시점에서 예치할 예금 또는 받을 대출금에 대한 이자율을 미리 보장하는 방법을 보여 주는 예제로부터 시작하도록 하자.

예제 9.13

어떤 회사가 사업 계획상, 새 장비를 구입하기 위해 지금으로부터 1년 후 \$100,000을 대출받아야 한다고 하자. 대출 1년 후에 회사는 대출금을 재상환할 수 있을 것으로 기대한다. 회사는 미래 수익률에 대해 도박을 하기보다는 현 시점에서 이자율을 고정시키기 원한다. 현물이자율은 $y(0,1)=8\%$, $y(0,2)=9\%$라고 가정하자($h=1$). 이제 액면가가 \$100인 1년 만기 채권을 1,000개 구매하기 위해 $100{,}000e^{-8\%}\cong 92{,}311.63$달러를 지불한다. 이 금액은 2년 동안 9%로 차입된다. 1년이 지난 후, 회사는 채권으로부터 \$100,000을 수령할 수 있고 2년 후에는 이자를 포함하여 $92{,}311.63e^{2\times 9\%}\cong 110{,}517.09$달러를 지불하고 대출금을 청산할 수 있다. 그러므로 이렇게 이루어진 미래 대출에 대한 이자율은 $\ln(110{,}517.09/100{,}000)\cong 10\%$가 될 것이다. 금융 중개인은 소위 선도금리계약(Forward Rate Agreement)을 제공함으로써 위와 같은 회사의 업무를 대리할 수 있다.

연습문제 9.17

6개월 후에 그로부터 6개월간 \$50,000을 예금하는 것을 지금 어떻게 계획해야 하는지 설명하고, $y(0,6)=6\%$, $y(0,12)=7\%$, $h=\frac{1}{12}$의 조건에서 수익률을 구하여라.

일반적으로, **초기 선도이자율**(initial forward rate) $f(0,M,N)$은 다음의 식을 만족시키는 이자율이다.

$$B(0,N)=B(0,M)e^{-(N-M)hf(0,M,N)}$$

그러므로

$$f(0,M,N)=-\frac{1}{h(N-M)}\ln\frac{B(0,N)}{B(0,M)}=-\frac{\ln B(0,N)-\ln B(0,M)}{h(N-M)}$$

이 된다. 이 금리는 현재 채권가격을 이용하여 계산되기에 결정적이라는 것을 주목하자. 이는 초기 기간 구조로 편리하게 표현될 수 있다. 위의 식에 수익률에 의해 결정되는 채권가격인 $B(0,N)=e^{-hNy(0,N)}$, $B(0,M)=e^{-hMy(0,M)}$를 대입하면 다음 식을 구할 수 있다.

$$f(0,M,N)=\frac{Ny(0,N)-My(0,M)}{N-M} \tag{9.5}$$

연습문제 9.18

현물이자율이 중앙 런던 은행에 의해 다음과 같이 주어진다고 가정하자(LIBOR, the London Interbank Offered Rate, 예금에 대한 이자율; LIBID, the London Interbank Bid Rate, 대출에 대한 이자율):

이자율	LIBOR	LIBID
1개월	3.46%	3.62%
2개월	4.06%	4.24%
3개월	4.19%	4.33%
6개월	4.35%	4.54%

이 이자율들은 단리(simple interest)를 이용한다. 한 달 후에 5달 동안 사용할 \$100,000를 대출하기 원하는 고객이 있다고 하자. 은행 관리인은 그 고객을 위해 얼마의 이자율을 제공하고 어떻게 대출을 구성해야 하는가? 또한, 다른 기관이 지금으로부터 2달 후, 6.91%의 단리로 4개월간 예금하는 기회를 제안한다고 가정하자. 이는 무재정기회를 제공하는가?

시간이 지남에 따라 채권가격은 변할 것이고 결과적으로 선도이자율 또한 변하게 될 것이다. 시점 $n<M<N$에서 결정되는, **구간** $[M,N]$ **동안의 선도이자율(forward rate over the interval** $[M,N]$**)**은 다음과 같이 정의된다.

$$B(n,N)=B(n,M)e^{-(N-M)hf(n,M,N)}.$$

즉,

$$f(n,M,N)=-\frac{\ln B(n,N)-\ln B(n,M)}{(N-M)h}$$

이다. **순간 선도이자율**(instantaneous forward rates)인 $f(n, N) = f(n, N, N+1)$은 한 단계 기간 동안의 선도이자율이다. 일반적으로 h가 하루라면 순간 선도이자율은 1일물(overnight) 예금과 대출금에 대응한다. 특정 시점 n에서의 선도이자율이 주어졌을 때, 아래의 공식

$$f(n, N) = -\frac{\ln B(n, N+1) - \ln B(n, N)}{h} \tag{9.6}$$

은 채권가격을 재구성할 수 있게 해준다.

예제 9.14

$h = \frac{1}{12}$, $n = 0$, $N = 0, 1, 2, 3$이고 채권가격이 다음과 같다고 하자.

$$B(0, 1) = 0.9901,$$
$$B(0, 2) = 0.9828,$$
$$B(0, 3) = 0.9726.$$

그러면 내재된 수익률은

$$y(0, 1) \cong 11.94\%,$$
$$y(0, 2) \cong 10.41\%,$$
$$y(0, 3) \cong 11.11\%,$$

이고 선도이자율은 아래와 같이 된다.

$$f(0, 0) \cong 11.94\%,$$
$$f(0, 1) \cong 8.88\%,$$
$$f(0, 2) \cong 12.52\%.$$

선도이자율에 대한 공식을 이용하면

$$\exp(-(0.1194 + 0.0888 + 0.1252)/12) \cong 0.9726 = B(0,3)$$

의 관계를 구할 수 있다. 이 식은 다음의 기본정리를 예시한다.

기본정리 9.15

채권가격은 아래와 같이 주어진다.

$$B(n, N) = \exp\{-h(f(n, n) + f(n, n+1) + \cdots + f(n, N-1))\}.$$

증명

$B(n, n) = 1$이므로

$$f(n, n) = -\frac{\ln B(n, n+1)}{h}$$

이 됨을 주목하자. 그러므로

$$B(n, n+1) = \exp\{-hf(n, n)\}$$

이 된다. 다음은

$$f(n, n+1) = -\frac{\ln B(n, n+2) - \ln B(n, n+1)}{h}$$

이 되고 $B(n, n+1)$에 대한 식을 대입하여,

$$B(n, n+2) = \exp\{-h(f(n, n) + f(n, n+1))\}$$

을 구할 수 있다. 이를 반복하면, 증명하고자 하는 일반적인 공식을 도출할 수 있다. ■

수익률을 이용하여 선도이자율을 다음과 같이 간단하게 나타낼 수 있다.

$$f(n, N) = (N+1-n)y(n, N+1) - (N-n)y(n, N). \tag{9.7}$$

특히,

$$f(n, n) = y(n, n+1)$$

이 되고, 위 기본정리의 직접적인 결과로 다음의 직관적인 공식

$$y(n, N) = \frac{f(n, n) + f(n, n+1) + \cdots + f(n, N-1)}{N-n}$$

을 얻을 수 있다.

예제 9.16

만약 기간 구조가 평평하다면, 즉, $y(n, N)$이 N과 독립이라면 위의 공식으로부터 $f(n, N) = y(n, N)$이 성립함을 확인할 수 있다. 이제 고정된 n에 대해 N의 증가함수인 $f(n, N)$의 예를 보자. 이에 대응하는 수익률을 계산하면 다음과 같다.

$$f(0,0) = 8.01\%, \quad y(0,1) = 8.01\%,$$
$$f(0,1) = 8.03\%, \quad y(0,2) = 8.02\%,$$
$$f(0,2) = 8.08\%, \quad y(0,3) = 8.04\%.$$

수익률 역시 증가한다는 것을 알 수 있다(이것의 일반화를 위해 아래의 연습문제 9.20 참조).

그러나 선도이자율은 수익률이 증가한다 하더라도 만기에 따라 증가하지 않을 수 있다.

$$f(0,0) = 9.20\%, \quad y(0,1) = 9.20\%,$$
$$f(0,1) = 9.80\%, \quad y(0,2) = 9.50\%,$$
$$f(0,2) = 9.56\%, \quad y(0,3) \cong 9.52\%.$$

연습문제 9.19

선도이자율이 음수가 될 수 있는가?

연습문제 9.20

$f(n, N)$이 N이 커질 때 증가한다면, $y(n, N)$도 마찬가지임을 증명하여라.

9.3.2 자금시장 계좌

단기이자율(short rate)은 $r(n) = f(n, n)$으로 정의된다. 다른 표현으로는 $r(n) = y(n, n+1)$이 된다. 그렇기에 이는 시점 n에서 시작하여 한 단계 동안 유효한 이자율이다. 단기이자율은 현재 값인 $r(0)$을 제외하고는 미리 알려지지 않는다. $r(n)$과 $f(0, n)$의 차이를 구별하는 것은 중요하다. 두 이자율 모두 n부터 $n+1$ 사이의 단일 단계에 적용되지만, $r(n)$은 랜덤인 반면 $f(0, n)$은 현 시점에서 알려진 값이고, 초기 기간 구조에 의해 결정된다.

$A(n)$, $n \geq 1$으로 표현되는 자금시장 계좌는

$$A(n) = \exp\{h(r(0) + r(1) + \cdots + r(n-1))\}$$

로 정의되고, $A(0) = 1$이다. 이는 연속복리하에서 단기이자율을 받는 계좌에 투자된 1달러의 시점 n의 가치를 나타낸다. 예를 들어 $h = \frac{1}{365}$라면, 이자는 1일물(overnight) 이자율에 의해 주어진다.

2장에서 정의된 자금시장 계좌는 초기 달러가 투자되는 방법에 독립인 결정적인 배열(deterministic sequence)이었다. 여기서 $A(n)$은 랜덤이고, 아래에서 살펴볼 것과 같이, 일반적으로, 시점 n에 만기가 되는 무이표채권을 이용해서 구성되는 결정적인 값 $\exp\{hny(0,n)\}$과는 다르다.

예제 9.17

예제 9.14에서 소개된 설정에서, 채권가격이 다음과 같이 변한다고 가정하자.

$$\begin{aligned} &B(0,1) = 0.9901, \\ &B(0,2) = 0.9828, \quad B(1,2) = 0.9947, \\ &B(0,3) = 0.9726, \quad B(1,3) = 0.9848, \quad B(2,3) = 0.9905. \end{aligned}$$

이에 대응하는 수익률은

$$\begin{aligned} &y(0,1) \cong 11.94\%, \\ &y(0,2) \cong 10.41\%, \quad y(1,2) \cong 6.38\%, \\ &y(0,3) \cong 11.11\%, \quad y(1,3) \cong 9.19\%, \quad y(2,3) \cong 11.45\%. \end{aligned}$$

이고, 선도이자율은 다음과 같다.

$$\begin{aligned} &f(0,0) \cong 11.94\%, \\ &f(0,1) \cong 8.88\%, \quad f(1,1) \cong 6.38\%, \\ &f(0,2) \cong 12.52\%, \quad f(1,2) \cong 12.00\%, \quad f(2,2) \cong 11.45\%. \end{aligned}$$

이제 단기이자율을 판독하고 자금시장 계좌의 가치를 계산할 수 있다.

$$\begin{aligned} &A(0) = 1, \\ &r(0) = f(0,0) \cong 11.94\%, \quad A(1) \cong 1.0100, \\ &r(1) = f(1,1) \cong \ 6.38\%, \quad A(2) \cong 1.0154, \\ &r(2) = f(2,2) \cong 11.45\%, \quad A(3) \cong 1.0251. \end{aligned}$$

연습문제 9.21

예제 9.17의 어떤 채권가격이 자금시장 계좌의 가치가 변하지 않도록 바뀔 수 있는가?

연습문제 9.22

예제 9.17의 자료를 이용해서, 기간 0에서 3 동안 다음의 각 담보에 대해 투자한 로그 수익률을 비교하여라. a) 시점 3에 만기가 되는 무이표채권; b) 단일 기간의 무이표채권; c) 자금시장 계좌.

9.4 확률적 이자율의 이항모형

이 절에서는 6장에서 다루었던 주식가격의 이항모형과 비슷한 접근을 사용하여 랜덤한 이자율의 시간에 따른 변화를 모형화하여 볼 것이다. 채권가격이 이자율을 결정하므로, 이자율의 변화를 모형화하는 것은 채권가격의 변화를 모형화하는 것으로 생각될 수 있다. 채권과 주식의 차이를 강조하면서, 채권가격에 대한 모형이 만족해야 하는 몇 가지 특성을 보이는 것에서부터 시작하도록 한다.

첫째로, 주식가격이 하나의 변수, 즉 지속시간(running time)에 대한 함수인 반면, 이자율 혹은 채권가격의 변화는 지속시간과 만기시간(maturity time)이라는 두 변수에 대한 함수로 표현된다.

둘째로, 기간 구조를 나타낼 수 있는 많은 방법들이 있다. 채권가격, 내재수익률, 선도이자율, 단기이자율이 그것들이다. 채권가격과 수익률은 명백히 동등하고, 간단한 식으로 이어질 수 있다. 또한 채권가격과 선도이자율 역시 동등하다. 단기이자율은 다르고 처리하기 더 쉽지만, 기간 구조를 재구성해야 하는 문제가 발생한다. 단기이자율은 대개 더 적은 양의 정보를 주기 때문에 이것은 대수롭지 않은 문제가 아닐 수 있다.

셋째로, 모형은 초기 자료에 들어맞아야 한다. 주식에 있어서 이것은 그저 현재 가격이다. 채권의 경우 전체 초기 기간 구조가 주어지고, 이는 현재 이용가능한 시장 정보와 일치해야 하는 모형에 더 많은 제약을 부과한다.

넷째로, 채권은 만기 때의 값이 랜덤이 아니다. 이는 주식가격과 현저한 차이를 준다. 채권이 만기 때에 확실한 보장을 제공한다는 사실이 모형에 포함되어야 한다.

마지막으로, 만기에 대한 수익률의 의존성은 상당히 특별한 것이어야 한다. 유사한 만기를 가진 채권들은 전형적으로 유사하게 움직일 것이다. 통계적인 용어로, 이는 채권들이 매우 강한 양의 상관관계가 있다는 뜻이다.

이제 채권에 대한 이항 나무 모형을 전개해 보자. 나무의 모양은 6장에서의 모양과 비슷할 것이다. 하지만 필요한 수준의 정교함을 얻기 위해 모형은 보다 복잡해야 한다. 즉, 확률과 수익률이 나무에서의 포지션에 의존할 것이고, 다른 포지션들을 구분하는 적절한 표기가 필요하다. 이 추가된 수준의 복잡함은 꼭 필요한 것이다. 특히 각 단계에서 수익률이 동일하다면, 어떤 시나리오의 경우 자산의 가치가 무한히 증가할 수 있는데, 이것은 채권의 가격이 1을 넘을 수 없다는 사실에 위배된다.

연이은 상승 또는 하락의 움직임의 유한 배열을 **상태(state)**라고 부른다. 상태는 우선, 시간 혹은 다른 말로 단계의 개수에 의존한다. 상태를 나타내기 위해 다양한 길이를 갖는 u와 d의 열을 이용할 것인데, 이때 열의 길이는 흐른 시간(나무의 근원으로부터 지난 단계의 수)에 대응하게 된다. 시점 1에서는 단지 두 상태, $s_1 = \mathrm{u}$ 혹은 d만이 존재하지만, 시점 2에서는 네 개의 상태, $s_2 = \mathrm{ud}, \mathrm{dd}, \mathrm{du}, \mathrm{uu}$가 있다. 시점 1에서 s_1이라는 것을 안다면 시점 2에서의 상승 혹은 하락의 움직임에 따라 $s_2 = s_1\mathrm{u}$ 혹은 $s_1\mathrm{d}$를 사용할 것이다. 일반적으로 $s_{n+1} = s_n\mathrm{u}$ 또는 $s_n\mathrm{d}$이다.

확률들은 특별한 상태에 의존하도록 허용된다. 시점 n에서 s_n상태로 시작해, 시점 $n+1$에서 상승하는 확률은 p^{s_n}으로 나타낸다. 첫 단계에서는 상승의 확률을 그냥 p로 표기한다. 그림 9.1에서 $p = 0.3$, $p^{\mathrm{u}} = 0.1$, $p^{\mathrm{d}} = 0.4$, $p^{\mathrm{uu}} = 0.4$, $p^{\mathrm{ud}} = 0.2$, $p^{\mathrm{du}} = 0.5$, $p^{\mathrm{dd}} = 0.4$이다.

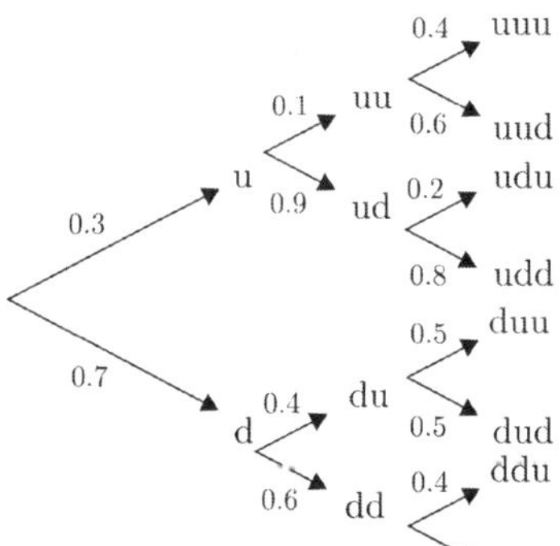

그림 9.1 상태(states)와 확률(probabilities)

이제 시간 한계(time horizon)로 자연수 N을 고정하도록 하자. 이는 고려되는 모든 채권들의 만기에 대한 상한이 될 것이다. 시점 N에서의 상태 s_N은 채권가격의 움직임에 대한 완벽한 시나리오를 나타낸다.

다음으로, 채권가격들의 변화를 표현해 보자. 시점 0에서는 N까지의 모든 만기에 대한 초기 채권가격, 즉 N개의 수열,

$$B(0,1),\ B(0,2),\ B(0,3),\ \cdots,\ B(0,N-1),\ B(0,N)$$

이 얻어진다. 시점 1에서는 첫 번째 채권이 만기가 되고 남은 $N-1$개의 채권만이 거래되므로, 가격들 중 하나는 불필요하게 된다. 상태 u와 d에 의해 구분되는 두 가지 가능성을 통해 무작위성을 도입하면 다음의 두 연속 과정을 얻을 수 있다.

$$B^{\mathrm{u}}(1,2),\ B^{\mathrm{u}}(1,3),\ \cdots,\ B^{\mathrm{u}}(1,N-1),\ B^{\mathrm{u}}(1,N),$$
$$B^{\mathrm{d}}(1,2),\ B^{\mathrm{d}}(1,3),\ \cdots,\ B^{\mathrm{d}}(1,N-1),\ B^{\mathrm{d}}(1,N).$$

시점 2에서는 네 가지 상태와 길이 $N-2$의 네 가지 배열이 있다.

$$B^{\mathrm{uu}}(2,3),\ \cdots,\ B^{\mathrm{uu}}(2,N-1),\ B^{\mathrm{uu}}(2,N),$$
$$B^{\mathrm{ud}}(2,3),\ \cdots,\ B^{\mathrm{ud}}(2,N-1),\ B^{\mathrm{ud}}(2,N),$$
$$B^{\mathrm{du}}(2,3),\ \cdots,\ B^{\mathrm{du}}(2,N-1),\ B^{\mathrm{du}}(2,N),$$
$$B^{\mathrm{dd}}(2,3),\ \cdots,\ B^{\mathrm{dd}}(2,N-1),\ B^{\mathrm{dd}}(2,N).$$

ud와 du에서의 가격은 주식가격의 경우와는 달리 일치할 필요가 없다.

이 과정은 같은 방식으로 계속된다. 각 단계에서 열의 길이는 하나씩 줄어들고 열의 개수는 두 배가 된다. 시점 $N-1$에서는 모든 가능한 상태 s_{N-1}로 색인되는, 2^{N-1}가지 중 하나인

$$B^{s_{N-1}}(N-1,N)$$

만을 가질 수 있다. 나무 구조는 마지막 움직임이 일정하므로 여기서 해체된다: 마지막 채권이 만기가 되면서 시점 N에서 의심의 여지없이 일정한 값이 되어, 모든 상태에 대해 $B^{s_N}(N,N)=1$이 된다.

예제 9.18

$N=3$이고 월 단위 단계($h=\dfrac{1}{12}$)를 가지는 채권가격의 특정한 변화과정이 그림 9.2에 주어져 있다. 만기가 1, 2, 3인 세 채권의 가격도 나타나 있다.

채권가격의 변화는 수익률로써 나타낼 수 있다. 상태 s_{n-1}에 도달하였고 채권의 가격 $B^{s_{n-1}}(n-1, N)$이 알려졌다고 가정해 보자. 그러면 다음과 같이 쓸 수 있고

$$B^{s_{n-1}\mathrm{u}}(n, N) = B^{s_{n-1}}(n-1, N)\exp\left\{k^{s_{n-1}\mathrm{u}}(n, N)\right\},$$
$$B^{s_{n-1}\mathrm{d}}(n, N) = B^{s_{n-1}}(n-1, N)\exp\left\{k^{s_{n-1}\mathrm{d}}(n, N)\right\},$$

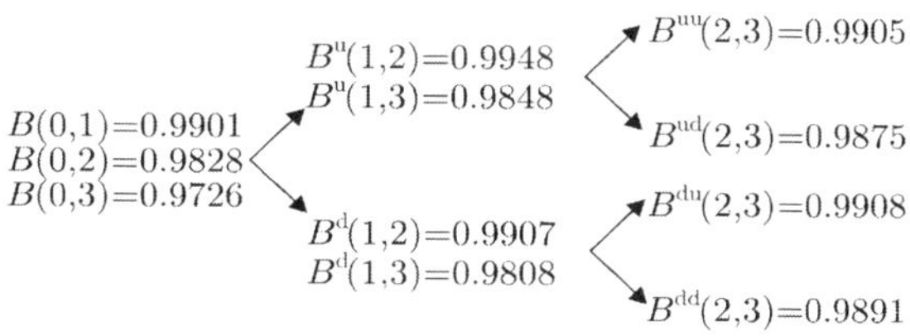

그림 9.2 예제 9.18에서 채권가격의 변화

로그 수익률을 다음과 같이 정의할 수 있다.

$$k^{s_{n-1}\mathrm{u}}(n, N) = \ln\frac{B^{s_{n-1}\mathrm{u}}(n, N)}{B^{s_{n-1}}(n-1, N)},$$
$$k^{s_{n-1}\mathrm{d}}(n, N) = \ln\frac{B^{s_{n-1}\mathrm{d}}(n, N)}{B^{s_{n-1}}(n-1, N)}.$$

여기서 $k^{s_{n-1}\mathrm{u}}(n, N) \geq k^{s_{n-1}\mathrm{d}}(n, N)$라고 가정한다.

참고 9.19

상태 s_{n-1}이 알려져 있을 때, 나무 구조에서 수익률이 랜덤하지 않는 곳이 있다. 즉, 모든 s_n에 대해 $B^{s_n}(n, n)=1$이 만족되기에

$$k^{s_{n-1}\mathrm{u}}(n, n) = k^{s_{n-1}\mathrm{d}}(n, n) = \ln\frac{1}{B^{s_{n-1}}(n-1, n)}$$

이 성립한다.

예제 9.20

예제 9.18의 자료로부터, 만기가 3인 채권의 가격을 추출한다. 채권은 최종값 1로 마무리된다. 그림 9.3에 나타난 나무구조는 시점 0에서 0.9726으로 구매된 단일 채권의 랜덤한 변화를 나타낸다. 수익률은 계산하기 쉬운데, 예를 들어

$$k^{\mathrm{ud}}(2,3) = \ln \frac{B^{\mathrm{ud}}(2,3)}{B^{\mathrm{u}}(1,3)} \cong 0.27\%$$

와 같이 계산된다. 결과는 그림 9.4에 종합되어 있다(각 단계의 길이는 한 달이었다).

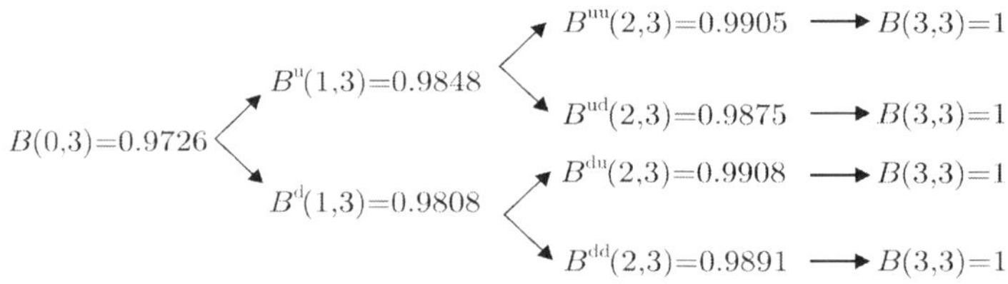

그림 9.3 예제 9.20에서 시점 3에 만기가 되는 채권의 가격

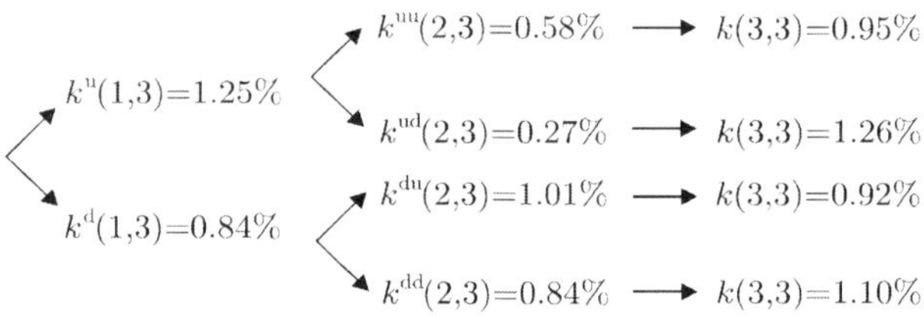

그림 9.4 예제 9.20에서 시점 3에 만기가 되는 채권의 수익률

연습문제 9.23

그림 9.5의 수익률 나무에 대해 채권가격의 나무를 구성하고 빈 수익률을 채워라.

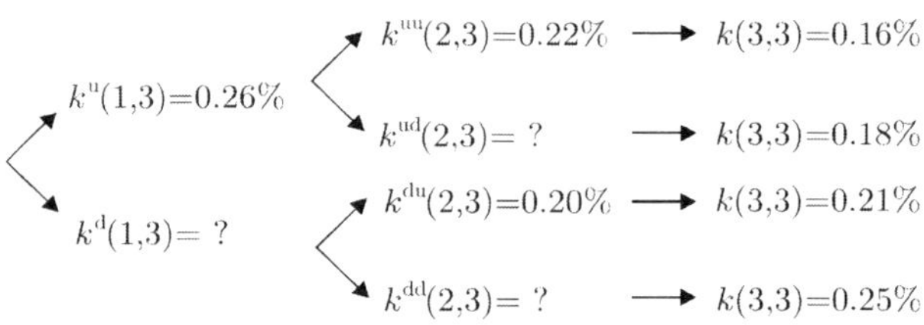

그림 9.5 연습문제 9.23에서의 수익률

채권가격의 변화는 내재된 만기수익률의 변화와 완벽하게 부합한다. 즉, 채권가격들에서와 같은 동일한 나무구조로

$$y^{s_n}(n,m) = \frac{1}{h(m-n)} \ln \frac{1}{B^{s_n}(n,m)}$$

이 성립한다. 특히 끝에서 두 번째 단계에서의 상태 s_{n-1}이 알려져 있다면 최종 수익률은 랜덤하지 않다. 여기서 수익률은 채권가격이 상승할 때 하락하기 때문에 '상승'과 '하락'이라는 단어는 의미를 잃게 됨을 유의하자. 그럼에도, 원래의 지표인 u와 d를 계속 사용할 것이다.

예제 9.21

$h=1/12$임을 유념하고 예제 9.18에서의 수익률을 구해 보자. 결과는 그림 9.6에 나타나 있다.

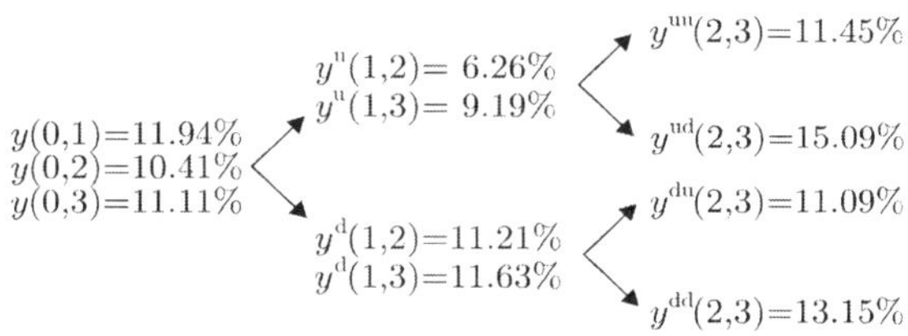

그림 9.6 예제 9.21에서의 수익률

연습문제 9.24

연습문제 9.23에서의 수익률을 이용해서 수익률 $y(0,3)$의 값을 구하여라. 수익률(return)과 만기수익률(yield to maturity) 간에는 일반적으로 어떤 관계가 있는가? 채권가격의 계산 없이 빠진 수익률들을 채워 넣을 수 있는가?

이제 순간 선도이자율에 대해 살펴보자. 초기 시점 0에서 초기 채권가격에 의해 생성되는 다음과 같은 N개의 선도이자율이 있다.

$$f(0,0),\ f(0,1),\ f(0,2),\ \cdots,\ f(0,N-1).$$

첫 번째 값은 단기이자율 $r(0)=f(0,0)$임을 주목하자.

모든 이후의 단계에서 현재 채권가격은 선도이자율을 내재한다. 식 (9.6)을 임의

의 채권가격들에 적용하면 선도이자율의 랜덤한 변화를 다음과 같이 구할 수 있다.

$$f^{s_n}(n, N) = -\frac{\ln B^{s_n}(n, N+1) - \ln B^{s_n}(n, N)}{h}. \qquad (9.8)$$

시점 1에서는 채권가격의 두 배열(sequences)로부터 구해진, 두 가지 가능한 $N-1$개의 선도이자율의 배열이 있다.

$$f^{\mathrm{u}}(1,1),\ f^{\mathrm{u}}(1,2),\ \cdots,\ f^{\mathrm{u}}(1, N-1),$$
$$f^{\mathrm{d}}(1,1),\ f^{\mathrm{d}}(1,2),\ \cdots,\ f^{\mathrm{d}}(1, N-1).$$

시점 2에서는 $N-2$개의 선도이자율에 대한 네 가지 배열이 있고, 그 이후도 비슷하다. 시점 $N-1$에서는 2^{N-1}개의 단일 값 $f^{s_{N-1}}(N-1, N-1)$이 있다.

예제 9.22

식 (9.8)을 활용하여 예제 9.18의 자료에 대한 선도이자율을 검토할 수 있다. 예를 들어,

$$f^{\mathrm{u}}(1,2) = -\frac{\ln B^{\mathrm{u}}(1,3) - \ln B^{\mathrm{u}}(1,2)}{h}$$

이다. 대안적으로는, 예제 9.21에서 찾은 수익률을 식 (9.7)과 같이 사용할 수 있다.

$$f^{\mathrm{u}}(1,2) = 2y^{\mathrm{u}}(1,3) - y^{\mathrm{u}}(1,2).$$

결과는 그림 9.7에 종합되어 있다.

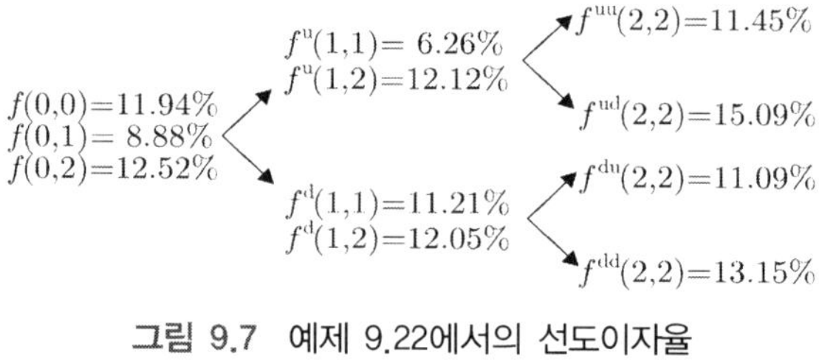

그림 9.7 예제 9.22에서의 선도이자율

선도이자율에 포함된 정보는 기본정리 9.15에서 보였던 것처럼 채권가격을 재구

성하는 데 충분하다.

연습문제 9.25

선도이자율의 나무가 그림 9.8과 같이 주어진다고 가정하자. 이에 대응하는 채권가격(월 단위 단계를 사용하여)을 구하여라.

단기이자율은 선도이자율의 특별한 경우로, $r(0) = f(0,0)$이고, $n \geq 1$에 대해

$$r^{s_n}(n) = f^{s_n}(n, n)$$

이다. 단기이자율은 또한 다음 단계에 만기가 되는 채권 수익률에 의해, $n \geq 1$일 때 $r^{s_n}(n) = y^{s_n}(n, n+1)$로 주어지고, $r(0) = y(0, 1)$이다. 이는 선도이자율과 수익률 사이의 관계로부터 자명하다.

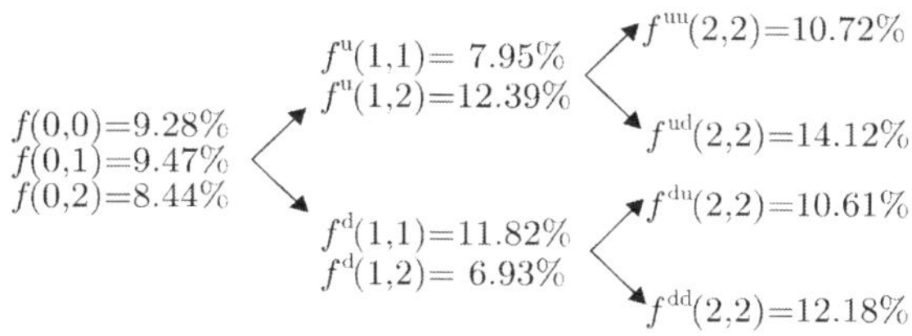

그림 9.8 연습문제 9.25의 선도이자율

이제 자금시장 계좌를 기술할 준비가 되었다. 자금시장 계좌는 $A(0) = 1$으로 시작하고 다음 값,

$$A(1) = \exp(hr(0))$$

도 여전히 결정적이지만, 이후의 단계에서는 랜덤하게 된다. 시점 2에서는 시점 1의 상태에 의존하는 다음의 두 값이 존재한다.

$$A^{\mathrm{u}}(2) = \exp(h(r(0) + r^{\mathrm{u}}(1))) = A(1)\exp(hr^{\mathrm{u}}(1)),$$
$$A^{\mathrm{d}}(2) = \exp(h(r(0) + r^{\mathrm{d}}(1))) = A(1)\exp(hr^{\mathrm{d}}(1)).$$

그 다음은, 예를 들어

$$A^{\mathrm{ud}}(3) = \exp(h(r(0) + r^{\mathrm{u}}(1) + r^{\mathrm{ud}}(2))) = A^{\mathrm{u}}(2)\exp(hr^{\mathrm{ud}}(2))$$

가 될 것이고, 일반적으로는

$$A^{s_{n-1}\mathrm{u}}(n+1) = A^{s_{n-1}}(n)\exp(hr^{s_{n-1}\mathrm{u}}(n)),$$
$$A^{s_{n-1}\mathrm{d}}(n+1) = A^{s_{n-1}}(n)\exp(hr^{s_{n-1}\mathrm{d}}(n))$$

이 된다.

연습문제 9.26

선도이자율이 연습문제 9.25와 동일하다는 조건에서 자금시장 계좌의 변화 과정을 구해보자.

채권 투자에 있어서 자금시장 계좌는 이 책의 앞선 장들에서 다루었던 주식 시장 투자 전략의 무위험요소와 동일한 역할을 한다.

9.5 재정에 의한 채권의 가격 결정

시간 한계 N에서 만기가 되는 채권에 대해, 가격 $B^{s_n}(n, N)$의 이항 나무구조가 주어졌다고 가정하자. 또한, 자금시장의 확률과정 $A^{s_{n-1}}(n)$도 주어졌다고 가정하자. 이 장의 도입부분에서 설명했던 것처럼, 다른 채권들의 가격이 완전히 임의적일 수는 없다. $M < N$에서 가격 $B^{s_n}(n, M)$은 만기가 N인 채권과 자금시장 계좌로 복제될 수 있음을 보일 것이다. 무재정원리의 결과로, 가격 $B^{s_n}(n, M)$은 대응하는 복제전략의 시점 n에서의 가치와 동일해야 한다.

예제 9.23

예제 9.18의 자료를 살펴보자. 첫 번째 단계로, 단기이자율의 값은 결정적이고, 이는 가격 $B(0, 1)$에 의해 내재되어 있다. 자금시장 계좌의 처음 두 값은 $A(0) = 1$과 $A(1) = 1.01$이다. 기초 상품으로 시점 3에 만기가 되는 채권을 이용하자. 이 채권의 시점 0과 1에서의 가격은 시점 2에 만기가 되는 채권가격과 함께 그림 9.9에 주어져 있다. 이제 만기 3을 갖는 채권의 수를 x라고 하고 자금시장에서의 포지션을 y라고 할 때, 그 가치가 만기 2인 채권의 시점 1에서의 가격과 같은 포트폴리오 (x, y)를 구할 수 있을 것이다.

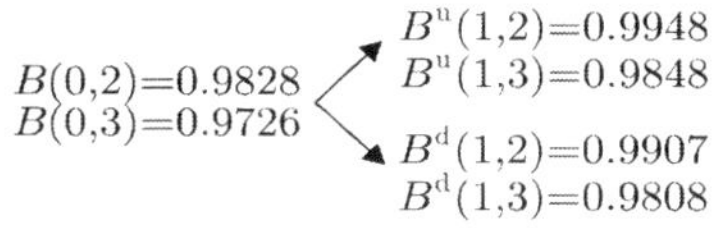

그림 9.9 예제 9.18에서의 채권가격

이를 위해, 아래의 연립방정식을 풀어서

$$0.9848x + 1.01y = 0.9948,$$
$$0.9808x + 1.01y = 0.9907,$$

$x = 1.025$과 $y \cong -0.0145$를 구할 수 있다. 이 포트폴리오의 시점 0에서의 가치는 $1 \times B(0,3) + 0.0098 \times A(0) \cong 0.9824$가 되어 $B(0,2)$와 같지 않다. 그림 9.9에서의 가격들은 무재정의 기회를 제공한다.

- 시점 2에 만기가 되는 채권 하나를 \$0.9828에 매도하고 위와 같이 구성된 포트폴리오를 \$0.9824에 매입한다.
- 시점 1에서 어떤 일이 일어나든 상관없이, 포트폴리오의 가치는 채권을 다시 구매하는 데 충분할 것이므로 초기 잔액 \$0.0004는 재정이익이 될 것이다.

예제 9.18의 모형은 무재정원리와 일치하지 않음이 밝혀졌으므로 수정될 필요가 있다. 모든 채권들에 대한 현가는 시장에 의해 결정되기에 미래가격의 일부분만이 수정될 수 있다. $B^{d}(1,2)$를 바꾸지 않고 $B^{u}(1,2) = 0.9958$이라고 하거나 $B^{u}(1,2)$를 바꾸지 않고 $B^{d}(1,2) = 0.9913$이라고 하면, 재정기회를 사라지게 할 수 있다. 물론, $B^{u}(1,2)$와 $B^{d}(1,2)$를 동시에 변화시켜 모형을 수정하는 방법들도 많이 있을 것이다. 이제 $B^{d}(1,2) = 0.9913$이라고 하고 $B^{u}(1,2)$는 바꾸지 않고 두겠다. 채권가격의 수정된 나무구조는 그림 9.10에 주어져 있고, 이에 대응하는 수익률은 그림 9.11에 나타나 있다.

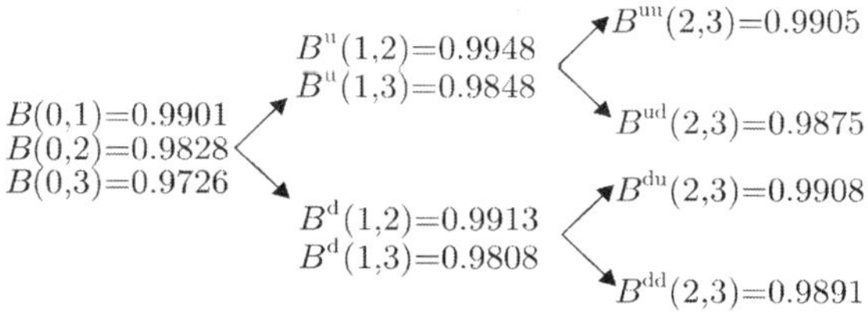

그림 9.10 예제 9.23에서의 수정된 채권가격 나무

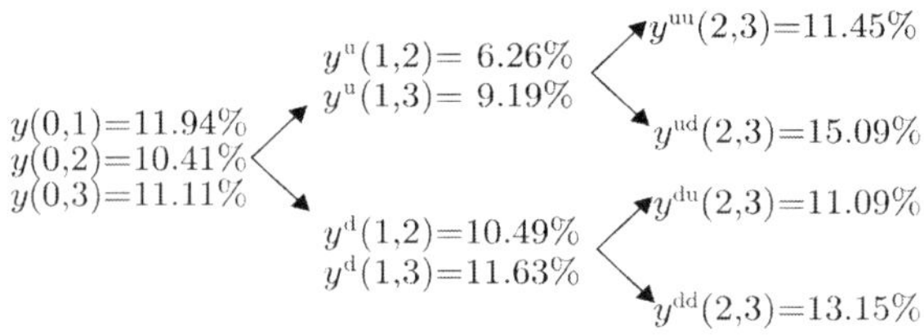

그림 9.11 예제 9.23에서의 수정된 수익률 나무

참고 9.24

예제 9.23의 수정된 채권가격 과정은 6장에서 보인 파생상품의 가격결정과 비슷하다. 파생상품의 역할은 시점 2에 만기가 되는 채권이 맡고, 시점 3에 만기가 되는 채권은 기초자산의 역할을 한다. 차이점은 만기가 2인 채권의 현재 가격이 고정되고, 재정기회를 제거하기 위해 모형에서의 미래가격만을 조정할 수 있다는 것이다. 이러한 상황에서는, 상품의 가격결정보다는 일관된 모형을 구성하는 것에 관심을 갖게 된다.

참고 9.25

초기 모형이 특정한, 가령 표준편차 같은 모수가 역사적 자료에 일치한다는 등의 가정에 따라 구성되었을 때, 재정기회를 제거하기 위해 모형을 바꾸면 바뀐 모형은 이러한 가정을 만족시키지 못할 가능성이 높다. 이것을 극복하는 하나의 방법은 3항 나무모형 혹은 더 많은 가지를 가진 나무모형을 적용하여 보다 많은 상태들을 허용하는 것이다. 이로써 무재정모형의 범위를 넓혀서, 어느 정도의 유연성을 얻게 된다. 이런 종류의 모형을 다중요인모형이라 한다.

연습문제 9.27

만기가 시점 3인 채권의 가격 나무와 단기이자율이 그림 9.12와 같이 주어졌을 때, 시점 2에 만기가 되는 채권의 가격을 평가하여라. $h = 1/12$이다.

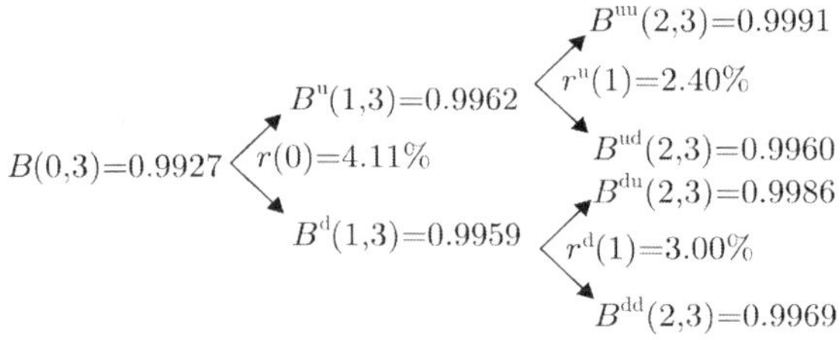

그림 9.12 연습문제 9.27에서 채권가격과 단기이자율

예제 9.23은 쉽게 일반화시킬 수 있다. 기초 채권이 시점 N에 만기가 되면, $M < N$인 M에 만기가 되는 채권의 가격을 구할 수 있다. 복제는 각 상태 s_M에서

$B^{s_M}(M, M) = 1$이 성립하는 시점 M에서 시작하여 한 단계씩 후향적으로 진행된다. 첫 번째 단계는 간단하다. 만기 한 단계 전에 채권은 무위험이 되기에, 각 상태 s_{M-1}에서 $x = 0$이고 $y = 1/A^{s_{M-1}}(M)$인 포트폴리오를 취하는 것이다.

다음으로, 시점 $M-2$를 고려해 보자. 임의의 상태 s_{M-2}에 대해 다음의 연립방정식

$$
\begin{aligned}
xB^{s_{M-2}\mathrm{u}}(M-1, N) + yA^{s_{M-2}}(M-1) &= B^{s_{M-2}\mathrm{u}}(M-1, M),\\
xB^{s_{M-2}\mathrm{d}}(M-1, N) + yA^{s_{M-2}}(M-1) &= B^{s_{M-2}\mathrm{d}}(M-1, M)
\end{aligned}
$$

을 풀어서 N에서 만기가 되는 채권의 수 $x = x^{s_{M-2}}(M-1)$와 자금시장 포지션 $y = y^{s_{M-2}}(M-1)$을 구할 수 있다. 이러한 방법으로, 시점 M에 만기가 되는 채권의 시점 $M-2$에서의 가격을 다음과 같이 구한다.

$$
\begin{aligned}
B^{s_{M-3}\mathrm{u}}(M-2, M) &= xB^{s_{M-3}\mathrm{u}}(M-2, N) + yA^{s_{M-3}}(M-2),\\
B^{s_{M-3}\mathrm{d}}(M-2, M) &= xB^{s_{M-3}\mathrm{d}}(M-2, N) + yA^{s_{M-3}}(M-2).
\end{aligned}
$$

나무를 따라 후향적으로 복제 과정을 반복한다.

참고 9.26

채권가격의 이항 나무에 대해, 6장에서의 $D < R < U$ 와 비슷한 무재정 조건이 만족된다면, 복제가 가능하다. 이 조건은 다음과 같은 형식을 가진다.

$$
k^{s_{n-1}\mathrm{u}}(n, N) > hr^{s_{n-1}}(n-1) > k^{s_{n-1}\mathrm{d}}(n, N) \tag{9.9}
$$

어떠한 미래의 현금흐름도 유사한 방법으로 복제가 가능하다. 예를 들어, 고정된 이표를 지급하는 이표채권을 생각해 보자.

예제 9.27

시점 1과 2에 이표를 $C = 10$씩 지급하고, 액면가가 $F = 100$, 만기가 2인 이표채권을 고려해 보자. 만기가 3인 무이표채권을 기초자산으로 사용하여 미래 현금흐름의 가격을 결정한다. 특정한 시점에서의 이표채권가격 P는 만기가 된 이표를 포함하지 않을 것이다[소위 이표락(ex-coupon) 가격]. 채권가격의 구조가 그림 9.10과 같이 주어진다고 가정해 보자.

시점 1의 경우를 보자. 상태 u에서는, 단기이자율이 가격 $B^{\mathrm{u}}(1,2)=0.9948$에 의해 결정된다. 그러므로 $r^{\mathrm{u}}(1) \cong 6.26\%$과 $P^{\mathrm{u}}(1) \cong 109.43$을 구할 수 있다. 상태 d에서는 $B^{\mathrm{d}}(1,2)=0.9913$임을 활용하여, $r^{\mathrm{d}}(1) \cong 10.49\%$와 $P^{\mathrm{d}}(1) \cong 109.04$를 구할 수 있다.

이제 시점 0을 살펴보자. 시점 1에서는 만기 이표를 포함한 복제를 할 것이고, 그때의 현금흐름은 $P^{\mathrm{u}}(1)+10 \cong 119.43$과 $P^{\mathrm{d}}(1)+10 \cong 119.04$가 된다. 단기이자율 $r(0) \cong 11.94\%$는 예제 9.23에서와 같이 자금시장 계좌를 $A(1)=1.01$로 결정한다. 이에 $x \cong 96.25$, $y \cong 24.40$을 구할 수 있다. 그러므로 $P(0) \cong 118.01$은 이표채권의 현재 가격이 된다.

다른 방법으로는 현물이자율을 활용하는 방법이 있다. 미래의 지급을 할인하기 위한 $y(0,1) \cong 11.94\%$와 $y(0,2) \cong 10.41\%$는 동일한 결과를 준다.

$$118.01 \cong 10 \times \exp(-\frac{1}{12} \times 11.94\%) + 110 \times \exp(-\frac{2}{12} \times 10.41\%).$$

일반적으로,

$$\begin{aligned} P(0) = {} & C_1 \exp\{-hy(0,1)\} + C_2 \exp\{-2hy(0,2)\} \\ & + \cdots + (C_N + F)\exp\{-Nhy(0,N)\} \end{aligned} \tag{9.10}$$

이 성립한다(간단하게 나타내기 위해, 모든 시간 단계를 포함하였다. 이표가 지급되지 않는 시간 단계 k에서는 $C_k=0$이다). 이표가 지급되는 시점 k에서, 현금흐름은 (결정적인) 이표와 남은 채권의 (확률적인) 가격의 합으로서 다음과 같다.

$$\begin{aligned} C_k + P^{s_k}(k) = {} & C_k + C_{k+1}\exp\{-hy^{s_k}(k,k+1)\} \\ & + \cdots + (C_N + F)\exp\{-h(N-k)y^{s_k}(k,N)\}. \end{aligned}$$

이표는 다른 수량에 빈번하게 의존한다. 이런 식으로 생각하면 이표채권은 파생상품이 될 수 있다. 이표가 액면가의 비율로 계산되는, 중요한 기준사례가 아래에 설명되어 있다. **이표율(coupon rate)**을 정의하는 이 비율은 단기이자율을 동등한 이산 복리 이율로 전환시킴으로써 구해진다. 실제로 h가 하루일 때, 이표율은 일일 LIBOR 금리가 될 것이다.

기본정리 9.28

$0 < k \leq N$인 k에서 랜덤 이표

$$C_k^{s_{k-1}} = (\exp\{hr^{s_{k-1}}(k-1)\} - 1)F \tag{9.11}$$

를 지급하고, N에 만기가 되는 이표채권은 **액면가격으로(at par)** 거래된다. (즉, 가격 $P(0)$는 액면가 F와 동일하다.)

증명

시간 $N-1$과 상태 s_{N-1}을 고정시키자. 이 상태에서 채권의 가격 $P^{s_{N-1}}(N-1)$은 단기이자율로 할인된 $F + C_N^{s_{N-1}}$이 된다. 이표가 식 (9.11)과 같이 표현된다면 $P^{s_{N-1}}(N-1) = F$이 된다. 나무를 따라 후향적으로 진행하여 각 상태에서 같은 논의를 적용하면, 최종적으로 $P(0) = F$를 구할 수 있을 것이다. ■

연습문제 9.28

수익률이 예제 9.23과 같이 주어진다 하자(그림 9.11). 액면가격으로 거래되고 만기가 2인 채권의 이표를 구하여라.

9.5.1 위험중립 확률

6장에서, 시점 n에서의 주식가격 $S(n)$은 위험중립 확률하에서 시점 $n+1$의 주식가격 $S(n+1)$을 시점 n으로 할인한 기댓값과 같다는 것을 보았다. 이 상황은 이자율의 이항모형에서와 유사하다.

할인 요인들은 자금시장 계좌, 또는 다른 말로 단기이자율에 의해 결정된다. 일반적으로 이 요인들은 랜덤이며 $\exp\{-hr^{s_n}(n)\}$의 형태로 나타낼 수 있다.

상태 s_n이 시점 n에서 발생했다고 가정하자. 다음 단계의 화폐 시간 가치를 결정하는 단기이자율은 확실하게 알려진다. $n < N-1$인 N에서 만기가 되는 채권을 고려해 보자. 채권가격 $B^{s_n}(n, N)$과 다음 단계에서의 가능한 두 값들 $B^{s_n\mathrm{u}}(n+1, N)$과 $B^{s_n\mathrm{d}}(n+1, N)$이 주어졌다. 이 값들은 $B^{s_n\cdot}(n+1, N)$로 나타낼 수 있는 확률변수의 가능한 값들이다. $n = N-1$라면, 채권은 다음 단계 N에서 만기가 되며, 그때 채권은 상태와 독립인 가격, 즉 액면가를 가격으로 가진다. 다음 식을 만족시키는 확률 p_*를 구해 보자.

$$B^{s_n}(n, N) = [p_* B^{s_n\mathrm{u}}(n+1, N) + (1-p_*) B^{s_n\mathrm{d}}(n+1, N)] \times \exp\{-hr^{s_n}(n)\}. \tag{9.12}$$

이 방정식을 p_*에 대해 풀 수 있고, 원칙적으로 p_*는 n, N, s_n에 의존하게 된다(기본정리 9.31에서 곧 보여지겠지만, 사실 p_*는 만기 N에 독립이다). 로그 수익률의 정의를 이용하면,

$$B^{s_{n+1}}(n+1, N) = B^{s_n}(n, N)\exp\{k^{s_{n+1}}(n+1, N)\}$$

이 되고, 이는 다음의 p_* 값을 준다.

$$p_*^{s_n}(n, N) = \frac{\exp\{hr^{s_n}(n)\} - \exp\{k^{s_n\mathrm{d}}(n+1, N)\}}{\exp\{k^{s_n\mathrm{u}}(n+1, N)\} - \exp\{k^{s_n\mathrm{d}}(n+1, N)\}}. \tag{9.13}$$

이 값들을 **위험중립(risk-neutral)** 혹은 **마팅게일 확률(martingale probabilities)**이라 한다. 무재정의 조건 (9.9)는 이제 다음과 같이 나타낼 수 있다.

$$0 < p_*^{s_n}(n, N) < 1.$$

예제 9.29

예제 9.23의 수정된 데이터를 활용하여(채권가격은 그림 9.10에 나타나 있다), $n=0, 1$에 대한 위험중립 확률 $p_*^{s_n}(n, 3)$의 나무를 구해 보자.

첫째로, 자금시장 계좌의 수익률을 계산한다. 가장 간단한 방법은 수익률(그림 9.11)을 사용하는 것이다. $h=\frac{1}{12}$이면, $n=0, 1$에서 $hr^{s_n}(n) = y^{s_n}(n, n+1)/12$이 성립하고, 이는 그림 9.13에 나타난 값들을 도출한다. 다음으로 채권에 대한 수익률 $k^{s_1}(1, 3)$과 $k^{s_2}(2, 3)$을 구한다. 예를 들어 $s_2 = \mathrm{ud}$이면 $k^{\mathrm{ud}}(2, 3) = \ln(\frac{0.9875}{0.9848})$가 된다. 결과들은 그림 9.14에 종합되어 있다. 여기서 다음과 같이 무재정조건이 만족됨을 확인할 수 있다: $0.84\% < 0.99\% < 1.25\%$, $0.27\% < 0.52\% < 0.58\%$, $0.84\% < 0.87\% < 1.01\%$. 마지막으로 식 (9.13)을 직접 적용하여 위험중립 확률을 구할 수 있다. 그림 9.15를 참고하여라.

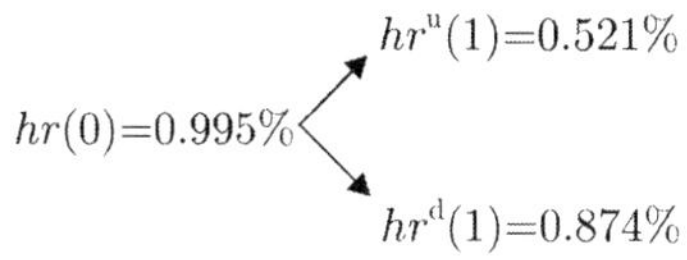

그림 9.13 예제 9.29에서의 수익률

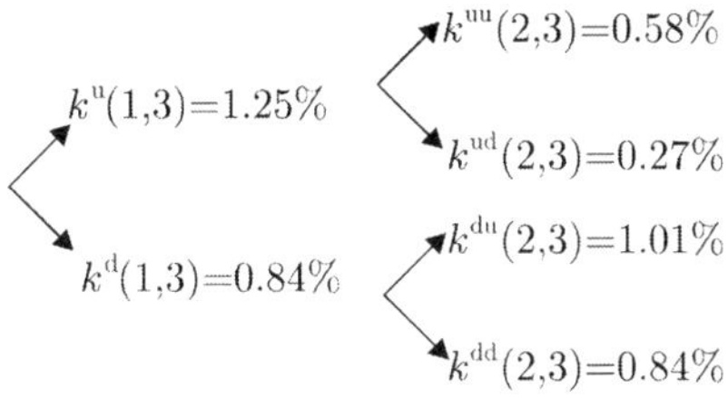

그림 9.14 예제 9.29에서의 로그 수익률

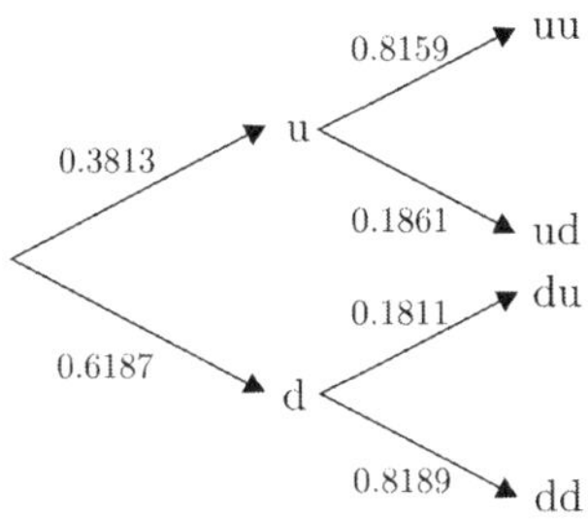

그림 9.15 예제 9.29에서의 위험중립 확률

이 모형에 대한 매우 중요한 점은, 복제를 통한 가격결정이 위험중립 확률을 통한 가격 결정과 동등하다는 것이다. 이는 무재정원리에서 나오며 어떠한 현금 흐름에도 적용되는데, 금액이 상태에 의존하는 랜덤한 경우에도 적용된다. 이는 확률 $p_*^{s_n}(n, N)$에 대한 기댓값을 이용해서 어떠한 담보에 대한 가격 결정도 할 수 있는 방법을 제공한다. 이때 기댓값은 마지막 부분에서 시작해서 나무를 따라 후향적으로 진행하면서 단계적으로 계산된다.

예제 9.30

만기가 $N=2$이고 액면가가 $F=100$이며 시점 1과 2에서 채권의 현재 가격의 5%를 이표로 지급하는 이표채권을 고려해 보자. 특히, 만기 시점 때의 이표는 각 상태에서 $C_2=5$가 된다. 예제 9.29의 위험중립 확률을 사용하여 시점 1에서의 채권가격을 구할 수 있다.

상승 상태에서는 단기이자율 $r^u(1) \cong 6.26\%$을 이용, 만기에 지급되는 105의 할인 값, 104.4540을 구할 수 있다. 같은 방식으로 하락 상태에서는 104.0865의 값을 얻는다. 이제 5%의 이표를 더하면 시점 1에 지급되는 금액은 상승 상태에서 109.6767이 되고 하락 상태에서 109.2908이 된다. 위험중립 확률을 이용해 채권의 현재 가치를 다음과 같이 구할 수 있다.

$$108.3545 \cong (0.3813 \times 109.6767 + 0.6187 \times 109.2908)/1.01$$

연습문제 9.29

예제 9.29의 위험중립 확률을 사용하여 다음의 랜덤한 현금흐름에 대한 현가를 구하여라: 시점 2에서 상태 uu인 경우 $20 지급, 상태 ud와 du인 경우 $10 지급, 상태 dd인 경우 아무것도 지급하지 않는다. 다른 시점에서는 어떠한 지급도 이루어지지 않는다.

연습문제 9.30

그림 9.16의 채권가격에 대한 재정기회를 구하여라.

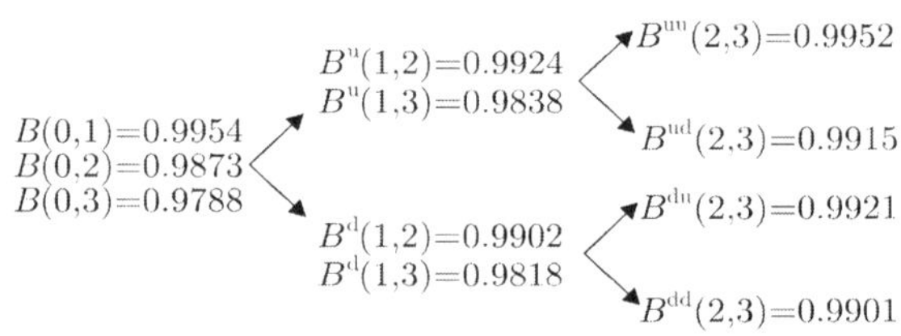

그림 9.16 연습문제 9.30의 채권가격

연습문제 9.31

위험중립 확률이 모든 상태에서 1/2과 같다고 가정하자. 단기이자율이 그림 9.17과 같이 주어졌을 때, 만기가 3인 채권의 가격을 구하여라(시간 단계는 한 달, 즉 $h = 1/12$).

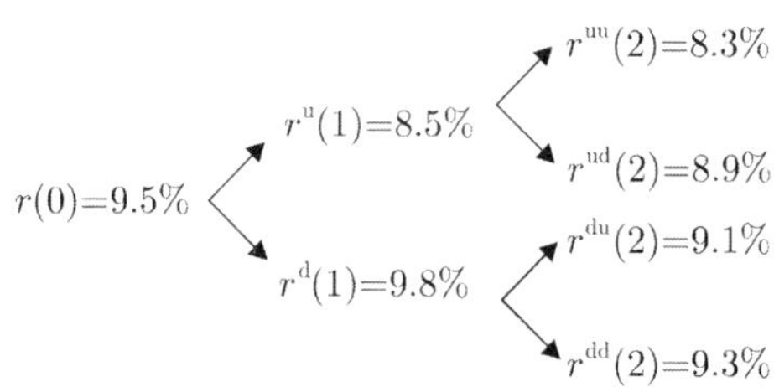

그림 9.17 연습문제 9.31에서의 단기이자율

다음 기본정리는 모형을 상당히 간소화하는 중요한 결과를 제시한다.

기본정리 9.31

재정이 존재하지 않는다는 것은 위험중립 확률이 만기와 독립이라는 사실을 함축한다.

증명

만기가 $M \le N$인 두 채권들을 고려해 보자. $n < M$과 s_n의 값을 고정한다. 이때 $p_*^{s_n}(n, N) = p_*^{s_n}(n, M)$이 성립함을 증명하여야 한다. 식 (9.13)으로부터

$$p_*^{s_n}(n, N) = \frac{e^{hr^{s_n}(n)} - \dfrac{B^{s_n\mathrm{d}}(n+1, N)}{B^{s_n}(n, N)}}{\dfrac{B^{s_n\mathrm{u}}(n+1, N)}{B^{s_n}(n, N)} - \dfrac{B^{s_n\mathrm{d}}(n+1, N)}{B^{s_n}(n, N)}}$$

이 성립한다. 이제 기초자산으로 M-채권을, 파생상품으로 N-채권을 고려해 보자. 파생상품의 가격은 이항모형에서 복제되거나, 혹은 동등하게 기초자산에 의해 결정되는 위험중립 확률로 나타낼 수 있다. 그래서

$$B^{s_n}(n, N) = e^{-hr^{s_n}(n)}\left[p_*^{s_n}(n, M)\,B^{s_n\mathrm{u}}(n+1, N) + (1 - p_*^{s_n}(n, M))B^{s_n\mathrm{d}}(n+1, N)\right]$$

이 만족된다. 이를 $p_*^{s_n}(n, M)$에 대해 풀면, 원하는 결과

$$p_*^{s_n}(n, M) = \frac{e^{hr^{s_n}(n)} - \dfrac{B^{s_n\mathrm{d}}(n+1, N)}{B^{s_n}(n, N)}}{\dfrac{B^{s_n\mathrm{u}}(n+1, N)}{B^{s_n}(n, N)} - \dfrac{B^{s_n\mathrm{d}}(n+1, N)}{B^{s_n}(n, N)}} = p_*^{s_n}(n, N)$$

을 얻을 수 있다. ■

연습문제 9.32

채권가격이 그림 9.18에서와 같이 주어졌을 때, 재정의 기회를 찾아보아라.

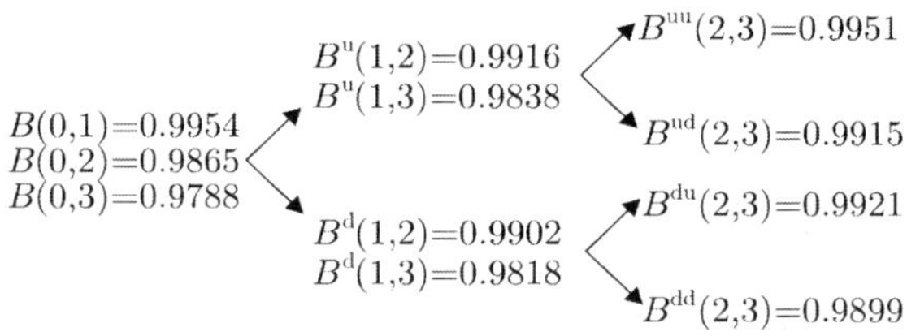

그림 9.18 예제 9.32에 대한 자료

9.6 이자율 파생상품

위에서 소개한 기법은 이자율, 또는 동등하게 채권가격을 기반으로 하는 어떠한 파생상품의 가격도 결정할 수 있게 한다. 이항 나무 모형 안에서, 파생상품과 연관된 현금흐름은 자금시장 계좌와 충분히 긴 만기를 갖는 채권을 통해 복제될 수 있다. 여러 다른 채권의 가격들이 일관성이 있어야 하기 때문에 채권이 기초자산이 될 필요도 없다. 이에 대한 대안은 위험중립 확률을 사용하는 것이다. 위험중립 확률을 사용하는 접근법은 간단하기 때문에 복제의 목적으로 종종 선호된다. 두 방법이 동등하다는 것은 앞서 기술된 내용의 관점으로부터 확연할 것이다.

복잡한 상품에 대한 가격 결정 문제는 본질적으로, 연관된 현금흐름을 찾는 것으로 축소할 수 있다. 아래에서, 몇 가지 고전적인 이자율 조건부 청구권의 예를 보이도록 하겠다. 가장 간단한 옵션부터 시작하자.

9.6.1 옵션

이자율 옵션에 대한 기초자산은 다양한 종류의 채권들이다.

예제 9.32

예제 9.23(그림 9.10)에 주어진 채권가격으로, 만기가 3인 무이표채권을 기초자산으로 하고 만기가 2이며 행사가격이 $X=0.99$인 콜옵션을 고려하자. 그림 9.19의 마지막 열에 나타나는 최종 지급부터 시작하여, 각 단계별로 적절한 단기 이자율로 할인한 연속적인 값들의 위험중립 기댓값을 후향적으로 계산한다. 그 결과 옵션의 가격은 0.00024가 된다.

연습문제 9.33

채권가격의 구조가 예제 9.23(그림 9.10)과 같다고 가정하자. 그리고 매 단계에서 이표 $C=1$을 지급하고 만기가 2, 액면가가 $F=100$인 이표채권을 고려해 보자. 행사가격이 $X=101.30$이고 시점 2에 만기가 되는 미국식 콜옵션의 가격을 구하여라(각 단계에서 채권가격에 이표를 포함하라).

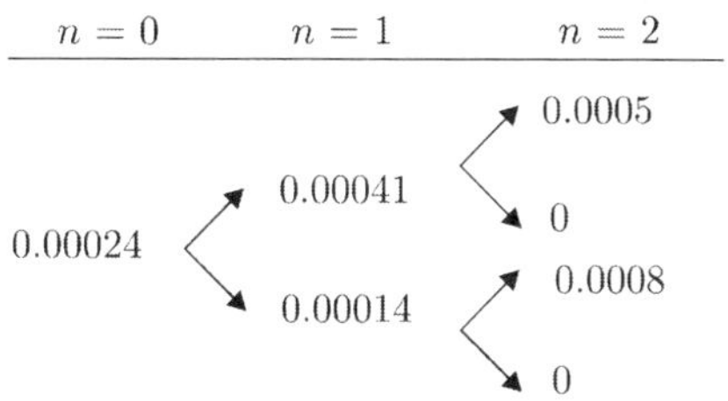

그림 9.19 예제 9.32의 수치적 결과

채권에 대한 콜옵션은 채권을 발행한 기관이 만기 전에 미리 정해진 가격으로 채권을 다시 구매할 가능성이 있을 때 이용될 수 있다. 이러한 조항을 가진 채권을 **수의상환채권(콜 채권, callable bond)**이라고 한다. 이 채권의 가격은 첨부된 옵션의 가격만큼 낮아진다.

9.6.2 스왑

채권을 발행해서 매도하는 것은 돈을 빌리는 방법이다. 액면가로 거래되는 이표채권의 경우, 원금은 차입된 금액을 나타내고 이표는 이자를 나타낸다. 이 이자는 고정되거나 유동적(변동적)일 수 있다. 모든 이표들이 같은 값이라면 이자는 고정된 것이다. 변동이자율은 다양한 방법으로 현실화될 수 있다. 여기서는 이자율이 식 (9.11)과 같이 단기이자율에 의해 결정된다고 가정할 것이다. 논의에 대한 근거는 기본정리 9.28에 정리되어 있는데, 이에 따르면 이러한 변동 이표채권의 시장가치는 그 액면가와 같아야 하고, 즉 채권이 액면가에 거래되어야 한다. 액면가에 거래되는 고정된 이표채권에서는, 이표의 크기를 식 (9.10)에서 쉽게 찾을 수 있고 그 결과인 고정 이표금리는 채권의 투자기간에 걸쳐 변동 단기이자율과 같다고 할 수 있을 것이다.

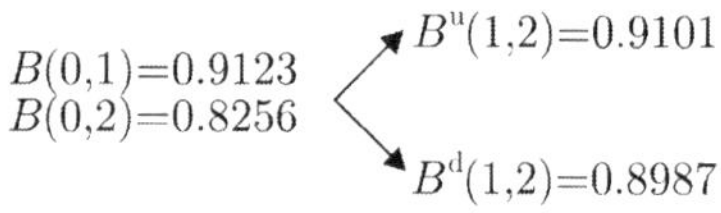

그림 9.20 예제 9.33에 대한 채권가격

예제 9.33

연단위로 이표를 지급하는 고정 이표채권과 변동 이표채권이 있다. 두 채권은 액면가격에 거래되며, 액면가는 $F=100$, 만기는 2년 후이다. 1년 무이표채권 가격과 2년 무이표채권가격의 나무가 그림 9.20에서와 같이 각 단계를 1년으로($h=1$) 하여 주어졌다고 하면, 고정 이표채와 변동 이표채의 이표를 평가할 수 있다. 변동 이표 C_n의 크기는 식 (9.11)으로부터

$$C_1 = (B(0,1)^{-1}-1)F \cong 9.6131,$$
$$C_2^{u} = (B^{u}(1,2)^{-1}-1)F \cong 9.8780,$$
$$C_2^{d} = (B^{d}(1,2)^{-1}-1)F \cong 11.2718$$

로 구할 수 있고, 고정 이표 C는 식 (9.10)을 풀어서 구할 수 있다.

$$F = CB(0,1) + (C+F)B(0,2)$$

로부터

$$C = F\frac{(1-B(0,2))}{B(0,1)+B(0,2)} \cong 10.0351$$

이 된다. $\frac{(1-B(0,2))}{B(0,1)+B(0,2)}$의 값은 고정된 이표의 크기를 액면가의 백분율로 결정해 준다.

정의 9.34

시간 구간 τ마다 이표 C를 지급하고, 액면가를 F, 만기 $N\tau$를 갖는 고정 이표채권을 생각해 보자. **스왑레이트**(swap rate) R_s는 채권이 액면가에 거래되도록 고정 이표의 크기 $C=\tau R_s F$를 결정하는 단순 이율이다.

기본정리 **9.35**

$$R_s = \frac{1 - B(0, N)}{\sum_{k=1}^{N} \tau B(0, k)}. \tag{9.14}$$

증명

이 증명은 앞선 예제에서 사용된 논의의 간단한 확장에 지나지 않는다. 고정 이표 $C = \tau R_s F$를 지급하는 채권이 액면가에 거래되기 위해서는 그 현가가 액면가와 같아야 한다. 즉,

$$\sum_{k=1}^{N} \tau R_s F B(0, k) + F B(0, N) = F$$

이어야 하고, 이는 식 (9.14)를 증명한다. ■

액면가에 거래되는 고정 이표채권을 구매하고 변동 이표채권을 매도함으로써(또는 반대로 액면가에 거래되는 고정 이표채권을 매도하고 변동 이표채권을 매수함으로써), 투자자는 현가가 0인 랜덤한 현금흐름을 만들 수 있다. 두 종류의 채권은 같은 초기 가격을 가지기 때문이다.

고정 이표채권을 매도하여 고정 이자를 지급하는 회사는 때때로 변동금리로 전환해 이자를 지급하길 바랄 수 있다. 이는 변동 이표채권을 발행하고 같은 현가의 고정 이표채권을 구매함으로써 실현된다. 실제로, 금융 중개인은 **스왑**(swap)이라고 불리는 계약을 제안함으로써 이 서비스를 제공할 것이다. 이러한 종류의 스왑은 명백히, 계약을 시작할 때 비용이 들지 않는다. 스왑은 랜덤한 현금흐름

$$\text{Swap}_n = C - C_n$$

을 만든다. 여기서 C_n는 시점 n의 랜덤한 변동 이표이고 C는 스왑레이트에 의해 결정되는 고정 이표이다. 변동 지급 C_n에 이것이 더해지면, 현금흐름은 C로 고정된다. 고정 지급 C에서 이것을 차감하면, 변동 지급 C_n을 생성한다.

예제 9.36

채권가격의 나무가 예제 9.33에서와 같이 주어졌을 때, 스왑 현금흐름은 다음과 같다.

$$\mathrm{Swap}_1 \cong 10.0351 - 9.6131 = 0.422,$$

$$\mathrm{Swap}_2^{\mathrm{u}} \cong 10.0351 - 9.8780 = 0.1571,$$

$$\mathrm{Swap}_2^{\mathrm{d}} \cong 10.0351 - 11.2718 = -1.2367.$$

스왑의 가치는 초기가치 0에서 시작해, 시간과 상태에 따라 변할 수 있다. 만약 회사가 추후 스왑 계약에 진입하길 원한다면, **스왑션(Swaption)**을 구매할 수 있다. 스왑션은 스왑의 가치에 대한 콜옵션(미리 정해진 행사가격과 만기를 갖는)이다.

9.6.3 캡과 플로어

캡(cap)은 변동금리 채권에 첨부된, 대출의 기간 동안 지급될 수 있는 최대 이표율을 명시한 조항이다. **캡릿**(caplet)은 특정한 단일 기간에만 적용되는 유사 조항이다. 다시 말해, 캡릿은 그 기간 동안 지급 혹은 수령되는 이자의 수준에 대한 유럽식 옵션이다. 캡은 일련의 캡릿으로 생각할 수 있다.

예제 9.37

만기가 3인 변동 이표채권을 액면가에 매도하여 대출금을 확보한다[즉, 이표가 식 (9.11)에서와 같이 단기이자율에 의해 결정되어 항상 액면 가치를 가지는 채권]. 그림 9.10과 그림 9.11에 나와 있는 예제 9.23의 채권가격과 수익률을 이용하자. 그림 9.21에 나타난 현금흐름은 채권을 팔아서 받은 초기금액과 지급되는 이표와 액면가를 모두 포함한다. 시점 1(한달)에 적용된 8%의 행사이율(월이율 0.67%와 상응)을 갖는 캡릿을 살펴보자. 캡릿 금리에 의해 결정되는 이표는 0.66889이고 이에 따라 현금흐름을 수정한다. 시점 0에서는 시점 1에서의 가치, 각 상태에서 100.66889의 값, 즉 이표에 100을 더한 값을 할인함으로써 채권가격을 구할 수 있다. 이는 그림 9.22에서 보이는 현금흐름을 도출한다. 채권의 가격은 캡릿의 가치, 0.32773만큼 줄어든다.

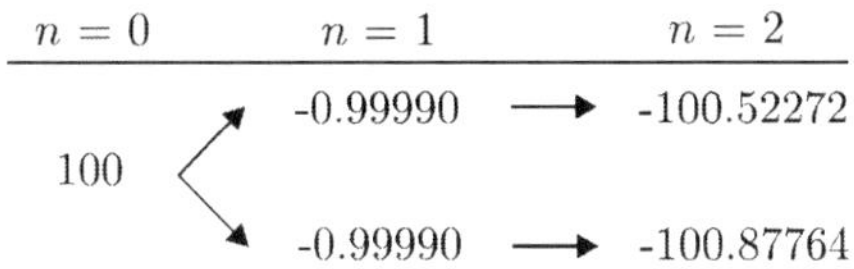

그림 9.21 액면가에 발행된 변동 이표채권의 현금흐름

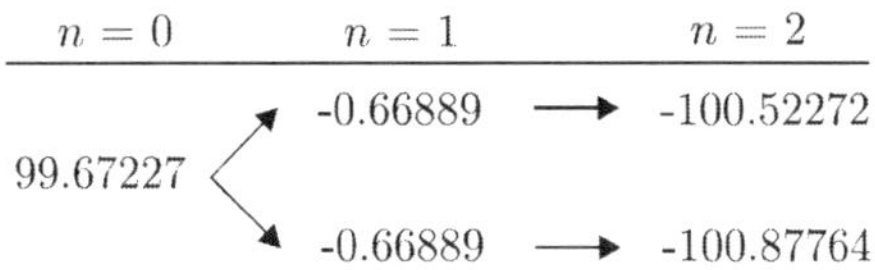

그림 9.22 시점 1에 행사되는 캡릿에 의해 수정된 현금흐름

같은 행사가격을 가진 시점 2에 적용된 캡릿에 대해, 이표의 최대 크기는 앞서와 같은 0.66889이다. 하락 상태에서는 캡릿을 행사하지만, 상승 상태에서는 원래의 이자를 지불한다. 시점 1에서의 채권의 가치는, 최종 이표가 더 이상 액면가 채권에 대한 이표와 같지 않기에 100이 아니다. 시점 1의 가격은 시점 2의 가격을 할인함으로써 구해진다. 시점 0에서는 시점 1의 할인된 채권 값에 대한 위험중립 기댓값을 계산하여 채권가격을 구할 수 있다. 결과적인 현금흐름은 그림 9.23에 나타나 있다. 이는 캡릿의 가격을 0.12677로 고정시킨다.

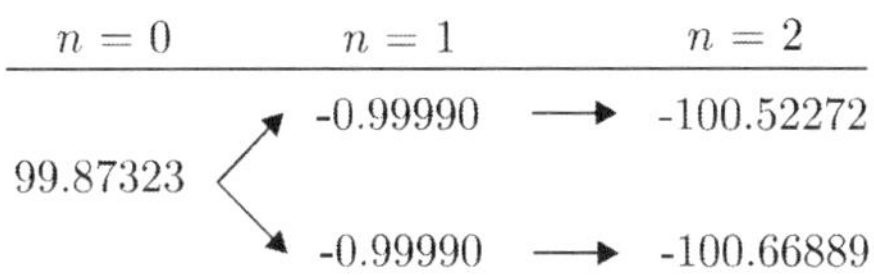

그림 9.23 시점 2에 행사되는 캡릿에 의해 수정된 현금흐름

마지막으로 위와 동일한 행사 이율을 갖는, 시점 1과 2에 대한 캡을 생각해 보자. 현금흐름은 비슷한 방식으로 그림 9.24와 같이 구해질 수 있다.

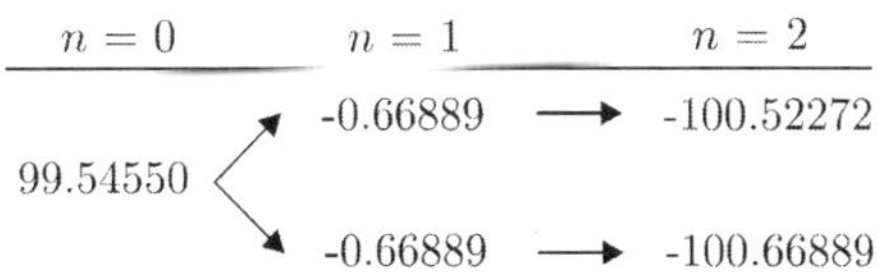

그림 9.24 캡을 갖는 채권의 현금흐름

캡의 가치는 0.45450으로, 캡릿 가치의 합임을 볼 수 있다.

비슷하게, **플로어(floor)**는 아래로부터 이표를 제한하는 조항이다. 플로어는 채권 소유자 입장에서 가치가 있다. 이는 각 단일 단계에 관련된 일련의 **플로어릿(floorlets)**으로 구성된다.

연습문제 9.34

위 예제의 틀에서, 예제 9.23의 채권가격을 기반으로 하고 행사 이율이 8%이며 시점 2에 만기가 되는 플로어의 값을 구하라.

9.7 최종 논평

채권가격의 구조 모형이 만들어질 수 있는 방법들에 대한 몇 가지 비형식적 언급을 함으로써 이 장을 마무리하도록 하겠다. 이는 복잡한 분야이기에 여기서는 몇 가지 일반적인 언급을 할 수 밖에 없다.

앞에서 본 것과 같이, 이자율의 이론은 주식가격의 이론보다 더 복잡하다. 이자율 파생상품의 가격을 결정하기 위해서는, 각 만기에서 채권가격의 가능한 움직임에 대한 모형이 필요하고, 다른 만기를 가진 채권가격들은 일관성이 있어야 한다. 위에서 살펴본 것과 같이,

a) 가능한 단기이자율 모형

b) 가장 긴 만기를 갖는 채권의 가능한 값에 대한 모형(초기 기간 구조와 일관되는)

에 대한 명시는 더 일찍 만기가 되는 모든 채권의 가능한 가격 구조를 결정한다. 하나의 대안으로는

a) 가능한 단기이자율 모형

b) 각 상태에서의 확률

을 명시하고 이 확률들을 위험중립 확률로 놓고 모든 만기의 모든 채권의 가격을 계산하는 것이다. 후자의 방법이 개념적으로 더 간단한데, 각 상태에서 확률이 동일하다면 특별히 그러하다. 단기이자율 모형화의 유연성은 초기 기간 구조와 일관된, 충분히 많은 모형들을 얻을 수 있게 한다.

이항 나무의 각 상태에 대한 확률을 1/2이라 하는 가장 간단한 선택은 다른 확률 설정에 비하여 나쁠 것이 없어 보이며, 이렇게 함으로써 모수들이 역사적 자료에 일치하는 단기이자율 모형을 구성하는 데에 주력할 수 있다. 이산 시간단위에서 일반적인 단기이자율 모형은 다음과 같이 나타낼 수 있다. $t_n = nh$라 하면 다음 관계

식은 수익률 움직임의 나무를 명시한다.

$$r(t_{n+1}) - r(t_n) = \mu(t_n, r(t_n))h + \sigma(t_n, r(t_n))\xi_n.$$

여기서 ξ_n은 각 1/2의 확률로 ± 1이 되며, $\mu(t, r)$, $\sigma(t, r)$은 적절히 선택된 함수이다. 연속시간으로의 극한(8장에서와 같이)에서 이 관계식은 다음 형식의 확률 미분방정식을 이끌어 낸다.

$$dr(t) = \mu(t, r(t))dt + \sigma(t, r(t))dW(t).$$

함수 μ와 σ를 명시하는 방법은 많이 있지만, 그 중 어떤 것도 보편적으로 통용되지 않는다. 몇 가지 예는 다음과 같다: $\mu(t, r) = b - ar$, $\sigma(t, r) = \sigma$(Vasiček 모형), $\mu(t, r) = a(b-r)$, $\sigma(t, r) = \sigma\sqrt{r}$(Cox–Ingersoll–Ross 모형), $\mu(t, r) = \theta(t)r$, $\sigma(t, r) = \sigma r$(Black–Derman–Toy 모형).

단기이자율이 주어진 상태에서, 다음 단계는 채권가격을 계산하는 것이다. 채권가격은 함수 μ와 σ에 의존할 것이다. 이때 다음과 같은 두 문제점에 봉착할 수 있다:

1. 모형이 너무 조악한 경우, 예를 들어 μ와 σ가 상수인 경우이다. 채권가격이 초기 기간 구조에 합치하도록 그 값들을 조정하지 못할 수 있다.
2. 모형이 너무 복잡한 경우, 예를 들어 전적으로 일반적인 함수 μ와 σ를 사용하는 경우이다. 초기 기간 구조에 적합시키려면 모수에 약간의 제약이 부과되겠지만, 많은 것들이 자유롭게 남게 되고 그 결과는 현실적으로 사용하기에 너무 일반적인 것이 된다.

만약 중도적 해법이 도입된다면 이러한 문제점들은 피할 수 있을 것이다.

또 다른 대안은 선도이자율의 전체 곡선의 역학관계를 명시하는 것이다. 이것은 초기 기간 구조가 초기치의 역할을 하게 하면서 기간 구조 전체의 시간에 따른 변화를 결정한다. 개념적으로는 간단하게 보일 수 있으나 모형(연속시간 설정에서 Heath–Jarrow–Morton 모형)은 수학적으로 복잡하다.

사례 9 논의

은행이 제공하는 연금은 연 3.8374%의 월복리로 투자하는 것과 동일하다. 이 이자율에서 연금계수(annuity factor)는 11.7542가 되는데, 이는 사실 연초에 투자된 각 $1000에 대해 $85.08의 지급금을 매달 주는 것과 같다.

더 나은 현금흐름을 만드는 것이 가능한지 알아보려면 연초에 기간 구조를 살펴보아야

한다. $n=1,2,\cdots,12$월에 만기가 되는 채권의 가격 $B(0,n)$이 다음과 같았다.

$$\begin{aligned}&B(0,1)=0.9943,\quad B(0,2)=0.9891,\quad B(0,3)=0.9869,\\&B(0,4)=0.9833,\quad B(0,5)=0.9788,\quad B(0,6)=0.9767,\\&B(0,7)=0.9752,\quad B(0,8)=0.9721,\quad B(0,9)=0.9709,\\&B(0,10)=0.9683,\ B(0,11)=0.9661,\ B(0,12)=0.9651.\end{aligned}$$

12번의 동일한 월지급 C로 구성된 현금흐름이 연초에 \$1000의 가치를 가지려면(요컨대 액면가 0인 고정 이표채권)

$$1000=\sum_{n=1}^{12}CB(0,n)$$

이고, $C=85.27$달러가 된다. 이에 상응하는 연금계수는 11.7268이고 이는 연 4.2736%의 월복리와 같으며, 즉 은행이 제공하는 것보다 높다.

연금을 만드는 다른 방법으로 변동금리에 투자하고 스왑 계약을 하는 것을 생각할 수 있다. 원금 F에 대한 월 변동금리 지급의 흐름이 연초에 \$1000의 가치가 되려면,

$$1000=F-FB(0,12)$$

이어야 하고, 즉 $F=28653.30$달러이다. 스왑레이트는 식 (9.14)를 이용해서 $R_s=3.5713\%$으로 계산된다. 이 이율에서, 원금 \$28653.30에 대한 스왑의 고정금리 쪽은 12번의 월지급금 \$85.27에 상응하며, 이는 지난번 방법에서와 정확히 같다. 이 경우에 있어, 스왑레이트가 연금 금리보다 낮아졌다는 사실은 채권에 의해 내재되는 이자율 기간 구조가 감소하기 때문에 발생한다.

제10장 부록

여기에서는 학부 수학의 내용 가운데 이 책에서 사용된 몇 가지를 모아서, 적용에 알맞은 형태로 구성하였다.

10.1 미적분학

10.1.1 테일러 공식

8장에서 사용된 형태로 테일러 공식(Taylor formula)을 제시해 보도록 하겠다.

$f(t,x)$를 두 번 연속 미분가능한 두 실변수의 함수라 하자. 그러면 다음이 성립한다.

$$\begin{aligned} f(t+\Delta t, x+\Delta x) &= f(t,x) + \frac{\partial f(t,x)}{\partial t}\Delta t + \frac{\partial f(t,x)}{\partial x}\Delta x \\ &\quad + \frac{1}{2}\frac{\partial^2 f(t,x)}{\partial t^2}(\Delta t)^2 + \frac{\partial^2 f(t,x)}{\partial t \partial x}\Delta t \Delta x + \frac{1}{2}\frac{\partial^2 f(t,x)}{\partial x^2}(\Delta x)^2 \\ &\quad + R(t,x,\Delta t,\Delta x). \end{aligned}$$

이때, 어떤 $M>0$에 대해

$$|R(t,x,\Delta t,\Delta x)| \le M\left[(\Delta t)^3 + (\Delta t)^2\Delta x + \Delta t(\Delta x)^2 + (\Delta x)^3\right]$$

이다. 마지막 항, R을 나머지(remainder)라고 한다. 이것은 $\Delta t \to 0$이고 $\Delta x \to 0$일 때 0으로 수렴한다.

Δt를 h로 나타내 보자. 만약 $(\Delta x)^2 = h$이면, 어떤 $L>0$에 대해 $R(t,x,h) \le Lh^{\frac{3}{2}}$이다. 이런 경우 나머지가 $O(h^{\frac{3}{2}})$의 차수라고 한다. 일반적으로 기호 $O(g(h))$는 $h \to 0$일 때, $g(h)$와 같은 속도로 0에 수렴하는 함수를 표시한다. 특히

어떤 상수 C에 대해 $O(g(h)) \leq Cg(h)$를 가정한다.

추가적으로,

$$\frac{\partial^2 f(t,x)}{\partial t^2}(\triangle t)^2 = \frac{\partial^2 f(t,x)}{\partial t^2}h^2 = O(h^2),$$
$$\frac{\partial^2 f(t,x)}{\partial t \partial x}\triangle t \triangle x = \frac{\partial^2 f(t,x)}{\partial t \partial x}h^{\frac{3}{2}} = O(h^{\frac{3}{2}})$$

이다. 어떤 충분히 작은 $h > 0$에 대해, $h^2 \leq h^{\frac{3}{2}}$이고 따라서 $O(h^2)$를 $O(h^{\frac{3}{2}})$로 쓸 수 있음을 이용하면, 테일러 공식을 다음과 같이 쓸 수 있다.

$$f(t+\triangle t, x+\triangle x) = f(t,x) + \frac{\partial f(t,x)}{\partial t}\triangle t + \frac{\partial f(t,x)}{\partial x}\triangle x + \frac{1}{2}\frac{\partial^2 f(t,x)}{\partial x^2}(\triangle x)^2 + O(h^{\frac{3}{2}}).$$

단, $h = \triangle t = (\triangle x)^2$이다.

10.1.2 라그랑지 승수

f와 $g_1, \cdots, g_m$이 n개 변수의($m < n$) 연속 미분가능한 함수이고, 집합 $G = \{\mathbf{x} \in \mathbb{R}^n : g_1(\mathbf{x}) = c_1, \cdots, g_m(\mathbf{x}) = c_m\}$가 f의 정의역에 포함되며, 기울기 벡터(gradient vectors) $\nabla g_1(\mathbf{x}), \cdots, \nabla g_m(\mathbf{x})$는 각 $\mathbf{x} \in G$에서 선형독립이라고 가정하자. 만약 f가 집합 G의 $\mathbf{x}_0$에서 제약된 극값(constrained extremum)을 가진다면, $\nabla f(\mathbf{x}_0) = \lambda_1 \nabla g_1(\mathbf{x}_0) + \cdots + \lambda_m \nabla g_m(\mathbf{x}_0)$를 만족하는 수 $\lambda_1, \cdots, \lambda_m$[라그랑지 승수(Lagrange multipliers)라고 불리는]이 존재한다.

$\mathbf{x}_0$를 구하기 위해서 다음의 연립방정식을 풀수 있다.

$$\begin{aligned} &\nabla f(\mathbf{x}_0) = \lambda_1 \nabla g_1(\mathbf{x}_0) + \cdots + \lambda_m \nabla g_m(\mathbf{x}_0), \\ &g_1(\mathbf{x}_0) = c_1, \\ &\qquad\vdots \\ &g_m(\mathbf{x}_0) = c_m. \end{aligned}$$

이것은

$$L(\mathbf{x},\lambda_1,\cdots,\lambda_m)=f(\mathbf{x})+\lambda_1(g_1(\mathbf{x})-c_1)+\cdots+\lambda_m(g_m(\mathbf{x})-c_m),$$

이라는 소위 라그랑지 함수(Lagrange function)를 형성하여 다음의 조건을 만족하도록 하는 것과 같다.

$$\nabla_{\mathbf{x}}L(\mathbf{x}_0,\lambda_1,\cdots,\lambda_m)=0,$$
$$\frac{\partial L(\mathbf{x}_0,\lambda_1,\cdots,\lambda_m)}{\partial\lambda_1}=0,$$
$$\vdots$$
$$\frac{\partial L(\mathbf{x}_0,\lambda_1,\cdots,\lambda_m)}{\partial\lambda_m}=0.$$

10.2 측도와 적분

함수 $f:[a,b]\to\mathbb{R}$에 대해 근사 상합(upper sum)과 근사 하합(lower sum)을 다음과 같이 정의한다.

$$m_n=\sum_{i=1}^{n-1}\inf_{x\in[t_i,t_{i+1}]}f(x),\qquad M_n=\sum_{i=1}^{n-1}\sup_{x\in[t_i,t_{i+1}]}f(x).$$

단, $a=t_1<t_2<\cdots<t_n=b$이다. m_n, M_n의 열이 격자의 직경(grid diameter), 즉 $\max_i|t_{i+1}-t_i|$가 0으로 갈 때 같은 값으로 수렴하면 f는 리만 적분가능(Riemann integrable)이라고 하며, 그 극한을 $\int_a^b f(x)dx$로 표시한다. 연속함수는 항상 리만 적분가능하다.

좀 더 일반적인 함수에는 르베그 적분(Lebesgue integration)이 필요하다. 이는 르베그 측도(Lebesgue measure)에 기초를 두고 있는데, 이것은 $\mathbb{R}$의 부분집합의 어떤 모임(family) $\mathcal{L}$에서 정의되고 실수 값을 갖는 사상(mapping)으로서 다음의 두 조건을 만족한다: 1)$m([a,b])=b-a$이고, 2) m은 가산 가법적(countably additive)이다. m이 가산 가법적이라는 것은 임의의 짝으로 상호배반인 집합들의 열, $A_n\in\mathcal{L}\ (A_i\cap A_j=\varnothing, i\neq j)$에 대해

$$m(\bigcup_{n=1}^{\infty}A_n)=\sum_{n=1}^{\infty}m(A_n)$$

이라는 것이다. 형태가 $s(x) = \sum_{i=1}^{n} c_i \mathbb{I}_{A_i}$ 인 함수(소위 단순함수, simple function)를 고려해 보자. 여기서 $c_i \geq 0$, $A_i \in \mathcal{L}$ 이고, A_i는 짝으로 상호배반이며 $\bigcup_{i=1}^{n} A_i = [a,b]$ 이다. 또, $\mathbb{I}_{A_i}$는 $\omega \in A_i$일 때 $\mathbb{I}_{A_i}(\omega) = 1$이고 그렇지 않을 때 0의 값을 갖는 A_i의 지시함수를 나타낸다. 이러한 단순함수 $s(x)$에 대하여, $\int_{[a,b]} sdm = \sum_{i=1}^{n} c_i m(A_i)$로 놓고, $f \geq 0$인 임의의 f에 대해

$$\int_{[a,b]} fdm = \sup\left\{\int_{[a,b]} sdm : s \leq f,\ s\text{는 단순함수}\right\}$$

로 쓴다. 만약 이 값이 유한이면, f를 르베그 적분가능(Lebesgue integrable)이라고 한다. 어떤 함수(음이 아닐 필요 없음) f에 대해, f의 양수 부분 $f^+ = \max\{f, 0\}$와 음수 부분 $f^- = \max\{-f, 0\}$가 르베그 적분가능이면 f가 르베그 적분가능이라고 하며 다음과 같이 정의한다.

$$\int_{[a,b]} fdm = \int_{[a,b]} f^+ dm - \int_{[a,b]} f^- dm.$$

만약 f가 연속이면, 이것은 르베그 적분가능이며, 리만 적분과 르베그 적분은 일치한다. 이 구성은 m을 임의의 가산 가법적인 음이 아닌 사상으로 대체하여 변형할 수 있다.

적분은 유계가 아닌(unbounded) 구간으로 다음과 같이 확장될 수 있다. $a_n \to -\infty$, $b_n \to \infty$이고, a_n, b_n의 선택과 관계없이 극한값이 존재한다는 가정하에

$$\int_{-\infty}^{\infty} f(x)dx = \lim_{n \to \infty} \int_{a_n}^{b_n} f(x)dx$$

이다.

10.3 확률

기본 개념은 확률공간이다. 확률공간은 $(\Omega,\ \mathcal{F}, P)$으로서 세 구성요소를 갖는다. Ω는 공집합이 아닌 집합이고, $\mathcal{F}$는 Ω 위의 사건들의 시그마 필드(sigma-field)이

며, $P:\mathcal{F}\to[0,1]$는 사건에 숫자를 할당하는 확률측도이다.

시그마 필드는 $\varnothing$과 Ω를 포함하면서 여집합과 가산 합집합(countable union)에 대해 닫혀 있는 Ω의 부분집합들의 모임이다. '가산(countable)'을 '유한(finite)'으로 바꾸면 필드가 된다. 확률측도, 간략하게 말해서 확률은 $P(\varnothing)=0$과 $P(\Omega)=1$을 만족해야 하고, 가산 가법적이어야 한다. 쌍으로 상호배반인 A_n에 대해 $P(\cup_{n=1}^{\infty}A_n)=\sum_{n=1}^{\infty}P(A_n)$이어야 한다는 것이다. 만약 Ω가 유한집합이라면, 유한합으로 충분하고, 이런 경우에 이 성질을 유한 가법성이라고 한다.

Ω가 유한집합이라면, $\mathcal{F}$는 보통 Ω의 모든 부분집합의 모임이 되고, P는 단일 원소 집합에 $P(\{\omega\})=p_\omega\geq 0$, $\sum_{\omega\in\Omega}p_\omega=1$이고, 임의의 $A\in\mathcal{F}$에 대해 $P(A)=\sum_{\omega\in A}p_\omega$를 만족하도록 값을 할당함으로써 정의될 수 있다.

확률변수는 $X:\Omega\to\mathbb{R}$인 사상 X로서 실수 $a\leq b$에 대해 $\{\omega:X^\omega\in[a,b]\}\in\mathcal{F}$를 만족하며, $\mathbb{R}$에서 다음과 같은 확률 P_X를 생성한다.

$$P_X([a,b])=P(\{\omega:X^\omega\in[a,b]\})=P(X\in[a,b]).$$

이를 확률분포라고 하며 구간들에 대해 정의되는데, 구간들을 포함하는 $\mathbb{R}$의 부분집합들의 최소 시그마필드 $\mathcal{B}$에서 정의되는 가산 가법함수로 확장될 수 있다(이러한 확장이 존재함이 증명될 수 있다). $\mathcal{B}$의 원소는 **보렐 집합(Borel sets)**이라고 부른다.

누적분포함수는 다음과 같이 정의된다.

$$F_X(a)=P(X\leq a)=P_X((-\infty,a]).$$

확률변수 X는 임의의 실수 $a\leq b$에 대해 다음과 같은 확률밀도함수 f_X를 가진다.

$$P_X([a,b])=\int_a^b f_X(x)dx.$$

이때 $F_X(a)-\int_{-\infty}^{a}f_X(x)dx$이다. 확률밀도함수의 중요한 예로 다음을 들 수 있다.

$$f_X(x)=\frac{1}{\sigma\sqrt{2\pi}}e^{-\frac{(x-\mu)^2}{2\sigma^2}}. \tag{10.1}$$

이 경우 X는 평균 μ와 분산 σ^2을 갖는 정규분포 $N(\mu,\sigma^2)$을 따른다고 말한다.

$\mu = 0, \sigma = 1$이면 표준정규분포를 따른다고 하며, $N(a) = F_X(a)$로 쓴다. 이때 밀도함수의 대칭성에 기인하여 $1 - N(a) = N(-a)$가 된다.

유한한 표본공간 Ω에 대해 X의 기댓값을

$$\mathbb{E}(X) = \sum_{\omega \in \Omega} X^{\omega} p_{\omega}$$

와 같이 정의하고, 분산은 $\mathrm{Var}(X) = \mathbb{E}(X - \mathbb{E}(X))^2$으로 정의한다. 표준편차는 분산의 제곱근으로 정의된다. 일반적으로,

$$\mathbb{E}(X) = \int_{-\infty}^{\infty} x dP_X(x)$$

로 쓸 수 있는데, 이것은 르베그 적분으로 이해될 수 있다(이 적분값은 존재하지 않을 수도 있어서, 어떤 확률변수 X에 대해서는 기댓값이 정의되지 않을 수도 있다).

X의 밀도함수가 f_X이면,

$$\mathbb{E}(X) = \int_{-\infty}^{\infty} x f_X(x) dx$$

로 쓸 수 있다. X가 정규분포 $N(\mu, \sigma^2)$을 따르면, $\mathbb{E}(X) = \mu$이고, $\mathrm{Var}(X) = \sigma^2$이다.

확률변수 $X_1, \cdots, X_N$이 모든 $2 \le k \le N$, 모든 $\{i_1, \cdots i_k\} \subset \{1, \cdots N\}$과 모든 $a_j \le b_j$, $j = 1, \cdots, k$에 대해 다음을 만족하면,

$$P\left(\bigcap_{j=1}^{k} \{\omega : X_{i_j}^{\omega} \in [a_j, b_j]\}\right) = P(X_{i_1} \in [a_1, b_1]) \times \cdots \times P(X_{i_k} \in [a_k, b_k]),$$

이들이 독립이라고 말한다. 확률변수의 무한열 $X_1, X_2, \cdots$는 그 중에 어떠한 유한열을 택해도 그들이 독립이면 독립이라고 말한다.

$P(B) > 0$인 사건 B가 주어졌을 때 사건 A의 조건부 확률은 다음과 같이 정의된다.

$$P(A|B) = \frac{P(A \cap B)}{P(B)}.$$

고정된 B에 대해 조건부 확률 $P(A|B)$는 모든 $A \in \mathcal{F}$에 대해 정의되는 Ω 위의 확률이다. $P(B|B) = 1$이기 때문에, 사건 B는 새로운 표본공간으로 간주될 수 있다(B의 밖에 있는 사건들은 상관이 없다. $A \cap B = \varnothing$이면, $P(A|B) = 0$이 된다.).

조건부확률 $P(\cdot\,|B)$ 하의 확률변수 X의 기댓값은 $\mathbb{E}(X|B)$로 나타내며, B가 주어졌을 때 X의 조건부 기댓값이라고 한다.

X_n이 $P(X_n = 1) = P(X_n = -1) = 1/2$인 독립인 확률변수의 열일 때, 다음이 성립하며 이것은 중심극한정리의 특별한 경우가 된다. 모든 $a \le b$에 대해, $n \to \infty$일 때,

$$P\left(a \le \frac{X_1 + \cdots + X_n}{\sqrt{n}} \le b\right) \to \int_a^b \frac{1}{\sqrt{2\pi}} e^{-\frac{x^2}{2}} dx.$$

10.4 공분산행렬

3장에서 사용된 공분산행렬(Covariance Matrix) C의 성질들을 모아보았다. C의 성분은 자산 $i, j = 1, \cdots, n$에 대한 수익률이 K_i, K_j일 때, $c_{ij} = \mathrm{Cov}(K_i, K_j)$이다.

공분산행렬은 $c_{ij} = \mathrm{Cov}(K_i, K_j) = \mathrm{Cov}(K_j, K_i) = c_{ji}$이므로 대칭이고, 즉 $\mathrm{C}^{\mathrm{T}} = \mathrm{C}$이다. 또한 $K = x_1 K_1 + \cdots + x_n K_n$일 때, $\mathbf{x}\mathbf{C}\mathbf{x}^{\mathrm{T}} = \mathrm{Var}(K) \ge 0$이므로, 모든 $\mathbf{x} \in \mathbb{R}^n$에서 $\mathbf{x}\mathbf{C}\mathbf{x}^{\mathrm{T}} \ge 0$인 양반정치(non-negative definite)행렬이다.

만약 추가적으로 C가 정칙(nonsingular)행렬, 즉, C의 행렬식이 0이 아니라고 가정하면, 역행렬 C^{-1}가 존재하며, C와 C^{-1}는 다음의 성질을 가진다. 이 성질들은 3장에서 사용된다.

기본정리 10.1

공분산행렬 C가 정칙행렬, 즉 C의 행렬식이 0이 아니면, 다음이 성립한다:

1) C는 양정치 행렬이다. 즉, $\mathbf{x} \ne 0$인 각 $\mathbf{x} \in \mathbb{R}^n$에 대해 $\mathbf{x}\mathbf{C}\mathbf{x}^{\mathrm{T}} > 0$이다;

2) C^{-1}는 대칭이고 양정치이다;

3) $\mathbf{u} \in \mathbb{R}^n$이 모든 성분이 1인 벡터일 때, $\mathbf{u}\mathbf{C}^{-1}\mathbf{u}^{\mathrm{T}} > 0$이다;

4) $\mathbf{m}, \mathbf{u} \in \mathbb{R}^n$이 선형독립(linearly independent)인 벡터이면,

$$\begin{vmatrix} \mathbf{m}C^{-1}\mathbf{m}^T & \mathbf{u}C^{-1}\mathbf{m}^T \\ \mathbf{m}C^{-1}\mathbf{u}^T & \mathbf{u}C^{-1}\mathbf{u}^T \end{vmatrix} > 0$$

이다.

증명

1) C가 대칭행렬이므로 대각화될 수 있다. C가 양반정치이므로 모든 고유값이 음수가 아니다. 만약 추가적으로 C의 행렬식이 0이 아니면, C의 고유값은 모두 양수가 된다. 이것은 결국 C가 양정치임을 의미한다.

2) $CC^{-1} = C^{-1}C = I$이므로,

$$(C^{-1})^T C^T = C^T (C^{-1})^T = I^T = I$$

이고, 따라서, $(C^{-1})^T = C^{-1}$, 즉, C^{-1}는 대칭행렬이다.

다음으로, $\mathbf{x} \neq 0$인 $\mathbf{x} \in \mathbb{R}^n$에 대해 $\mathbf{y} = \mathbf{x}C^{-1} \neq 0$이라고 놓자. 그러면,

$$\mathbf{x}C^{-1}\mathbf{x}^T = \mathbf{y}(\mathbf{y}C)^T = \mathbf{y}C^T\mathbf{y}^T = \mathbf{y}C\mathbf{y}^T > 0$$

이고, 이것은 C^{-1}가 양정치임을 보여 준다.

3) $\mathbf{u} \neq 0$이고 C^{-1}가 양정치이므로, $\mathbf{u}C^{-1}\mathbf{u}^T > 0$이다.

4) $\mathbf{m}, \mathbf{u}$가 선형독립이면, $x \in \mathbb{R}$에 대해 $\mathbf{u} + x\mathbf{m} \neq 0$이다. C^{-1}가 양정치이므로 각 $x \in \mathbb{R}$에 대하여,

$$\begin{aligned} 0 &< (\mathbf{u} + x\mathbf{m})C^{-1}(\mathbf{u} + x\mathbf{m})^T \\ &= (\mathbf{m}C^{-1}\mathbf{m}^T)x^2 + (\mathbf{u}C^{-1}\mathbf{m}^T + \mathbf{m}C^{-1}\mathbf{u}^T)x + \mathbf{u}C^{-1}\mathbf{u}^T \end{aligned}$$

가 성립한다. C^{-1}가 대칭행렬인 것을 이용하면,

$$\mathbf{u}C^{-1}\mathbf{m}^T = \mathbf{m}C^{-1}\mathbf{u}^T$$

이고, 위의 부등식을 각 $x \in \mathbb{R}$에 대해 다음과 같이 쓸 수 있다.

$$0 < (\mathbf{m}C^{-1}\mathbf{m}^T)x^2 + 2(\mathbf{u}C^{-1}\mathbf{m}^T)x + \mathbf{u}C^{-1}\mathbf{u}^T.$$

이 x의 이차함수의 판별식은 음수여야 하고, 따라서

$$
\begin{aligned}
0 &> 4(\mathbf{uC}^{-1}\mathbf{m}^{\mathrm{T}})^2 - 4(\mathbf{mC}^{-1}\mathbf{m}^{\mathrm{T}})(\mathbf{uC}^{-1}\mathbf{u}^{\mathrm{T}}) \\
&= 4(\mathbf{uC}^{-1}\mathbf{m}^{\mathrm{T}})(\mathbf{mC}^{-1}\mathbf{u}^{\mathrm{T}}) - 4(\mathbf{mC}^{-1}\mathbf{m}^{\mathrm{T}})(\mathbf{uC}^{-1}\mathbf{u}^{\mathrm{T}}) \\
&= -4\begin{vmatrix} \mathrm{mC}^{-1}\mathrm{m}^{\mathrm{T}} & \mathrm{uC}^{-1}\mathrm{m}^{\mathrm{T}} \\ \mathrm{mC}^{-1}\mathrm{u}^{\mathrm{T}} & \mathrm{uC}^{-1}\mathrm{u}^{\mathrm{T}} \end{vmatrix}
\end{aligned}
$$

이나. ■

10.5 수익률 간의 회귀

수익률이 K_A와 K_B인 두 자산 A와 B를 고려해 보자. 수익률은 $n=1,\cdots,N$의 각 시나리오 ω_n에서 p_n의 확률로 $K_A(n)=K_A^{\omega_n}$, $K_B(n)=K_B^{\omega_n}$의 값을 갖는 확률변수이다(N개의 원소를 갖는 표본공간 Ω를 가정한다).

수익률 K_A와 K_B 사이의 회귀직선(최적직선)은 최소제곱법으로 구할 수 있다. 이것은 그림 10.1에서와 같은 직선이며 방정식 $y=\beta x+\alpha$로 나타내어진다.

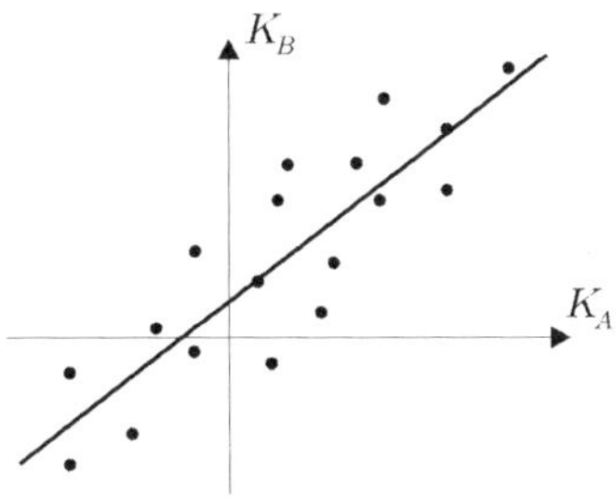

그림 10.1 회귀직선

여기서 α와 β(이 직선의 절편과 기울기)는 잔여 오차 $\varepsilon=K_B-(\beta K_A+\alpha)$의 분산을 최소화하는 계수로서 다음과 같이 쓸 수 있다.

$$
\begin{aligned}
f(\alpha,\beta) = \mathrm{Var}(\varepsilon) &= \sum_{n=1}^{N}(K_B(n)-(\beta K_A(n)+\alpha))^2 p_n \\
&= \mathbb{E}(K_B^2)+\beta^2\mathbb{E}(K_A^2)+\alpha^2-2\beta\mathbb{E}(K_AK_B)-2\alpha\mathbb{E}(K_B)+2\alpha\beta\mathbb{E}(K_A).
\end{aligned}
$$

최솟값은 다음을 만족하는 지점에서 얻어진다.

$$\frac{\partial f(\alpha,\beta)}{\partial \beta} = 2\beta\mathbb{E}(K_A^2) - 2\mathbb{E}(K_A K_B) + 2\alpha\mathbb{E}(K_A) = 0,$$
$$\frac{\partial f(\alpha,\beta)}{\partial \alpha} = 2\alpha - 2\mathbb{E}(K_B) + 2\beta\mathbb{E}(K_A) = 0.$$

이 연립방정식을 α와 β에 대해 풀면 다음을 얻는다.

$$\begin{aligned}\beta &= \frac{\mathbb{E}(K_A K_B) - \mathbb{E}(K_A)\mathbb{E}(K_B)}{\mathbb{E}(K_A^2) - \mathbb{E}(K_A)^2} \\ &= \frac{c_{AB}}{\sigma_A^2} = \frac{\rho_{AB}\sigma_B}{\sigma_A}, \\ \alpha &= \mathbb{E}(K_B) - \frac{\mathbb{E}(K_A K_B) - \mathbb{E}(K_A)\mathbb{E}(K_B)}{\mathbb{E}(K_A^2) - \mathbb{E}(K_A)^2}\mathbb{E}(K_A) \\ &= \mu_B - \frac{c_{AB}}{\sigma_A^2}\mu_A = \mu_B - \frac{\rho_{AB}\sigma_B}{\sigma_A}\mu_A.\end{aligned}$$

여기서

$$\mu_A = \mathbb{E}(K_A), \;\; \mu_B = \mathbb{E}(K_B)$$

는 자산 A와 B의 기대수익률이고,

$$\sigma_A^2 = \mathrm{Var}(K_A) = \mathbb{E}[(K_A - \mu_A)^2], \;\; \sigma_B^2 = \mathrm{Var}(K_B) = \mathbb{E}[(K_B - \mu_B)^2]$$

은 수익률의 분산이며,

$$c_{AB} = \mathrm{Cov}(K_A, K_B) = \mathbb{E}[(K_A - \mu_A)(K_B - \mu_B)], \;\; \rho_{AB} = \frac{c_{AB}}{\sigma_A\sigma_B}$$

는 각각 두 수익률 사이의 공분산과 상관계수이다.

제11장 연습문제 해답

제1장

1.1 The value of the portfolio at time 0 is

$$V(0) = xS(0) + yA(0) = 1,600$$

dollars. The value of the portfolio at time T will be

$$V(T) = xS(T) + yA(T) = \begin{cases} 1,800 & \text{if stock goes up,} \\ 1,700 & \text{if stock goes down.} \end{cases}$$

Hence, the return on the portfolio will be

$$K_V = \frac{V(T) - V(0)}{V(0)} = \begin{cases} 0.1250 & \text{if stock goes up,} \\ 0.0625 & \text{if stock goes down,} \end{cases}$$

that is, either 12.5% or 6.25%.

1.2 Given the same bond and stock prices as in Exercise 1.1, the value of a portfolio (x, y) at time T will be

$$V(T) = \begin{cases} x30 + y100 & \text{if stock goes up,} \\ x20 + y100 & \text{if stock goes down.} \end{cases}$$

Thus, we obtain a system of equations

$$\begin{cases} x30 + y100 = 1,160, \\ x20 + y100 = 1,040. \end{cases}$$

The solution is $x = 12$ and $y = 8$. A portfolio with 12 shares of stock and 8 bonds will produce the desired value at time T. The time 0 value of this portfolio is

$$V(0) = 12 \times 25 + 8 \times 90 = 1,020$$

dollars.

1.3 An arbitrage opportunity can be realised as follows:

- use dealer A to change 1 dollar into $\frac{1}{1.5844} \cong 0.6312$ pounds;
- use dealer B to change 0.6312 pounds into $\frac{0.6312}{0.6401} \cong 0.9861$ euros;
- use dealer A to change 0.9861 euros into $0.9861 \times 1.0202 \cong 1.0060$ dollars.

The arbitrage gain will be about 0.0060 dollars.

1.4 We want both $xS(0)$ and $yA(0)$ to be equal to a half of the initial wealth. This gives $x80 = 5,000$ and $y100 = 5,000$, so $x = 62.5$ and $y = 50$. The value of this portfolio at time T will be

$$V(T) = 62.5S(T) + 50A(T) = \begin{cases} 11,750 & \text{if stock goes up,} \\ 9,250 & \text{if stock goes down,} \end{cases}$$

and hence the return on this portfolio will be

$$K_V = \begin{cases} 0.175 & \text{if stock goes up,} \\ -0.075 & \text{if stock goes down.} \end{cases}$$

Now we can compute the expected return

$$\mathbb{E}(K_V) = 0.175 \times 0.8 - 0.075 \times 0.2 = 0.125,$$

which is 12.5%, and the risk

$$\sigma_V = \sqrt{(0.175 - 0.125)^2 \times 0.8 + (-0.075 - 0.125)^2 \times 0.2} = 0.1,$$

that is, 10%.

1.5 The following strategy will realise an arbitrage opportunity. At time 0:

- borrow \$34;
- buy a share of stock for \$34;
- enter into a short forward contract with forward price \$38.60 and delivery date 1.

At time 1

- sell the stock for \$38.60, closing the short forward position;
- pay $34 \times 1.12 = 38.08$ dollars to clear the loan with interest.

The balance of $38.60 - 38.08 = 0.52$ dollars will be your arbitrage profit.

1.6 a) The payoff of a call option with strike price \$90 will be

$$C(T) = \begin{cases} 30 & \text{if stock goes up,} \\ 0 & \text{if stock goes down.} \end{cases}$$

The replicating investment into x shares and y bonds satisfies the system of equations

$$\begin{cases} x120 + y110 = 30, \\ x80 + y110 = 0. \end{cases}$$

The solution is $x = \frac{3}{4}$ and $y = -\frac{6}{11}$. Hence the price of the option must be

$$C(0) = \frac{3}{4} \times 100 - \frac{6}{11} \times 100 \cong 20.45$$

dollars.

b) The payoff of a call option with strike price \$110 will be

$$C(T) = \begin{cases} 10 & \text{if stock goes up,} \\ 0 & \text{if stock goes down.} \end{cases}$$

The replicating investment into x shares and y bonds satisfies

$$\begin{cases} x120 + y110 = 10, \\ x80 + y110 = \ \ 0. \end{cases}$$

Solving this system of equations, we find that $x = \frac{1}{4}$ and $y = -\frac{2}{11}$. Hence the price of the option is

$$C(0) = \frac{1}{4} \times 100 - \frac{2}{11} \times 100 \cong 6.82$$

dollars.

1.7 a) The replicating investment into x shares and y bonds satisfies the system of equations

$$\begin{cases} x120 + y105 = 20, \\ x80 + y105 = \ \ 0, \end{cases}$$

which gives $x = \frac{1}{2}$ and $y = -\frac{8}{21}$. Hence

$$C(0) = \frac{1}{2} \times 100 - \frac{8}{21} \times 100 \cong 11.91$$

dollars.

b) In this case the replicating investment into x shares and y bonds satisfies

$$\begin{cases} x120 + y115 = 20, \\ x80 + y115 = \ \ 0, \end{cases}$$

so $x = \frac{1}{2}$ and $y = -\frac{8}{23}$. It follows that

$$C(0) = \frac{1}{2} \times 100 - \frac{8}{23} \times 100 \cong 15.22$$

dollars.

1.8 We need to find an investment into x shares and y bonds replicating the put option, that is, such that $xS(T)+yA(T) = P(T)$, no matter whether the stock price goes up or down. This leads to the system of equations

$$\begin{cases} x120 + y110 = \ \ 0, \\ x80 + y110 = 20. \end{cases}$$

The solution is $x = -\frac{1}{2}$ and $y = \frac{6}{11}$. To replicate the put option we need to take a short position of $\frac{1}{2}$ a share in stock and to buy $\frac{6}{11}$ of a bond. The value of this investment at time 0 is

$$xS(0) + yA(0) = \frac{1}{2} \times 100 + \frac{6}{11} \times 100 \cong 4.55$$

dollars. By a similar argument as in Proposition 1.14, it follows that $xS(0) + yA(0) = P(0)$, or else an arbitrage opportunity would arise. Therefore, the price of the put must be $P(0) \cong 4.55$ dollars.

1.9 If $F > S(0)\frac{1+K_h}{1+K_f}$, then $(\frac{1}{1+K_f}, -\frac{S(0)}{1+K_f}, -1)$ is an arbitrage portfolio (assuming $A_f(0) = A_h(0) = 1$ for simplicity) since it costs nothing to initiate and at time T the interest on the foreign currency increases our holding to one unit, sold at the forward price F, which is more than the home currency loan of $\frac{S(0)}{1+K_f}$ repaid with interest. If $F < S(0)\frac{1+K_h}{1+K_f}$, then we take the opposite positions.

1.10 Suppose that a sterling bond promising to pay £100 at time 1 is selling for x pounds at time 0. To find x consider the following strategy. At time 0:

- borrow $1.6x$ dollars and change the sum into x pounds;
- purchase a sterling bond for x pounds;
- take a short forward position to sell £100 for \$1.50 to a pound with delivery date 1.

Then, at time 1:

- cash the bond, collecting £100;
- close the short forward position by selling £100 for \$150;
- repay the cash loan with interest, that is, $1.68x$ dollars in total.

The balance of all these transactions will be $150 - 1.68x$ dollars, which must be equal to zero or else an arbitrage opportunity would arise. It follows that a sterling bond promising to pay £100 at time 1 must sell for $x = \frac{150}{1.68} \cong 89.29$ pounds at time 0.

1.11 To replicate the put payoff we solve

$$x(1 + K_£)S^u(T) + y(1 + K_\$) = 0,$$
$$x(1 + K_£)S^d(T) + y(1 + K_\$) = X - S^d(T)$$

with $X = 1.71$, $K_£ = 3\%$, $K_\$ = 5\%$, $S^u(T) = 1.84$, $S^d(T) = 1.46$ to get $x \cong -0.638734$ and $y \cong 1.1528815$ so that

$$P(0) = xS(0) + y \cong 0.118132$$

dollars.

1.12 The investor will buy $\frac{500}{100} = 5$ shares and $\frac{500}{13.6364} \cong 36.6667$ options. Her final wealth will be $5 \times S(T) + 36.6667 \times C(T)$, that is, $5 \times 120 + 36.6667 \times 20 \cong 1,333.33$ dollars if the price of stock goes up to \$120, or $5 \times 80 + 36.6667 \times 0 \cong 400.00$ dollars if it drops to \$80.

1.13 a) If $p = 0.25$, then the standard deviation of the cost of buying one share is about 51.96 dollars when no option is purchased and about 25.98 dollars with the option.

b) If $p = 0.5$, then the standard deviation is 60 dollars and 30 dollars, respectively.

c) For $p = 0.75$ the standard deviation is about 51.96 dollars and 25.98 dollars, respectively.

1.14 The standard deviation of a random variable taking values a and b with probabilities p and $1-p$, respectively, is $|a| - b| \sqrt{p(1-p)}$. If no option is involved, then the cost of buying one share will be 160 or 40 dollars, depending on whether stock goes up or down. In this case $|a - b| = |160 - 40| = 120$ dollars. If one option is used, then the cost will be 135 or 75 dollars, and $|a - b| = |135 - 75| = 60$ dollars. Clearly, the standard deviation $|a - b| \sqrt{p(1-p)}$ will be reduced by a half, no matter what the value of p might be.

제2장

2.1 The rate r satisfies

$$\left(1+\frac{61}{365}\times r\right)\times 9,000 = 9,020.$$

This gives $r \cong 0.0133$, that is, about 1.33%. The return on this investment will be

$$K\left(0,\frac{61}{365}\right) = \frac{9,020-9,000}{9,000} \cong 0.0022,$$

that is, about 0.22%.

2.2 Denote the amount to be paid today by P. Then the return will be

$$\frac{1,000-P}{P} = 0.02.$$

The solution is $P \cong 980.39$ dollars.

2.3 The time t satisfies

$$(1+t\times 0.09)\times 800 = 830,$$

which gives $t \cong 0.4167$ years, that is, $0.4167\times 365 \cong 152.08$ days. The return will be

$$K(0,t) = \frac{830-800}{800} = 0.0375,$$

that is, 3.75%.

2.4 The principal P to be invested satisfies

$$\left(1+\frac{91}{365}\times 0.08\right)\times P = 1,000,$$

which gives $P \cong 980.44$ dollars.

2.5 The time t when the future value will be double the initial principal satisfies the equation

$$\left(1+\frac{0.06}{365}\right)^{365t} = 2.$$

The solution is $t \cong 11.5534$ years. Because no interest will be paid for a fraction of the last day, this needs to be rounded up to a whole number of days, which gives 11 years and 202 days. (We disregard leap years and assume for simplicity that each year has 365 days.)

2.6 The interest rate r satisfies the equation

$$(1+r)^{10} = 2,$$

which gives $r \cong 0.0718$, that is, about 7.18%.

2.7 a) In the case of annual compounding the value after two years will be

$$V(2) = \left(1+\frac{0.1}{1}\right)^{2\times 1}\times 100 = 121.00$$

dollars.

b) Under semi-annual compounding the value will be

$$V(2) = \left(1 + \frac{0.1}{2}\right)^{2\times 2} \times 100 \cong 121.55$$

dollars, which is clearly greater than in case a).

2.8 At 15% compounded daily the deposit will grow to

$$\left(1 + \frac{0.15}{365}\right)^{1\times 365} \times 1,000 \cong 1,161.80$$

dollars after one year. If interest is compounded semi-annually at 15.5%, the value after one year will be

$$\left(1 + \frac{0.155}{2}\right)^{1\times 2} \times 1,000 \cong 1,161.01$$

dollars, which is less than in the former case.

2.9 The initial principal P satisfies the equation

$$(1 + 0.12)^2 P = 1,000.$$

It follows that $P \cong 797.19$ dollars.

2.10 a) Under daily compounding the present value is

$$100,000 \left(1 + \frac{0.05}{365}\right)^{-100\times 365} \cong 674.03$$

dollars.

b) If annual compounding applies, then the present value is

$$100,000\,(1 + 0.05)^{-100} \cong 760.45$$

dollars.

2.11 The return will be

$$K(0,1) = \left(1 + \frac{0.1}{12}\right)^{12} - 1 \cong 0.1047,$$

that is, about 10.47%.

2.12 Using the binomial formula to expand the mth power, we obtain

$$\begin{aligned} K(0,1) &= \left(1 + \frac{r}{m}\right)^m - 1 \\ &= 1 + r + \frac{(1 - \frac{1}{m})}{2!} r^2 + \cdots + \frac{(1 - \frac{m-1}{m})}{m!} r^m - 1 > r \end{aligned}$$

if m is an integer greater than 1.

2.13 Denote the interest rate by r, the amount borrowed by P and the amount of each instalment by C,

$$C = \frac{P}{\mathrm{PA}(r,5)} = \frac{Pr}{1 - (1+r)^{-5}},$$

see Example 2.9. Let $n = 1, 2, 3, 4$ or 5. The present value of the outstanding balance after $n-1$ instalments are paid is equal to the amount borrowed reduced by the present value of the first $n-1$ instalments:

$$P - \frac{C}{1+r} - \cdots - \frac{C}{(1+r)^{n-1}} = P\frac{(1+r)^{6-n}-1}{(1+r)^5-1}.$$

The actual outstanding balance remaining after $n-1$ instalments are paid can be found by dividing the above by the discount factor $(1+r)^{-(n-1)}$, which gives

$$P\frac{(1+r)^5-(1+r)^{n-1}}{(1+r)^5-1}. \tag{S.1}$$

The interest included in the nth instalment is, therefore,

$$P\frac{(1+r)^5-(1+r)^{n-1}}{(1+r)^5-1}r. \tag{S.2}$$

The capital repaid as part of the nth instalment is the difference between the outstanding balance of the loan after the $(n-1)$st and after the nth instalment. By (S.1) this difference is equal to

$$P\frac{(1+r)^n-(1+r)^{n-1}}{(1+r)^5-1} = P\frac{r(1+r)^{n-1}}{(1+r)^5-1}. \tag{S.3}$$

Putting P to be \$1,000 and r to be 15% in (S.1), (S.2) and (S.3), we can compute the figures collected in the table:

t (years)	interest paid (\$)	capital repaid (\$)	outstanding balance (\$)
0	—	—	1,000.00
1	150.00	148.32	851.68
2	127.75	170.56	681.12
3	102.17	196.15	484.97
4	72.75	225.57	259.40
5	38.91	259.40	0.00

2.14 The amount you can afford to borrow is

$$\text{PA}(18\%, 10) \times 10,000 = \frac{1-(1+0.18)^{-10}}{0.18} \times 10,000 \cong 44,941$$

dollars.

2.15 The present value of the balance after 40 years is

$$\text{PA}(5\%, 40) \times 1,200 = \frac{1-(1+0.05)^{-40}}{0.05} \times 1,200 \cong 20,591$$

dollars. Dividing by the discount factor $(1+0.05)^{-40}$, we find that the actual balance after 40 years will be

$$\frac{20,591}{(1+0.05)^{-40}} \cong 144,960$$

dollars.

2.16 The annual payments will amount to

$$C = \frac{100,000}{PA(6\%, 10)} \cong 13,586.80$$

dollars each. The outstanding balance to be paid to clear the mortgage after 8 years (once the 8th annual payment is made) will be

$$\text{PA}(6\%, 2) \times C \cong 24,909.93$$

dollars.

2.17 Suppose that payments $C, C(1+g), C(1+g)^2, \ldots$ are made after 1 year, 2 years, 3 years, and so on. If the interest rate is constant and equal to r, then the present values of these payments are $C(1+r)^{-1}, C(1+g)(1+r)^{-2}, C(1+g)^2(1+r)^{-3}, \ldots$. The present value of the infinite stream of payments is, therefore,

$$\frac{C}{1+r} + \frac{C(1+g)}{(1+r)^2} + \frac{C(1+g)^2}{(1+r)^3} + \ldots = \frac{C}{r-g}.$$

The condition $g < r$ must be satisfied or otherwise the series will be divergent. Using this formula and the tail-cutting procedure, we can find that for a stream of n payments

$$\frac{C}{r-g} - \frac{C(1+g)^n}{r-g}\frac{1}{(1+r)^n} = C\frac{1-\left(\frac{1+g}{1+r}\right)^n}{r-g}.$$

2.18 The time t it will take to earn \$1 in interest satisfies

$$e^{0.1t} \times 1,000,000 \cong 1,000,001.$$

This gives $t \cong 0.00001$ years, that is, 315.36 seconds.

2.19 a) The value in the year 2000 of the sum of \$24 for which Manhattan was bought in 1626 would be

$$24e^{(2000-1626)\times 0.05} \cong 3,173,350,575$$

dollars, assuming continuous compounding at 5%.

b) The same amount compounded at 5% annually would be worth

$$24(1+0.05)^{2000-1626} \cong 2,018,408,628$$

dollars in the year 2000.

2.20 \$100 deposited at 10% compounded continuously will become

$$100e^{0.1} \cong 110.52$$

dollars after one year. The same amount deposited at 10% compounded monthly will become

$$100\left(1+\frac{0.1}{12}\right)^{12} \cong 110.47$$

dollars. The difference is about \$0.05.

If the difference is to be less than \$0.01, the compounding frequency m should satisfy

$$100\left(1+\frac{0.1}{m}\right)^{m} > 110.51.$$

This means that m should be greater than about 55.19.

2.21 The present value is

$$1,000,000e^{-20\times 0.06} \cong 301,194$$

dollars.

2.22 The rate r satisfies

$$950e^{0.5r} = 1,000.$$

It follows that

$$r = \frac{1}{0.5}\ln\frac{1,000}{950} \cong 0.1026,$$

that is, about 10.26%.

2.23 The interest rate is

$$r = \frac{0.03}{2/12} = 0.18,$$

that is, 18%.

2.24 The rate r satisfies

$$e^r = \left(1 + \frac{0.12}{12}\right)^{12}.$$

The solution is $r \cong 0.1194$, about 11.94%.

2.25 The frequency m satisfies

$$\left(1 + \frac{0.2}{m}\right)^m = 1 + 0.21.$$

Whence $m = 2.0$.

2.26 If monthly compounding at a rate r applies, then $\left(1+\frac{r}{12}\right)^{12} = 1 + r_e$ and the present value of the annuity is

$$\begin{aligned}V(0) &= \frac{C}{1+\frac{r}{12}} + \frac{C}{\left(1+\frac{r}{12}\right)^2} + \cdots + \frac{C}{\left(1+\frac{r}{12}\right)^{12n}}\\ &= \frac{C}{(1+r_e)^{1/12}} + \frac{C}{(1+r_e)^{2/12}} + \cdots + \frac{C}{(1+r_e)^n}\\ &= C\frac{1-(1+r_e)^{-n}}{(1+r_e)^{1/12}-1}.\end{aligned}$$

2.27 If bimonthly compounding at a rate r applies, then $\left(1+\frac{r}{6}\right)^6 = 1 + r_e$ and the present value of the perpetuity is

$$\begin{aligned}V(0) &= \frac{C}{1+\frac{r}{6}} + \frac{C}{\left(1+\frac{r}{6}\right)^2} + \frac{C}{\left(1+\frac{r}{6}\right)^3} + \cdots\\ &= \frac{C}{(1+r_e)^{1/6}} + \frac{C}{(1+r_e)^{2/6}} + \frac{C}{(1+r_e)^{3/6}} + \cdots\\ &= \frac{C}{(1+r_e)^{1/6}-1}.\end{aligned}$$

2.28 We solve the equation

$$100 = 95\,(1+r)^{\frac{1}{2}}$$

for r to find the implied effective rate to be about 10.80%. If this rate remains constant, then the bond price will reach \$99 at a time t such that

$$100 = 99\,(1+r)^{\left(\frac{1}{2}-t\right)}.$$

The solution is $t \cong 0.402$ years, that is, about $0.402 \times 365 \cong 146.73$ days. The bond price will reach \$99 on day 147.

2.29 The interest rate for annual compounding implied by the bond can be found by solving the equation

$$(1+r)^{-(1-0.5)} = 0.9455$$

for r. The solution is about 11.86%. By solving the equation

$$\left(1+\frac{r}{2}\right)^{-2(1-0.5)} = 0.9455,$$

we obtain the semi-annual rate of about 11.53%, and solving

$$e^{-r(1-0.5)} = 0.9455,$$

we find the continuous rate to be about 11.21%.

2.30 a) If the continuous compounding rate is 8%, then the price of the bond will be

$$5e^{-0.08} + 5e^{-2\times 0.08} + 5e^{-3\times 0.08} + 105e^{-4\times 0.08} \cong 89.06$$

dollars.

b) If the rate is 5%, then the price of the bond will be

$$5e^{-0.05} + 5e^{-2\times 0.05} + 5e^{-3\times 0.05} + 105e^{-4\times 0.05} \cong 99.55$$

dollars.

2.31 The price of the bond as a function of the continuous compounding rate r can be expressed as $5e^{-r} + 5e^{-2r} + 5e^{-3r} + 105e^{-4r}$. The graph of this function is shown in Figure S.1. When $r \searrow 0$, the price approaches $5+5+5+105 = 120$ dollars. In the limit as $r \nearrow \infty$ the price tends to zero.

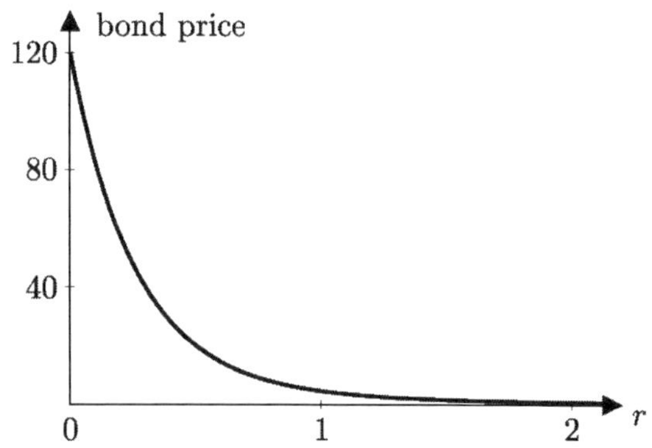

Figure S.1 Bond price versus interest rate in Exercise 2.31

2.32 The time t price of the coupon bond in Examples 2.24 and 2.25 is

$$\begin{array}{rll} 10e^{r(t-1)} + 10e^{r(t-2)} + 10e^{r(t-3)} + 10e^{r(t-4)} + 110e^{r(t-5)} & \text{if} & 0 \le t < 1, \\ 10e^{r(t-2)} + 10e^{r(t-3)} + 10e^{r(t-4)} + 110e^{r(t-5)} & \text{if} & 1 \le t < 2, \\ 10e^{r(t-3)} + 10e^{r(t-4)} + 110e^{r(t-5)} & \text{if} & 2 \le t < 3, \\ 10e^{r(t-4)} + 110e^{r(t-5)} & \text{if} & 3 \le t < 4, \\ 110e^{r(t-5)} & \text{if} & 4 \le t < 5. \end{array}$$

The graph is shown in Figure S.2.

Figure S.2 Coupon bond price versus time in Exercise 2.32

2.33 In Figure S.2 we can see that the bond price will reach \$95 for the first time during year one, when the bond price is given by $10e^{r(t-1)}+10e^{r(t-2)}+10e^{r(t-3)}+10e^{r(t-4)} + 110e^{r(t-5)}$. Putting $r = 0.12$, we can find the desired time t when the price will reach \$95 by solving the equation

$$10e^{r(t-1)} + 10e^{r(t-2)} + 10e^{r(t-3)} + 10e^{r(t-4)} + 110e^{r(t-5)} = 95.$$

This gives $t \cong 0.4257$ years or 155.4 days.

2.34 Since the bond is trading at par, its initial price is the same as the face value $F = 100$. The implied continuous compounding rate r can be found by solving the equation

$$8e^{-r} + 8e^{-2r} + 108e^{-3r} = 100.$$

This gives $r \cong 0.0770$ or 7.70%.

2.35 By solving the equation

$$(1+r)^{-1} = 0.89$$

we find that $r \cong 0.1236$, that is, the effective rate implied by the bond is about 12.36%. The price of the bond after 75 days will be

$$B(75/365, 1) = B(0,1)\,(1+r)^{\frac{75}{365}} = 0.89\,(1+0.1236)^{\frac{75}{365}} \cong 0.9115$$

and the return will be

$$K(0, 75/365) = \frac{B(75/365,1) - B(0,1)}{B(0,1)} \cong \frac{0.9115 - 0.89}{0.89} \cong 0.0242,$$

about 2.42%.

2.36 The initial price of a 6-month unit bond is $\mathrm{e}^{-0.5r}$, where r denotes the implied continuous rate. If the bond is to produce a 7% return over six months, then

$$\frac{1-\mathrm{e}^{-0.5r}}{\mathrm{e}^{-0.5r}} = 0.07,$$

which gives $r \cong 0.1353$, or 13.53%.

2.37 The continuous rate implied by the bond satisfies

$$\mathrm{e}^{-r} = 0.92.$$

The solution is $r \cong 0.0834$. At time t the bond will be worth $0.92\mathrm{e}^{rt}$. It will produce a 5% return at a time t such that

$$\frac{0.92\mathrm{e}^{rt} - 0.92}{0.92} = 0.05,$$

which gives $t \cong 0.5851$ years or 213.6 days.

2.38 At time 0 we buy $1/B(0,1) = \mathrm{e}^{r}$ bonds. At time 1 we increase our holdings to $\mathrm{e}^{r}/B(1,2) = \mathrm{e}^{2r}$ bonds. Generally, at time n we purchase $\mathrm{e}^{(n+1)r}$ one-year bonds.

2.39 Because the bond is trading at par and the interest rate remains constant, the price of the bond at the beginning of each year will be \$100. The sum of \$1,000 will buy 10 bonds at the beginning of year one. At the end of the year the coupons will pay $10 \times 8 = 80$ dollars, enough to buy 0.8 bonds at \$100 each. As a result, the investor will be holding $10 + 0.8 = 10.8$ bonds in year two. At the end of that year the coupons will pay $10.8 \times 8 = 86.4$ dollars and 0.864 additional bonds will be purchased at \$100 each. The number of bonds held in year three will be $10.8 + 0.864 = 11.664$, and so on.

In general, the number of bonds held in year n will be

$$10\left(1+\frac{8}{100}\right)^{n-1},$$

which gives 10.0000, 10.8000, 11.6640, 12.5971, 13.6049 bonds held in years one to five.

제3장

3.1 a) Our initial investment is $wS(0)$, the final value is of the form $S(T) - (1 + r_l)(1-w)S(0)$, so the return is

$$\begin{aligned} K_{\mathrm{mp}} &= \frac{S(T) - (1+r_l)(1-w)S(0) - wS(0)}{wS(0)} \\ &= K_S + \frac{1-w}{w}\,\frac{S(T)-(1+r_l)S(0)}{S(0)}, \\ \mathbb{E}(K_{\mathrm{mp}}) &= \mathbb{E}(K_S) + \frac{1-w}{w}\,\frac{\mathbb{E}(S(T))-(1+r_l)S(0)}{S(0)}. \end{aligned}$$

We have additional expected return if $\mathbb{E}(S(T)) > (1+r_l)S(0)$. The coefficient $\frac{1-w}{w}$ measures the degree of leverage, being large if our financial input is small.

b) We invest $cS(0)$ and receive $S(0)(1+r) - S(T) + cS(0)(1+r_c)$ with return

$$\begin{aligned} K_{ss} &= \frac{S(0)(1+r) - S(T) + cS(0)(1+r_c) - cS(0)}{cS(0)} \\ &= \frac{1}{c}(-K_S) + \frac{S(0)r + cS(0)r_c}{cS(0)}. \end{aligned}$$

In particular, if $r_c = 0$ and $c = 1$, then

$$\mathbb{E}(K_{ss}) = -\mathbb{E}(K_S) + r,$$

which has clear meaning: we gain if the stock goes down.

3.2 In the first investment project

$$\begin{aligned} \mu_{K_1} &= 0.12 \times 0.25 + 0.12 \times 0.75 = 0.12, \\ \sigma_{K_1} &= \sqrt{(0.12 - 0.12)^2 \times 0.25 + (0.12 - 0.12)^2 \times 0.75} = 0. \end{aligned}$$

In the second project

$$\begin{aligned} \mu_{K_2} &= 0.11 \times 0.25 + 0.13 \times 0.75 = 0.125, \\ \sigma_{K_2} &= \sqrt{(0.11 - 0.125)^2 \times 0.25 + (0.13 - 0.125)^2 \times 0.75} \cong 0.008660. \end{aligned}$$

Finally, in the third project

$$\begin{aligned} \mu_{K_3} &= 0.02 \times 0.25 + 0.22 \times 0.75 = 0.17, \\ \sigma_{K_3} &= \sqrt{(0.02 - 0.17)^2 \times 0.25 + (0.22 - 0.17)^2 \times 0.75} = 0.086603. \end{aligned}$$

The first project is the least risky one, in fact, it is risk free. The third project involves the highest risk.

3.3 First we put $K_2^{\omega_2} = x$ and compute

$$\begin{aligned} \mathrm{Var}(K_1) &= 0.001875, \\ \mathrm{Var}(K_2) &= 0.1875x^2 + 0.015x + 0.0003. \end{aligned}$$

The two securities will have the same risk if $\mathrm{Var}(K_1) = \mathrm{Var}(K_2)$. This gives the following equation

$$0.0003 + 0.187\,5x^2 + 0.015x = 0.001875$$

with two solutions $x = -0.14$ or 0.06. This means that $K_2^{\omega_2} = -14\%$ or 6%.

3.4 Let x_1 and x_2 be the number of shares of type 1 and 2 in the portfolio. Then

$$\begin{aligned} V(T) &= x_1 S_1(T) + x_2 S_2(T) = V(0)\left(w_1 \frac{S_1(T)}{S_1(0)} + w_2 \frac{S_2(T)}{S_2(0)}\right) \\ &= 100\left(0.25 \times \frac{48}{45} + 0.75 \times \frac{32}{33}\right) = 99.394. \end{aligned}$$

3.5 The return on the portfolio is $K_V = w_1 K_1 + w_2 K_2$. This gives

$$\begin{aligned} K_V^{\omega_1} &= 0.30 \times 12\% - 0.7 \times 4\% = 0.8\% \quad \text{in scenario } \omega_1, \\ K_V^{\omega_2} &= -0.30 \times 10\% + 0.7 \times 7\% = 1.9\% \quad \text{in scenario } \omega_2. \end{aligned}$$

3.6 First we find $\mathbb{E}(K_1) = 8\%$ and $\mathbb{E}(K_2) = 11.5\%$. If the expected return on the portfolio is to be $\mathbb{E}(K_V) = 10\%$, then by (3.3) and (3.1) the weights must satisfy the system of equations

$$\begin{aligned} 8w_1 + 11.5w_2 &= 10, \\ w_1 + w_2 &= 1. \end{aligned}$$

The solution is $w_1 \cong 42.86\%$ and $w_2 \cong 57.14\%$.

3.7 First, we compute $\mu_1 = 6\%$ and $\mu_2 = 11\%$ from the data in Example 3.13. Next, (3.5) and (3.1) give the system of equations

$$\begin{aligned} 6w_1 + 11w_2 &= 50, \\ w_1 + w_2 &= 1, \end{aligned}$$

for the weights w_1 and w_2. The solution is $w_1 = -7.8$ and $w_2 = 8.8$. Finally, we use (3.6) with the values $\sigma_1^2 \cong 0.0144$, $\sigma_2^2 \cong 0.0254$ and $\rho_{12} \cong -0.6065$ computed in Example 3.13 to find the risk of the portfolio:

$$\begin{aligned} \sigma_V^2 &\cong (-7.8)^2 \times 0.0144 + (8.8)^2 \times 0.0254 \\ &\quad +2 \times (-7.8) \times 8.8 \times (-0.6065) \times \sqrt{0.0144} \times \sqrt{0.0254} \\ &\cong 4.4354. \end{aligned}$$

3.8 The returns on risky securities are non-constant random variables, that is, $K_1^{\omega_1} \neq K_1^{\omega_2}$ and $K_2^{\omega_1} \neq K_2^{\omega_2}$. Because of this, the system of equations

$$\begin{aligned} K_1^{\omega_1} &= aK_2^{\omega_1} + b, \\ K_1^{\omega_2} &= aK_2^{\omega_2} + b, \end{aligned}$$

must have a solution $a \neq 0$ and b. It follows that $K_1 = aK_2 + b$.

Now, use the properties of covariance and variance to compute

$$\begin{aligned} \mathrm{Cov}(K_1, K_2) &= \mathrm{Cov}(aK_2 + b, K_2) = a\mathrm{Cov}(K_2, K_2) = a\mathrm{Var}(K_2) = a\sigma_2^2, \\ \sigma_1^2 &= \mathrm{Var}(K_1) = \mathrm{Var}(aK_2 + b) = a^2\mathrm{Var}(K_2) = a^2\sigma_2^2. \end{aligned}$$

It follows that $\sigma_1 = |a|\,\sigma_2$ and

$$\rho_{12} = \frac{\mathrm{Cov}(K_1, K_2)}{\sigma_1\sigma_2} = \frac{a\sigma_2^2}{|a|\,\sigma_2^2} = \pm 1.$$

3.9 Using the values $\sigma_1^2 \cong 0.0144$, $\sigma_2^2 \cong 0.0254$ and $\rho_{12} \cong -0.6065$ computed in Example 3.13, we find s_0 from (3.10):

$$s_0 = \frac{\sigma_2^2 - \rho_{12}\sigma_1\sigma_2}{\sigma_1^2 + \sigma_2^2 - 2\rho_{12}\sigma_1\sigma_2} \cong 0.5873.$$

This means that the weights in the portfolio with minimum risk are $w_1 \cong 0.5873$ and $w_2 \cong 0.4127$, and the portfolio involves no short selling.

3.10 $\mu_V = 0.06$, $\sigma_V \cong 0.1013$.

3.11 The weights of the three securities in the minimum variance portfolio are $\mathbf{w} \cong \begin{bmatrix} 0.228 & 0.235 & 0.537 \end{bmatrix}$, the expected return on the portfolio is $\mu_V \cong 0.167$ and the standard deviation is $\sigma_V \cong 0.152$.

3.12 The weights in the portfolio with the minimum variance among all feasible portfolios with expected return $\mu_V = 20\%$ are $\mathbf{w} \cong \begin{bmatrix} 0.722 & -0.208 & 0.486 \end{bmatrix}$. The standard deviation of this portfolio is $\sigma_V \cong 0.211$.

3.13 The weights and standard deviations of portfolios along the minimum variance line, parameterised by the expected return μ_V, are

$$\mathbf{w} \cong \begin{bmatrix} -2.314 + 15.180\mu_V & 2.515 - 13.615\mu_V & 0.799 - 1.566\mu_V \end{bmatrix},$$

$$\sigma_V = \sqrt{0.584 - 6.696\mu_V + 19.996\mu_V^2}.$$

This minimum variance line is presented in Figure S.3, along with the set of feasible portfolios with short selling (light shading) and without (darker shading).

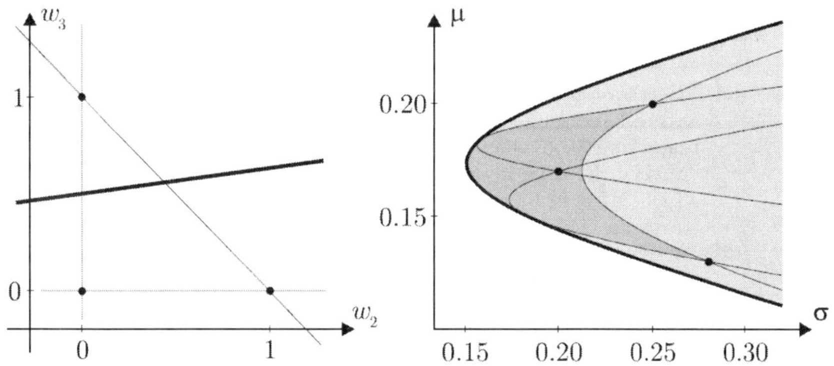

Figure S.3 Minimum variance line and feasible portfolios on the w_2, w_3 and σ, μ planes

3.14 The market portfolio weights are $\mathbf{w} \cong \begin{bmatrix} 0.438 & 0.012 & 0.550 \end{bmatrix}$. The expected return on this portfolio is $\mu_M \cong 0.183$ and the standard deviation is $\sigma_M \cong 0.156$.

3.15 Let $\mathbf{m}$ be the one-row matrix formed by the expected returns of the three securities. By multiplying the equality $\gamma\mathbf{wC} = \mathbf{m} - \mu\mathbf{u}$ by $\mathbf{C}^{-1}\mathbf{u}^T$ and, respectively, $\mathbf{C}^{-1}\mathbf{m}^T$, we get

$$\mu_V(\mathbf{m} - \mu\mathbf{u})\mathbf{C}^{-1}\mathbf{u}^T = (\mathbf{m} - \mu\mathbf{u})\mathbf{C}^{-1}\mathbf{m}^T,$$

since $\mathbf{wu}^T = 1$ and $\mathbf{wm}^T = \mu_V$. This can be solved for μ to get

$$\mu = \frac{\mathbf{mC}^{-1}(\mathbf{m}^T - \mu_V^T\mathbf{u})}{\mathbf{uC}^{-1}(\mathbf{m}^T - \mu_V^T\mathbf{u})} \cong 0.142.$$

Then, γ can be computed as follows:

$$\gamma = (\mathbf{m} - \mu\mathbf{u})\mathbf{C}^{-1}\mathbf{u}^T \cong 1.367.$$

3.16 The return on the portfolio can be expressed as $K_V = w_1K_1 + \cdots + w_nK_n$ in terms of the returns on the individual securities. Because covariance is linear in each of its arguments,

$$\beta_V = \frac{\mathrm{Cov}(K_V, K_M)}{\sigma_M^2} = w_1\frac{\mathrm{Cov}(K_1, K_M)}{\sigma_M^2} + \cdots + w_n\frac{\mathrm{Cov}(K_n, K_M)}{\sigma_M^2}$$
$$= w_1\beta_1 + \cdots + w_n\beta_n.$$

3.17 Taking expectation on both sides of (3.28) gives $\mathbb{E}(\varepsilon_V) = 0$. For the second claim use (3.28) to get

$$\begin{aligned}\mathrm{Cov}(K_M, \varepsilon_V) &= \mathrm{Cov}(K_M, (K_V - \mu_V) - \beta_V(K_M - \mu_M)) \\ &= \mathrm{Cov}(K_M, K_V - \beta_V K_M) \\ &= \mathrm{Cov}(K_M, K_V) - \beta_V \mathrm{Cov}(K_M, K_M)\end{aligned}$$

where we employed linearity of covariance with respect to each variable and the fact that the covariance between a random variable and a constant is zero. Now inserting the definition of β_V and using $\mathrm{Cov}(K_M, K_M) = \sigma_M^2$ gives the result.

제4장

4.1 Yes, there is an arbitrage opportunity. We enter into a long forward contract and sell short one share, investing 70% of the proceeds at 8% and paying the remaining 30% as a security deposit to attract interest at 4%. At the time of delivery the cash investments plus interest will be worth about \$18.20, out of which \$18 will be paid for one share to close the short position in stock. This leaves an arbitrage profit of \$0.20.

The rate d for the security deposit such that there is no arbitrage opportunity should satisfy

$$30\% \times 17 \times \mathrm{e}^{d} + 70\% \times 17 \times \mathrm{e}^{8\%} \leq 18.$$

The highest such rate is $d \cong 0.1740\%$.

4.2 We take 1 January 2000 to be time 0. By (4.1)

$$F\left(0, \frac{3}{4}\right) = S(0)\mathrm{e}^{\frac{3}{4}\times 6\%}, \qquad F\left(\frac{1}{4}, \frac{3}{4}\right) = 0.9 \times S(0)\mathrm{e}^{\frac{2}{4}\times 6\%}.$$

It follows that the forward price drops by

$$\frac{F(0, \frac{3}{4}) - F(\frac{1}{4}, \frac{3}{4})}{F(0, \frac{3}{4})} = \frac{\mathrm{e}^{\frac{3}{4}\times 6\%} - 0.9\mathrm{e}^{\frac{1}{2}\times 6\%}}{\mathrm{e}^{\frac{3}{4}\times 6\%}} \cong 11.34\%.$$

4.3 The present value of the dividends is

$$\mathrm{div}_0 = 1 \times \mathrm{e}^{-\frac{6}{12}\times 12\%} + 2 \times \mathrm{e}^{-\frac{9}{12}\times 12\%} \cong 2.77$$

dollars. Then

$$[S(0) - \mathrm{div}_0]\mathrm{e}^{rT} \cong (120 - 2.77)\mathrm{e}^{\frac{10}{12}\times 12\%} \cong 129.56$$

dollars, which is less than the quoted forward price of \$131. As a result, there will be an arbitrage opportunity, which can be realised as follows:

- on 1 January 2000 enter into a short forward position and borrow \$120 to buy stock;
- on 1 July 2000 collect the first dividend of \$1 and invest it risk free;
- on 1 October 2000 collect the second dividend of \$2 and invest it risk free;
- on 1 November 2000 close out all positions.

You will be left with an arbitrage profit of

$$131 - 120e^{\frac{10}{12}\times 12\%} + 1e^{\frac{4}{12}\times 12\%} + 2e^{\frac{1}{12}\times 12\%} \cong 1.44$$

dollars.

4.4 It is not possible to realise arbitrage in these circumstances. Though the theoretical no-arbitrage forward price is about \$87.83, the first strategy in the proof of Theorem 4.4 brings a loss of $89 - 83e^{10\%} + 2e^{0.5\times 7\%} \cong -0.66$ dollars and the second one results in a loss of $-89+83e^{7\%} - 2e^{0.5\times 10\%} \cong -2.08$ dollars.

4.5 The euro plays the role of the underlying asset with dividend yield 3%. Hence the forward price (the exchange rate) is

$$F(0,1/2) = 0.9834e^{0.5(4\%-3\%)} \cong 0.9883$$

euros to a dollar.

4.6 By (4.2) the initial forward price is $F(0,1) \cong 45.72$ dollars. This takes into account the dividend paid at time 1/2.

a) If $S(9/12) = 49$ dollars, then $F(9/12,1) \cong 49.74$ dollars by (4.1). It follows by (4.6) that $V(9/12) \cong 3.96$ dollars.

b) If $S(9/12) = 51$ dollars, then $F(9/12) \cong 51.77$ dollars and $V(9/12) \cong 5.96$ dollars.

4.7 Since $f(t,T) = S(t)e^{r(T-t)}$, the random variables $S(t)$ and $f(t,T)$ are perfectly correlated with $\rho_{S(t)f(t,T)} = 1$ and $\sigma_{f(t,T)} = e^{r(T-t)}\sigma_{S(t)}$. It follows that $N = e^{-r(T-t)}$.

4.8 Observe that Theorem 4.8 on the equality of futures and forward prices applies also in the case of an asset with dividends paid continuously. We can, therefore, use (4.4) to obtain

$$r_{\text{div}} = 8\% - \frac{1}{0.75}\ln\frac{14,100}{13,500} \cong 2.20\%.$$

4.9 The return on the index will be 3.37%. For $R = 1\%$ this gives the futures prices $f(0,3t) \cong 916.97$ and $f(t,3t) \cong 938.49$. If the beta factor for a portfolio is $\beta_V = 1.5$, then the expected return on this portfolio will be $\mu_V \cong 4.56\%$. To construct a portfolio with $\beta_{\widetilde{V}} = 0$ and initial value $V(0) = 100$ dollars, supplement the original portfolio with $N \cong 0.1652$ short futures contracts (observe that N is the same as in Example 4.18).

If the actual return on the original portfolio during the first time step happens to be equal to the expected return, then its value after one step will be $V(t) \cong 104.56$ dollars. Marking to market requires the holder of $N \cong 0.1652$ short forward contracts to pay \$3.56. As a result, after one step the value of the portfolio with forward contracts will be $\widetilde{V}(t) \cong 104.56 - 3.56 = 101.00$ dollars, once again matching the risk-free growth.

제5장

5.1 The investment will bring a profit of

$$(36 - S(T))^+ - 4.50e^{0.12\times\frac{3}{12}} = 3,$$

where $S(T)$ is the stock price on the exercise date. This gives $S(T) \cong 28.36$ dollars.

5.2 $\mathbb{E}((S(T)-90)^+ - 8e^{0.09\times\frac{6}{12}}) \cong -5.37$ dollars.

5.3 By put-call parity $2.83 - P_E = 15.60 - 15.00e^{-\frac{3}{12}\times 0.0672}$, so $P_E \cong 1.98$ dollars.

5.4 Put-call parity is violated, $5.09 - 7.78 > 20.37 - 24e^{-0.0748\times\frac{6}{12}}$. Arbitrage can be realised as in the first part of the proof of Theorem 5.2. At time 0:

- buy a share for \$20.37;
- buy a put option for \$7.78;
- write and sell a call option for \$5.09;
- borrow \$23.06 at the interest rate of 7.48%.

The balance of these transactions is zero. After six months:

- sell one share for \$24 by exercising the put option or settling the short position in calls, depending on whether the share price turns out to be below or above the strike price;
- repay the loan with interest, amounting to $23.06e^{\frac{1}{2}\times 0.0748} \cong 23.94$ dollars in total.

The balance of $24 - 23.96 = 0.06$ dollars will be your arbitrage profit.

5.5 If $C_E - P_E > S(0) - \text{div}_0 - Xe^{-rT}$, then at time 0 buy a share and a put option, write and sell a call option, and invest (or borrow, if negative) the balance on the money market at the interest rate r. As soon as you receive the dividend, invest it at the rate r. At the exercise time T close the money market investment and sell the share for X, either by exercising the put if $S(T) < X$, or by settling the call if $S(T) \geq X$. The final balance $(C_E - P_E - S(0) + \text{div}_0)e^{rT} + X > 0$ will be your arbitrage profit.

On the other hand, if $C_E - P_E < S(0) - \text{div}_0 - Xe^{-rT}$, then at time 0 sell short a share, write and sell a put, and buy a call option, investing the balance on the money market. When a dividend becomes due on the shorted share, borrow the amount and pay it to the owner of the stock. At time T close the money market position, buy a share for X by exercising the call if $S(T) > X$ or settling the put if $S(T) \leq X$, and close the short position in stock. Your arbitrage profit will be $(-C_E + P_E + S(0) - \text{div}_0)e^{rT} - X > 0$.

5.6 If $C_E - P_E < S(0)e^{-r_{\text{div}}T} - Xe^{-rT}$, then at time 0 sell short $e^{-r_{\text{div}}T}$ of a share, write and sell a put, and buy a call option, investing the balance at the rate r. Between time 0 and T pay dividends to the stock owner, raising cash by shorting the stock. This will lead to one shorted share held at time T. If the put option is exercised at time T, you will have to buy a share for X. Use this share to close the short position in stock. You will be left with a call option and a positive amount $(-C_E + P_E + S(0)e^{-r_{\text{div}}T} - Xe^{-rT})e^{rT} > 0$. If the put option is not exercised at all, then you can use the call to buy a share for X at time T, closing the short position in stock. You will also be left with a positive final balance $(-C_E + P_E + S(0)e^{-r_{\text{div}}T} - Xe^{-rT})e^{rT} > 0$.

On the other hand, if $C_E - P_E > S(0)e^{-r_{\text{div}}T} - Xe^{-rT}$, then the opposite strategy will also lead to arbitrage.

5.7 The strike price is equal to the forward price (more precisely, the exchange rate) of 0.9883 euros to a dollar computed in Solution 4.5.

5.8 If $S(0) - Xe^{-rT} < C_A - P_A$, then write and sell a call, buy a put, and buy a share, investing (or borrowing, if negative) the balance at the rate r. Now the same argument as in the first part of the proof of Theorem 5.4 applies, except that the arbitrage profit may also include the dividend if the call is exercised after the dividend becomes due. (Nevertheless, the dividend cannot be included in this inequality because the option may be exercised and the share sold before the dividend is due.)

If $C_A - P_A < S(0) - \text{div}_0 - X$, then at time 0 sell short a share, write and sell a put, and buy a call option, investing the balance at the rate r. If the put is exercised at time $t < T$, you will have to buy a share for X, borrowing the amount at the rate r. As the dividend becomes due, borrow the amount at the rate r and pay it to the owner of the share. At time T return the share to the owner, closing the short sale. You will be left with the call option and a positive amount $(S(0)+P_A-C_A-\text{div}_0)e^{rT}-Xe^{r(T-t)} > Xe^{rT}-Xe^{r(T-t)} \geq 0$. (If the put is exercised before the dividend becomes due, you can increase your arbitrage profit by closing out the short position in stock immediately, in which case you would not have to pay the dividend.) If the put is not exercised before expiry T, then the second part of Solution 5.5 applies.

5.9 If $S(0) - Xe^{-rT} < C_A - P_A$, then use the same strategy as in the first part of the proof of Theorem 5.4. The resulting arbitrage profit will in fact be increased by the dividends accumulated up to the time when the call option is exercised.

If $C_A - P_A < S(0)e^{-r_{\text{div}}T} - X$, then at time 0 sell short $e^{-r_{\text{div}}T}$ of a share, write and sell a put, and buy a call option, investing the balance at the rate r. Between time 0 and T pay dividends to the stock owner, raising cash by shorting the stock. This will lead to one shorted share held at time T. If the put option is exercised at time $t \leq T$, you will have to buy a share for X, borrowing this amount at the rate r. At time T use this share to close the short position in stock. You will be left with a call option and a positive amount $(-C_A+P_A+S(0)e^{-r_{\text{div}}T})e^{rT}-Xe^{r(T-t)} \geq (-C_A+P_A+S(0)e^{-r_{\text{div}}T}-X)e^{rT} > 0$ plus any dividends accumulated since the share was bought at time t. If the put option is not exercised at all, then you can use the call to buy a share for X at time T, closing the short position in stock. You will also be left with a positive final balance $(-C_A + P_A + S(0)e^{-r_{\text{div}}T})e^{rT} - X > (-C_A + P_A + S(0)e^{-r_{\text{div}}T} - X)e^{rT} > 0$.

5.10 If $C_E > C_A$, then write and sell a European call and purchase an American call. The difference $C_E - C_A$ will be your arbitrage income. To keep it, do not exercise the American option until expiry, when either both options will turn out worthless, or the loss from settling the European call will be recovered by exercising the American call. The argument for put options is similar.

5.11 Suppose that $C_E \geq S(0) - \text{div}_0$. In this case, write and sell a call option and buy stock, investing the balance on the money market. As soon as you receive the dividends, also invest them on the money market. On the exercise date you can sell the stock for at least $\min(S(T), X)$, settling the call option. Your final wealth will be positive, $(C_E - S(0) + \text{div}_0)e^{rT} + \min(S(T), X) > 0$. This proves that $C_E < S(0) - \text{div}_0$.

The remaining bounds follow by the put-call parity relation (5.5) for dividend-paying stock: $S(0) - \text{div}_0 - Xe^{-rT} \leq C_E$, since $P_E \geq 0$; $-S(0) + \text{div}_0 + Xe^{-rT} \leq P_E$, since $C_E \geq 0$; and $P_E < Xe^{-rT}$, since $C_E < S(0) - \text{div}_0$.

5.12 For dividend-paying stock the regions determined by the bounds on call and put prices in Proposition 5.5 are shown as shaded areas in Figure S.4.

5.13 If $C_A \geq S(0)$, then buy a share, write and sell an American call and invest the balance $C_A - S(0)$ without risk. If the option is exercised before or at expiry, then settle your obligation by selling the share for X. If the option is not exercised at all, you will end up with the share worth $S(T)$ at expiry. In either case the final cash value of this strategy will be positive. The final

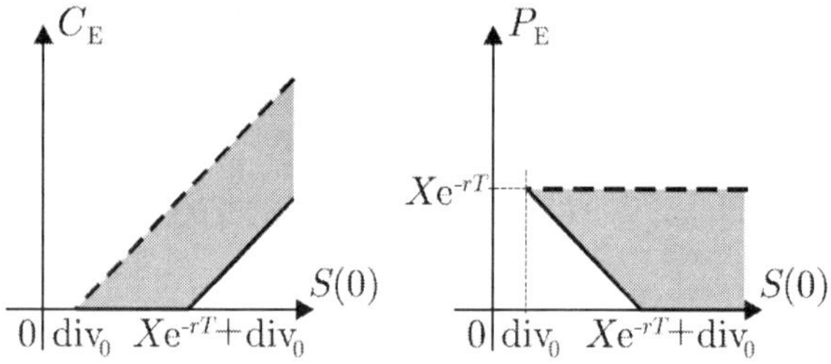

Figure S.4 Bounds on European call and put prices for dividend-paying stock

balance will in fact also include the dividend collected, unless the option is exercised before the dividend becomes due.

5.14 Suppose that $X' < X''$, but $C_E(X') < C_E(X'')$. We can write and sell a call with strike price X'' and buy a call with strike price X', investing the difference $C_E(X'') - C_E(X') > 0$ without risk. If the option with strike price X'' is exercised at expiry, we will need to pay $(S(T) - X'')^+$. This amount can be raised by exercising the option with strike price X' and cashing the payoff $(S(T) - X')^+$. Since $X' < X''$, it follows that $(S(T) - X')^+ \geq (S(T) - X'')^+$, so an arbitrage profit will be realised.

The inequality for puts follows by a similar arbitrage argument.

5.15 Consider four cases:

1) If $S(T) \leq X' < X < X''$, then (5.9) reduces to $0 \leq 0$.
2) If $X' < S(T) \leq X < X''$, then (5.9) becomes $0 \leq \alpha(S(T) - X')$, obviously satisfied for $X' < S(T)$.
3) If $X' < X < S(T) \leq X''$, then (5.9) can be written as $S(T) - X \leq \alpha(S(T) - X')$. This holds because $X = \alpha X' + (1-\alpha)X''$ and $S(T) \leq X''$.
4) Finally, if $X' < X < X'' < S(T)$, then (5.9) becomes an equality, $S(T) - X = \alpha(S(T) - X') + (1-\alpha)(S(T) - X'')$ because $X = \alpha X' + (1-\alpha)X''$.

5.16 Suppose that $P_E(S') < P_E(S'')$ for some $S' < S''$, where $S' = x'S(0)$ and $S'' = x''S(0)$. Write and sell a put option on a portfolio with x'' shares and buy a put option on a portfolio with x' shares, investing the balance $P_E(S'') - P_E(S') > 0$ without risk. If the written option is exercised at time T, then the liability can be met by exercising the other option. Since $x' < x''$, the payoffs satisfy $(X - x'S(T))^+ \geq (X - x''S(T))^+$. It follows that this is an arbitrage strategy.

5.17 Suppose that $X' < X''$, but $C_A(X') < C_A(X'')$. We can write and sell the call option with strike price X'' and purchase the call option with strike price X', investing the balance $C_A(X'') - C_A(X') > 0$ without risk. If the written option is exercised at time $t \leq T$, we will have to pay $(S(t) - X'')^+$. This liability can be met by exercising the other option immediately, receiving the payoff $(S(t) - X')^+$. Since $(S(t) - X'')^+ \leq (S(t) - X')^+$, this strategy leads to arbitrage.

The inequality for put options can be proved in a similar manner.

5.18 We shall prove Proposition 5.29 for American put options. The argument for European puts is similar. By Proposition 5.22 $P_A(S)$ is a decreasing function of S. When $S \geq X$, the intrinsic value of a put option is zero, and so the time value, being equal to $P_A(S)$, is also a decreasing function of S. On the other hand, $P_A(S') - P_A(S'') \leq S'' - S'$ for any $S' < S''$ by Proposition 5.23. This implies that $P_A(S') - (X - S')^+ \leq P_A(S'') - (X - S'')^+$ if $S' < S'' \leq X$, so the time value is an increasing function of S for $S \leq X$. As a result, the time value has a maximum at $S = X$.

제6장

6.1 Let us compute the derivative of the price $C_E(0)$ of a call option with respect to U. The formula for the price, assuming that $S^d < X < S^u$, is

$$C_E(0) = \frac{1}{1+R}\frac{R-D}{U-D}[S(0)(1+U) - X].$$

The derivative with respect to U is equal to

$$\frac{(R-D)[X - S(0)(1+D)]}{(1+R)(U-D)^2} = \frac{(R-D)[X - S^d]}{(1+R)(U-D)^2}.$$

This is positive in our situation, since $R > D$ and $X > S^d$, so $C_E(0)$ increases as U increases.

The derivative of $C_E(0)$ with respect to D is equal to

$$-\frac{(U-R)[S(0)(1+U) - X]}{(1+R)(U-D)^2} = -\frac{(U-R)[S^u - X]}{(1+R)(U-D)^2},$$

which is negative, since $R < U$ and $X < S^u$. The option price decreases as D increases.

6.2 If $R = 0$ and $S(0) = X = 1$, then $C_E(0) = \frac{-UD}{U-D}$. For $U = 0.05$ and $D = -0.05$ we have $U - D = 0.1$ and $C_E(0) = 0.025$ dollars. However, if $U = 0.01$ and $D = -0.19$, then $U - D = 0.2$. The variance of the return on stock is equal to $(U-D)^2 p(1-p)$ and is higher in the latter case, but the option price is lower: $C_E(0) = 0.0095$ dollars.

6.3 To replicate a call option the writer needs to buy stock initially and sell it when the option is exercised. The following system of equations needs to be solved to find the replicating portfolio:

$$\begin{cases} 110(1-c)x + 1.05y = 10, \\ 90(1-c)x + 1.05y = 0. \end{cases}$$

For $c = 2\%$ we obtain $x \cong 0.5102$ and $y \cong -42.8471$, so the initial value of the replicating portfolio will be $100x + y \cong 8.1633$ dollars. If $c = 0$, then the replicating portfolio will be worth 7.1429 dollars. Note that the money market position y is the same for each c.

6.4 The borrowing rate should be used to replicate a call, since the money market position will be negative. This gives $x(1) \cong 0.6667$ and $y(1) \cong -40.1786$, so the replicating portfolio value is 9.8214 dollars. For a put we obtain $x(1) \cong -0.3333$ and $y(1) \cong 27.7778$ using the rate for deposits, so the replicating portfolio will be worth 2.7778 dollars initially.

The results are consistent with the put and call prices obtained from Proposition 6.9 with the appropriate risk-neutral probability (computed using the corresponding interest rate), $p_* \cong 0.7333$ for a call and $p_* \cong 0.6$ for a put.

6.5 The option price at time 0 is 22.92 dollars. In addition to this amount, the option writer should borrow 74.05 dollars and buy 0.8081 of a share. At time 1, if $S(1) = 144$, then the amount of stock held should be increased to 1 share, the purchase being financed by borrowing a further 27.64 dollars, increasing the total amount of money owed to 109.09 dollars. If, on the other hand, $S(1) = 108$ dollars at time 1, then some stock should be sold to reduce the number of shares held to 0.2963, and 55.27 dollars should be repaid, reducing the amount owed to 26.18 dollars. (In either case the amount owed at time 1 includes interest of 7.40 dollars on the amount borrowed at time 0.)

6.6 At time 1 the stock prices $S^{\mathrm{u}} = 144$ and $S^{\mathrm{d}} = 108$ dollars (the so-called cum-dividend prices) drop by the amount of the dividend to 129 and 93 dollars (the so-called ex-dividend prices). These prices generate the prices at time 2, hence $S^{\mathrm{uu}} = 154.80$, $S^{\mathrm{ud}} = 116.10$, $S^{\mathrm{du}} = 111.60$ and $S^{\mathrm{dd}} = 83.70$ dollars. The option will be exercised with payoff 34.80 dollars if the stock goes up twice. In the remaining scenarios the payoff will be zero. The option value at time 1 will be 21.09 dollars in the up state and zero dollars in the down state. The replicating portfolio constructed at time 1 and based on ex-dividend prices consists of 0.8992 shares and a loan of 94.91 dollars in the up state, and no shares and no money market position in the down state. The option price at time 0 is 12.78 dollars. Replication (based on the cum-dividend prices at time 1, since the dividend is available to the owner of the stock purchased at time 0) involves buying 0.5859 shares and borrowing 57.52 dollars.

6.7 From the Cox–Ross–Rubinstein formula $C_{\mathrm{E}}(0) \cong 5.93$ dollars, $P_{\mathrm{E}}(0) \cong 7.76$ dollars.

6.8 The least integer m such that $S(0)(1+u)^m(1+d)^{N-m} > X$ is $m = 35$. From the Cox–Ross–Rubinstein formula we obtain $C_{\mathrm{E}}(0) \cong 3.4661$ dollars.

6.9 The stock values are

n	0		1		2		3
							79.86
					72.60	<	
			66.00	<			68.97
$S(n)$	60.00	<			62.70	<	
			57.00	<			59.57
					54.15	<	
							51.44

The American put prices are

n	0		1		2		3
							0.00
					0.00	<	
			0.50	<			0.00
$P_{\mathrm{A}}(n)$	2.52	<			1.10	<	
			5.00	<			2.43
					7.85	<	
							10.56

The option will be exercised early in the d node at time 1 or in the dd node at time 2 (bold figures).

6.10 The values of the European and American calls are the same,

n	0		1		2
					52.80
			34.91	<	
$C_{\mathrm{E}}(n) = C_{\mathrm{A}}(n)$	22.92	<			9.60
			5.82	<	
					0.00

At time 2 both options have, of course, the same payoff. At time 1 the American call will not be exercised in the up state, as this would bring only 24 dollars, which is less than the value of holding the option until expiry. In the down state the American call will be out of the money and will not be exercised either. Similarly, it will not be exercised at time 0. As a result, the American call is equivalent to its European counterpart.

6.11 The ex-dividend stock prices are

n	0		1		2
					12.32
			11.20	<	
		/			10.64
$S(n)$	12.00				
ex-div		\			10.34
			9.40	<	
					8.93

The corresponding European and American put prices will be

n	0		1		2
					1.68 1.68
			2.53 **2.80**	<	
		/			3.36 3.36
$P_{\mathrm{E}}(n)$ $P_{\mathrm{A}}(n)$	3.42 3.69				
		\			3.66 3.66
			4.33 **4.60**	<	
					5.07 5.07

At time 1 the payoff of the American put option in both the up and down states will be higher than the value of holding the option to expiry, so the option should be exercised in these states (indicated by bold figures).

6.12 The risk-neutral expected return at each step is

$$\mathbb{E}_*(K(2)) = \mathbb{E}_*(K(3)) = p_*U + (1-p_*)D = R,$$

equal to the risk-free rate. It follows that

$$\mathbb{E}_*(\widetilde{S}(2)|\mathcal{P}_1) = \frac{S(1)(1+E_*(K(2)))}{(1+R)^2} = \frac{S(1)(1+R)}{(1+R)^2} = \widetilde{S}(1),$$

$$\mathbb{E}_*(\widetilde{S}(3)|\mathcal{P}_2) = \frac{S(2)(1+E_*(K(3)))}{(1+R)^3} = \frac{S(2)(1+R)}{(1+R)^3} = \widetilde{S}(2).$$

6.13 At time 0 the hedging strategy should start with

$$x(1) = \frac{C_{\rm E}^{\rm u}(1) - C_{\rm E}^{\rm d}(1)}{S^{\rm u}(1) - S^{\rm d}(1)} = 0.8301,$$
$$y(1) = C_{\rm E}(0) - x(1)S(0) = -59.7045.$$

If the stock price turns out to be $S^{\rm d}(1)$ at time 1, the portfolio needs to be rebalanced to

$$x^{\rm d}(2) = \frac{C_{\rm E}^{\rm du}(2) - C_{\rm E}^{\rm dd}(2)}{S^{\rm du}(2) - S^{\rm dd}(2)} = 0.5522,$$
$$y^{\rm d}(2) = y(1) + \frac{1}{1+R}(x(1) - x^{\rm d}(2))S^{\rm d}(1) = -36.9647.$$

Finally, if the stock price turns out to be $S^{\rm du}(2)$ at time 2, the portfolio needs to be rebalanced to

$$x^{\rm du}(3) = \frac{C_{\rm E}^{\rm duu}(3) - C_{\rm E}^{\rm dud}(3)}{S^{\rm duu}(3) - S^{\rm dud}(3)} = 0.7593,$$
$$y^{\rm du}(3) = y^{\rm d}(2) + \frac{1}{(1+R)^2}(x^{\rm d}(2) - x^{\rm du}(3))S^{\rm du}(2) = -55.4470.$$

6.14 At time 0

$$x(1) = \frac{P_{\rm A}^{\rm u}(1) - P_{\rm A}^{\rm d}(1)}{S^{\rm u}(1) - S^{\rm d}(1)} = -0.3248,$$
$$y(1) = P_{\rm A}(0) - x(1)S(0) = 35.6624.$$

If the stock price turns out to be $S^{\rm u}(1)$ at time 1, the portfolio needs to be rebalanced to

$$x^{\rm u}(2) = \frac{P_{\rm A}^{\rm uu}(2) - P_{\rm A}^{\rm ud}(2)}{S^{\rm uu}(2) - S^{\rm ud}(2)} = -0.0236,$$
$$y^{\rm u}(2) = y(1) + \frac{1}{1+R}(x(1) - x^{\rm u}(2))S^{\rm u}(1) = 2.8049.$$

If the stock price turns out to be $S^{\rm ud}(2)$ at time 2, the portfolio needs to be rebalanced to

$$x^{\rm ud}(3) = \frac{P_{\rm A}^{\rm udu}(3) - P_{\rm A}^{\rm udd}(3)}{S^{\rm udu}(3) - S^{\rm udd}(3)} = -0.0864,$$
$$y^{\rm ud}(3) = y^{\rm u}(2) + \frac{1}{(1+R)^2}\left(x^{\rm u}(2) - x^{\rm ud}(3)\right)S^{\rm ud}(2) = 8.4147.$$

For scenario udd the holder should wait till expiry before exercising the option.

제7장

7.1 If $R \geq U$ (or $R \leq D$), then investing risk free and shorting stock (or investing in stock the funds borrowed risk free) clearly leads to arbitrage, so no-arbitrage implies $D < R < U$. For the inverse implication assume this inequality, consider a portfolio (x, y) with zero initial value, so that $y = -xS(0)$ (assuming $A(0) = 1$). Now at time 1 we have $xS(0)(1+U) - xS(0)(1+R) > 0$, $xS(0)(1+D) - xS(0)(1+R) < 0$, so arbitrage is excluded.

7.2 Equation (7.1) can be transformed to

$$p_*(U-D) = -q_*(M-D) + R - D$$

and the existence of $p_* \in (0,1)$ is guaranteed by

$$0 < \frac{-q_*(M-D)+R-D}{U-D} < 1,$$

which leads to

$$\frac{R-U}{M-D} < q_* < \frac{R-D}{M-D}.$$

We can find suitable solutions q_* (meaning $q_* \in (0,1)$) since $\frac{R-D}{M-D} > 0$ and $\frac{R-U}{M-D} < 0$.

7.3 Let $p_*, q_*, 1-p_*-q_*$ be the probabilities of upward, middle and downward price movements, respectively. Condition (7.1) implies that $0.2p_* - 0.1(1-p_*-q_*) = 0$, that is, $q_* = 1-3p_*$ and $1-p_*-q_* = 2p_*$. Observe that $p_*, 1-3p_*, 2p_* \in (0,1)$ if and only if $p_* \in (0,1/3)$. It follows that $p_*, q_*, 1-p_*-q_*$ are risk-neutral probabilities if and only if $q_* = 1-3p_*$ and $p_* \in (0,1/3)$.

7.4 First we show that, in general, for any two non-constant random variables X, Y defined on a two-element probability space, $\Omega = \{\mathrm{u}, \mathrm{d}\}$ say, there are real numbers a, b such that $Y = aX + b$. The postulated equality gives two equations

$$\begin{cases} Y^{\mathrm{u}} = aX^{\mathrm{u}} + b, \\ Y^{\mathrm{d}} = aX^{\mathrm{d}} + b, \end{cases}$$

which can be solved to give $a = \frac{Y^{\mathrm{u}} - Y^{\mathrm{d}}}{X^{\mathrm{u}} - X^{\mathrm{d}}}$, $b = Y^{\mathrm{u}} - aX^{\mathrm{u}}$. Next, we compute the covariance

$$\mathrm{Cov}(X,Y) = \mathrm{Cov}(X, aX+b) = a\mathrm{Var}(X),$$

hence

$$\begin{aligned} \rho_{XY} &= \frac{\mathrm{Cov}(X,Y)}{\sqrt{\mathrm{Var}(X)\mathrm{Var}(Y)}} = \frac{a\mathrm{Var}(X)}{\sqrt{\mathrm{Var}(X)\mathrm{Var}(aX+b)}} = \frac{a\mathrm{Var}(X)}{\sqrt{a^2\mathrm{Var}^2(X)}} \\ &= \frac{a}{|a|} = \pm 1. \end{aligned}$$

7.5 The determinants of both systems of equations (7.2) and (7.3) are the same up to a non-zero constant, namely

$$\begin{aligned} &\det \begin{bmatrix} S_1^{\mathrm{u}}(1) & S_2^{\mathrm{u}}(1) & A(0)(1+R) \\ S_1^{\mathrm{m}}(1) & S_2^{\mathrm{m}}(1) & A(0)(1+R) \\ S_1^{\mathrm{d}}(1) & S_2^{\mathrm{d}}(1) & A(0)(1+R) \end{bmatrix} \\ &= S_1(0)S_2(0)A(0)(1+R)[(U_1-D_1)(M_2-D_2)-(M_1-D_1)(U_2-D_2)] \end{aligned}$$

and

$$\det \begin{bmatrix} U_1-D_1 & M_1-D_1 \\ U_2-D_2 & M_2-D_2 \end{bmatrix} = (U_1-D_1)(M_2-D_2)-(M_1-D_1)(U_2-D_2),$$

so one system has a unique solution if and only if the other one has this property.

7.6 Solving the system (7.3), we get $p_* = 0.125$, $q_* = 0.525$. The resulting triple represents genuine risk-neutral probabilities.

7.7 We can use the formulae in the proof of Proposition 7.16 to find

$$\begin{aligned} y(1) &= \frac{200 - 35.24 \times 60 - 24.18 \times 20}{100} \cong -23.98, \\ V(1) &\cong 35.24 \times 65 + 24.18 \times 15 - 23.98 \times 110 \cong 15.50, \\ y(2) &= \frac{15.50 + 40.50 \times 65 - 10.13 \times 15}{110} \cong 22.69, \\ V(2) &\cong -40.50 \times 75 + 10.13 \times 25 + 22.69 \times 121 \cong -38.60. \end{aligned}$$

7.8 For a one-step strategy admissibility reduces to a couple of inequalities, $V(0) \geq 0$ and $V(1) \geq 0$. The first inequality can be written as

$$10x + 10y \geq 0.$$

The second inequality means that both values of the random variable $V(1)$ should be non-negative, which gives two more inequalities to be satisfied by x and y,

$$\begin{aligned} 13x + 11y &\geq 0, \\ 9x + 11y &\geq 0. \end{aligned}$$

The set of portfolios (x, y) satisfying all these inequalities is shown in Figure S.5.

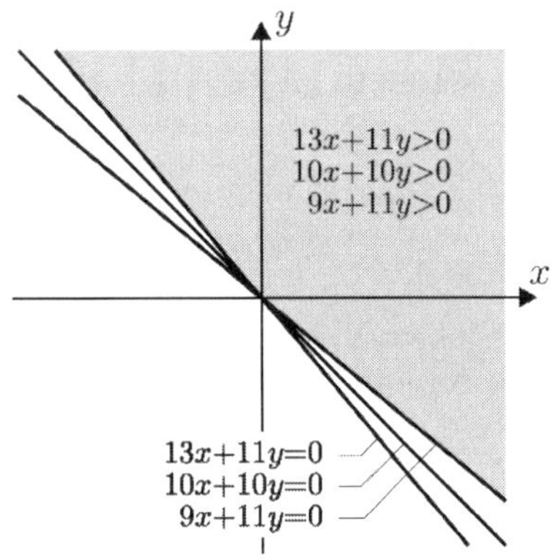

Figure S.5 Admissible portfolios in Exercise 7.8

7.9 Suppose that there is a self-financing predictable strategy with initial value $V(0) = 0$ and final value $V(2) \geq 0$, such that $V(1) < 0$ with positive probability. The last inequality means that this strategy is not admissible, but we shall construct an admissible one that violates the No-Arbitrage Principle. Here is how to proceed to achieve arbitrage:

- do not invest at all at time 0;
- at time 1 check whether the value $V(1)$ of the non-admissible strategy is negative or not. If $V(1) \geq 0$, then refrain from investing at all once again. However, if $V(1) < 0$, then take the same position in stock as in the non-admissible strategy and a risk-free position that is lower by $-V(1)$ than that in the non-admissible strategy.

This defines a predictable self-financing strategy. Its time 0 and time 1 value is 0. The value at time 2 will be

$$\begin{cases} 0 & \text{if } V(1) \geq 0, \\ V(2) - V(1) > 0 & \text{if } V(1) < 0. \end{cases}$$

This is, therefore, an admissible strategy realising an arbitrage opportunity.

7.10 If you happen to know that an increase in stock price will be followed by a fall at the next step, then adopt this strategy:

- at time 0 do not invest in either asset;
- at time 1 check whether the stock has gone up or down. If down, then again do not invest in either asset. But if stock has gone up, then sell short one share for $S(0)U$, investing the proceeds risk free.

Clearly, the time 0 and time 1 value of this strategy is $V(0) = V(1) = 0$. If stock goes down at the first step, then the value at time 2 will be $V(2) = 0$. But if stock goes up at the first step, then it will go down at the second step and $V(2) = S(0)U(R - D)$ will be positive, as required, since $U > R > D$.

Clearly, this is not a predictable strategy, which means that no arbitrage has been achieved.

7.11 a) If there are no short-selling restrictions, then the following strategy will realise an arbitrage opportunity:

- at time 0 do not invest at all;
- at time 1 check the price $S(1)$. If $S(1) = 120$ dollars, then once again do not invest at all. But if $S(1) = 90$ dollars, then sell short one share of the risky asset and invest the proceeds risk free.

The time 0 and time 1 value of this admissible strategy is 0. The value at time 2 will be

$$\begin{cases} 0 & \text{in scenarios } \omega_1 \text{ and } \omega_2, \\ 3 & \text{in scenario } \omega_3, \end{cases}$$

which means that arbitrage can be achieved.

b) In a) above, arbitrage has been achieved by utilising the behaviour of stock prices at the second step in scenario ω_2: the return on the risky asset is lower than the risk-free return. Thus, shorting the risky asset and investing the proceeds risk free creates arbitrage. However, when short selling of risky assets is disallowed, this arbitrage opportunity will be beyond the reach of investors.

7.12 The arbitrage strategy described in Solution 7.11 involves buying a fraction of a bond. If $S(1) = 90$ dollars, then one share of stock should be shorted and $\frac{9}{11}$ of a bond purchased at time 1. To obtain an arbitrage strategy involving an integer number of units of each asset, multiply these quantities by 11, that is, sell short 11 shares of stock and buy 9 bonds.

7.13 Suppose that transaction costs of 5% apply whenever stock is bought or sold. An investor who tried to follow the strategy in Solution 7.11, short selling one share of stock at time 1 if $S(1) = 90$ dollars, would have to pay transaction costs of $90 \times 5\% = 4.50$ dollars. If the remaining amount of $90 - 4.50 = 85.50$ dollars were invested risk free, it would be worth $85.5 \times \frac{121}{110} = 94.05$ dollars at time 2. But closing the short position in stock would cost \$96, making the final wealth negative. As a result, there is no arbitrage strategy.

제8장

8.1 If a random variable X takes two values $a < b$ with probabilities p, q, then $\mathbb{E}(X) = pa + qb$ and $\mathrm{Var}(X) = (b-a)^2 pq$, so in our case with $p = q = \frac{1}{2}$ and $X = k_N(h)$ we get

$$\frac{a+b}{2} = \mu h, \quad \frac{b-a}{2} = \sigma\sqrt{h}.$$

This system can be solved, $a = \mu h + \sigma\sqrt{h}$, $b = \mu h - \sigma\sqrt{h}$, so the prices change according to

$$S_N(h) = \begin{cases} e^{\mu h + \sigma\sqrt{h}} S(0), \\ e^{\mu h - \sigma\sqrt{h}} S(0), \end{cases}$$

which shows (8.2).

8.2 First note that $\mathbb{E}\left(S(0)e^{\mu t + \sigma W(t)}\right) = S(0)e^{\mu t}\mathbb{E}(e^{\sigma W(t)})$. Next, $\sigma W(t)$ has normal distribution with zero expectation and variance equal to $\sigma^2 t$, so it has density $\frac{1}{\sqrt{2\pi t}\sigma}e^{-\frac{1}{2\sigma^2 t}x^2}$, which can be used to compute the expectation

$$\begin{aligned} \mathbb{E}\left(e^{\sigma W(t)}\right) &= \int_{-\infty}^{+\infty} \frac{1}{\sqrt{2\pi t}\sigma} e^x e^{-\frac{1}{2\sigma^2 t}x^2} \mathrm{d}x \\ &= e^{\frac{1}{2}\sigma^2 t} \int_{-\infty}^{+\infty} \frac{1}{\sqrt{2\pi t}\sigma} e^{-\frac{1}{2\sigma^2 t}(x - \frac{\sigma}{\sqrt{2t}})^2} \mathrm{d}x \end{aligned}$$

after adding and subtracting $\frac{1}{2}\sigma^2 t$ in the exponential and completing the square. The integral is equal to 1 since the integrand is a density, hence the result.

8.3 We know that $S(t) = e^{\mu t + \sigma W(t)}$ and $W_*(t) = \frac{\mu - r + \frac{1}{2}\sigma^2}{\sigma}t + W(t)$, so inserting the expression for $W(t)$ from the latter equality into the formula for $S(t)$, we can see that μt cancels out and $S(t) = e^{rt - \frac{1}{2}\sigma^2 t + \sigma W_*(t)}$ as claimed.

8.4 Using $S(t) = S(0)e^{rt - \frac{1}{2}\sigma^2 t + \sigma W_*(t)}$, we apply the Itô formula with $f(t,x) = S(0)e^{rt - \frac{1}{2}\sigma^2 t + \sigma x}$ with $W_*(t)$ in place of $W(t)$, which is legitimate since $W_*(t)$ is a Wiener process under P_*, and $S(t) = f(t, W_*(t))$. We have

$$\begin{aligned} f_t(t,x) &= S(0)(r - \frac{1}{2}\sigma^2)e^{rt - \frac{1}{2}\sigma^2 t + \sigma x}, \\ f_x(t,x) &= \sigma S(0)e^{rt - \frac{1}{2}\sigma^2 t + \sigma x}, \\ f_{xx}(t,x) &= \sigma^2 S(0)e^{rt - \frac{1}{2}\sigma^2 t + \sigma x}, \end{aligned}$$

so that

$$\begin{aligned} \mathrm{d}S(t) &= (r - \frac{1}{2}\sigma^2)S(t)\mathrm{d}t + \sigma S(t)\mathrm{d}W_*(t) + \frac{1}{2}\sigma^2 S(t)\mathrm{d}t \\ &= rS(t)\mathrm{d}t + \sigma S(t)\mathrm{d}W_*(t). \end{aligned}$$

This argument is similar to the derivation of (8.16).

8.5 We begin with the right-hand side:

$$\begin{aligned} P_*\{S(T) \geq X\} &= P_*\{S(0)e^{rT - \frac{1}{2}\sigma^2 T + \sigma W_*(T)} \geq X\} \\ &= P_*\left\{\frac{1}{\sqrt{T}}W_*(T) \geq \frac{\ln\frac{X}{S(0)} - rT + \frac{1}{2}\sigma^2 T}{\sigma\sqrt{T}} = -d_-\right\} \end{aligned}$$

by (8.31). Next, $\frac{1}{\sqrt{T}}W_*(T)$ has standard normal distribution, so $P_*\{S(T) \geq X\} = 1 - N(-d_-) = N(d_-)$ by the symmetry of the density (see Appendix 10.3).

8.6 By put-call parity, for $t = 0$

$$\begin{aligned} P_{\mathrm{E}}(0) &= C_{\mathrm{E}}(0) - S(0) + X\mathrm{e}^{-rT} \\ &= S(0)(N(d_+) - 1) - X\mathrm{e}^{-rT}(N(d_-) - 1) \\ &= -S(0)N(-d_+) + X\mathrm{e}^{-rT}N(-d_-). \end{aligned}$$

Now, by substituting t for 0 and $T - t$ for T, we obtain the Black–Scholes formula for $P_{\mathrm{E}}(t)$.

8.7 We shall verify the formulae for $t = 0$ for simplicity. We know that $x(0) = u_x(0, S(0))$ and $y(0) = u(0, S(0)) - x(0)S(0)$ (assuming that $A(0) = 1$), where $u(0, S(0)) = C_{\mathrm{E}}(0)$. From the Black–Scholes formula for $C_{\mathrm{E}}(0)$ we can see that

$$u(0, x) = xN\left(\frac{\ln\frac{x}{X} + \left(r + \frac{1}{2}\sigma^2\right)T}{\sigma\sqrt{T-t}}\right) - X\mathrm{e}^{-rT}N\left(\frac{\ln\frac{x}{X} + \left(r - \frac{1}{2}\sigma^2\right)T}{\sigma\sqrt{T-t}}\right).$$

Simple but tedious differentiation with respect to x gives

$$u_x(0, x) = N\left(\frac{\ln\frac{x}{X} + \left(r + \frac{1}{2}\sigma^2\right)T}{\sigma\sqrt{T-t}}\right).$$

It follows that

$$\begin{aligned} x(0) &= u_x(0, S(0)) = N(d_+), \\ y(0) &= u(0, S(0)) - x(0)S(0) = -X\mathrm{e}^{-rT}N(d_-), \end{aligned}$$

where d_+, d_- are given by (8.31). Finally, substituting t for 0 and $T - t$ for T gives the result for $x(t), y(t)$.

8.8 By put-call parity (5.1)

$$\frac{\mathrm{d}}{\mathrm{d}S}P_{\mathrm{E}}(S) = \frac{\mathrm{d}}{\mathrm{d}S}C_{\mathrm{E}}(S) - 1 = N(d_+) - 1 = -(1 - N(d_+)) = -N(-d_+),$$

where d_+ is given by (8.31). The delta of a put option is negative, consistently with the fact that the value of a put option decreases as the price of the underlying asset increases.

8.9 We maximise $581.96 \times S - 30,779.62 - 1,000 \times C_{\mathrm{E}}(S, \frac{1}{365})$, where S stands for the stock price after one day, and $C_{\mathrm{E}}(S, t)$ is the price of a call at time t, one day in our case, with 89 days to maturity, and where $\sigma = 30\%$ and $r = 8\%$, as before. Equating the derivative with respect to S to zero, we infer that the delta of the option after one day should be the same as the delta on day zero, $\frac{\mathrm{d}}{\mathrm{d}S}C_{\mathrm{E}}(S, \frac{1}{365}) = 0.58196$. This gives the following condition for the stock price (after inverting the normal distribution function):

$$\frac{\ln\frac{S}{60} + \left(r + \frac{1}{2}\sigma^2\right) \times \frac{89}{365}}{\sigma\sqrt{\frac{89}{365}}} = \frac{\ln\frac{60}{60} + \left(r + \frac{1}{2}\sigma^2\right) \times \frac{90}{365}}{\sigma\sqrt{\frac{90}{365}}}.$$

The result is $S \cong 60.0104$ dollars.

8.10 The premium for a single put is 0.031648 dollars (from the Black–Scholes formula), so the bank will receive $1,582.40$ dollars by writing and selling $50,000$ puts. The delta of a single put is -0.355300, so the delta-hedging portfolio requires shorting $17,765.00$ shares, which will raise $32,332.29$ dollars. This gives a total of $33,914.69$ dollars received to be invested at 5%. The value of the delta neutral portfolio consisting of the shorted stock, invested cash and sold options will be $-32,332.29 + 33,914.69 - 1,582.40 = 0.00$ dollars.

One day later the shorted shares will be worth $17,765 \times 1.81 = 32,154.64$ dollars, while the cash investment will grow to $33,914.69e^{0.05/365} \cong 33,919.34$ dollars. The put price will increase to 0.035182 dollars, so the price of $50,000$ puts will be $1,759.11$ dollars. The value of the delta neutral portfolio will be $-32,154.64 + 33,919.34 - 1,759.11 \cong 5.59$ dollars.

8.11 The price of a single put after one day will now be 0.038885 dollars, the $50,000$ options sold will therefore be worth 1944.26 dollars, the stock and cash deposit positions remaining as in Solution 8.10. The delta neutral portfolio will bring a loss of 179.56 dollars.

8.12 If the stock price does not change, $S(t) = S(0) = S$, then the value of the portfolio after time t will be given by

$$V(t) = SN(d_+) - Xe^{rt}e^{-rT}N(d_-) - C_{\mathrm{E}}(S,t),$$

where $C_{\mathrm{E}}(S,t)$ is given by the Black–Scholes formula and d_+, d_- by (8.31). Then

$$\begin{aligned}\left.\frac{\mathrm{d}}{\mathrm{d}t}V(t)\right|_{t=0} &= -rXe^{-rT}N(d_-) - \left.\frac{\mathrm{d}}{\mathrm{d}t}C_{\mathrm{E}}(S,t)\right|_{t=0} \\ &= -rXe^{-rT}N(d_-) - \mathrm{theta}_{C_{\mathrm{E}}} \\ &= \frac{\sigma S}{2\sqrt{2\pi T}}e^{-d_+/2},\end{aligned}$$

which is positive.

8.13 Using put-call parity and the Greek parameters for a call, we can find those for a put:

$$\begin{aligned}\mathrm{delta}_{P_{\mathrm{E}}} &= N(d_+) - 1 = \mathrm{delta}_{C_{\mathrm{E}}} - 1 = -N(-d_+), \\ \mathrm{gamma}_{P_{\mathrm{E}}} &= \mathrm{gamma}_{C_{\mathrm{E}}}, \\ \mathrm{theta}_{P_{\mathrm{E}}} &= -\frac{S\sigma}{2\sqrt{2\pi T}}e^{-\frac{d_+}{2}} + rXe^{-rT}N(-d_-), \\ \mathrm{vega}_{P_{\mathrm{E}}} &= \mathrm{vega}_{C_{\mathrm{E}}}, \\ \mathrm{rho}_{P_{\mathrm{E}}} &= -TXe^{-rT}N(-d_-).\end{aligned}$$

(The Greek parameters are computed at time $t = 0$.) These equalities can also be verified directly by differentiating the Black–Scholes formula for the put price.

8.14 The rho of the original option is 7.5878, the delta of the additional option is 0.4104 and the rho is 7.1844. The delta-rho neutral portfolio requires buying approximately 148.48 shares of stock and $1,056.14$ additional options, while borrowing $\$7,693.22$. The position after one day is presented in the following table, in which we also recall the results of the delta hedge:

$S(\frac{1}{365})$	delta-rho			delta
	$r = 8\%$	$r = 9\%$	$r = 15\%$	$r = 9\%$
58.00	−7.30	−9.65	−26.14	−133.72
58.50	−2.71	−4.63	−17.95	−97.22
59.00	0.18	−1.23	−10.93	−72.19
59.50	1.59	0.77	−4.85	−58.50
60.00	1.76	1.60	0.52	−55.96
60.50	0.92	1.50	5.45	−64.38
61.00	−0.68	0.72	10.16	−83.51
61.50	−2.78	−0.47	14.90	−113.07
62.00	−5.13	−1.84	19.91	−152.78

8.15 With 95% probability the logarithmic return on the exchange rate satisfies $k > m + x\sigma \cong -23.68\%$, where $x \cong -1.645$, so that $N(x) \cong 5\%$. The 1,000 dollars converted into euros, invested without risk at the rate r_{EUR}, and converted back into dollars after one year, will give $1,000\mathrm{e}^{r_{\mathrm{EUR}}}\mathrm{e}^{k}$ dollars. With probability 95% this amount will satisfy

$$1,000\mathrm{e}^{r_{\mathrm{EUR}}}\mathrm{e}^{k} > 1,000\mathrm{e}^{r_{\mathrm{EUR}}}\mathrm{e}^{m+x\sigma} \cong 821.40 \text{ dollars.}$$

On the other hand, 1,000 dollars invested at the rate r_{USD} would have grown to $1,000\mathrm{e}^{r_{\mathrm{USD}}} \cong 1,051.27$ dollars. As a result,

$$\mathrm{VaR} = 1,000\mathrm{e}^{r_{\mathrm{USD}}} - 1,000\mathrm{e}^{r_{\mathrm{EUR}}}\mathrm{e}^{m+x\sigma} \cong 229.88 \text{ dollars.}$$

8.16 A single call costs \$21.634. We purchase approximately 46.22 options. With probability 5% the stock price will be less than \$49.74. We shall still be able to exercise the options, cashing \$450.18 in the borderline case. The alternative risk-free investment of \$1,000 at 8% would grow to \$1,040.81. Hence VaR $\cong$ 590.63 dollars. If the stock grows at the expected rate, reaching \$63.71, then we shall obtain \$1,095.88 when the options are exercised. With 5% probability the stock price will be above \$81.6 and then our options will be worth at least \$1,922.75.

제9장

9.1 The yields are $y(0) \cong 14.08\%$ and $y(3) \cong 13.63\%$. Thus $B(0,3) = \mathrm{e}^{-3\tau y(0)} \cong$ 0.9654 dollars. Arbitrage can be achieved as follows:

- at time 0 buy a 6-month bond for $B(0,6) = 0.9320$ dollars, raising the money by issuing 0.9654 of a 3-month bond, which sells at $B(0,3) \cong 0.9654$ dollars;
- at time 3 (after 3 months) issue 0.9989 of a 3-month bond, which sells at $B(3,6) = 0.9665$ dollars, and use the proceeds of \$0.9654 to settle the fraction of a 3-month bond issued at time 0;
- at time 6 (after half a year) the 6-month bond bought at time 0 will pay \$1, out of which \$0.9989 will settle the fraction of a 3-month bond issued at time 3.

The balance of \$0.0011 will be the arbitrage profit.

9.2 The implied rates are $y(0) \cong 12.38\%$ and $y(6) \cong 13.06\%$. Investing \$100, we can buy 106.38 bonds now and 113.56 after six months. The logarithmic return over one year is $\ln(113.56/100) \cong 12.72\%$, the arithmetic mean of the semi-annual returns.

9.3 To achieve a return of 14%, we would have to sell the bond for $0.8700e^{14\%} \cong 1.0007$ dollars, which is impossible. (A zero-coupon bond can never fetch a price higher than its face value.)

In general, we have to solve the equation $B(0,12)e^{k} = e^{-\tau y(6)}$ to find $y(6)$, where k is the prescribed logarithmic return. The left-hand side must be smaller than 1.

9.4 During the first six months the rate is $y(n) \cong 8.34\%$, for $n = 0, \ldots, 179$, and during the rest of the year $y(n) \cong 10.34\%$, for $n = 180, \ldots, 360$. The bond should be sold for $0.92e^{4.88\%} \cong 0.9660$ dollars or more. This cannot be achieved during the first six months, since the highest price before the rate changes is $B(179, 360) \cong 0.9589$ dollars. On the day of the rate change $B(180, 360) \cong 0.9496$ dollars, and we have to wait until day $n = 240$, on which the bond price will exceed the required \$0.9660 for the first time.

9.5 The rate can be found by using a spreadsheet with goal seek facility to solve the equation

$$10.896 \times \left(10 + 10e^{-y(1)} + 10e^{-2y(1)} + 110e^{-3y(1)}\right) = 1,000e^{k}.$$

This gives $y(1) \cong 12.00\%$ for $k = 12\%$ in case a), $y(1) \cong 12.81\%$ for $k = 10\%$ in case b) and $y(1) \cong 11.19\%$ for $k = 14\%$ in case c).

9.6 The numbers were found using an Excel spreadsheet with accuracy higher than the displayed 2 decimal points.

9.7 Scenario 1: \$1,427.10; Scenario 2: \$1,439.69.

9.8 Formula (9.2) can be applied directly to find $D \cong 1.6846$.

9.9 The duration is equal to 4 if the face value is \$73.97. The smallest possible duration, which corresponds to face value $F = \$0$, is about 2.80 years. For very high face values F, the duration is close to 5, approaching this number as F goes to infinity.

When $F = 100$, the coupon value $C \cong 13.52$ gives duration of 4 years. If the coupon value is zero, then the duration is 5 years. For very high coupon values C tending to infinity, the duration approaches about 2.80 years.

9.10 Since the second derivative of $P(y)$ is positive,

$$\frac{d^2}{dy^2}P(y) = (\tau n_1)^2 C_1 e^{-\tau n_1 y} + (\tau n_2)^2 C_2 e^{-\tau n_2 y} + \cdots + (\tau n_N)^2 (C_N + F) e^{-\tau n_N y} > 0,$$

P is a convex function of y.

9.11 Solving the system $6 = 2w_A + 3.4w_B$, $w_A + w_B = 1$, we find $w_A \cong -1.8571$ and $w_B \cong 2.8571$. As a result, we invest \$14,285.71 to buy 14,005.60 bonds B, raising the shortfall of \$9,285.71 by issuing 9,475.22 bonds A.

9.12 The yield on the coupon bond A is about 13.37%, so the price of the zero-coupon bond B is \$87.48. The coupon bond has duration 3.29, and we find the weights to be $w_A \cong 0.4366$ and $w_B \cong 0.5634$. This means that we invest \$436.59 to buy 4.2802 bonds A and \$563.41 to buy 6.4403 bonds B.

9.13 Directly from the definition of duation (9.2) we compute the duration D_t at time t (note that the bond price grows by a factor of e^{yt}),

$$\begin{aligned} D_t = &\frac{1}{e^{yt}P(y)}\left((\tau n_1 - t)C_1 e^{-y(\tau n_1 - t)} + \cdots + (\tau n_N - t)(C_N + F)e^{-y(\tau n_N - t)}\right) \\ -&\frac{1}{P(y)}\left((\tau n_1 - t)C_1 e^{-\tau n_1 y} + \cdots + (\tau n_N - t)(C_N + F)e^{-\tau n_N y}\right) \\ = &D - t, \end{aligned}$$

since the weights $C_1 e^{-\tau n_1 y}/P(y), C_2 e^{-\tau n_2 y}/P(y), \ldots, (C_N + F)e^{-\tau n_N y}/P(y)$ add up to one.

9.14 Denote the annual payments by C_1, C_2 and the face value by F, so that

$$P(y) = C_1 e^{-y} + (C_2 + F)e^{-2y},$$
$$D(y) = \frac{C_1 e^{-y} + 2(C_2 + F)e^{-2y}}{P(y)}.$$

Compute the derivative of $D(y)$ to see that it is negative:

$$\frac{d}{dy}D(y) = \frac{-C_1(C_2 + F)e^{-3y}}{P(y)^2} < 0.$$

9.15 We first find the prices and durations of the bonds: $P_A(y) \cong 120.72$, $P_B(y) \cong 434.95$, $D_A(y) \cong 1.8471$, $D_B(y) \cong 1.9894$. The weights $w_A \cong -7.46\%$, $w_B \cong 107.46\%$ give duration 2, which means that we have to buy 49.41 bonds B and issue 12.35 bonds A. After one year we shall receive \$247.05 from the coupons of B and will have to pay the same amount for the coupons of A. Our final amount will be \$23, 470.22, exactly equal to the future value of \$20, 000 at 8%, independently of any rate changes.

9.16 If the term structure is to be flat, then the yield $y(0, 6) = 8.16\%$ applies to any other maturity, which gives $B(0, 3) = 0.9798$ dollars and $B(0, 9) = 0.9406$ dollars.

9.17 Issue and sell 500 bonds maturing in 6 months with \$100 face value, obtaining \$48, 522.28. Use this sum to buy 520.4054 one-year bonds. After 6 months settle the bonds issued by paying \$50, 000. After one year cash the face value of the bonds purchased. The resulting rate is 8%.

9.18 You need to deposit $100,000\frac{1}{1+3.46\%/12} \cong 99,712.50$ dollars for one month, which will grow to the desired level of \$100, 000, and borrow the same amount for 6 months at 4.54%. Your customer will receive \$100, 000 after 1 month and will have to pay $99,304.04(1 + 4.54\%/2) \cong 101,975.97$ dollars after 6 months, which implies a forward rate of 5.45% (simple interest).

The simple interest rate for a 4-month loan starting in 2 months is approximately 6.81%, so a deposit at 6.91% would give an arbitrage opportunity.

9.19 To see that the forward rates $f(n, N)$ may be negative, let us analyse the case with $n = 0$ for simplicity. Then

$$f(0, N) = (N + 1)y(0, N + 1) - Ny(0, N)$$

and $f(0, N) < 0$ requires that $(N + 1)y(0, N + 1) < Ny(0, N)$. The borderline case is when $y(0, N + 1) = \frac{N}{N+1}y(0, N)$, which enables us to find a numerical example. For instance, for $N = 8$ and $y(0, 8) = 9\%$ a negative value $f(0, 8)$ will be obtained if $y(0, 9) < \frac{8}{9} \times 9\% = 8\%$.

9.20 Suppose that $f(n,N)$ increases with N. We want to show that the same is true for

$$y(n,N)=\frac{f(n,n)+f(n,n+1)+\cdots+f(n,N-1)}{N-n}.$$

This follows from the fact that if a sequence a_n increases, then so does the sequence of averages $S_n=\frac{a_1+\cdots+a_n}{n}$. To see this multiply the target inequality $S_{n+1}>S_n$ by $n(n+1)$ to get (after cancellations) $na_{n+1}>a_1+\cdots+a_n$. The latter is true, since $a_{n+1}>a_i$ for all $i=1,\ldots,n$.

9.21 The values of $B(0,2)$, $B(0,3)$, $B(1,3)$ have no effect on the values of the money market account.

9.22 a) For an investment of \$100 in zero-coupon bonds, divide the initial cash by the price of the bond $B(0,3)$ to get the number of bonds held, 102.82, which gives final wealth of \$102.82. The logarithmic return is 2.78%.

b) For an investment of \$100 in single-period zero-coupon bonds, compute the number of bonds maturing at time 1 as $100/B(0,1)\cong 100.99$. Then, at time 1 find the number of bonds maturing at time 2 in a similar way, $100.99/B(1,2)\cong 101.54$. Finally, we arrive at $101.54/B(2,3)\cong 102.51$ bonds, each giving a dollar at time 3. The logarithmic return is 2.48%.

c) An investment of \$100 in the money market account, for which we receive $100A(3)\cong 102.51$ at time 3, produces the same logarithmic return of 2.48% as in b).

9.23 We begin from the right, that is, from the face values of the bonds, first computing the values of $B(2,3)$ in all states. These numbers together with the known returns give $B^{\mathrm{u}}(1,3)$ and $B^{\mathrm{d}}(1,3)$. These, in turn, determine the missing returns $k^{\mathrm{ud}}(2,3)=0.20\%$ and $k^{\mathrm{dd}}(2,3)=0.16\%$. The same is done for the first step, resulting in $k^{\mathrm{d}}(1,3)=0.23\%$. The bond prices are given in Figure S.6.

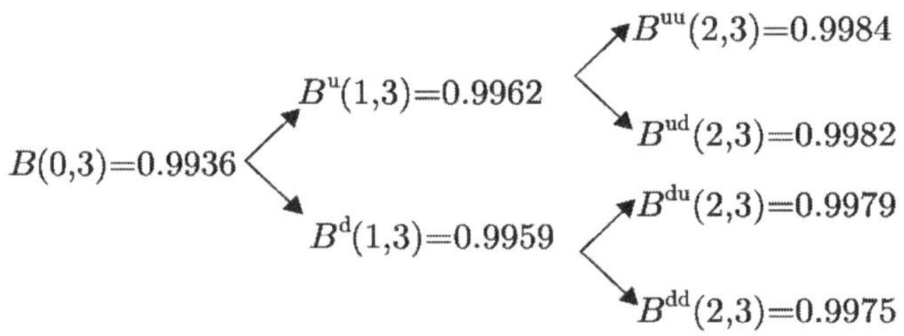

Figure S.6 Bond prices in Solution 9.23

9.24 Because of the additivity of the logarithmic returns, $k^{\mathrm{u}}(1,3)+k^{\mathrm{uu}}(2,3)+k^{\mathrm{uuu}}(3,3)=0.64\%$ gives the return in the period of three weeks. To obtain the yield we have to rescale it to the whole year by multiplying by 52/3, hence $y(0,3)=11.09\%$. Note that we must have $k^{\mathrm{u}}(1,3)+k^{\mathrm{ud}}(2,3)+k^{\mathrm{udu}}(3,3)=0.64\%$ which allows us to find $k^{\mathrm{ud}}(2,3)=0.20\%$. The other missing returns can be computed in a similar manner, first $k^{\mathrm{d}}(1,3)$, then $k^{\mathrm{dd}}(2,3)$.

9.25 The bond prices are given in Figure S.7.

9.26 The money market account is given in Figure S.8. Note that the values for the 'up' movements are lower than for the 'down' movements. This is related to the fact that the yield decreases as the bond price increases, and our trees are based on bond price movements.

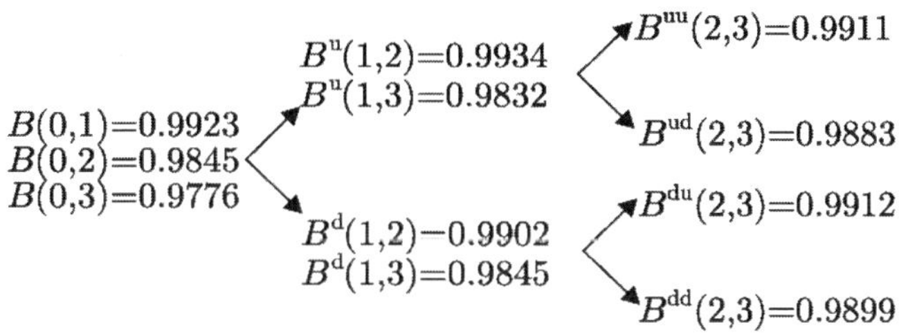

Figure S.7 Bond prices in Solution 9.25

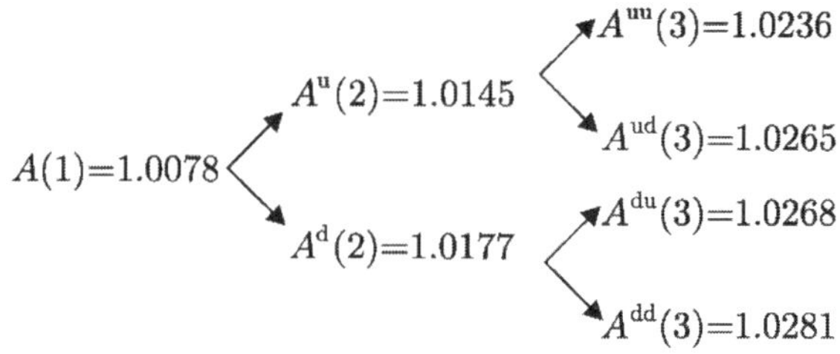

Figure S.8 Money market account in Solution 9.26

9.27 The prices $B^{u}(1,2) = 0.9980$ and $B^{d}(1,2) = 0.9975$ are found by discounting the face value 1 to be received at time 2, using the short rates $r^{u}(1)$ and $r^{d}(1)$. The price $B(0,2) = 0.9944$ can be found by the replication procedure.

9.28 At time 2 the coupons are 0.5227 or 0.8776, depending on whether we are in the up or down state at time 1. At time 1 the coupon is 0.9999.

9.29 At time 1 we find $18.0647 = (0.8159 \times 20 + 0.1841 \times 10)/1.0052$ in the up state and $1.7951 = (0.1811 \times 10 + 0.8189 \times 0)/1.0088$ in the down state. Next, applying the same formula again, we obtain $7.9188 = (0.3813 \times 18.3928 + 0.6187 \times 1.7951)/1.01$.

9.30 There is an arbitrage opportunity in the up state at time 1. The price $B^{u}(1,2) = 0.9924$ implies that the growth factor in the money market is 1.00766, whereas the prices of the bond maturing at time 3 imply growth factors 1.01159 and 1.00783. To realise arbitrage, bonds with maturity 3 should be bought, the purchase financed by a loan in the money market.

9.31 Using formula (9.12) and the short rates given, we find the structure of bond prices as shown in Figure S.9.

9.32 It is best to compute the risk-neutral probabilities. The probability at time 1 of the up movement based on the bond maturing at time 3 is 0.76, whereas the probability based on the bond maturing at time 2 is 0.61. The present price of the bond maturing at time 2 computed using the prices of the bond maturing at time 3 and the risk-neutral probabilities computed from these prices is 0.9867. So, shorting at time 0 the bond maturing at time 3 and buying the bond maturing at time 2 will give an arbitrage profit.

9.33 At time 2 the option is worthless. At time 1 we evaluate the bond prices by adding the coupon to the discounted final payment of 101.00 at the appropriate (monthly) money market rate: 0.521% in the up state and 0.874% in the down

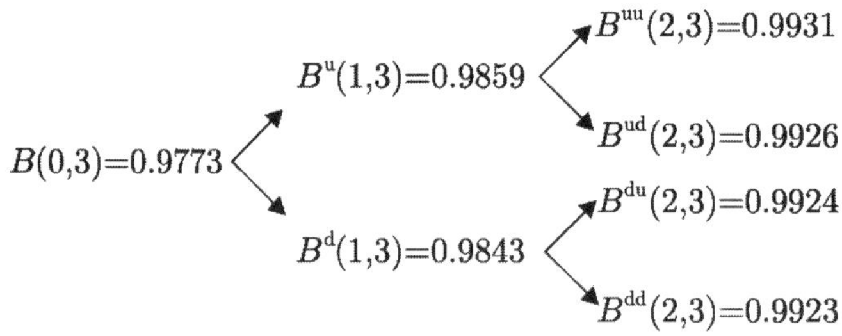

Figure S.9 Bond prices in Solution 9.31

state. The results are 101.4748 and 101.1213, respectively. The option can be exercised at that time in the up state, so the cash flow is 0.1748 and 0, respectively. Expectation with respect to the risk-neutral probabilities of the discounted cash flow gives the initial value 0.06598 of the option.

9.34 The coupons of the bond with the floor provision differ from the par bond at time 2 in the up state: 0.66889 instead of 0.52272. This results in the following bond prices at time 1: 101.14531 in the up state and 100.9999 in the down state. (The latter is the same as for the par bond.) Expectation with respect to the risk-neutral probability gives the initial bond price 100.05489, so the floor is worth 0.05489.

참고문헌

Background Reading: Probability and Stochastic Processes

Ash, R. B. (1970), *Basic Probability Theory*, John Wiley & Sons, New York.

Brzeźniak, Z. and Zastawniak, T. (1999), *Basic Stochastic Processes*, Springer Undergraduate Mathematics Series, Springer-Verlag, London.

Capiński, M. and Kopp, P. E. (2007), *Measure, Integral and Probability*, 2nd edition, Springer Undergraduate Mathematics Series, Springer-Verlag, London.

Capiński, M. and Zastawniak, T. (2001), *Probability Through Problems*, Springer-Verlag, New York.

Chung, K. L. (2000), *A Course in Probability Theory*, 2nd edition, Academic Press, New York.

Stirzaker, D. (1999), *Probability and Random Variables: A Beginner's Guide*, Cambridge University Press, Cambridge.

Background Reading: Calculus and Linear Algebra

Blyth, T. S. and Robertson, E. F. (1998), *Basic Linear Algebra*, Springer Undergraduate Mathematics Series, Springer-Verlag, London.

Jordan, D. W. and Smith, P. (2002), *Mathematical Techniques*, Oxford University Press, Oxford.

Stewart, J. (1999), *Calculus*, Brooks Cole, Pacific Grove, California.

Further Reading: Mathematical Finance

Back, K. (2005), *A Course in Derivative Securities: Introduction to Theory and Computation*, Springer-Verlag, Berlin, London, New York.

Baxter, M. W. and Rennie, A. J. O. (1996), *Financial Calculus: An Introduction to Derivative Pricing*, Cambridge University Press, Cambridge.

Bingham, N. H. and Kiesel, R. (1998), *Risk-Neutral Valuation: Pricing and Hedging of Financial Derivatives*, Springer-Verlag, Berlin.

Björk, T. (1998), *Arbitrage Theory in Continuous Time*, Oxford University Press, Oxford.

Dana, R.-A. and Jeanblanc, M. (2007), *Financial Markets in Continuous Time*, Springer-Verlag, Berlin, London, New York.

Delbaen, F. and Schachermayer, W. (2009), *The Mathematics of Arbitrage*, Springer-Verlag, Berlin, London, New York.

Elliott, R. J. and Kopp, P. E. (2009), *Mathematics of Financial Markets,* 2nd edition, Springer-Verlag, New York.

Elton, E. J. and Gruber, M. J. (1995), *Modern Portfolio Theory and Investment Analysis*, John Wiley & Sons, New York.

Etheridge, A. (2002), *A Course in Financial Calculus*, Cambridge University Press, Cambridge.

Higham, D. J. (2004), *An Introduction to Financial Option Valuation: Mathematics, Stochastics and Computation*, Cambridge University Press, Cambridge.

Hoek, J. van der, and Elliott, R. J. (2009), *Binomial Models in Finance*, Springer-Verlag, Berlin, London, New York.

Hull, J. (2000), *Options, Futures and Other Derivatives*, Prentice Hall, Upper Saddle River, New Jersey.

Jarrow, R. A. (1995), *Modelling Fixed Income Securities and Interest Rate Options*, McGraw-Hill, New York.

Jarrow, R. A. and Turnbull, S. M. (1996), *Derivative Securities*, South-Western College, Cincinnati, Ohio.

Karatzas, I. and Shreve, S. (1998), *Methods of Mathematical Finance*, Springer-Verlag, Berlin.

Lamberton, D. and Lapeyre, B. (2007), *Introduction to Stochastic Calculus Applied to Finance*, 2nd edition, Chapman and Hall, London.

Musiela, M. and Rutkowski, M. (2008), *Martingale Methods in Financial Modelling*, 2nd edition, Springer-Verlag, Berlin.

Øksendal, B. (2007), *Stochastic Differential Equations: An Introduction with Applications*, 6th edition, Springer-Verlag, Berlin, London, New York.

Pliska, S. R. (1997), *Introduction to Mathematical Finance: Discrete Time Models*, Blackwell, Maldon, Massachusetts.

Roman, S. (2004), *Introduction to the Mathematics of Finance: From Risk Management to Options Pricing*, Springer-Verlag, Berlin, London, New York.

Steele, J. M. (2003), *Stochastic Calculus and Financial Applications*, Springer-Verlag, Berlin, London, New York.

기호 설명

A	fixed income security (bond) price; money market account
B	bond price
β	beta factor
c	covariance
C	call price; coupon value
$\mathbf{C}$	covariance matrix
C_{A}	American call price
C_{E}	European call price
Cov	covariance
d	'down' node
D	return for 'down' node; duration
delta	Greek parameter delta
div	dividend
div_0	present value of dividends
$\mathbb{E}$	expectation
$\mathbb{E}_*$	risk-neutral (martingale) expectation
f	futures price; forward rate
F	forward price; future value; face value
gamma	Greek parameter gamma
Φ	cumulative binomial distribution
h	time step
H	derivative security price
H_{A}	price of an American type derivative security
k	logarithmic return
K	return
i	coupon rate
M	market portfolio
$\mathbf{m}$	expected returns as a row matrix
μ	expected return
N	cumulative normal distribution
$\binom{N}{k}$	the number of k-element combinations out of N elements
ω	scenario

Ω	probability space
p	branching probability in binomial tree
p_*	risk-neutral probability in binomial tree
P	put price; principal; probability
P_*	risk-neutral (martingale) probability
P_{A}	American put price
P_{E}	European put price
PA	present value factor of an annuity
r	interest rate
r_{div}	dividend yield
r_{e}	effective rate
R	risk-free return
rho	Greek parameter rho
ρ	correlation
S	risky security (stock) price
σ	standard deviation; risk; volatility
t	current time
T	maturity time; expiry time; exercise time; delivery time
theta	Greek parameter theta
u	'up' node
$\mathbf{u}$	row matrix with all entries 1
U	return for 'up' node
V	portfolio value
$\widetilde{V}$	discounted portfolio value
Var	variance
VaR	value-at-risk
vega	Greek parameter vega
$\mathbf{w}$	weights in a portfolio as a row matrix
W	Wiener process; Brownian motion
W_N	symmetric random walk
x	position in a risky security
X	strike price
y	position in a fixed income (risk-free) security; yield of a bond
z	position in a derivative security (contingent claim)

찾아보기

[기타]

| 역자 소개 |

송종우
서울대학교 계산통계학과 졸업
서울대학교 대학원 통계학과 석사
University of Chicago 통계학 박사
Purdue University 통계학과 조교수
현) 이화여자대학교 통계학과 부교수
e-mail : josong@ewha.ac.kr

송성주
서울대학교 계산통계학과 졸업
서울대학교 대학원 통계학과 석사
University of Chicago 통계학 박사
Purdue University 통계학과 조교수
서울 시립대학교 통계학과 조교수
현) 고려대학교 통계학과 교수
e-mail : sjsong@korea.ac.kr

수리금융 제2판 -금융공학의 이해-

| 저 자 Marek Capinski · Tomasz Zastawniak
| 역 자 송종우 · 송성주
| 펴 낸 이 주정희
| 펴 낸 곳 자유아카데미
| 주 소 경기도 파주시 회동길 37-42
파주출판도시
| 전 화 031-955-1321
| 팩 스 031-955-1322
| 홈페이지 www.freeaca.com
| 전자우편 main@freeaca.com(대표)
editor@freeaca.com(편집)
| 등 록 제406-2003-017호, 1980. 7. 12
| 제2판1쇄 2014년 3월 3일 발행
| 정 가 28,000원

역자와의 협의하에 인지생략

Printed in Korea
ISBN 978-89-7338-377-1 93310

Translation from English language edition:
Mathematics for Finance
by Marek Capinski and Tomasz Zastawniak